新元史

第九册

列傳（四）

柯劭忞 撰
張京華 黄曙輝 總校

上海古籍出版社

新元史卷之二百　列傳第九十七

阿沙不花　亦納脱脱鐵木兒塔識〔一〕　達識帖睦邇　伯撒里

阿沙不花，康里氏。初，太祖親征康里而有其地。阿沙不花祖母苦滅古麻里氏，有孤子二：曰曲律，曰牙牙，皆幼，寘褚中，負以橐駝來朝。時太祖已崩，乃以二子覲於太宗曰：「此康里之遺胤，不可爲人所得，辱於奴隸。幸陛下矜恤之。」遂留居和林。憲宗即位，召二子入直宿衛，領昔寶赤，遣古麻里氏歸康里。九年，古麻里氏再至和林，世祖賜以田宅，使居興和天城之大羅鎮。牙牙生六子：曰字別舍兒；曰和者吉，追封榮王，謚忠武；曰不別，遥授甘肅行省右丞；曰斡禿蠻；曰阿沙不花；曰亦納脱脱。

阿沙不花年十四，入侍世祖，占對詳明，特被親幸。西番遣使者奏事，已行一日，帝問大臣：「前使者何所請？」皆不能對。阿沙不花從旁代奏，帝怒曰：「卿等任天下之重，反不及一童子耶！」後故令門者勿納以試之，阿沙不花自水竇入。帝嘉之，諭門衛聽其出入勿禁。

乃顔叛，諸王納牙等皆應之。帝問計於阿沙不花，對曰：「宜先撫定諸王，使叛者勢孤。」帝曰：「善。」遣阿沙不花使於納牙，納牙請降，諸王亦次第反正。乃顔平，以阿沙不花爲西手千户，領昔寶赤。帝欲徙興和桃山之民，空其地爲昔寶赤牧廠。阿沙不花固請留三千户以給鷹食，民德之。

至元三十年，從成宗討海都，有功，入爲大宗正府也可札魯忽赤。前札魯忽赤脱兒速以贓聞，帝命阿沙不花鞫之，論如律，就命阿沙不花代其位。帝目之曰「阿即速」，譯言閻羅王也。朱清、張瑄有罪抵死，命阿沙不花籍其家，具以實奏。賜宅一區、鈔一萬五千緡，兼兩城兵馬指揮司達魯花赤。

成宗崩，皇后及丞相阿忽台等謀立安西王阿難答。是時武宗遣脱脱至京師，丞相哈剌哈孫使亟歸報命。皇后已密諭通政使不給脱脱驛馬，阿沙不花知事急，與同知樞密院事察乃先一日署文書，脱脱始乘驛而返。仁宗至京師，有飛語安西王將因賀仁宗生日謀爲變。阿沙不花與哈剌哈孫前期白仁宗，詐稱受成宗遺命，召阿難答計事，至即執送上都，盡誅阿忽台等，内難始平。仁宗以皇弟監國，遣使迎武宗，不至，告太后，非阿沙不花往不可。乃使奉衣服、尚醞見武宗於野馬川，具奏：「監國所以防他變，臣萬死保其無他。」帝悦，解御衣賜之，拜中書平章政事，軍國大事並聽裁決。

帝至上都，加特進、太尉，依前平章政事，命與塔思不花治阿難答黨與，奏釋囊加真等三十餘人。一日，帝出内府鈔十五錠，賜近臣蹴鞠者。阿沙不花力諫，竟阻之。有盜内府金者，阿沙不花退朝遇之，見其惶遽，詰之，得黄金五十兩、白金百兩。帝命賜阿沙不花，辭曰：「此非臣所應得者。請入金贖盜死罪。」帝允之。

入侍於五花殿，見帝容色日悴，乃進曰：「『八珍之味不知御，萬金之軀不知愛』，此古人所戒也。陛下麯蘖是耽，嬪嬙是好，猶兩斧伐孤樹，未有不顛仆者。陛下縱不自愛，如宗廟社稷何？」帝大悦曰：「非卿不聞此言。」命進酒。阿沙不花頓首謝曰：「臣欲陛下節飲而反勸之，是臣言不足信也。」帝爲罷飲。進右丞相，行御史大夫、平章政事，加録軍國重事，兼廣武康里衛親軍都指揮使，封康國公，累遷知樞密院事。至大二年十月卒，年四十七。至正元年，贈純誠一德正憲保大功臣、太師、開府儀同三司、中書右丞相、上柱國，追封順寧王，謚忠烈。

其繼室别哥倫氏亦有至行，嫠居三十餘年，未嘗妄言笑，詔旌其門。

子海亦兒，順寧府達魯花赤；伯嘉訥，大都尹，民梅凍兒誣海商一百十六人爲盜，掠其貲，伯嘉訥讞之，平反其獄，累遷翰林侍讀學士、中政院使，卒。

亦納脱脱，少從其兄斡禿蠻獵近畿，斡禿蠻使獻所獲於世祖。帝偉其儀狀，留直宿衛。成宗即位，奉詔賜太傅伯顔名鷹，伯顔深重之，謂脱脱曰：「吾老矣，他日可大用者，未見汝比也。」

大德三年，武宗出鎮北庭，脱脱從行。五年，從武宗敗海都於杭海。將戰，帝欲策馬先登，脱脱執轡力諫，帝怒，揮鞭抶其手，不退。帝不得已而止。後與大將朶兒答哈語及之，對曰：「太子在軍中，如身有首，衣有領，設或不虞，衆安所附？」脱脱之諫可謂忠臣。」帝悦。

成宗大漸，脱脱適以事入都，丞相哈剌哈孫使馳報武宗，且勸進。事具《哈剌哈孫傳》。仁宗既定内難，太后以兩皇子星命付術士推算，問所宜立，曰：「重光大荒落有災，旃蒙作噩長久。」「旃蒙作噩」者仁宗年幹也。太后頗惑其言，遣近侍朶耳告於武宗曰：「汝兄弟二人皆我所出，豈有親疏？術士所言運祚修短，不可不思。」帝默然，屏人謂脱脱曰：「我扞禦邊陲，勤勞十年，又次序居長，宜登大位。今太后以星命休咎爲辭，天道茫昧，誰能豫知？設我即位之後，上合天心，下副民望，雖祚短亦足以垂名萬世。術士之言，殆恐奸人教之。汝爲我往察其事，疾歸報我。」脱脱既行，帝親率大軍由西道，命大將按灰由中道，

床兀兒由東道並進。

脱脱至大都，以帝語奏聞。太后愕然曰：「修短之説，乃我爲太子遠慮。今議已定，太子不速來何爲？」既而太后與仁宗密諭脱脱，令解釋帝之嫌疑。帝至旺古察都，遇脱脱，使驂乘。脱脱具奏太后、仁宗之語，帝感悟。及即位，立仁宗爲皇太子，三宫卒無間言。

先是，帝命脱脱同知樞密院事，及還，問：「已視事否？」對曰：「今德音未下，而扈從之臣攙取爵位，誠恐有累聖德，故不敢受。」帝嘉歎之。帝素銜知樞密院只兒哈忽，欲誅之，脱脱諫曰：「陛下新即位，遽殺大臣，知者以爲彼有罪，不知者以爲報怨，恐人人自危。況只兒哈忽習先朝掌故，今固不可少也。」乃宥之。進中書平章政事，拜御史大夫。六月，遥授左丞相。八月，封秦國公，又改江南行臺。至大元年，復入爲御史大夫。二月，改仁虞院使。六月，加上柱國、太尉。十一月，拜中書左丞相。二年，改知樞密院事。

三年，海都子察八兒來朝，宴於内廷。故事，大宴必命近臣敷宣訓辭，脱脱薦只兒哈忽具訓辭以進，甚稱帝意。歎曰：「博爾朮、博爾忽，先朝人傑；脱脱，今之人傑也。」即以其詞授脱脱。及就席，脱脱陳西北諸王始終離合之由，去逆效順之節，聽者傾服。是年，遷尚書省右丞相，脱脱固辭，乃奏曰：「爵及比德，賞及罔功，緩急之時，何所倚賴？又中書掌錢糧、工役、選法、刑律十二事，若從臣言，恪遵舊制，則臣可黽勉從事。不然，用臣何補？」帝乃令濫受宣敕者赴所司繳納，僥倖之路爲之一塞。宗王南忽里爲部人所訐，脱脱辨其誣，抵言者罪。宗王牙忽秃索逃民於齊王八不沙部内，鄰藩欲奉齊王攻牙忽秃，齊王懼，奔於牙忽秃以避之，牙忽秃遂告齊王謀反。脱脱按驗得實，釋齊王，而徙牙忽秃於嶺南。邊將脱火赤請以新軍萬人益宗王丑漢，廷議使脱脱給其貲裝。脱脱言，時方寧謐，不宜挑釁生事，辭不行。乃使左丞相秃忽魯、平章政事也先帖木兒往給之，幾至激變，人皆服其有識。是時左丞相三寶奴等勸武宗立周王爲皇太子，脱脱謂三寶奴曰：「國家大計，不可不慎。皇太子親平内難，功在社稷，且儲位已定，兄弟叔侄世世相承，孰敢紊其序者？」三寶奴曰：「今日兄授弟，異日叔當授姪，能保之乎？」脱脱曰：「在我不可食言，彼如失信，天實鑒之。」事遂寢。四年，復拜中書左丞相。

仁宗即位，出爲江浙行省左丞相。鐵木迭兒既議立英宗爲皇太子，乃譖脱脱武宗舊臣有貳心。詔逮至京師，既至，帝察其無他，復遣歸。未幾，遷江西行省左丞相。

英宗即位，召拜御史大夫，鐵失陰忌之，奏改江南行臺。復嗾言者劾其擅離官守，杖一百七，徙雲南，會鐵失伏誅，事乃解。泰定四年卒，五十六。脱脱階至開府儀同三司、上柱國，封馮國公。至正初，加贈推誠全德守義佐運功臣、太師，開府儀同三司、上柱國如故，追封和寧王，謚忠獻。

九子：曰霸都，仁虞都總管府達魯花赤；曰鐵木兒達識〔二〕；曰玉樞虎兒吐華，由中書右丞拜中書平章政事，分省彰德，出爲四川平章政事；曰達世貼睦邇；曰哈答不花；曰阿魯輝帖木兒；曰脱烈，太府太監；曰哈達帖木兒，大都留守；曰汪家閭，僉資正院事。

脱脱兒和者吉四子：曰燕不憐，遼陽行省平章政事、太保、興國公，贈推誠效節佐運翊亮功臣、太師，追封興寧王，謚忠襄；曰燕八思，提調大司農；曰別不花，嶺北行省平章政事；曰伯撒里。

鐵木兒塔識，字九齡，資禀宏偉，讀書穎悟絶人，事明宗於潛邸。文宗即位，由同知都護府事累遷禮部尚書、參議中書省事，擢陝西行臺侍御史，留爲奎章閣侍書學士，再遷同知樞密院事。後至元六年，拜中書右丞。初，伯顔議廢科舉，鐵木兒達識力争，訖不署其奏牘，至是復奏行之。金山大雪，遣鐵木兒塔識與知樞密院衆家奴齎銀鈔及衣表裏賑之。鐵木兒達識聞命即行，不憚皸瘃，民德之。

至正元年，進平章政事。每入直，帝爲御宣文閣，詢以治道，至夜分乃罷。二年，帝有事於南郊，鐵木兒塔識奏：「熙事慶成，宜均惠於下。」詔賜民明年田租之半。嶺北不産五穀，歲募商民和糴爲兵餉，費官鹽多，鐵木兒塔識請輸京倉米百萬石於和林，由是兵食足而官鹽不耗。閩浙鹽額日增，課日絀，鐵木兒達識請歲減十萬引，以紓亭户之力，從之。日本商百餘人，遇風漂入高麗，高麗人掠其資，表請没入爲奴。鐵木兒達識持不可，資遣之，日本上表稱謝。俄日本僧告其王使人刺探國事，鐵木兒達識曰：「刺探在敵國則可，今四海一家，何用刺探？果有之，使睹中國之盛，亦可令遠人慴服。」僧歎息曰：「真宰相之言也。」

五年，拜御史大夫，奏言：「近歲大臣獲罪，重者夷族，輕者籍其妻孥。皇祖聖訓：『父子罪不相及。』請除之。」著爲令。未幾，復爲平章政事，位次右丞相。舊法：細民糴於官倉，月出印券給之，其直斗三百文，謂之「紅帖米」，頒籌給之，盡三月止；其直斗五百文，謂之「散籌米」。豪民買籌帖以爲利。鐵木兒塔識請別出米二十萬石爲官市，以鈔五十易米一升，奸弊遂絶。

七年，拜中書左丞相，録軍國重事，兼領經筵。鐵木兒塔識固辭，不允，乃拜命。鐵木兒塔識修飭綱紀，立内外通調之法，朝臣外補者許陞辭，責以成效，外吏有名績者，亦次第甄拔，登之臺、省。先是，僧與齊民均受役於官，其法中變，鐵木兒塔識奏復其舊。衍聖公階四品，奏升二品。中書故事，用老臣參議大政，事久不行，奏薦腆合、張元樸等四人用之，皆當時夙望也。帝嘗問：「爲治何先？」對曰：「莫先於法祖宗。」帝曰：「王文統奇才也，朕恨不見其人。」對曰：「世祖行仁義，而文統言利，此乃世祖之罪人。文統復生，猶當遠之，何足廑聖念乎？」帝爲改容。是年九月，從幸上都，卒，年四十六。贈開誠濟美同德翊運功臣，太師、中書右丞相、開府儀同三司、上柱國，追封冀寧王，謚文忠。

鐵木兒塔識既卒，執政奏：「相位不可久虛。」帝曰：「鐵木兒塔識有兼人之才智，後難爲繼，朕當徐思之。」諸王月尼别使者入見，帝顧謂知樞密院阿直剌曰：「鐵木兒塔識籌邊事皆與朕意合，斯人豈可復得？」因俛首歎息久之，其爲帝所眷如此。子拔都兒，襲領昔寶赤。

達識帖睦邇，字九成。與其兄鐵木兒塔識俱肄業太學，通經史文義，尤善書。由太府監提點，擢治書侍御史，以言事罷。除同知樞密院事，擢中書右丞、翰林學士承旨，遷大司農卿。至正七年，出爲江浙行省平章政事。初，達識帖睦邇父脱脱，浚杭州運河以通舟楫，大爲民利。至是，達識帖睦邇復浚之，父老思脱脱遺愛，爲之感泣。明年，又入爲大司農。九年，除湖廣行省平章政事。沅、靖、柳、桂等路猺賊就撫，達識帖睦邇以賊反覆不可料，奏請置三分省：一治静江，一治沅、靖，一治柳、桂，以左右丞、參政分駐其地，罷靖州路總管府，改立靖州軍民安撫司，設萬户府，益以戍兵。從之。俄召還，復爲大司農。十一年，命與浙東宣慰使泰不華招諭方國珍。十二年，拜河南行省平章政事，旋改淮南行省。達識帖睦邇在淮南數年，帝遣使慰勞，加開府儀同三司。十五年，入爲中書平章政事，又出爲江浙行省左丞相，加金紫光禄大夫。尋兼知樞密院事，許以便宜從事。時江淮盜起，南北阻絶。達識帖睦邇任用非人，賣官鬻爵，視賄之輕重以爲高下，所部郡縣淪陷，亦不以爲意。

十六年，張士誠逼杭州，達識帖睦邇遁走富陽，獨萬户普賢奴嬰城固守。時楊完者屯嘉興，引兵擊敗士誠，達識帖睦邇乃還。完者軍無紀律，所至鈔掠，民怨之。然士誠畏其强，乃遣蠻子海牙以書詐降，達識帖睦邇持不可，完者固勸，乃許之。士誠要王爵，不許，又請授爲三公，達識帖睦邇曰：「三公非有司所得請，我不敢專。」達識帖睦邇言雖持正，然實幸其降，乃授士誠太尉。帝以士誠降，爲達識帖睦邇功，亦加達識帖睦邇太尉。

士誠欲圖完者，達識帖睦邇以完者强娶平章慶童女，亦厭之，乃密與士誠定計，襲殺完者。事具《楊完者傳》。未幾，士誠遂據杭州，自立爲吴王。

其弟士信勒達識帖睦邇移咨省院，自陳老病乞退，又言丞相之任非士信不可。士信乃自爲左丞相，徙達識帖睦邇至嘉興，峻其垣牆錮之。

士誠諷行臺請於朝，實封己爲吴王。御史大夫普化帖木兒不從，索印，又不與，遂仰藥死。後數日，達識帖睦邇聞之，歎曰：「大夫且死，吾不死何爲？」亦飲藥酒死。

伯撒里，至順二年由燕王宫相拜中書平章政事。後至元二年，出爲江西平章政事。盜起海南，遣諸將平之。五年，城西大火，伯撒里登城望拜，反風火息。明日，出私財以振災民，江西爲立惠政碑，進左丞相。至正二十五年，召拜中書右丞相。九月，封永平王。未幾卒。

史臣曰：阿沙不花諫武宗，脱脱責三寶奴，咸不愧大臣之言。然仁宗廢先君之舉，脱脱不諫，亦不免於困辱，蓋前直而後詘者歟？鐵木兒塔識敦崇儒術，爲時名相。達識帖睦邇用張士誠，卒爲士誠所賣，自經溝瀆，何足算哉！

【校勘記】

〔一〕「鐵木兒塔識」，原作「帖木兒塔識」，據正文改。

〔二〕「鐵木兒達識」，下文作「鐵木兒塔識」。《元史》作「鐵木兒塔識」。

新元史卷之二百一〔一〕 列傳第九十八

李孟 敬儼鉉 郭貫 劉正 王毅 高昉

李孟，字道復，潞州上黨人。曾祖執，金末舉進士不第，以行義稱於時。祖昌祚，授金符，潞州宣撫使。父唐，夔州經歷，以歷官秦蜀，徙家漢中。

孟生而敏悟，十歲能文，倜儻有大志。博通經史，善論古今治亂，一時名儒商挺、王博文、魏初等，皆折行輩與交。唐友郭彦，通名知人，語唐曰：「此兒骨相異常，宰輔器也。」至元十九年，四川行省辟爲掾，不赴，調晉原縣主簿，又辭。行臺交薦，亦不就。後以事至京師。中書參知政事楊吉丁一見奇之，薦於裕宗，得召見東宮。未幾，裕宗卒，不及擢用。選授梓潼縣主簿。

成宗即位，命採訪先朝聖政，以備史官紀述。陝西省臣使孟討論編次，奏進之。時武宗、仁宗皆未出閣，徽仁裕聖皇后求名儒輔導，有薦孟宜爲太子師傅，乃召孟侍左右。大德元年，武宗撫軍北方，仁宗留宫中，孟日進格言，多所裨益。詔授太常少卿，執政以孟未嘗一造其門，沮之。改禮部侍郎，命亦中寢。

仁宗侍昭獻元聖皇后居懷州，又如官山，孟常單騎以從，每奏曰：「堯舜之道，孝弟而已。今大兄在朔方，大母居外，殿下當先意承志，以慰親心，則孝弟之道得矣。」仁宗深納其言，有暇輒就孟講論前朝得失成敗及君臣父子之義。後仁宗即位，嘗與羣臣語，握拳示之曰：「所重乎儒者，爲其維持綱常，如此其固也。」帝崇儒重道，實孟啟之。

成宗崩，安西王阿難答與左丞相阿忽台密謀搆亂，右丞相哈剌哈孫、哈剌罕遣使來告，仁宗疑而未行，孟曰：「支子不嗣，世祖之訓也。今宮車晏駕，大太子居萬里之外，宗廟社稷危在旦夕，殿下當奉大母急還京師，以折奸謀，固人心。不然，國事未可知也。」仁宗猶豫未決，孟復進曰：「邪謀既成，以一紙書召還，則殿下母子且不自保，豈暇論宗社乎？」仁宗曰：「先生言乃宗廟社稷之福。」遂奉太后還京師。

時哈剌哈孫稱病堅卧，仁宗遣孟往候之，適皇后使人問疾，絡繹不絶，孟入，長揖而坐，引手診其脈，衆以爲醫者，不之疑。既知皇后臨朝有日，還告曰：「事急矣，先發者制人，後發者制於人，不可不早圖之。」

左右皆不能決，惟曲出、伯鐵木兒與孟同。或曰：「皇后八璽在手，四衛之士一呼而應者累萬，安西王府中從者如林。殿下侍衛寡弱，不過數十人，兵仗不備，赤手而往，事未必濟。不如静守以俟阿合之至，然後圖之未晚也。」阿合，譯言兄，謂武宗也。孟曰：「羣邪背棄祖訓，黨附中宫，欲立庶子。天命人心，必皆不與。殿下入内庭，以大義責之，則凡知君臣之義者，無不爲殿下用，何求而弗獲？清宫禁，以迎大兄之至，不亦可乎？且安西王既正位號，縱大兄至，彼安肯退就藩服？京師必有喋血之禍，宗社危矣。危身以及其親，非孝也；遺禍難於兄，非弟也；得時弗爲，非智也；臨機不斷，非勇也。仗義而動，事必萬全。」

仁宗曰：「當以卜決之。」命召卜人，既至，孟出語之曰：「大事待汝而決，但言吉可也。」入筮，皆九。孟曰：「筮不違人，是謂大同，時不可以失。」仁宗喜，乃上馬。孟及諸臣皆步從，入自延春門，哈剌哈孫自東掖門來就之。至殿廊，收首謀及同惡者悉下於獄，奉御璽北迎武宗，中外翕然。

仁宗監國，授孟參知政事。孟久在民間，知閭閻疾苦，損益庶務，悉中利病，遠近無不悦服。然特抑絶僥倖，羣小多怨之，孟不爲動。事定，乃言於仁宗曰：「執政大臣，當自天子親用。今鑾輿在道，孟未見顔色，不敢冒當重任。」固辭，弗許，遂遁去，隱於許州陘山。

夏五月，武宗即位，有言於帝曰：「内難之初定也，李孟嘗勸皇弟自取，如彼言，豈有今日？」武宗察其誣，弗聽。仁宗亦不敢復言孟。

至大二年，仁宗爲皇太子，嘗侍帝同太后內宴。飲半，仁宗戚然改容，帝顧語曰：「吾弟今日不樂，何所思耶？」仁宗從容起謝曰：「賴天地祖宗神靈，神器有歸。然成今日母子兄弟之歡者，李道復之功爲多，適有所思，不自知其變於色也。」帝友愛，感其言，即命搜訪之。

三年春正月，入見武宗於玉德殿。帝指孟，謂宰執大臣曰：「此皇祖妣命爲朕師者，宜速任之。」三月，特授榮禄大夫、中書平章政事、集賢大學士、同知徽政院事。

仁宗嗣位，真拜中書平章政事，進階光禄大夫，諭之曰：「卿，朕之舊學，其盡心，以輔朕不及。」孟以國事爲己任，節賜與，重名爵。貴戚近臣惡其不便於己，而心服其公，無間言。孟言：「人君之柄，在賞與罰。賞一善而天下勸，罰一惡而天下懲，乃不失所施。若賞罰不足勸懲，何以爲治？」遂奏雪冤死者，復其官蔭；濫冒名爵者，悉奪之；罷僧、道官，使釋、老之徒不敢與有司抗。天下翕然頌之。

仁宗夙知吏弊，欲痛爲刬除。孟進言曰：「吏亦有賢者，在乎變化激厲之而已。」帝曰：「卿儒者，宜與吏氣類不合，而曲相庇護如此，真長者之言也。」時承平日久，風俗奢靡，車服僭擬，上下無章，近臣恃恩，求請無厭。宰相不爲裁制，更相汲引，耗竭公儲，以爲私惠。孟言：「貴賤有章，所以定民志；賜與有節，所以勸臣工。請各爲之限制。」又請停罷土木營繕，帝皆從之。

孟在政府，自視常若不及。每因間請曰：「臣學聖人之道，遭遇陛下，陛下，堯、舜之主也。臣不能使天下爲堯、舜之民，上負陛下，下負所學。乞罷政權，避賢路。」帝曰：「朕在位，必使卿在中書，朕與卿相與終始，自今其勿復言。」賜孟爵秦國公，帝親授印章，命學士院降制。又圖其像，敕詞臣爲之贊，及御書「秋谷」二字賜之。入見，必賜坐，語移時，稱其字而不名。帝常語近臣曰：「道復以道德相朕，致天下太平。」賜鈔十萬貫，令將作爲治第，孟辭不受。皇慶元年正月，授翰林學士承旨、知制誥兼修國史，仍平章政事，賜潞川田二十頃。未幾，請告歸葬其父母，帝餞之曰：「事已速還，毋久留，孤朕所望。」十二月，入朝，帝大悅，慰勞甚至。因請謝事，優詔不允。請益堅，乃命以平章政事議中書省事，依前翰林學士承旨。

二年夏，乞還秦國公印，奏三上，始如所請。帝與孟論用人之方，孟曰：「人材所出，固非一途，然唐、宋、金科舉得人爲盛。今欲興天下之賢能，莫如科舉。又必先德行經術，乃可得真材也。」帝深然其言，決意行之。延祐元年十二月，復拜平章政事。二年春，命知貢舉，及廷策進士，爲監試官。七月，進金紫光禄大夫、上柱國，改封韓國公。四年七月，以衰病不任事，乞解政權，帝不得已從所請，復拜翰林學士承旨、知制誥兼修國史。

延祐七年，仁宗崩，英宗初立，鐵木迭兒復相，以孟不附己，構於太皇太后，盡收前後封拜制命，仍仆其祖父墓碑。降授集賢侍講學士、嘉議大夫，度孟必辭，因中傷之，孟拜命欣然，適翰林學士劉賡來慰問，即與同入院。宣徽使以聞曰：「李孟今日供職，舊例當賜酒。」帝愕然曰：「李道復乃肯俯就集賢耶？」時鐵木迭兒子八爾吉思侍帝側，帝顧謂曰：「爾父謂彼不肯爲是官，今定何如？」由是讒不得行。嘗語人曰：「老臣待罪中書，無補於國，聖恩寬宥，不奪其禄，今老矣，何以報稱！」帝聞而善之。至治元年卒，年六十七。御史累章辯其誣，詔復元官。後贈舊學同德翊戴輔治功臣、太保、儀同三司、上柱國，追封魏國公，謚文忠。

孟宇量閎廓，材略過人。三入中書，中外利弊，知無不言。皇慶、延祐之世，每一政之秕，皆以爲鐵木迭兒所爲，一事之善，必歸之於孟焉。

子獻，字伯徵，由參議中書省事，拜治書侍御史，累遷御史中丞、同知經筵事。

史臣曰：張珪、李孟，俱稱賢相。珪忤鐵木迭兒，至於困辱，孟鑒珪之受禍，逡巡引避，不敢復論其奸。然鐵木迭兒再相，孟亦不免於降黜，是以守道之君子，寧爲珪之直，不爲孟之詘也。

敬儼，字威卿，其先河東人，後徙易州。五世祖嗣徽，金參知政事。父元長，有學行，官至太常博士。

儼，其仲子也。幼嗜學，善屬文。御史中丞郭良弼薦爲殿中知班，受知於月呂魯那演，累辟太傅、太師兩府掾，調高郵縣尹，未赴，選充中書省掾。朱清、張瑄爲海運萬户，以儼典文牘，致厚賂，儼怒拒之。二人後坐事誅，臺省官多以賄連坐，獨儼不與。

大德二年，授吏部主事，改集賢司直。會湖南盜起，丞相哈剌孫遣儼奉詔撫循諸路，宣布恩澤，甚稱帝意。六年，擢禮部員外郎。有以父廕補官者，繼母訴非嫡子，儼察其誣，斥之。

七年，拜監察御史。時中書平章政事伯顏、梁德珪等，並受朱清、張瑄賄，儼劾其黷貨，俱罷去。江浙省臣與憲司相訐事聞，命儼與阿思蘭海牙按其事，議不合，兩上之，朝廷卒韙儼議。七月，遷中書左司都事，扈從上京。有賈人以運餉得官，盜穀數十萬石，主者匿不發，儼徵償其穀，輸於邊。

九年，授吏部郎中，以父病辭。父卒，終喪，復入御史臺爲都事。中丞何瑋與執政有隙，省議欲覈臺選當否。儼曰：「邇者省除吏千餘人，臺臣亦當分別之邪？」語聞，議遂寢。建康路總管侯珪貪縱虐民，儼亟遣官決其事。珪夤緣近倖，奏請原之，命下，已無及矣。除山北道廉訪副使，入爲右司郎中。

武宗即位，湖廣省臣有僞爲警報，馳驛入奏，以圖柄用者，儼面詰之曰：「汝守方面，既有警，豈得離職守？是必虛誕耳！」其人竟以誣奏被斥。民因饑爲盜，有司捕治，皆論死。獄既上，廷議互有從違，儼曰：「民饑而盜，迫於不得已，宜矜貸。」用是減死者甚衆。

至大元年，授左司郎中，擢江南諸道行御史臺治書侍御史。先是，儼以議立尚書省，忤宰相意，適兩淮鹽法久滯，乃左遷儼爲轉運使，欲陷之。比至，首劾場官貪污者，增羨至二十五萬引。河南行省參政來會鹽筴，將以羨數爲歲入常額。儼謂：「鹽户凋弊，以羨爲額，民力將殫；病人以爲己，非大臣事。」事遂止。

仁宗踐阼，召爲户部尚書。廷議欲革尚書省弊政，儼言：「遽罷錢不用，恐細民失利。」不從，以疾辭。皇慶元年，除浙東道廉訪使。錢塘退卒詐服僧衣，稱太后旨，建婺州雙谿石橋。儼命有司發其奸贓，杖遣之，仍奏罷其役。郡大火，焚數千家，儼發廪賑之。取憲司所儲材木及諸路學廪之羨者，建孔子廟。

二年，拜江西等處行中書省參知政事。舊俗：民有争往往越訴於省，吏得緣爲奸利。

儼下令省府，非有司不得侵民，訟事遂簡。延祐元年，詔設科舉，儼薦崇仁吴澂，金陵楊剛中爲考試官。其年冬，移疾退居真州，除江南諸道行御史臺侍御史，不赴。

四年春，詔促就前職，以疾辭。七月，召爲侍御史。十月，遷太子副詹事，御史大夫脱歡答刺罕奏留之。湖廣省臣以贓敗，儼一日五奏，卒正其罪。臺臣有劾罷復職者，御史再劾之，命中書、樞密共議其事。儼曰：「如是則臺綱墮矣。」即帝前奏黜之，因伏殿上，叩頭請代。帝諭之曰：「事非由汝，其復位。」

五年夏四月，拜中書參知政事，臺臣復奏留之，儼亦辭，不允。賜《大學衍義》及所服犀帶。每入見，帝以字呼之曰「威卿」而不名。舊制：諸院及寺監得奏除僚屬。歲久多冒濫，富民或以賂進，有至大官者。儼以名爵當慎，奏請追奪。著爲令。六年，乞病歸，賜衣一襲，遣醫視療。

至治元年，起爲陜西諸道行御史臺中丞，泰定元年，改江南諸道行御史臺，皆不赴。儼年六十五，即告老。四年春，遣使賜上尊，徵爲集賢大學士、榮禄大夫、商議中書省事，儼令使者先返，而挈家歸易州。九月，帝特署爲中政院使，復賜上尊，召之，乃輿疾入見，賜食慰勞，親爲差吉日視事，命朝會日無下拜。

天曆元年，拜中書平章政事，復以老病辭，不從。廷議欲盡戮朝臣之在上京者，儼抗言：「是皆循例從行，無死罪。」衆賴以免。居月餘，傷足，告歸。家居十餘年，痺不能行，猶讀書不輟。臨卒，戒子弟清白自守，無急仕進，衣冠端坐而逝。贈翰林學士承旨、光禄大夫、柱國，追封魯國公，謚文忠。

子自强，禮部員外郎。

儼叔祖鉉與太原元好問同登金進士第，元初爲中都提學，著《春秋備忘》四十卷，仁宗朝命刻其書，行於世。

郭貫，字安道，保定清苑人。父希泰，以孝友知名，嘗營樓居。或謂：「君有弟，可爲二楹，易析居。」希泰謝曰：「兄有即弟有也，奚分爲？」言者嘆服。

貫幼從郝經學，以才行推擇爲樞密中書掾，調南康路經歷，擢廣西道提刑按察司判官。會例格，授濟南路經歷。

至元二十七年，拜監察御史。奉詔分江北沿淮草地，劾淮西宣慰使昂吉兒父子專權，久不遷調，蠹政害民，不報。又言：「江淮之俗，多發掘祖墓，改售於人。合同惡逆定罪，買地人知情者減二等科罪。」刑曹韙其言，著爲令。三十年，僉湖南肅政廉訪司事。

大德初，遷湖北道，言：「四省軍馬以數萬計，征八百媳婦，深入炎瘴萬里不毛之地，無益於國。」不聽。五年，遷江西道，賑恤饑民，有惠政。入爲御史臺都事。八年，遷集賢待制，進翰林直學士。奉詔與遼陽行省平章政事別速合徹里帖木兒鎮撫高麗。十一年，召爲河東廉訪副使。

至大二年，仁宗至五臺山，貫進見，仁宗因問：「廉訪使滅里吉歹何以有善政？」左右對曰：「皆副使郭貫教之。」乃賜貫瑪瑙數珠、金織文幣。入爲吏部考功郎中，遂拜治書侍御史。四年，除禮部尚書。帝親書其階曰嘉議大夫，以授有司。

皇慶元年，擢淮西廉訪使，尋留不遣，改侍御史。俄遷翰林侍講學士。明年，出爲淮西廉訪使。延祐二年，召拜中書參知政事。明年，遷左丞，加集賢大學士。五年，除太子詹事。貫言：「皇太子受金寶已三年，宜行册禮。又輔導之官，早宜選置。」從之。六年，加太子賓客，謁告還家。

至治元年，復起爲集賢大學士，尋致仕。泰定元年，遷翰林學士承旨，不起。至順二年，以疾卒，年八十有二。贈光禄大夫、河南行省平章政事、柱國，追封蔡國公，謚文憲。貫博學，精於篆籀，當世册寶碑額多出其手云。

劉正，字清卿，清州人。初辟制國用使司令史，遷尚書户部令史。至元八年，罷諸路轉運司，立局考核逋欠，正掌其事。大都運司負課銀五百四十七錠，逮繫倪運使等四人，徵之，視本路歲入簿籍，實無所負，辭久不決。正察其冤，檢吏牘，得至元五年李介甫關領課銀文契七紙，適合其數，驗其字畫皆司庫辛德柔所書也。德柔交結權貴，莫敢詰問。正廉得其實，始白尚書省鞫之，於是四人皆得釋。正由是知名。轉樞密院令史，辟中書掾。十四年，分省上都，會諸王昔里吉叛，至居庸關，守者告前有警急，正曰：「吾不往，後至者益怯矣。」馳出關，至上都。邊將請金銀符充戰賞，中書檄工部造給，事後奏聞，帝以爲欺罔，欲詰治。正曰：「軍賞貴速，先造符印而後稟命，非罪也。」帝韙之。

十五年，擢左司都事。時阿合馬當國，與江淮行省阿里伯、崔斌有隙，誣以盜官糧四十萬，命刑部尚書李子忠與正馳驛按其事，獄弗具。阿合馬復遣北京行省參知政事張澍等四人雜治之，竟置二人於死。正乃移疾去官。十八年，徵爲左司員外郎。十九年春，阿合馬併中書左右司爲一，改左右司員外郎。三月，阿合馬敗，和禮霍孫爲右丞相，復爲左司員外郎，謁告歸。九月，中書捕正與參政叵喜魯丁等，偕至帝前，問曰：「汝等皆黨於阿合馬，能無罪乎？」正曰：「臣未嘗阿附，惟法是從耳。」會日暮，車駕還内，俱械繫於闕前。逾數日，姦黨伏誅，復械繫正於拱衛司，和禮霍孫曰：「上嘗謂劉正『衣白衣，行炭穴』十年，可謂廉潔者。」乃免歸。二十年春，樞密院奏爲經歷，擢參議樞密院事。二十五年，桑哥立尚書省，擢爲户部侍郎，遷户部尚書，復移疾歸。

二十八年，桑哥敗，完澤爲丞相，召爲户部尚書，遷參議尚書省事。省罷，仍參議中書省事。湖南馬宣慰庶子因爭廕，誣告其兄匿亡宋官銀，正察其誣，罪之，仍廕其兄。濟南張同知子求爲兩淮運使，正弗與，張作飛語構其事。帝召正詰之曰：「匿銀事在右司，爭廕事在左司，參議乃幕長，寢右而舉左，寧無私乎？」正辨析分明，事遂釋。三十年，御史臺奏爲侍御史，中書省奏爲吏部尚書，已而復留爲侍御史，遷江南行御史臺中丞。

大德元年，改同僉樞密院事，尋出爲雲南行中書省左丞。右丞忙兀突魯迷失請征緬，正以爲不可。俄俱被徵，又極言其不可。不從，師果無功。雲南民歲輸金銀，甸寨遠者，則遣官往徵，人馬芻糧往返之費，歲以萬計。徵收金銀之數，必十加二，而折閲之數如之，其送迎饋贐之數又如之。正首疏其弊，給官秤，俾土司詣官輸納，其弊始革。始至，官儲貝八二百七十萬索、白銀百錠。比四年，得貝八一千七十萬索、金百錠、銀三千錠。七年秋，謝病歸。八年六月，起爲江西行省左丞。冬十月，改江浙。

武宗即位，召爲中書左丞，遷右丞。二年，立尚書省，復謝病歸。

仁宗即位，召諸老臣入議國事。正詣闕言八事：一曰守成憲，二曰重省臺，三曰辨邪正，四曰貴名爵，五曰正官符，六曰開言路，七曰慎賞罰，八曰節財用。仁宗初政，風動天下，正與諸老臣襄贊之力居多。累乞致仕，不許。拜榮禄大夫、平章政事、議中書省事。

時議經理河南、淮、浙、江西民田，增茶鹽課額，正極言不可，弗從。歲大旱，野無麥穀，種不入土，臺臣言：「燮理非人，姦邪蒙蔽，民多冤滯，感傷和氣所致。」詔會議。平章李孟曰：「燮理之責，儒臣獨孟一人，請避賢路。」平章忽都不丁曰：「臺臣不能明察奸邪，以裨時政，可還詰之。」正言：「臺、省一家，當同心獻替，擇善而行，豈容分異耶？」孟不從，竟如忽都不丁言。右丞相帖木迭兒傳旨：「廉訪司權太重，故按事失實，自今不許專決六品以下官。」忽都不丁、李孟議行之，正言：「但當擇人，法不可易也。」事始寢。延祐六年卒。後贈宣力贊治功臣光禄大夫、司徒、柱國，追封趙國公，謚忠宣。

子秉德，官秘書監丞，歷兵、工二部侍郎，出爲安慶路總管；秉仁，以廕爲中書架閣管勾，累官工部尚書，致仕。

王毅，字粟夫，東平汶上人。以大臣薦，累官翰林學士承旨、太子詹事。武宗欲幸壽安山佛寺，毅疏諫止之。仁宗即位，劾鐵木迭兒營私蠹政，伏闕極論之，不報。以親老告歸，用御史臺薦，召還。延祐三年，拜中書右丞。四年，出爲江浙行省右丞，遷中書平章政事。六年，復以親老致仕。仁宗崩，鐵木迭兒復相，誣以徵理錢穀不實，欲奏殺之，英宗不從，始獲免。後卒於家。

初，毅召用時，父玉附詔使奏曰：「臣玉雖老尚健，謹遣毅一心事陛下。」仁宗大喜，特授玉集賢學士，階資德大夫，士論榮之。

高昉，字顯卿，其先遼東人，後徙大名。父昂，朝城尉。

昉美風儀，神觀高朗，涉獵文史，爲經世之學。辟集賢院掾，擢都省掾。平章何榮祖器之，調吏部主事。建言：「仕者歷履歲月，治行無由核實，吏得並緣爲奸。宜書於册，置局司之，每遇遷轉，以爲黜陟。」執政韙其言，著爲令。再遷左司員外郎、郎中。慮囚燕南道，平反冤獄，時論稱之。改吏部郎中，時選授無法，昉請除儒人爲長吏，雜進者貳之，由是選法一清。擢禮部侍郎，奉命按治浙江白雲宗僧尼，凡奪民田廬悉返之，又得賄賂没官者若干萬，浙民大快。遷左司郎中，出爲潭州路總管。奸民有詐稱敕制者，逮繫數百人，昉詳讞之，止坐二人，餘皆釋不問。

武宗即位，召爲同知中政院事，旋拜中書參知政事。至大二年，尚書省立，議更鈔法。昉言：「紙幣已虚數倍，若再抑之，則鈔愈輕，而物愈貴，非法之善也。」時不能用其言，出昉爲江浙行省參知政事。敕範供佛銅器，行省官欲銷庫錢以充其用，昉曰：「歷代錢貨，孰敢擅廢？」未幾，錢、鈔兼行，衆乃服昉有先識。進行省左丞。會平章張驢請括江南民田，昉言：「承平日久，賦税皆有常經，民心一摇，恐生他變。」已而果如昉言，贑州蔡五九等亂作。是延祐元年，召爲中書參知政事，昉以母老乞歸養，帝不允，改集賢學士、商議中書省事。是年，丁母憂。明年，起爲江南行臺侍御史，又拜樞密副使，皆不就。又明年，帝遣使召之曰：「卿以大祥日至，則能爲朕來矣。」昉不敢固辭，既至，入見便殿，即日拜中書參知政事。五年，進右丞。

七年春，帝不豫。鐵木迭而譖於皇太子，言倉庫空虚，命具錢穀大數以聞。昉曰：「某等備位執政，進賢黜不肖，乃其職也。至於錢穀，自有主者。」鐵木迭而益怒。仁宗崩，鐵木迭而遂爲右丞相，以昉及前平章政事王毅、參議韓若愚徵理錢穀不實，請於英宗，欲仿桑哥奏誅執政，殺昉等。賴帝知其無罪，得放還。

泰定初，昉等始獲昭雪，超拜榮禄大夫、湖廣行省平章政事，佩金虎符，節制諸軍。時兩江岑毅、黄聖許等數叛，昉請於朝，以前廣西僉提刑按察司事奥屯忽都魯有威惠，命爲本道安撫使，岑、黄等果相帥歸附。歲餘，改江浙行省平章政事。天曆元年，偕行省臣五人入覲，至陵州，以疾卒，年六十有五。至正中，贈推誠效節秉義佐理功臣、光禄大夫、河南行省平章政事〔二〕、柱國，追封魏國公，謚文貞。

子履，江浙行左右司郎中；恒，河間路總管府治中。

【校勘記】

〔一〕「卷之二百一」，原作「卷之二百零一」。自「卷之二百一」至「卷之二百一十」，原皆有「零」字。本書「卷之一百一」至「卷之一百一十」皆無「零」字，據以統一體例。

〔二〕「河南」，原作「河兩」，據蘇天爵《滋溪文稿》卷一一《元故贈推誠效節秉義佐理功臣先禄大夫河南行省平章政事追封魏國公謚文貞高公神道碑銘有序》改。

新元史卷之二百二　列傳第九十九

張孔孫　張養浩　曹伯啟　王壽　謝讓　吴元珪　暢師文　曹元用

張孔孫，字夢符，其先出遼之烏若部，爲金人所并，遷隆安。父之純，爲東平萬户府參議，夜夢謁孔子廟，賜以嘉果，已而孔孫生，丐名於衍聖公，遂以「孔孫」名之。既長，以文學名，辟萬户府議事官。時太常樂師流寓東平，樂章缺落，止存登歌一章。世祖居潛邸，嘗召樂師至日月山觀之。至是，徐世隆奏請宜增設宫縣及文武二舞，以備大典。因詔世隆爲太常卿，而孔孫以奉禮郎爲之副，肄樂獻於京師。廉希憲居政府，辟爲掾。及安童爲相，尤禮重之，授户部員外郎。出爲南京總管府判官。

時襄樊未下，朝廷急於用兵，孔孫謂越境私販坐罪者動以千數，宜開其自新之路，使效力贖死。朝論采之。遷孔孫僉四川道提刑按察司事，尋擢湖北道提刑按察副使。行部巴陵，縣民龔乙建言興銀冶，衆怒，發其祖墳，燒乙家，死者三人。有司以圖財害命坐之，逮繫三百人，孔孫原情減罪，多所全活。遷浙西道提刑按察副使，改同知保定路總管府事。俄拜侍御史，行御史臺事。

至元二十二年，安童復入相，言於帝曰：「阿合馬顓政十年，迎合者往往驟登顯位，獨劉宣、張孔孫二人恬守故常，終始如一。」乃除宣吏部尚書，孔孫禮部侍郎。尋擢孔孫禮部尚書，改燕南道提刑按察使。二十八年，提刑按察司改肅政廉訪司，仍爲使，拜僉河南江北行中書省事。未幾，除大名路總管，兼府尹。有獻故河堤三百餘里於太后者，孔孫請悉還於民，從之。擢淮東道肅政廉訪司使。泰州民尹執中兄弟誣爲强盜，平反之。召還，拜集賢大學士、中奉大夫，商議中書省事。丞相完澤卒，孔孫與陳天祥同上封事，薦哈剌合孫可爲相。會地震，詔問弭災之道，孔孫條上八事，曰：「蠻夷諸國，不可窮兵遠討；濫官放譴，不可復加任用；賞善罰惡，不可數賜赦宥；獻鬻寶貨，不可不爲禁絶；供佛無益，不可虛費財用；上下豪侈，不可不從儉約；官冗吏繁，不可不爲裁減；太廟神主，不可不備祭享。」帝悉嘉納之，賜鈔五千貫。又累疏言：「凡七十致仕者，宜加一官；丁憂服闋者，宜待起復；宿衛冒濫者，當革之；州郡之職，當遴選久任；達魯花赤，宜量加遷轉。又宜增給官吏俸禄、修建京師廟學、設國子生徒，給賜曲阜孔廟洒掃户。宰相宜參用儒臣，不可專任文吏，故相安童、伯顔、和禮霍孫、廉希憲等各宜贈謚。」

久之，請老，拜翰林學士承旨、資善大夫致仕，集賢大學士如故。大德十一年卒，年七十有五。孔孫善琴，工畫山水、竹石，尤精於騎射云。

張養浩，字希孟，濟南章邱人。幼遇人遺鈔於路，追而還之。十歲自力於學，父母恐其過勤，止之。養浩晝則默誦，夜則張燈竊讀。及弱冠，遂博通經史。按察使焦遂聞之，薦爲東平學正。游京師，上書於平章不忽木，大奇之，辟爲禮部令史，仍薦入御史臺。一日，病，不忽木親至其家問之，四顧壁立，歎曰：「此真臺掾也。」遷中書省掾。選授堂邑縣尹，到官，首毁淫祠三十餘。罷舊盜之參朔望者，曰：「彼皆良民，饑寒所迫，不得已而爲盜耳。既罹於刑，猶以盜目之，是絶其自新之路也。」衆皆感泣。有李虎者，常殺人，聚黨横行爲民害，舊尹莫敢詰問。養浩至，盡寘諸法。去官十年，民猶爲立碑頌德。

仁宗在東宫，召爲司經，未至，改文學，拜監察御史。初議立尚書省，養浩言其不便，既立，又言變法亂政，將禍天下，臺臣抑而不聞。時武宗將親祀南郊，不豫，遣大臣代祀，忽大風，人多凍死。養浩揚言曰：「代祀非人，故天示之變。」大忤宰相意。時省臣奏用御史大夫、中丞，養浩歎曰：「尉專捕盜，縱不稱職，使盜自選〔一〕，可乎？」遂疏時政萬餘言：「一曰賞賜太侈，二曰刑禁太疏，三曰名爵太輕，四曰臺綱太弱，五曰土木太盛，六曰號令太浮，七曰幸門太多，八曰風俗太靡，九曰異端太横，十曰取相之術太寬。」言皆切直，當國者不能容，遂除翰林待制，復構以罪罷之，戒省、臺勿復用。養浩恐及禍，乃變姓名遁去。尚書省罷，始召爲右司都事。遷翰林直學士，改秘書少監。

延祐初，設進士科，以禮部侍郎知貢舉進士。謁見，皆謝之，使閽人告之曰：「但思報國，無以私謁爲也。」擢陝西行臺治書侍御史，改右司郎中，拜禮部尚書。

英宗即位，命參議中書省事。會元夕，帝欲於内庭張燈爲鰲山。即上疏，托左丞相拜住代奏曰：「世祖臨御三十餘年，每值元夕，閭閻之間燈火亦禁，况闕庭之嚴，宫掖之邃，尤當戒慎。今燈山之構，臣以爲所翫者小，所繫者大，所樂者淺，所患者深。伏願以崇儉慮遠爲法，以喜奢樂近爲戒。」拜住袖其疏入，帝大怒，既覽而喜曰：「非張希孟不敢言。」即罷之，仍賜尚服金織幣一、帛一，以旌其直。先一日，御史觀音保等以諫五臺山建佛寺獲罪，翼日養浩疏入，人皆危之，已而竟荷嘉獎，當時以爲殊眷云。後以父老，棄官歸養。召爲吏部尚書，不拜。丁父憂，未終喪，復以吏部尚書召，力辭不起。

泰定元年，以太子詹事丞兼經筵説書召，又辭。改淮東道廉訪使，進翰林學士，皆不赴。

天曆二年，關中大旱，饑民相食，特拜陝西行臺中丞。既聞命，即散家財，與鄉里貧乏者。登車就道，經華山，禱雨於嶽祠。及到官，復禱於社壇，大雨水深三尺，秦人大喜。時斗米直十三緡，民持鈔出糴，稍昏即不用，詣庫换，則易十與五，且累日不可得。養浩檢庫中未毁鈔，文可驗者，得一千八百萬五千餘緡，悉以印記其背，又刻十貫、伍貫爲券，給散貧乏，命米商視印記出糶，詣庫驗數以易之，於是吏弊不行。又率富民出粟，因上章請行納粟補官之令。聞民有殺子以奉母者，養浩聞之大慟，出私錢濟之。到官四月，未嘗家居，夜則禱於天，晝則出賑饑民。以勞遘疾卒，年六十。秦人哀痛如失父母。至順二年，贈攄誠宣惠功臣、榮禄大夫、陝西等處行中書省平章政事、柱國，追封濱國公，謚文忠。著有《三事忠告》三卷，《歸田類稿》十四卷。二子：彊、引。

史臣曰：張希孟以道事君，自度不能行其志，屢徵不起。及聞陝西災，投袂赴之，甘以身殉。孟子有言：「禹思天下有溺者，猶己溺之；稷思天下有饑者，猶己饑之。」推希孟之用心，其庶幾禹、稷乎！

曹伯啟，字士開，濟寧碭山人。弱冠從東平李謙游，篤於問學。

至元中，歷仕爲蘭溪主簿。尉獲盜三十，伯啟以無左驗，未之信。俄得真盜，尉以是黜。累遷常州路推官。豪民黄甲殺人，賂佃客誣伏，伯啟讞得其情，卒論甲死罪。遷河南行省都事、台州路治中。御史潘昂霄、廉訪使王俣交薦，擢拜西臺御史。改都事，請建許衡祠，以表其教士之功。四川廉訪僉事闊闊木以苛刻聞，伯啟劾罷之。

延祐元年，擢内臺都事。遷刑部侍郎。丞相鐵木迭兒專政，一日，召刑曹官問曰：「西僧訟某之罪，何爲久弗治？」衆莫敢對，伯啟徐進曰：「犯在赦前，故不治。」鐵木迭兒怒甚，左丞阿禮海牙曰：「曹侍郎素廉直，某罪誠如所言。」鐵木迭兒怒始解。宛平縣尹盜官錢，鐵木迭兒欲併誅守者，伯啟執不可，杖遣之。八番帥擅殺起邊釁，朝廷已選用代者，命伯啟往詰其事。次沅州，道梗，伯啟恐新帥以兵往，乃遣令史楊鵬與新帥言之，止奏前帥擅殺罪，邊民以安。大同宣慰使法忽魯丁撲運嶺北糧歲數萬石，肆爲欺罔，累贓鉅萬。朝廷遣使督徵，前後受賂，皆庇之。最後伯啟往，其人已死，謂其子弟曰：「負官錢，雖死必徵。與其納賂於人，曷若償之於官？第條汝父所賂之數，官爲徵之。」諸受賂者皆懼，潛歸賂於其子，得鈔五百餘萬緡，以償民之逋負。出爲真定路總管。

延祐五年，遷司農丞。奉詔至江浙議鹽法，罷檢校官，置六倉於浙東、西，設運鹽官，輸運有期，出納有次，船户、倉吏盜賣漏失者有罰。歸報，著爲令。尋拜南臺治書侍御史。

伯啟言：「訟冤一切不問，非風憲定制。」忤御史大夫意，乃自免歸。召爲福建道廉訪使，旋改右司郎中。

英宗即位，遷遼東道廉訪使。時敕建西山佛寺，御史觀音保等以歲饑請緩之，近臣激上怒，遂誅觀音保等。伯啟曰：「主上聰明睿斷，是不可以不諍。」乃劾臺臣緘默，使朝廷有殺諫臣名，帝爲之悚聽。俄拜集賢學士，遷侍御史。有詔同刊定《大元通制》，伯啟言：「五刑者，異五等。今黥杖徒役於千里之外，百無一還者，是一人身備五刑，法當改易。」丞相拜住曰：「御史言是也。」會伯啓除浙西道廉訪使，不果行。

泰定初，告老，碭山人表所居爲曹公里。伯啟爲侍讀學士，考試國子生，首取吕思誠、姚紱〔二〕，後皆爲名臣。雲南僉事范震言：「宰相欺上罔下。」不報，震飲恨死。伯啟具其事，書於國史。真州知州吕世英以剛直獲罪，伯啟白其枉，擢居風憲，士論稱之。其好彰人之善率類此。

天曆中，起伯啟爲淮東道廉訪使，陝西行臺中丞使驛敦遣，伯啟喟然曰：「吾年且八十，尚忘知止之戒乎？」終不起。至順三年卒，年七十九。贈體忠守憲功臣、河南行省左丞、魯郡公，謚文貞。有詩文集十三卷行世。五子：震亨，晉寧縣尹；賁亨，臨江儒學教授；泰亨，福建鹽司經歷；復亨，江南行臺御史；履亨，陝西行臺掾。

王壽，字仁卿，涿州新城人。幼穎敏，嗜學，長以通國文爲中書掾。既而用朝臣薦，入侍裕宗，眷遇特異。

至元十九年，授兵部員外郎。二十二年，擢吏部郎中。以分置尚書省去官。二十八年，罷尚書省。歸中書，復任吏部郎中，以壻康里不忽木柄用，又自免去。明年，授大司農丞，不赴。元貞二年，出爲燕南河北道廉訪副使。大德二年，不忽木爲御史中丞，復棄官歸。三年，授集賢直學士，遷侍讀學士。俄擢御史臺侍御史，論事剴切。

六年二月，召壽代祀江南嶽瀆，密旨：「去歲風水爲災，百姓艱食，凡所經過，採聽入對。」使還，具奏：「民之利病，繫於官吏善惡。今宜選公廉材幹、存心愛物者專撫字，剛方正大、深識治體者居風憲。天災代有，賑濟以時，無勞聖慮。」又奏：「豪右之家仍據權要，宜處於京師，以爲保全之地。」奏入，成宗嘉納之。九年，參議中書省事。十年，改吏部尚書。

十一年，武宗即位，首拜御史中丞。壽與臺臣奏：「宰相位尊任重，不可輕假非人。三代以降，國之興衰，民之休戚，未有不由相臣賢否者。世祖初置中書省，以忽魯不花、塔察兒、線真、安童、伯顔等爲丞相，史天澤、劉秉忠、廉希憲、許衡、姚樞等實左右之，當時稱治，比唐貞觀之盛。迨至阿合馬、郝禎、耿仁、盧世榮、桑哥、忻都等壞法黷貨，流毒億兆。近者阿忽台、伯顔、八都馬辛、阿里等煽惑中宫，幾摇神器。君子、小人已試之驗，較然如此。臣願懲其既往，知所進退，則天下之事可從而理也。」未幾，拜中書右丞，俄復拜御史中丞。至大三年，遷太子賓客、集賢大學士。秋九月卒，年六十。明年，贈銀青榮禄大夫、平章政事、上柱國，追封薊國公，謚文正。

謝讓，字仲和，潁昌人。幼潁悟好學，及壯，推擇爲吏，補宣慰司令史。大兵伐宋，立行中書省於江西，讓以選爲令史，調河間等路都轉運鹽司經歷。先是，竈户在軍籍者，悉除其名，以丁多寡爲輸鹽額，其後多僱舊户代煮鹽，而僱錢甚薄。讓言：「軍户既落籍爲民，當與舊竈户均役。既令代役，豈宜重困？自今僱人，必厚與傭直。」又逃亡户率令見户包納其鹽，由是豪强者以計免，貧弱愈困。讓令驗物力多寡，比次甲乙以均之，民大悦。擢南臺御史。舉湖廣行省平章政事哈剌哈孫可爲御史大夫，山東廉訪使陳天祥可爲中丞，右司員外郎高昉可爲監察御史。劾江浙省臣受詔不敬及不法事，帝遣使雜問，既款服。詔令讓與俱來，人皆危之，讓恬然若無事者。由是臺綱始振。

大德間，立陜西行御史臺，以讓爲都事。凡御史封章及文移，其可否一决於讓。入爲中書省右司都事，遷户部員外郎。時東勝、雲豐等州民饑，乞糴鄰郡。憲司懼販鬻爲利，遏其糴。事聞於朝，讓請罪遏糴者，三州之民賴以全活。四年，授宗正府郎中。擢監察御史，遷中書省右司員外郎，爲湖廣行省左右司郎中。湖廣宣慰使張國紀建言科江南夏税，讓極論其病民事，遂已。遷河南行省左右郎中。是時，江淮戍軍二十餘萬，親王分鎮揚州，皆以兩淮民税給之，不足則漕於湖廣、江西。是歲會計軍餉，缺三十萬石，讓請以淮鹽三十萬引鬻之，收其價鈔贍軍，不勞遠運，公私便之。

至大元年，轉户部侍郎。時京倉主計吏以久雨米壞，請覆糠粃其上，因雜於米中以給内外工人及宿衛者，讓以藁秸易之，奸弊遂除。二年，拜西臺治書侍御史。三年，入爲治書侍御史，未上，改同僉樞密院事，尋拜户部尚書。仁宗在東宫，以讓先朝舊臣，召見，賜卮酒。四年，改刑部尚書。

仁宗即位，加正議大夫，入謝，又賜卮酒，讓痛飲之。帝曰：「人言老尚書不飲，何飲耶？」讓曰：「君賜不敢違。」少頃醉不能起，命扶出之。翼日，讓入謝，帝曰：「老尚書誠不飲也。」初，尚書省臣搆殺鄭阿爾思蘭，籍其家，中外冤之。仁宗即位，省臣皆以罪誅，阿爾思蘭家奴趙一德訟主冤事。下刑部，讓明其無罪，以所籍貲産給還之。詔六部事疑不決者，須讓共議而後上聞。於是户部更定鈔法，禮部議正典禮，讓皆與焉。刑部有文書，讓未署字而誤用印，吏懼，遂私效讓署，事覺，度無損於事，且憐吏以罪廢，視之曰：「吾署也。」其寬厚多類此。

讓上言：「古今有天下者，皆有律以輔治。堂堂聖朝，豈可無法以凖之，使吏任其情，民罹其毒？」帝嘉納之。乃命中書省纂集典章，以讓精律學，使爲校正官，賜青鼠裘一襲、侍宴服六襲。皇慶二年，朝廷以吏事多滯，責曹司按不如程者。令下，讓曰：「刑獄非錢穀、銓選之比，寬以歲月，尚慮失實，豈可律以常法？」乃入白宰相，由是刑曹獨不責稽遲。拜陝西行省參知政事，未幾，拜西臺侍御史。命甫下，詔罷西臺，就拜侍御史。

延祐元年十月，卒於官，六十有六。贈正奉大夫、河南行省參知政事，追封陳留郡公，謚憲穆。子好古，奉政大夫、覆實司提舉。

吴元珪，字君璋，廣平永年人。父鼎，世祖求通書算學者，郡以鼎應命，參議漢地公事，多所全宥。著《農桑輯要》，行於世。官至河北道按察副使，追封壽國公，謚恭惠。

元珪少簡重。至元十四年，世祖召見，命侍左右，授衛經歷，佩金符。十七年，從幸上都，受命取御藥於大都萬歲山。元珪乘傳，未盡一晝夜而至。帝嘉其速，擢樞密都事，遷經歷。嘗從同知樞密院事俺伯進西蕃鎧甲，帝問其制度，元珪應對詳明，帝益奇之。樞密院奏京師五衛、行省萬户府設官有差，均俸禄，給醫藥，設學校，置屯田；多元珪所論建。二十六年，參議樞密院事。時繕修宮城，尚書省奏役軍萬人，留守司主之。元珪亟陳其不便，請立武衛，以留守段禎兼都指揮使，凡有興作，必聞於樞密，從之。尋擢樞密院判官，奏定萬户用軍士八人，千户四人，百户二人，多役者有罰。二十八年，除禮部侍郎，遷左司郎中。三十一年，參議中書省事。時中書徵逋賦不能如額，丞相完澤患之。元珪進曰：「此前政之失，今當明言其故，蠲之。」乃依元珪議入奏。

大德元年，拜吏部尚書。選曹銓注，多私其鄉里，元珪力矯之，時論推其公允。累遷工部尚書。河朔連年水旱，五穀不登，元珪言：「《春秋》之義，以養民爲本，凡用民力者必書。蓋民力息則生養遂，生養遂則教化行而風俗美。」宰相韙其言，土木之工稍爲休息。六年，僉河南行中書省事，將行，拜江浙行省參知政事。初，朱清、張瑄徧以金幣賂當道，及敗，具籍受賂者姓名，惟元珪一無所染。

武宗即位，由僉樞密院事拜樞密副使。詔議政中書，若惜人力、嚴選舉、節財用、定律令、謹賞罰、建科舉、課農桑、汰冗員、易封贈，皆切於世務者。初，詔發軍萬人屯田稱海，海都之亂，被俘者衆。至是，來歸者饑寒不能存，至鬻妻子以活。元珪奏其事，詔賜錢贖之。帝在軍中，聞元珪名，至是特加平章政事，賜白金二百五十兩、只孫衣四襲。

仁宗即位，詔元珪與十六人議時政。皇慶元年，出拜江浙行省左丞。江淮漕臣言：「江南殷富，蓋由多匿腴田，若再行檢覆之法，當益田畝累萬計。」元珪曰：「江南之平幾四十年，户有定籍，田有定畝，一有動摇，其害不細。」固争月餘，不能止，移疾去。召拜樞密副使。延祐元年，出爲甘肅行省左丞。歲餘，召還，使宣撫遼陽諸路。復爲樞密副使，召見嘉禧殿。帝曰：「卿先朝舊臣，宜在朕左右。」特加榮禄大夫，賜鈔五千緡，貂裘二襲。元珪奏曰：「昔世祖限田四百畝以給軍需，餘田悉供賦税。今經理江淮田畝，第以增多爲能，有司頭會箕斂，俾元元之民困苦日甚，臣恐變生不測，非國之福也。」由是軍田始遵舊制。

英宗即位，元珪與知樞密院事帖木兒不花上言：「諸王、貴近不可干軍政，將校不可侵漁軍户，軍官之材者當遷用之，有司賦軍民役宜均一，軍官襲職宜傳適嗣。」帝並嘉納之。元珪以年老致仕。至治二年，起商議中書省事。三年，卒。泰定元年，贈光禄大夫、河南等處行省平章政事、上柱國，追封趙國公，謚忠簡。三年，復加推誠佐理功臣，光禄大夫、大司徒。

元珪從弟元瑜，集賢直學士，亦有時名。子復，太廟署令。

暢師文，字純甫，其先開封人，後徙河南洛陽。父訥，有時名，著《地理指掌圖》，仕於金爲省掾。

師文幼警悟，家貧，借書手録，過目不忘。弱冠謁許衡，與衡門人姚燧、高凝友善。至元五年，陳時政十六策，丞相安童奇其才，辟爲右三部令史。從丞相伯顔伐宋，編《平宋事蹟》，上於朝。十四年，除東川行樞密院都事。

十六年，安西王承制改四川北道宣慰司經歷。尋除承直郎、潼川路治中。辟王朝綱、韓伯昌等爲掾吏，後皆至達官。修府舍，發地得銀五十錠，同僚分師文十錠，不受，以修廟學，餘爲酒器給公用。十九年，承制改同知保寧路事。二十二年，僉西蜀四川道提刑按察司事。

二十三年，拜監察御史。詔曰：「暢純甫不貪，佳士也。其令與玉昔帖木兒爲友。」師文糾劾不避權貴，臺綱肅然。二十四年，遷陝西漢中道巡行勸農副使，置義倉，教民種藝法。二十八年，改僉陝西漢中道提刑按察司事。時更提刑按察司爲肅政廉訪司，就僉本道肅政廉訪司事。興元軍監貪婪，師文得其贓證，奏決之。

三十一年，徙山南道。時副使爲高克恭，移文言不可居師文上者有三：「一，師文官五品，先克恭十餘年；二，從伯顔平宋者皆取富貴，獨師文貧苦，無異寒士；三，克恭兄事師文，今官居其上，實不自安。」即日辭職去，時人兩賢之。松滋、枝江有水患，歲發民防隄，往返數百里，苦於供給，師文悉罷其役。駙馬亦都護家人怙勢不法，師文杖而流之。

大德二年，改山東道。入爲國子司業。七年，出爲陝西行中書省理問官。始至，決滯獄三百餘事，凡强悍恃勢，官不能制者，皆置於法。頃之，以病歸家居。九年，擢陝西漢中道肅政廉訪副使，又以病不赴。十年，改太常少卿，轉翰林侍讀學士、朝請大夫，知制誥同修國史。

至大元年，修《成宗實録》，賜鈔一百錠，不受。二年，加少中大夫。三年，請補外任，除太平路總管。時大旱，師文捐俸禱雨，不數日，澍雨降，遂爲豐年。當塗人坐殺牛祈雨，逮繫六十餘人，師文憫而出之。

皇慶二年，復召爲翰林侍讀學士、中奉大夫，知制誥同修國史。除燕南河北道肅政廉訪使，以病去官。延祐元年，徵拜翰林學士、資德大夫，行至河南，復以病歸襄陽。四年秋八月，聘校河南鄉試。歸，卒於襄縣傳舍，年七十一。泰定二年，贈資政大夫、河南江北等處行中書省左丞、上護軍，追封魏郡公，謚文肅。後至元八年，加贈推忠守正亮節功臣。子篤，江南道廉訪副使。

曹元用，字子貞，世居東阿縣，後徙東平汶上。元用資禀俊爽，幼嗜書，每夜讀書，常達曙不寢。父憂其致疾，乃以衣蔽窗，默觀之。始以鎮江路儒學正考滿，游京師。翰林承旨閻復於四方士少所許可，及見元用，出所爲文示之，元用輒指其疵，復大奇之，因薦爲翰林國史院編修官。即論史官多不稱職，請較試，取其優者用之。御史臺辟爲掾史。元用初不習吏事，而論事明決，吏反師之。轉中書省右司掾，與清河元明善、濟南張養浩同時號爲「三俊」。除應奉翰林文字，遷禮部主事。時累朝皇后無謚，元用言：「后爲天下母，豈可直稱其名？宜加徽號，以彰懿德。」改尚書省右司都事，轉員外郎。

延祐六年，授太常禮儀院經歷。英宗躬修祀事，其親祀、儀注、鹵簿、輿服之制，皆元用所裁定。初，太廟九室合饗於一殿，仁宗崩，無室可祔，乃於武宗室前結彩爲帖殿。英宗召禮官集議，元用言：「古者宗廟有寢有室，宜以今室爲寢，更營大殿爲十五室。」帝韙之。授翰林待制，遷直學士。

至治三年八月，鐵失弑英宗，賊黨赤斤鐵木兒至京師收百司印，趣召兩院學士北上。元用獨不行，曰：「此非常之變，吾寧死不可曲從。」未幾，賊果敗，人皆稱其有識。

泰定二年，授太子贊善。轉禮部尚書兼經筵官。及大朝會，爲糾儀官，申卷班之令，俾以序退。又謂太醫、儀鳳、教坊等官，不當序正班，宜自爲一列，後皆行之。夏，帝以日食、地震、星變，詔議所以弭災者。元用謂：「應天以實不以文，修德明政，應天之實也。宜撙浮費，節財用，選守令，恤貧民，嚴禋祀，汰佛事，止造作，以紓民力，慎賞罰以示勸懲。」皆切中時弊。又論科舉取士之法，當革冒濫，嚴考覈，俾得真才之用。議上，時論稱之。拜中奉大夫、翰林侍講學士，兼經筵官，預修仁宗、英宗兩朝《實録》，又奉旨纂集甲令爲《通制》，譯唐《貞觀政要》爲國語。凡大制誥，率元用之筆。

文宗時，草寬恤之詔，帝覽而善之，賜金織文錦。天曆二年二月，遣祀曲阜孔子廟，還，以孔子爲司寇像及《代祀記》獻，帝甚説。是年八月，太禧宗禋院副使缺，中書奏以元用爲之，帝不允，曰：「此人翰林中所不可無者，將大用之。」會卒，帝嗟悼良久，謂侍臣曰：「曹子貞盡忠宣力，今亡矣，可賜賻鈔五千緡。」贈正奉大夫、江浙等處行中書省參知政事、護軍，追封東平郡公，謚文獻。有詩文四十卷，號《超然集》。二子：偉、儀。偉，官大興縣尹。

【校勘記】

〔一〕「自選」，原作「目選」，據《元史》卷一七五列傳第六十二《張養浩傳》改。

〔二〕「姚紱」，原作「姚綬」，據《元史》卷一七六列傳第六十三《曹伯啟傳》改。

新元史卷之二百三　列傳第一百

王利用　劉事義　郭明德　馬煦　韓若愚　尉遲德誠　劉德温　吴鼎　劉潤　陳端　卜天璋　王艮　吴恭祖　宋崇禄

王利用，字國賓，通州潞縣人。遼贈中書令籍之七世孫，高祖以下皆仕金。利用幼穎悟，弱冠與魏初同學，遂齊名。初事世祖於潛邸，中書省辟爲掾，辭不就。中統初，命監鑄百司印。歷太府内藏官，出爲山東經略司詳議官。遷北京奥魯同知，歷安肅、汝、蠡、趙四州知州，入拜監察御史。薊州有禁地，民不得射獵其中，邏者誣州民冒禁，籍其家。利用糾之，邏者訴於上，利用辯愈力，卒以所没入悉歸之民。擢翰林待制，兼興文署。奉命程試上都、隆興等路儒士。遷直學士，與耶律鑄同修《實録》。出爲河東、陝西、燕南三道提刑按察副使，四川提刑按察使。都元帥塔海抑巫山縣民數百口爲奴，民屢訴不決，利用承檄覆問，盡出爲民。

大德二年，改安西、興元兩路總管。在興元，減職田租額，站户之役於他郡者悉除之。

有婦毒殺其夫，問藥所從來，吏教婦指爲富商所貨。獄上，利用曰：「家富而貨毒藥，豈人情乎？」卒雪其冤。未幾，致仕，居漢中。武宗即位，起爲太子賓客，首以切於時政者疏上十七事，曰：「謹畏天戒，取法祖宗，孝事母后，敬奉至尊，撫愛百姓，敦本抑末，清心聽政，寡欲養身，酒宜節飲，財宜節用，有功必賞，有罪必罰，杜絶讒言，求納直諫，官職量材而授，工役相時而動，近侍時赴經筵講讀經史。」帝及皇太子皆嘉納之。皇后聞之，命録别本以進。利用以老病不能朝，帝遣醫診視之。利用謂弟利貞、利亨曰：「吾受國厚恩，愧不能報，死生有命，藥不能爲也。」遂卒，年七十七。

利用每自言平生讀書，深得力於「恕」字。廉希憲，當時名相，簡重，慎許可，嘗語人曰：「方今文章、政事兼備者，王國賓其人也。」仁宗即位，以宫僚舊臣，贈榮禄大夫、柱國、中書平章政事，追封潞國公，謚文貞。

劉事義，字伯宣，濟南鄒平人。曾祖信，其母失明，信日汲井水浸舌舐之，月餘遂愈，人謂孝思所感。祖震，有學行，爲嚴實行臺令，實雅重之。後擢鄒平縣詳議官，又改監本府税。父璧，京畿都漕運司知事，遷經歷。時漕司贓私狼籍，至以空鑰相授受，璧盡革其弊，冒濫無所施，時論稱其廉敏。累擢建德路推官，卒。

事義少好學，鯁亮有風概。由禮部掾，辟中書省掾。時當國者遇下嚴，掾吏多罹刑辱，事義以勤慎，獨無所及。出爲大都酒課副提舉，遷禹城縣尹。有訟，庭決之，蠹吏斂手，不得爲奸利。産嘉禾，一莖九穗，民勒德政碑紀之。遷遼陽行省左右司都事。

累擢監察御史。先是，山東宣慰使樂實暴横，事義尹禹城時，知其惡。及爲御史，發其奸狀以聞，卒按誅之。未幾，轉中書省右司都事，改秘書少監。執政以秘書散局，非事義所宜，復奏授兵部郎中，階中順大夫。又以大都宣課提舉司所入多不實，命事義監之，税課果增倍蓰，賚銀幣有差。遷太中大夫、浙西廉訪副使，改兩浙鹽運使，以病去官。起爲陝西行臺治書侍御史，改嘉議大夫，湖南廉訪使。

至治三年，拜江南行臺治書侍御史。晉中奉大夫，改陝西行臺侍御史，又拜陝西行省參知政事。卒，年六十七。

郭明德，字德新，中山無極人。至元初，大兵圍襄陽，募民兵。明德應募中選，縣尹馮岵試以策論，署爲總管府掾。從討乃顔，擢斷事官知事。

大德初，累遷工部員外郎。五年，京師大水，蘆溝河決牙梳堰，中書省檄明德塞之，伐荆爲巨囷，實石於中，以殺水勢，堤遂固。六年，叛王海都入寇，拜宣慰副使，上疏陳邊備曰：

安邊之策，務在屯田積穀，且耕且戰。今兵屯北邊，運米一石，值中統鈔百餘貫，使山後每歲有秋輸米者，僅可供一歲之用。苟或不然，利害非細。今和林之北，地宜麥禾，農器所在有之，京師六衛，每年抽步兵二人屯田，可供八人之食。和林寒苦，非漢軍所能堪，若於蒙古諸軍揀其富强者戍邊，貧弱者教之稼穡，俟其有成，如漢軍法以相資養。和林之錢或不足償，以江浙鹽引償之，則數萬之粟可坐而致矣。此外別立轉運，買牛萬頭、車一萬兩，用兵四千人，月給米三斗。自大同至和林，止四千里。百里置一驛，用兵百人、車五百兩，配牛五百頭，可運米二千五百石。三日一返，一月運米二萬五千石，何患軍需之不足也？

又曰：

海都之衆，不及國家百分之一，反能爲患，何哉？號令不專，人心不一，機會失宜故也。中統初，令宗王征李璮，出金銀符數十，賞有功者，矧今日邊防，非璮可比。若仍前制授之將帥，使賞罰明信，則士卒可倍其勇，何有於克敵乎？

又曰：

守邊之道，必當高城深塹。今沿邊無城堡，欲屯田積粟以備敵，是委肉於虎也。近年兵少失利，以應固守之地，逡巡引退千有餘里，致令敵人深入。今當規度敵所必由之路，或五十里，或百里，各築一城，俟秋熟則貯芻粟於中，分兵屯守。如敵來攻，各城抽兵救之，則我有守備之資矣。

廷議韙之。

未幾，謝病歸。復起爲左司都事，進拜同僉樞密院事。至大元年卒。年六十一。

馬煦，字得昌，磁州滏陽人。父和，磁州提領勸農官。煦幼從鄉人楊震亨學，與兄曙、弟昕並有時名。

至元初，辟御史掾。十五年，拜行臺監察御史。時行省官私籍良民爲奴至萬餘家，莫敢詰問，煦按籍還之。軍興，運餉者匿粟五萬石，以覆溺爲辭，煦劾其侵冒，時論稱之。秩滿，僉江西提刑按察司事。

二十二年，除荊湖行省員外郎。改瀘州同知。宋亡，正江南户口版籍，期限嚴急，民多驚擾。煦令州民以紙疏丁口、産業之實，揭門外，遣吏取之，即日事竣。

二十六年，遷江淮行省理問官。擢江西行省郎中。值行省復爲中書，盡去尚書舊吏，獨留煦一人。先是，尚書省以聚斂病民，擇甲户主倉庫，歲滿，往往償累負至破産。煦曰：「富民狃於安逸，不敗何待？宜以精强吏代之。」著爲令，由是倉庫官無累負，吏更以年勞進用。

元貞元年，改山南道廉訪副使。三遷爲中書左司郎中。大德六年，出爲濟寧路總管。至大元年，移湖州路，富商傭舟師至他郡，溺死。其妻訟商殺其夫，吏索商賄，不與，誣商抵罪。又豪客毆人至死，納井中，賄吏以溺聞。煦皆平反其獄。胡安定墓奪於浮屠，煦還葬高原，爲立祠，置守冢三家。哈剌哈孫爲行省丞相，雅敬煦，使其子師事之。三年，召拜刑部尚書。

延祐三年，以户部尚書致仕。是年卒，年七十三。

兄曙，河南儒學提舉。弟昕，國子助教。

韓若愚，字希賢，保定滿城人。由武衛府史授通惠河道所都事，開河有功，賜錦衣一襲。遷留守司都事，尋升經歷，出知薊州，改中書左司都事。時監燒昏鈔者，欲取能名，概以新燒鈔爲僞鈔，使管庫者誣服。獄既具，若愚知其冤，覆之，得免死者十餘人。遷刑部郎中、提舉諸路寶鈔庫，擢吏部郎中。

仁宗即位。故事：凡潛邸官不次遷轉。若愚以歲月定其資品，遂著爲令。皇慶元年，遷内臺都事。改刑部侍郎，尋擢中書左司郎中。時議禁民田獵，犯者抵死。若愚曰：「昔齊宣王之囿，方四十里，殺其麋鹿者如殺人之罪，孟子非之。」衆以爲然，遂改從輕律。參政曹鼎新辭職，帝曰：「若效韓若愚廉勤足矣，何辭爲？」繼命若愚參議中書省事。

鐵木迭兒爲右丞相，以憎愛進退百官，恨若愚不附己，羅織以事。帝知其枉，不聽，拜户部尚書。延祐六年，命理河間等路囚，輕重各得其情。復拜參議中書省事。鐵木迭兒再入相，以舊憾誣若愚罪，欲殺之，帝不從。復奏奪其官，除名歸鄉里。至治三年，詔雪其冤。

泰定元年，命復官，尋拜刑部尚書，遷湖廣行省參知政事。未行，改詹事丞。八月，命宣撫江浙，留爲侍御史。時左丞相倒剌沙擅威福，以事誣侍御史亦憐真等下獄，無敢言其冤者。故事：朝廷重臣必爲御史大夫。若愚乃奏請以左丞相倒剌沙爲御史大夫，事遂解。三年，擢浙西廉訪使，未行，拜河南行省左丞。

從文宗平内難，進資政大夫。天曆三年，遷淮西江北道廉訪使。九月卒，年六十八。贈資德大夫、江浙等處行中書省左丞、上護軍，追封南陽郡公，謚貞肅。

尉遲德誠，字信甫，絳州人。祖天澤，仕金爲庫官。郡王帶孫拔絳州，天澤降，道見兵死者，輒收瘞之。帶孫令佩金符，授霍州御衣局人匠總管。父鼐，潞州知州。

德誠歷官太子率更丞，至大元年，改詹事院都事。二年，遷家令司丞。仁宗以爲謹恪，常賜酒帛。數薦士，出則未嘗語人。擢家令。四年，選爲河東山西道宣慰司同知，上計京師，入見，帝方食，賜以餕餘。擢工部尚書，未拜，改陝西行臺治書侍御史。

延祐元年，遷京畿都漕運使。二年，拜遼東道肅政廉訪使，上疏條時政，曰：「勞諸王以篤宗親，防出入以嚴宮禁，立諫官以遠讒佞，崇科舉以求人材，立常平以備荒年，汰僧道以寬民力，舉賢良以勵忠孝，抑奢侈以厚風俗。」及拯鈔法、裁冗官等事。未報而卒，年五十三。

劉德温，字純甫，大都大興人。初爲中書省宣使。大德十一年，以年勞，授内宰司照磨，監建興聖宫，調掌儀署令。未幾，擢内宰司丞，奉中旨，徵河南逋糧，德温平其價，使民輸鈔以償，民便之。轉延福寺丞，代祀岳瀆。

遷同知大都路總管府事。輦轂之下，供億浩繁，德温措置有方，民以不擾。累擢同知上都留守司事。省檄和糴，民恐不償其值，彼此觀望，德温下令曰：「糧入價出，吏敢爲弊，罪不赦。」於是不逾期而糧集。

轉大司農丞，德温以耕藉之儀未備，欲考據典禮，集爲一書，未畢，出爲永平路總管。灤、漆二水爲患，有司歲發民築堤，德温曰：「流亡始集而又役之，是重困吾民。」遂罷其役，然水亦不復至。

永平，古孤竹國。元初，郡守楊阿台請於朝，謚伯夷曰清惠，叔齊曰仁惠，爲廟祀之。至是，德温復奏請春秋具牢禮致祭。著爲令，賜廟額曰「聖清」。至順四年卒，年六十九。贈正議大夫、禮部尚書、上輕車都尉，朝城郡侯，謚清惠。

吴鼎，字鼎臣，大都大興人。至元十七年，見裕宗於東宫，命入宿衛。二十五年，授織染雜造局總管府副總管。後積官至禮部尚書、宣徽副使。大德十一年，山東諸郡饑，詔鼎往賑之。朝廷議發米四萬石，鈔千錠折米一萬石，鼎謂同使者曰：「民得鈔，將何從易米？」曰：「朝議已定，恐不可復得。」鼎曰：「人命豈不重於米耶？」言於朝，卒從所請。

至大元年，改正奉大夫、保定路總管。時皇太后欲幸五臺，言者請開保定西五迴嶺以取捷徑，遣鼎相視地形、計工費，鼎言：「荒山斗入，人跡久絶，非乘輿所宜往。」還報，太后喜，爲寢其役。

三年，召授資善大夫、同知中政院事。兩浙財賦隸中政者鉅萬計，前往者率多取其羸，鼎治之，一無私焉。朱清、張瑄多貸與民錢，其後清、瑄誅没，而券之已償者亦入於官。官惟驗券徵理，民不堪命。鼎力爲辯白，始獲免。四年，改京畿漕運使。皇慶二年，復命僉宣徽院事。四月，進資政大夫、崇祥院使。延祐三年，卒，年五十三。贈榮禄大夫、平章政事、柱國，追封薊國公，謚孝敏。

劉潤，字澍甫，河間鹽山人。辟吏部掾，累遷工部主事。武宗城中都，事訖，賜銀勞之，辭不受。擢奉訓大夫、工部員外郎。至大三年，改奉議大夫、同提舉萬億廣源庫。潤曰：「世謂管庫之任易致汙累，苟無所私，適足以昭吾潔耳。」任事數年，無毫髮之浼。時吏部銓選，訟不平者衆，吏至不敢夜行。執政奏潤爲吏部主事，人咸服其公允。

延祐二年，遷朝列大夫、遼陽行省左右司郎中。先是，惠州民孫讓殺人，賂長吏爲誤殺，由赦得出。潤廉知其事，移官覆訊，論如律。方旱而雨，人謂決獄所感。五年，晉中順大夫、大都路同知，俄拜監察御史，改工部侍郎。明年，又拜左司郎中，出爲山東都運鹽使。至治二年，卒，年五十八。

子榮祖，保定路總管府判官；光祖，樞密院掾。

陳端，字正卿，汴梁原武人。由掾吏累遷工部員外郎，擢左司都事，占對詳敏，成宗大器之，敕中書省凡奏事必與陳都事俱。端姿容白晳，帝稱爲察罕細立篤必闍赤，譯言白晳掾也。俄遷户部郎中，出爲大名路治中，有能名。仁宗爲皇太子，雅知端，擢湖廣行省郎中，階奉政大夫。延祐二年，以朝散大夫，同僉徽政院事。三年，拜吏部尚書。四年，擢中書參知政事。

英宗即位，出爲湖廣行省參知政事，進中奉大夫。至治元年，奉旨理算鹽政於海南、北兩道。二年，又理算市舶於泉州。入爲集賢侍讀學士。泰定元年，拜同知宣政院事。二年，引疾歸。起爲四川行省左丞，固辭，士論賢之。卒於家。子士杞，唐州知州。

卜天璋，字君璋，河南洛陽人。

父世昌，仕金爲河南孔目官，憲宗南征，率衆款附，授鎮撫，統民兵二千户，擢真定路管民萬户。憲宗六年，籍河北民徙河南者三千餘人，俾專領之，遂家於汴。

天璋幼穎悟，長負直氣。至元中，爲南京府史。時河北饑民數萬人集河上，欲南徙，詔令民復業勿渡，衆洶洶不肯還。天璋慮其生變，勸總管張國寶聽其渡，國寶從之。河南按察副使程思廉察其賢，辟爲憲史，後爲中臺掾。有御史發侍御史奸贓，天璋主文牘，未及奏，反爲所譖，俱拘内廷。御史對食悲哽，天璋問故，御史曰：「吾老，唯一女，心憐之，聞吾繫，不食數日矣，是以悲耳。」天璋曰：「死職，義也，奈何爲兒女子泣！」御史慚謝。俄見原免。

大德四年，爲工部主事。蔚州有劉帥，豪奪民産，吏不敢決。省檄天璋往詢之，田竟歸民。五年，以樞密副使闇伯薦，授都事，引見，賜錦衣、鞍轡、弓刀。後以扈從勞，加奉訓大夫，賜侍燕服二襲。秩滿，當代，樞密院奏留之，特以其代者爲增員。

累遷刑部郎中。時盜賊充斥，吏議犯者并家屬咸服青衣巾，以別民伍。天璋曰：「赭衣塞路，秦弊也，尚足法耶！」有告諸王謀不軌者，敕天璋訊正之，賞賚優渥〔一〕。尚書省臣得罪，仁宗召天璋入見。時興聖太后在座，帝指曰：「此不貪賄卜天璋也。」因問：「今何官？」天璋對曰：「臣待罪刑部郎中。」復問：「誰所薦者？」對曰：「臣不才，誤蒙擢用。」帝曰：「先朝以謝仲和爲尚書，卿爲郎中，皆朕親薦也。卿宜奉職勿怠。」即以中書刑部印章付之。既視事，入覲，賜酒隆福宮，及錦衣三襲。後被命治謀反獄，帝顧左右曰：「君璋廉慎人也，必得其情。」已而天璋察其冤誣，果爲平反。

皇慶初，出爲歸德知府，時羣盜據河津渡，商旅不通，天璋擒百數人，悉磔以狥，盜爲止息。擢浙西道廉訪副使，到任閱月，以更田制，改授饒州路總管。天璋既至，聽民自實，事無苛擾，民大悦，版籍爲清。省臣妄作威福，郡縣争賂之，覬免譴，獨饒州賂不至，省臣銜之，將中以危法，求其罪無所得。縣以饑告，天璋命發廩，僚佐持不可，天璋曰：「民饑如是，必俟得請而後賑，民且死矣。」竟發廩賑之。以治行第一，遷廣東廉訪使。先是，豪民瀕海築堰，停商舶以射利，官得賂，置不問，天璋至，發卒决去之。嶺南地素無冰，天璋至，始有冰，人謂政化所致云。尋乞致事。

天曆二年，拜山南廉訪使。是時穀價翔湧，乃下命勿損穀價，聽民自便。於是舟車爭集，米價頓減。復止憲司贓罰庫緡錢，留賑饑。御史至，民遮道稱頌。會詔三品官言時政得失，因列上二十事，凡萬餘言，目之曰《中興濟治策》，因自引去。既歸，以餘禄施其族黨，家無甔石。至順二年，卒。贈通議大夫、禮部尚書、上輕車都尉，河南郡侯，謚正獻。

王艮，字止善，紹興諸暨人。由廉訪司書吏調盧州録事司判官，淮東宣慰使司辟爲令史。詔遣都水監浚運河，艮從宣慰副使之鹽城。有司部夫役三千人，束手以候都水之來，艮言，不宜坐縻廪食，促令興工。立法：每十夫，一治爨，九操畚鍤。比都水至，河可行舟者已四十五里，自新興、五祐兩場屬於高郵，次第訖功。他州役尚未定，乃準艮法行之。

累遷江浙行省掾史。會復立市舶司，艮建言：「買舊船以付船商，則費省而工易集。」從之，省官錢五十餘萬緡。再遷兩浙都轉運鹽使經歷。紹興路總管王克敬以民苦計口食鹽，言於行省，未報，克敬遷轉運使，議減額以紓民力。沮之者皆謂：「有成籍，不可改。」艮毅然曰：「民實寡，而多賦之，今逃亡已衆，猶據成籍而輕棄民命乎？且均其賦於商旅，何不可之有？」於是歲減鹽額五千六百餘引。丁憂歸，服闋，擢海道漕運都萬户府經歷。

累遷江浙行省檢校官。有訟松江瞿氏包隱田土爲糧一百七十餘萬石，沙蕩爲鈔五百餘萬緡，請立行大司農司營田水利總管府以收之。中書移行省，議遣使者覈其地。松江地占十九，艮至松江，七日而歸，具言：「奸人之意，不過欲多椿田蕩鈔，以竦朝廷之聽，而報宿怨耳。萬一民心搖動，變生不測。願國家培養根本，爲長治久安之計。」行省以艮言上中書，事遂寢。

遷廣州市船司提舉，擢江西行省左右司員外郎。安福州奸吏誣州民詭寄田租九十餘石，官按驗，知其虛誑，猶勒民具報合徵糧六百餘石。艮言於行省，悉蠲之，州民感頌，相率立生祠祀之。未幾，以中奉大夫、淮東宣慰副使致仕。至正八年卒，年七十一。子仲揚，如皋縣主簿；仲至，福建宣慰司令史；仲淮，大寧路儒學正。

吴恭祖，字景莊，孟州河陽人。祖益，以醫術侍世祖左右。恭祖年十八，近臣也里失班、賀伯顔引見，帝一見奇之，曰：「是兒不類漢人。」賜名忙古艀，命直宿衛。至元二十九年，徹里出爲福建行省平章政事，奏請以恭祖爲理問官，大德二年，遷台州路治中，换衢州。至大二年，擢中順大夫、福寧州尹，以廉平聞。累遷興化路總管，丁憂。泰定二年，起爲汀州路總管。初至，吏以空牘請署，恭祖署訖，覺之，取而納於佩囊。吏愕然，謂必不免笞，已而恭祖竟不問，由是吏悦服，不忍爲欺。地瘠，官仰廩爲往返之資，率不問豐歉，責成數於民，民苦之。恭祖下令，田租視歲事登耗，無額，民皆感頌。

至順初，改福州路總管。富民鄭氏素恣睢，恭祖逮置於法。有行省掾，素嗛鄭，數風示恭祖論鄭死，恭祖執法不從。掾讒於行省，責恭祖縱弛，恭祖太息曰：「總管司一路之平，刑罰宜當其罪。彼雖惡人，其罪止於是而已，何可加耶？」命吏抱案牘詣行省，具白其事，省臣悦服，稱恭祖平允焉。未幾，謝病歸。後至元五年卒，年七十。至正四年，特贈兵部尚書、上輕車都尉，追封渤海郡侯，謚正肅。

宋崇禄，字壽卿，滑州白馬人。幼爲左丞何瑋所知，由中書掾除同知樂平州事，以決斷稱，凡他縣難決之獄，皆屬之。出松江民匿田租四萬五千餘石，以活常州饑民。正饒州貧民代大姓輸田租，民尤頌之。調處州路推官，擢浙江行省都事。入爲户部主事，升員外郎，節省金穀以百萬計，御史臺奏爲都事。因檢察省部事，爲省臣所怒，以文法中傷之。

既而事白，擢燕南道廉訪副使，賜文綺。黜郡縣吏之不法者，甚有能名。遷潭州路總管，三月決九百餘事。改都漕運使，潭民詣闕留之。拜江南行臺治書侍御史，改山南道廉訪使。入爲户部尚書，丁母憂。服除，授四川、江西廉訪使，皆以疾辭。起爲陜西行臺治書侍御史，進侍御史。延祐初，行限吏之法，崇禄請展至三品，以疏滯才。未幾，致仕。至正八年，卒，年八十五。崇禄屢陳時政得失及救荒之法，爲時名臣。

子訥，至正中進士，鹽山縣尹，入明爲文淵閣大學士。

【校勘記】

〔一〕「賞賚」，原作「賞賫」，據《元史》卷一九一列傳第七十八《良吏一・卜天璋傳》改。

新元史卷之二百四　列傳第一百一

旭邁傑　倒剌沙

旭邁傑，宗室諸王也，事泰定帝於潛邸。至治三年八月，泰定帝獵於土剌河，鐵失等謀弑英宗，密遣斡羅思以其事告於倒剌沙，且言：「汝與馬速忽知之，勿令旭邁傑得聞。」旭邁傑不與倒剌沙等黨附，故鐵失之言如此。泰定帝執斡羅思，遣使赴上都告變。未至，英宗已爲鐵失等所弑。

泰定帝即位於龍居河，以旭邁傑爲宣政院使，及還上都，拜中書右丞相，遣至大都，執鐵失、失都兒、赤斤鐵木兒、脱火赤、章台等誅之，并戮其子孫，籍入家資。未幾，命旭邁傑兼阿速衛達魯花赤。是年十二月，旭邁傑言：「近也先鐵木兒之變，諸王買奴奔赴潛邸，願效死力，且言不除元凶，則陛下討賊之名不著天下，後世何從聞知？上契聖衷，嘗蒙獎諭，今臣等議：宗戚之中能自拔逆黨、盡忠朝廷者，惟有買奴。請加封賞，以示激勵。」詔以泰寧縣五千户封買奴爲泰寧王。未幾，賞討逆功，賜旭邁傑金十錠、銀三十錠，鈔七十錠。

時倒剌沙已拜左丞相，位次於旭邁傑，帝常責之曰：「朕即位以來，無一人能執成法爲朕言者。知而不言則不忠，且陷人於罪。自今凡有所知，宜爲朕言之。」又曰：「凡事防之於小則易，救之於大則難。爾其以朕言告於衆，俾知所慎。」倒剌沙雖爲帝所親愛，然敬禮則不及旭邁傑云。

泰定元年春，以風災、地震，中書省臣兀伯都剌、張珪、楊廷玉皆抗疏乞罷。旭邁傑言：「比者災異，陛下以憂天下爲心，遵祖宗聖訓，修德慎行，敕各勤乃職。手詔至大都，居守省臣引罪自劾。臣等才識愚黯，當國大任，無所贊襄，以致天災，咎在臣等，所當罷黜。諸臣無罪。」帝曰：「卿等皆引避而去，國家大事朕孰與圖之？宜各相諭，以勉乃職。」秋，奏言：「東宮衛士，先朝止三千人，今增至萬七千人。請命詹事院汰去，仍依舊制。」從之。

二年，又言：「江南民貧僧富。諸寺觀之田，非宋舊制并累朝所賜者，請與民均役。」又言：「國用不足，宜罷不急之費。」冬，以歲祲，旭邁傑又請罷皇后營繕。皆從之。是年十二月卒。

泰定帝誅逆臣鐵失等，旭邁傑實佐之，既秉政，謹守先朝法度，節用愛民，爲一時賢相焉。

倒剌沙，西域人。事泰定帝於潛邸，爲王府内史，深見親信。仁宗時，以其子合散事丞相拜住，得入宿衛，常以朝廷機事報王。

至治三年三月，鐵失遣宣徽使探忒來爲倒剌沙言：「主上將不容於晉王，汝盍思之？」八月二日，晉王獵於土剌河，鐵失復遣斡羅思告倒剌沙曰：「我與阿散、也先鐵木兒、失都兒等謀已定，事成推王爲帝。」王聞之，囚斡羅思，遣別烈彌失赴上都，以逆謀告，未至，英宗已遇弑。諸王按梯不花、淇陽王也先鐵木兒奉皇帝璽綬來迎。九月癸巳，帝即位，以倒剌沙爲平章政事。是年冬，車駕至大都，拜中書左丞相，旋改御史大夫。

時倒剌沙擅威福，其黨與受賕，御史臺都事李思明奏其事，倒剌沙怒，欲沮之。會參知政事楊庭玉亦以官市錦受賕，事覺，詞連倒剌沙壻。倒剌沙奏請御史臺與中書省、宗正合鞫之。臺臣言：「世祖之制，官吏貪墨者，惟令御史臺劾治。今與中書省、宗正共之，是違祖宗舊制。」章屢上，帝始從之。庭玉等伏辜，倒剌沙益怒。

已而御史奏天下水旱，貧民流徙，乃執政大臣不能調燮之咎。倒剌沙袖其封事，入見曰：「曩者丞相拜住與御史大夫鐵失議論異同，構成大禍。今御史誣詆大臣，紊亂朝綱，宜鞫問。」乃矯制下御史中丞及侍御史亦憐真等於獄，無敢白其冤者。侍御史韓若愚以國制宰相必歷御史大夫，乃奏丞相倒刺沙未入臺，請遷爲御史大夫。倒刺沙悦，獄始解。十一月，復由御史大夫拜左丞相，加開府儀同三司、平章軍國重事。

二年，旭邁傑卒，倒刺沙以左丞相當國，帝寵任之。倒刺沙與平章兀伯都刺皆西域人，黨於賈胡。有胡人售寶石求增其值，同知大禧宗禋院事傅巖起力争之，倒刺沙不聽。

三年，倒刺沙言：「比郡縣旱蝗，臣等不能調燮，故天災屢降。今當恐懼修省，力行善政，亦冀陛下祇敬厥德，閔恤生民。」帝嘉納焉。四年，復以天災乞罷黜，不允。以倒刺沙兼内史府、四斡耳朵事。

致和元年，倒刺沙請蒙古、色目人效法漢人丁憂者除名，從之。

秋七月庚午，帝崩於上都。倒刺沙受顧命立皇太子阿速吉八，年甫九歲，時諸王大臣未會集，故未頒即位詔。僉知樞密院事燕帖木耳留守大都，謀立武宗之子，遂於八月甲午脅諸王大臣，遣使分道迎懷王於江陵，迎周王於漠北，嚴兵守居庸關、古北口、大和嶺、潼關，河南行省平章政事伯顔舉兵應之。倒刺沙奉皇后命，發兵討燕帖木兒，遣梁王王禪、右丞相塔失帖木兒、御史大夫紐澤、太尉不花等以兵次榆林，戰屢不利。燕帖木兒陰使人約上都諸王滿秃、阿馬刺台，大臣闊闊出、買驢等爲内應。事覺，倒刺沙悉誅之。

九月，頒即位詔於四方，改元天順。陝西行省殺燕帖木兒所遣使者，以應上都，分兵入河中府。諸王失剌、平章政事乃馬台、詹事欽察等與大都兵戰，失利。復遣諸王也先帖木兒、平章禿滿迭兒以遼東兵攻入遷民鎮，又遣諸王忽剌台攻𡌴州。梁王王禪襲破居庸關，游兵至大口，燕帖木兒與戰於紅橋之北，又大戰於白浮之野，梁王敗走昌平，倒剌沙復遣知樞密院事竹温台以兵入古北口。又遣靖安王闊不花等將陝西兵襲潼關南水門，入之，分據陝州，進攻洛陽。遼東兵復敗脱脱木兒兵於薊州，遂抵大都，燕帖木兒分兵守禦。陝西行臺御史大夫也先帖木兒引兵從大慶關渡河，河東官吏皆棄城走。是月，懷王已至大都，稱尊號，改元天曆。四方多拒不受命。

冬十月，湘寧王八剌失里聞難，與趙王馬札罕、諸王忽剌台各率兵勤王。湘寧王入冀寧。陝西行省官再焚大都詔書，下其使於獄，遼東兵復入古北口。燕帖木兒以上都兵南下，守備空虚，覆其根本，則四方瓦解，乃遣齊王月魯帖木兒徑襲上都，梁王王禪遁，遼王脱脱戰死。倒剌沙肉袒奉玉璽出降，至京師，下之獄。籍没倒剌沙及其兄馬某沙、子潑皮、木八剌沙家資。十二月，倒剌沙及馬某沙等皆棄市，磔其尸。

史臣曰：旭邁傑、倒剌沙俱爲泰定潛藩之舊，而賢否不同。帝執斡羅思告變於上都，固免於亂賊之誅。然倒剌沙則與聞乎故者也，不然鐵失之謀何獨告於倒剌沙，而不使旭邁傑知之乎？旭邁傑卒，倒剌沙當國，無勘亂之才，而任托孤寄命之重，卒爲奸雄所篡，肉袒乞降，身嬰大戮，悲夫！小人乘時儌利，未有善其始終者矣！

新元史卷之二百五　列傳第一百二

阿禮海涯　脱因納　和尚剌剌拔都兒　教化者燕不花　萬家驢　闍里帖木兒　兀魯思

阿禮海涯，回鶻氏。父脱烈，集賢大學士。脱烈生二子：長野納，次阿禮海涯。

阿禮海涯早事武宗爲宿衛，以清慎受知。皇慶元年九月，參議中書省事，擢參知政事。二年，晉左丞。延祐三年，遷右丞。四年，拜平章政事。七月，罷爲湖廣行省平章政事。至治初，歷河南、陝西行省，入爲翰林學士承旨。丁父憂去官。

天曆元年秋，文宗入承大統，阿禮海涯至汴上謁，即拜河南行省平章政事。是時，靖安王闊不花與陝西行省平章政事探馬赤起兵應上都，東攻潼關。阿禮海涯使參知政事秃列禿、廉訪副使萬家閭犒軍洛陽禦之，又使都鎮撫卜伯巡行高門、武關、荆子口諸隘，萬户孛羅守潼關。闊不花等潛由水門入，孛羅走，分軍據閿鄉、靈寶諸城，河南大震。

阿禮海涯曰：「汴在南北之交，使西人至此，則江南之道不通，必爲天下大患。」乃徵湖廣之平陽、保定兩翼軍，與河南之鄧州新翼，廬州、沂、郯之砲弩手諸軍，以備虎牢，裕州哈喇妻、鄧州孫萬户兩軍以備武關、荆子口，以芍陂等處屯兵自襄、鄧諸州來田者，還之，益以民丁，使守襄陽、白土、峽州諸隘。府庫不足，命郡縣貸於富室。安豐等郡之粟泝黄河運於陝州，糴於汴、汝，近者則運於滎陽，以達虎牢。使廉訪使董守中、僉事沙沙屯南陽，右丞圖卜帖木兒、廉訪使伯顔屯虎牢，以聽調用。

是月，西軍逼河南，戰於鞏縣之石渡，兩軍殺傷相等，西軍遂入虎牢。阿禮海涯聲色不動，揚揚如平時，衆賴以安。

會使者自京師還，言齊王已克上都，奉天子寶璽來歸。阿禮海涯大喜，遣人賫書入西軍諭之，西人猶榜掠使者，訊其虚實，而朝廷亦遣月魯帖木兒奉詔放散西軍〔一〕，西人殺其從者之半，械月魯帖木兒送於荆王。朝廷又使參政馮不花親諭之。闊不花兵始退，河南解嚴。阿禮海涯斂餘財以還民，從西軍贖民之被俘者歸其家，凡數千人。陝西將吏之被獲者，亦還之。以功遷陝西行臺御史大夫。

二年正月，入爲中書平章政事，改太禧宗禋院使。至順元年，復拜中書平章政事。二年正月，以本官兼侍正。是年，敕河南行省爲立政績碑。元統二年，出爲河南行省丞相。三月，改江浙行省左丞相，卒。

脱因納，答答拉氏。從世祖征乃顔有功，大德七年，授欽察衛親軍千户所達魯花赤，賜金符。八年，改太僕少卿，兼前職。至大二年，拜甘肅行省參知政事，階通奉大夫。四年，入爲太僕卿。皇慶元年，授阿魯兒萬户府、襄陽漢軍達魯花赤，仍領太僕卿。延祐三年，拜甘肅行省右丞。至治二年，改通政使。轉會福院使。尋復爲通政使。

致和元年，扈從上都。秋七月，泰定帝崩。文宗自立於大都，諸王滿秃等謀應文宗。脱因納預其謀，事覺，爲倒剌沙所殺。天曆元年，特贈宣力守義功臣、榮禄大夫、上柱國、中書平章政事，追封冀國公，謚忠景。子定童、只沈哈朗。

定童，襲父職阿兒魯萬户府，兼襄陽萬户府達魯花赤，佩金虎符。

只沈哈朗，初授欽察親軍千户所達魯花赤，佩金符，改朝列大夫、通政院副使，歷同知，擢院使，累官中奉大夫，卒。

和尚，乃蠻台氏。伯父兀魯不花，至元七年從大軍伐宋，以功擢百户，從阿里海涯攻樊城。十一年，從攻新城，又從攻鄂州東門，屢立戰功。二十五年，賜銀符，授後衛軍百户。卒，弟怯烈吉襲。

怯烈吉卒，子和尚襲。至大三年，進後衛親軍副千户，賜金符。延祐三年，江西寧都賊起，從元帥乞住等討之，生擒賊酋蔡五九。

致和元年八月，從丞相燕帖木兒擒平章烏伯都剌等。九月，戰於通州，以功賞名馬。又從燕帖木兒與上都樞密副使阿剌帖木兒、指揮忽都帖木兒戰於紅橋。阿剌帖木兒槊刺燕帖木兒，燕帖木兒以刀格其槊，就斫之，中左臂。和尚擊忽都帖木兒，亦中左臂。二人皆上都驍將也，敵爲奪氣。又與紐鄰等戰於白浮，和尚言於燕帖木兒曰：「兩軍相對，宜有辨。今號纓俱黑，我軍宜易白。」從之。戰於昌平栗園，又與亞失帖木兒戰於石橋，又從擊秃滿迭兒於檀州南桑口，俱有功，擢萬户。

十月，湘寧王八剌失里引兵入冀寧，敕和尚將兵由故關援之。冀寧守將募民兵迎敵，和尚殿之，殺獲甚衆。會上都援兵至，和尚退至故關，冀寧遂陷。十一月，命領八衛把總金鼓，都領祭祠事。

後至元元年，伯顔殺唐其勢，和尚從答里舉兵反，兵敗伏誅。

又燕帖木兒部將剌剌拔都兒，素驍悍，率所部屯上都。伯顔率三百騎自往襲之，短兵接，刺刺拔都兒拔刀於鞘，刀已折，遂爲伯顔所殺。

教化，阿速氏。祖捏古剌，憲宗朝與也里牙、阿速三十人來歸。後從征釣魚山、討李璮，皆有功。父阿塔赤，世祖時圍襄陽、下江南及征乃顔，皆以功受賞。仁宗時歷官至左阿速衛千户，卒。

教化初爲速古兒赤。繼襲父職，從討必里阿禿，平之，凱還，賜衣一襲。天曆元年八月，從丞相燕帖木兒戰居庸北，有功。九月，進拱衛直都指揮使。尋遷章佩卿，卒。

子者燕不花，初事仁宗爲速古兒赤。英宗時，爲進酒寶兒赤。天曆元年，迎文宗於河南，賜白金、綵段，命爲温都赤。九月，往居庸關偵敵，道逢二人，謂探馬赤諸軍曰：「今北兵且至，其避之。」者燕不花恐摇衆心，即拔所佩刀斬之。授兵部郎中，招集阿速軍四百餘人。十月，進兵部尚書，賜雙珠虎符，領軍六百人，從丞相燕帖木兒於檀子山擊敗禿滿迭兒。遷大司農丞，卒。

萬家驢，準台氏。父撒喀都，福州新軍千户。萬家驢當襲父職，讓於弟納罕。由宿衛累遷陝西行臺監察御史，轉僉雲南肅政廉訪司事。麗江路達魯花赤燕只不花横甚，激叛洞蠻，懼而亡匿。萬家驢奏罷之，叛者皆聽命。建廟學二十有四，以興文教。丁母憂，改江西道，又改燕南道，皆以母喪辭。

天曆初，河南行省授爲行省郎中，俾守潼關。未幾，除河南道廉訪副使。潼關陷，萬家驢夜馳還行省，發蒙古軍四千人，又僉民丁，假貸富室，以濟軍興。賜上尊、幣帛。也先捏將兵禦上都，屯於彰德，士卒以芻粟不給，將大掠。萬家驢開諭之，也先捏率所部移駐衛輝，民始安堵。

擢同僉中政院事，仍賜銀幣。改儲政院判官，拜監察御史。遷户部郎中，剔除積弊，甚有能名。累遷同知江西榷茶都轉運司事。入爲户部侍郎，復通州倉米三十萬石。改河間路總管，卒。

萬家驢疾惡嚴，因是忤權貴，不至大用，然篤於行義。有顯官逐其子，其孫已十歲。

一日，萬家驢遇之，與言父子天倫，其人蹙然問曰：「君之子幾歲？」萬家驢曰：「尚少，當令出拜。」明日，挈其孫往，顯官撫愛不置。萬家驢曰：「此君之孫也。」遂大慟，召其子還，卒爲父子如初。

闊里帖木兒，札剌兒氏。其先世別出古，蒙古軍千户，從滅金、伐宋，有功。卒，子札剌兒台留北邊，弟孛羅台襲職。孛羅台卒〔一〕，仍命札剌兒台襲，賜金符，爲相副萬户，兼本所千户，從圍襄陽，卒於軍。子帖木兒及哈八兒俱幼，妻孛魯罕以所受虎符納之官。及帖木兒長，仍賜虎符，襲父職，從伯顏平宋有功。至元十四年，進明威將軍，征廣東，以疾卒，無子。哈八兒嗣，移戍廣州。皇慶元年卒。

子那海嗣，無子，以弟闊里帖木兒嗣。授武德將軍、河南淮北蒙古軍都萬户。尋加萬户，階宣武將軍。致和元年秋八月，奉西安王命守河中，九月，敗陝西軍，生擒九十八人。天曆元年十一月，又敗陝西軍於南陽，以功賜三珠虎符。卒。

兀魯思，欽察氏。伯父別魯古，至元二十三年，立欽察衛，充本衛僉事，佩金符。武宗鎮北庭，從征杭愛，命總扈駕軍爲萬户，力戰有功。尋復爲欽察衛僉事，卒。子脱歡不花襲，卒，無子，以兀魯思襲伯父職。天曆元年秋九月，從討倒剌沙有功，賜名拔都兒。二年，從燕帖木兒護送國璽，迎明宗於漠北，賜虎符。擢明威將軍大都督府副使。卒。

【校勘記】

〔一〕「月魯帖木兒」，「魯」字原重，據《元史》卷一三七列傳第二十四《阿禮海涯傳》删重。

〔二〕「孛羅台」，原作「孛羅兒台」，據上文及《永樂大典》卷一〇八八九改。

新元史卷之二百六　列傳第一百三

元明善　鄧文原　虞集槃　揭傒斯汯[一]　黄溍　歐陽玄

元明善，字復初，大名清河人。父貢，有學行，累官樞密院照磨，贈吏部尚書，追封清河郡公，謚孝靖。

明善少穎悟，讀書過目成誦。及冠，游學江南，受業於吴澄，僉行樞密院事。董士選聞其名，辟爲掾，待以賓禮。士選遷江西行省左丞，又辟爲行省掾。從士選討平贛州賊劉貴，士選俘賊黨三百人，明善議貸其詿誤，得全活者百三十人。賊籍贛、吉二州民丁十萬，有司獲其籍，欲株連爲利，明善請火之以滅跡，二郡遂安。遷江南行臺掾，擢樞密院照磨，又轉中書省左曹掾。先是，明善在江西，張瑄爲行省參政，借明善馬留之，致米三十斛償其直。後瑄敗，籍其家，簿載「送元復初米三十斛」，不言償馬直，明善坐免官。久之，事得白，復爲省曹掾。

仁宗在東宫，擢爲太子文學。及即位，授翰林待制，兼國史院編修官。時姚燧以翰林學士承旨修成宗、順宗《實録》，使明善總之。明善所述者，燧略爲竄易而已。燧嘗謂「有題文，吾能爲之，無題者惟元復初能爲之。」其推重如此。擢翰林直學士、知制誥同修國史。詔節《尚書》經文譯以進，明善與直學士文陞同譯。陞，宋丞相天祥子也。每奏讀一篇，帝輒稱善曰：「二帝三王之道，非卿莫聞。」皇太后既受尊號，廷臣議肆赦，明善曰：「數赦非善人之福，宥過可也。」

奉命賑山東、河南饑，餘錢四萬緡。明善見彭城、下邳諸驛保馬民饑，欲賑之，或曰：「此爲流民，非爲驛也。」明善曰：「民與驛有分乎？《春秋》之義，大夫出疆，可以專命。」卒賑之。及復命，執政多其明決。

皇慶二年，修《武宗實録》。明年，遷翰林侍講學士，階中奉大夫。延祐二年，會試天下進士，明善充考試官。殿試，又充讀卷官。改禮部尚書，正孔氏宗法，以五十四世思晦襲衍聖公事，上如所議。擢參議中書省事，爲御史孛朮魯翀所劾，復入翰林爲侍讀學士。拜湖廣行省參知政事。

英宗即位，召爲集賢侍讀學士，晉翰林學士，晉階資善大夫，修《仁宗實録》。百官迎仁宗御容，有卿雲見，詔明善爲文紀之。帝親享太室，禮官進祝册，請署御名，帝命代署者三。眷遇優渥，當世莫並焉。至治二年卒，年五十四。泰定初，贈資善大夫、河南行省左丞，追封清河郡公，謚文敏。

明善早以文章自豪，出入秦、漢之間，晚所造益邃，與姚燧並爲一代文宗。著有《清河集》三十九卷。

二子：晦、暠。晦由典瑞院判出爲峽州路同知，早卒。

鄧文原，字善之，杭州錢唐人，其先本綿州人。文原早慧，年十五，試浙西轉運司，冠其曹。至元二十七年，行省辟署杭州路儒學正。秩滿，調崇德州儒學正。大德五年，擢應奉翰林文字〔二〕、同知制誥，兼國史院編修官。翰林學士承旨閻復於後進少所假借，獨推重文原，凡大撰著皆屬之。遷修撰。成宗崩，預修《實録》，姚燧、王構等閱文原稿，互有指擿，後數日，復取視之，不能易一字，始嘆服。出爲江浙儒學提舉。皇慶元年，召除國子司業。建議更學校法，與執政意不合，移病去。延祐四年，擢翰林待制，兼國史院編修官。

出僉江南浙西道肅政廉訪司事。平江僧憾其府判官理熙，告熙贓，已誣服，文原廉問得實，杖僧而釋熙。湖州民犯夜禁，被執而逃，追者剚其右脅仆地，其兄問：「殺汝者誰？」

曰：「白衣冠、長身者。」語畢死，其兄訴於有司。問直初更者，曰：「張福兒。」遂坐福兒殺人罪，械繫三年，文原閱其牘，曰：「福兒不滿六尺，非長身；且素用左手，何以傷右脅？」鞫之，真殺人者張甲也，福兒之冤始白。建德民戴汝惟獲盜，夜有火其居者，失汝惟所在，文原曰：「此有故。」責有司推驗，得其妻弟葉甲謀殺汝惟狀，人以爲神。

六年，移僉江東建康道肅政廉訪使。寧國諸路茶課鈔三千錠，後增至十八萬錠，皆鑿空取之民。間民逋欠，則轉運使以失察罪有司，凡五品以下官皆杖決。文原建言：「宜罷茶司，使州縣領之。」不報。饒州有告欺隱官糧者，事連數百人，數年不決，文原曰：「是不難知，以官租爲民田交易，抄户時因之定差徭，經理時因之定租稅耳。」命據籍爲證，訟始息。徽州民造楮幣於僧寺，有避雨者見之，其人啗以利，使佐烘焙，事覺當死。文原曰：「僞造當死者有七等，烘焙應比行使加等杖罪而已。」事聞，卒從文原所擬。州民謝蘭家僮死，蘭姪回賂其族人，誣蘭殺之，獄已具。文原覆案後，即釋蘭而坐回。其他所平反多類此。

至治二年，召拜集賢直學士。地震，詔議弭災之道。文原奏言：「今治獄之官，惟受成於吏，死囚歲上刑曹，類延緩不報，瘐死者多。宜慎選刑官，死囚應決即決，寬則釋之。河北流民復業，朝廷雖計口給錢，而有司奉行不實，宜算計海運支發之羨餘，隨處置倉以備凶年。」又言：「茶法病民，乞併罷轉運司，以弭人怨，召天和。」時論韙之。晉奉政大夫，兼祭酒，依前直學士。

泰定元年，知貢舉，並充讀卷官。特命與平章政事張珪、翰林學士吴澄同爲經筵官。俄乞病歸。二年，召拜翰林侍講學士、中奉大夫、知制誥同修國史。旋擢嶺北湖南道肅政廉訪使，以病不赴。天曆元年卒，年七十一。

至正九年，文原門人、集賢大學士馮思温奏：「文原經筵舊臣，宜加恩禮。」贈中奉大夫、江浙行省參知政事、護軍，追封南陽郡公，謚文肅。初，太常議謚莊康，因思温之請，改謚文肅焉。

文原家貧而行廉。安南入貢，以黄金、丹砂、象齒爲私覿之禮，文原卻之。其人曰：「清白物也。」文原曰：「爾物清白，自我受之則汙矣。」爲文精深典雅，施於誥命者，尤温潤有體。有《巴西集》十卷。工書，與趙孟頫齊名。子衍，江浙儒學副提舉。

虞集，字伯生，其先成都人，宋丞相允文五世孫也。父汲，宋黄岡縣尉，宋亡，僑居臨川崇仁，遂爲崇仁人。集三歲即知讀書，母楊氏口授《論語》、《孟子》、《左氏傳》，聞輒成誦。及長，從吴澄受學。董士選除南臺中丞，延集家塾。

大德初，始至京師，以大臣薦，授大都路儒學教授。除國子助教，即以師道自任，諸生時其退，每挾策趨門下卒業，他館生多相率詣集聽講。丁内艱，服除，再爲助教，除博士。監祭殿上，諸生有醉而失禮者，集請削其籍，大臣爲乞免，集持不可，曰：「國學，禮義之所出也。此而不治，何以爲教？」仁宗在東宮，諭集勿竟其事，集以狀移詹事院，竟黜其人，仁宗更以集爲賢。

仁宗擢吴澄爲司業，又命參知政事許師敬綱領國子監事，皆欲有所更張，以副帝意，集力贊之。後爲異論所撓，澄投檄去，集亦以病免。未幾，除太常博士。丞相拜住方爲院使，問從集問禮，集爲言先王製作，以及古今因革治亂之由，拜住歎息，益信儒者有用。

遷集賢修撰，因會議學校，集上議：「宜使守令求經明行修者，身師之，庶有所觀感。其次則求操履近正，而不爲詭異駭俗者；確守先儒經説，而不敢妄爲奇論者；衆所敬服，而非鄉願之徒者。延之以教學者，則他日亦當有所成就。其次則取鄉貢至京師罷歸者，其議論文藝猶足以聳動後學。」時論韙之。六年，除翰林待制，兼國史院編修官。仁宗嘗對左右歎曰：「儒者皆用矣，惟虞伯生未顯擢爾。」

英宗即位，拜住爲相，集以憂還江南，拜住不知也。乃言於上，遣使求之於蜀，又求之於江西。集聞命趨朝，英宗已崩。泰定初，除國子司業，遷秘書少監。天子幸上都，以講臣多高年，命集與集賢侍讀學士王結執經以從。自是常年扈從。拜翰林直學士，俄兼國子祭酒。嘗因講罷，論：「京師恃東南運糧，竭民力以航不測，非所以寬遠人而因地利。京東瀕海數千里，萑葦之場也，海潮日至，淤爲沃壤，若築堤捍水爲田，聽富民欲得官者合其衆分授以地，能以萬夫耕者，授以萬夫之田，爲萬夫長，千夫、百夫亦如之。一年、二年勿徵，三年視其成，以地之高下定額徵之，五年命以官，十年佩之符印，得以傳子孫，如軍官之法。可以寬東南海運，紓疲民。」帝韙其言，下省部議，爲廷臣所尼。

文宗在潛邸，已知集名。既即位，命集仍兼經筵。以先世邱隴在江南，乞一郡自便。帝曰：「汝材何所不堪？顧今未可去爾。」除奎章閣侍書學士。時關中大饑，帝問集何以捄民，對曰：「承平日久，人情宴安，有志之士，急於近效，則怨讟興焉。不幸大菑之後，正君子爲治作新之機也。若遣一二知民事者，稍寬其禁令，使得有所爲，隨郡縣擇可用之人，因舊民所在，定城郭，修閭里，治溝洫，限畎畝，薄徵斂，則流亡漸至，春耕秋斂皆有所助。一二歲間，勿徵勿徭，封域既正，友望相濟，四面而至者，均齊方一，截然有法，則三代之民將見出於空虛之野矣。」帝稱善。因進曰：「幸假臣一郡，試以此法行之，三五年間，必有以報朝廷。」左右或間於帝曰：「虞伯生欲以此去爾。」議遂寢。有敕諸兼職不過三，免國子祭酒。

集以入侍燕閒，無益時政，且媢嫉者多，乃與大學士忽都魯都兒迭失等進曰：「陛下出獨見，建奎章閣，覽書籍，置學士員，以備顧問。臣等備員，殊無補報，竊恐有累聖德，乞容臣等辭職。」帝曰：「朕無生知之明，於國家治體，豈能周知？故立奎章閣，置學士員，以祖宗明訓、古昔治亂得失，日陳於前。卿等其悉所學，以輔朕。若軍國機務，自有省、院、臺任之，非卿等責也。其勿復辭。」

敕采輯本朝典故，倣唐、宋《會要》，修《經世大典》，以集與中書平章政事趙世延同爲總裁官。集薦禮部尚書馬祖常諳習舊章，國子司業楊宗瑞素治曆象、地理之學，皆可任總裁；翰林修撰謝端、應奉蘇天爵、太常博士李好文、國子助教陳旅、前詹事院照磨宋褧、通事舍人王士點，俱有見聞，可裨撰録，庶幾是書早成。帝以嘗修遼、金、宋三史無成績，今修《大典》，令學士專率其屬爲之。集請以翰林國史院修祖宗實録時百司所具事蹟參訂。國史院臣言於帝曰：「《實録》，法不得傳於外，事蹟不當示人。」又請以國書《脱卜赤顏》增修太祖以來事蹟，承旨塔失海牙曰：「《脱卜赤顏》不可傳於外人。」二事皆格不行。俄世延歸，集專領其事，再閲歲，書成，凡八百帙。既奏進，以目疾丐解職，不允，乃舉治書侍御史馬祖常自代，不報。

御史中丞趙世安乘間爲集請曰：「虞伯生居京師久，甚貧，又病目，幸假一外任，便醫。」帝怒曰：「一虞伯生，汝輩不容耶？」帝方嚮用文學，以集弘才博識，故重聽其去。集每承詔有所述作，必以帝王之道從容諷切，問及古今政治得失，尤委曲盡言，隨事規諫。一日，命集草制封乳母夫爲營都王，使阿榮、巎巎傳旨。二人素忌集，繆言制封營國公，集具稿，俄丞相索制詞甚急，集以稿進，丞相愕然問故，集知爲所紿，即請易稿以進，終不自言。

龔伯璲以才俊爲馬祖常所喜，欲集爲薦引，集曰：「是子雖小有才，然非遠大器，亦恐不得令終。」祖常不以爲然。一日，邀集過其門，設宴，酒半，出薦牘求署，集固拒之，祖常不樂而罷。文宗崩，集在告，欲南還，弗果。大臣將立妥歡帖穆爾太子，用至大故事，召諸老臣赴上都議政，集在召列。祖常使人告之曰：「御史有言矣。」乃謝病歸臨川。初，文宗在上都，將立其子阿剌忒納答剌爲皇太子，乃以妥歡帖穆爾乳母夫言，明宗在日，素謂太子非其子，黜之江南，驛召翰林學士承旨阿鄰帖木兒、奎章閣大學士忽都魯兒迷失書其事於《脱卜赤顔》，又命集草詔，布告中外。至是，省、臺官皆文宗素所信用者，御史亦不敢斥言其事，祖常意在諷集速去而已。伯璲後以用事敗，殺其身，世乃服集知人。

元統元年，遣使賜上尊酒、金織文錦二，召集還，疾作不能行。左右有以舊詔爲言者，帝不懌曰：「此我家事，豈由彼書生耶？」至正八年五月卒，年七十有七。贈江西行中書省參知政事、護軍，追封仁壽郡公，謚文靖。

集家素貧，歸老後，登門之士相望於道，好事者起邸舍以待之。然碑誌之文，未嘗苟作。南昌富民伍氏娶諸王女爲妻，充本位下總管。既卒，其子屬豐城甘慤求集銘父墓，奉中統鈔五百錠，集不許，慤愧歎而去。早歲，與弟槃闢書舍爲二室，左室書陶淵明詩，題曰「陶庵」，右室書邵堯夫詩，題曰「邵庵」，故世稱邵庵先生。集文章爲一代之冠，論者以唐之韓愈、宋之歐陽修比之。有《道園學古録》五十卷。子安民，官吉州路安福州知州。

槃，字仲常。延祐五年進士，授吉安永豐縣丞。丁父憂，服除，授湘鄉州判官。有富民殺人，賂他人坐之，已定讞，槃獨不署，殺人者卒論抵。有巫至其州，稱神降，曰：「某方火。」即火。長吏以下皆迎巫至家，禮敬之。槃得放火者一人，訊之，知爲巫所使。召巫至，無敢施鞭箠者。槃謂左右曰：「此將爲大亂，宜急治之。」一訊而服，乃論巫并其黨如法。秩滿，除嘉魚縣尹，槃已卒。

揭傒斯，字曼碩，龍興富州人。父來成，宋鄉貢進士，爲世名儒。至元初，賜謚貞文先生。傒斯幼貧，讀書晝夜不懈，父子自爲師友，早有文名。大德間，客湖南，都元帥趙淇號知人，見之曰：「君他日翰苑名流也。」程鉅夫、盧摯先後爲湖南廉訪使，咸重之，鉅夫因妻以從妹。

延祐元年，摯表薦於朝，特授翰林國史院編修官。時平章李孟監修國史，見其所撰功臣列傳，歎曰：「是方可謂之史筆，若他人，直謄吏牘爾。」擢應奉翰林文字，仍兼編修。遷國子助教，復留爲應奉。五年，請假歸。泰定元年，召還，又以丁母憂歸。

天曆二年，開奎章閣，擢爲授經郎，以教勳戚子弟。傒斯每徒行入直，受學者欲爲買馬，傒斯聞之，乃自置一馬，尋復屏去，以示不苟取於人。文宗幸閣中，有所咨訪，恒以字呼之。中書奏用儒臣，必問曰：「其材何如揭曼碩？」間出所上《奎章政要》以示臺臣曰：「此朕授經郎揭曼碩所進也。」傒斯以翰墨受知於帝，其寵待亞於虞集、柯九思。

富州地不産金，官府惑姦民言，募淘金户三百。其人采他縣金以獻，歲課增至四十九兩。歷年既久，三百户所存無什一，又貧不聊生，有司責受役於官者代輸之，多以是破産。傒斯言於省臣，蠲其賦，州人德之。

與修《經世大典》，文宗取所撰《憲典》讀之，顧謂近臣曰：「此豈非《唐律》乎？」擢藝文監丞，參檢校書籍事，屢稱其純實，欲大用之，會帝崩而止。

惠宗即位，召對便殿，慰諭良久，賜以諸王所服表裏各一，遷翰林待制，擢集賢學士，階中順大夫。先是，儒學官赴吏部選，必移集賢院考較。院下其事於國子監，監又下於博士，文移往復，動輒累月。傒斯奏改其法，以事付本院，人皆便之。

至元元年，奉詔祀北嶽、濟瀆、南鎮，便道歸龍興，伯顔當國，屢招之，傒斯引疾固辭。未幾，帝擢爲奎章閣供奉學士。乃即日就道，未至，改翰林直學士。及開經筵，再爲侍講學士、同知經筵事，以對品進階中奉大夫。時新格超升不越二等，獨傒斯進四等，轉九階，異數也。

至正三年，以年七十致仕去，詔遣使追及於瀏州，又賜上尊，乃還。奉敕撰《明宗神御殿碑》，賜楮幣萬緡、白金五十兩，中宫賜白金亦如之。復求去，不許，命丞相脱脱及執政大臣面諭之。傒斯曰：「使揭傒斯有一得之獻，諸公用其言，而天下蒙其利，雖死於此，不恨。不然，何益之有？」脱脱因問致治所先，傒斯曰：「儲材爲先。養之於位望未隆之時，而用之於周密庶務之後，則無失材廢事之患矣。」一日集議朝堂，傒斯抗言：「當兼行新舊銅錢，以救鈔法之弊。」執政持不可，傒斯辨論愈力，脱脱雖不用其言，亦不以爲忤也。

詔修遼、金、宋三史，傒斯與爲總裁官。四年，《遼史》成，奉敕獎諭，仍命早成金、宋二史。傒斯留宿史館，因得寒疾，七日卒，年七十一。時方有使者至自上京，賜宴史局，以傒斯卒，改日。使者以聞，帝爲嗟悼，賜楮幣萬緡，仍給驛護其喪歸。六年，贈護軍，追封豫章郡公，謚文安。

傒斯爲文章，叙事嚴整，語簡而當。詩尤清婉麗密。善楷書、行草。朝廷大典册及元勳舊德應得碑銘者，必以命傒斯。殊方絶域，咸慕其名，得其文莫不以爲榮云。有文集五十卷。子汯。

汯，字伯防。少從父至京師，補太學生，六館士咸敬憚之，或譁笑，聞汯履聲輒止。以蔭授秘書郎，遷翰林國史院編修，轉博士，再入翰林爲修撰，仍兼國史院編修。代祀北嶽、北鎮，還，拜江南行臺監察御史，未行，字爲禮部員外郎。

至元十八年，奉詔諭江西。會陳友諒已陷江西，不得往，改僉江西湖東道肅政廉訪司事，治建寧。已而友諒兵入杉關，進圍建寧，大軍退守福州，官吏相繼出奔，惟經略使普顔不花尚在。汯謁之，普顔不花曰：「僉事猶未行也？」汯憤曰：「此吾與經略致死時，去將何之！」乃共議城守事。命建寧總管阮德柔將千人出戰，以民兵助之，戰屢捷。城外有黄華山，汯恐賊登山窺城中虚實，起層樓蔽之。命守者鍛鐵爲長鉤，又儲水樓下以俟。及賊據山顛，爇火燒樓，守者以長鉤曳之，隨濡以水，火尋熄。賊穿地道攻城，汯命燎煙於隧熏之，隧中賊盡死。相持數月，汯曰：「賊氣已餒，可擊也。」乃槌牛勞將士，衆皆踴躍請戰。汯戎服督戰陣後，士卒殊死鬬，焚賊三栅。明日，福州援兵繼至，賊宵遁。事平，經略上諸將功，不及汯，汯亦不以爲意。

改江西行省郎中，未行，召爲工部郎中，浮海趨遼東，轉之山東。制下，擢秘書少監。時察罕帖木兒在洛陽，遣使招之，承制授刑部侍郎，汯不就。二十八年，至京師，未幾，明兵入城，凡仕者例徙南京，汯稱疾不往。洪武六年卒，年七十三。

黄溍，字晉卿，婺州義烏人。母童氏，有娠，夢大星墜於懷，歷二十四月乃生溍。溍幼而穎異，迨學爲文，下筆數千言如宿稿。弱冠後，從隱士方鳳游，絶意仕進，凡辟舉皆不就。

延祐二年，中進士第，廷對，以「用真儒、行仁義」爲言。授台州寧海縣丞。縣地瀕鹽場，亭户不隸於有司，與民户隸漕司、財賦府者，皆暴横自恣，溍一繩以法。吏以利害白，弗顧也。有後母告前妻子弑父，獄將具，溍變衣冠訪察之，知與姦僧殺其夫，而誣告其子，遂平反其獄。有名在盜籍，而實未行劫者，邑大姓執之，圖中賞格。考治無證佐，溍論如本律，免死者三十餘人。部使者董士恒廉知溍治狀，凡獄訟咸委溍聽決，兩造畏服，雖老吏自以爲不及也。遷石堰西場鹽運。石堰視諸場尤難治，居官者率以稱盤折閲及疏縱私販被譴，溍涖任四年，無一事干吏議。

擢紹興路諸暨州判官。巡海官船率三年一修，官費絀，責足於民，贏則總事者私取之。溍撙節浮蠹，以餘錢還民，皆歡呼而去。奸民以僞鈔結黨，詐取人財，官吏聽其謀。事覺，株連數百家，府檄溍鞫治，官吏除名，同謀者各予杖，其餘盡釋之。捕卒陰寘僞鈔於民家，白縣往索之，從者百餘人。溍遇諸野，叱曰：「卒額僅三十，安得此曹！可縛送於州。」皆相率遁去。有賊繫錢塘獄，奸民賂獄吏私縱之，假署文書，自詭爲官緝賊，逮捕二十餘家。溍疑而訊之，具得其實，遠近以爲神明。

至順二年，御史中丞馬祖常薦之，召爲應奉翰林文字、同知制誥兼國史院編修官，轉國子博士。出爲江浙等處儒學提舉。年六十有七，亟請致仕。俄召修遼、金、宋三史，丁母憂不赴。溍性至孝，營塚墓，有馴虎之祥。服除，以秘書少監致仕。未幾，中書右丞相朵爾直班、左丞相太平力薦之，復拜翰林直學士、知制誥同修國史，尋兼經筵講官。召見慈仁殿，帝語朵爾直班曰：「文臣年老，正宜在朕左右。」八年，擢侍講學士，上疏求歸田里，不俟報而行。帝遣使者追之，及於武林驛，敦迫還職。九年夏，始得請南還，江浙行省丞相達識帖睦爾承制起溍商議中書省事，以疾固辭。卒，年八十有一。贈江西行省參知政事、護軍，追封江夏郡公，謚文獻。

溍天姿介特，在州縣以清白自持，月俸不給，至鬻產佐之。及爲侍從，挺立無所附，不登權要之門，世稱溍「清節如冰壺玉尺，纖塵弗汙」。其學博極羣書，剖析疑難，多先儒所未發。文章布置謹嚴，援據精切。凡典册誥命，鋪述功德之辭，多出溍手。海内求文者，日踵於門，雖殊方絶域，亦知寶重焉。有《日損齋稿》三十三卷，《義烏志》七卷，筆記一卷。子梓，杭州路同知海鹽州事。

歐陽玄，字原功，其先本廬陵人，後徙瀏陽。父龍生，刲股以療母疾。左丞崔斌聞其名，招之，以母老辭。官道州路教授，卒。玄幼岐嶷，八歲，母李氏授以《孝經》、《論語》、小學諸書，俱成誦。部使者行縣，玄以童子見，命賦梅花詩，立成十首，晚歸，增至百首，見者歎異之。稍長，從宋故老習爲詞章，經史百家靡不研究。

延祐二年，登進士第，授岳州路平江州同知，調太平路蕪湖縣尹。縣多疑獄，久不決。玄察其情，皆爲平反，民翕然頌之。改武岡縣尹。涖任甫逾月，赤水、太清兩洞蠻聚衆相攻。玄單騎，從二人，徑抵其地諭之，獠人棄兵伏，羅拜馬首曰：「我曹非不畏法，緣訴事於縣，縣官不爲直，反以差繇賦斂困我，乃發憤就死耳。不意煩我清廉官自來。」玄喻以禍福，兩洞蠻皆聽命。

召爲國子博士，遷國子監丞。致和元年，遷翰林待制，兼國史院編修官。時文宗自立於大都，玄掌印，攝院事，日直内廷，典發詔令書檄。既而改元天曆，郊廟、建后、立儲、肆赦之文，皆玄所撰擬。復條時政數十事以聞，多爲帝所採納。明年，置藝文監，以清望官居之，文宗親署玄爲藝文少監。奉詔簒修《經世大典》，遷太監，檢校書籍。

元統元年，改僉太常禮儀院事，拜翰林直學士，編修四朝《實録》，俄兼國子祭酒。召赴中都議事，擢侍講學士，復兼國子祭酒。後至元五年，以病乞歸。帝不允，拜翰林學士，復求去。帝仍不允，免其朝賀禮。至正改元，更張庶政事，有不便者集議廷中，玄極言無隱。科目之復，沮者甚衆，玄争之尤力。未幾，謝病歸，復起爲翰林學士。

詔修遼、金、宋三史，命爲總裁官。凡史之論、贊及進呈表、奏，皆玄自爲之，他人莫能屬筆。五年，帝以玄歷仕累朝，且有修史功，諭丞相超授爵秩，擬拜翰林學士承旨。及入奏，上稱快再三。已而乞致仕，帝復不允。御史臺奏除福建廉訪使，行次淛西，疾作，乃請假歸。復拜翰林學士承旨，奉敕定刑律，尋乞致仕，陳情懇切，特授湖廣行中書省右丞致仕，賜白玉束帶，給俸賜以終其身。將行，帝復降旨留之，仍前翰林學士承旨，進階光禄大夫。

十四年，汝、潁盜起，蔓延南北，玄上招捕之策千餘言，當時不能用。十七年春，再乞致仕。時將大赦天下，宣赴内府，玄久病不能步履，丞相傳旨肩輿至延春閣下，異數也。是年十二月，卒，年八十五。贈崇仁昭德推忠守正功臣、大司徒、柱國，追封楚國公，謚曰文。

玄歷官四十餘年，兩爲祭酒，六入翰林，三拜承旨，兩知貢舉及讀卷官。朝廷高文典册，多出玄手。文宗時詔爲許衡神道碑，當世知名之士，皆斂手推玄，以爲文章道德非玄不稱也。及請假南歸，起爲翰林學士承旨，玄固辭。時册立皇太子，惠宗手詔諭玄曰：「朕有一要事，待卿至贊成之。」玄始力疾入都，其爲帝所寵眷如此。玄無子，以從子達老爲後，先玄卒。玄文集百餘卷，毁於兵，僅存《圭齋集》十五卷，出於後人之掇拾云。

史臣曰：元明善諸人，行義之方雅，議論之侃直，政事之明通，可謂臺閣名臣，不獨以文學擅名當世也。其後危素由書生致位宰相，尤負文學重名，晚節不終，并其文爲後世所菲薄，惜哉！

【校勘記】

〔一〕「汯」字原脱，據正文及本書體例補。

〔二〕「擢應奉翰林文字」，「奉」字原倒在下文「兼國史」下，據《元史》卷一七二列傳第五十九《鄧文原傳》乙正。

新元史卷之二百七　列傳第一百四

梁德珪　張思明　陳顥　傅巖起　王士弘

梁德珪，字伯温，一名暗都剌，大都良鄉人。祖守信，隆興都轉運鹽使。父國禎，内藏庫提點。

德珪初事昭睿順聖皇后，令習國語，通奏對。至元十六年，爲中書左司員外郎，擢郎中，六遷至參議尚書省事。大都地震，帝怪州縣報囚數太多，德珪曰：「當國者急於徵索，蔓延收繫，以致如此。」帝悟，爲免中外逋賦。二十九年，執政入奏事，帝詢其本末，不能對，德珪從旁代之，辨析明暢。帝大悦，拜參知政事。

三十一年，遷左丞。德珪在省日久，凡錢穀出納、銓選進退、諸藩賜予，或上命驟至，不暇閲簡牘，同列莫知所對，德珪從容數語即定。大德元年，轉右丞。二年，遷平章政事。

七年，以受張瑄、朱清賄賂，與平章政事伯顔、段真、阿里渾薩里、右丞八都馬辛、左丞月古不花、參政迷而火者、張斯立等俱罷，德珪安置湖廣。八年九月，與伯顔並復爲平章政事，八都馬辛復爲右丞。御史杜肯構言：「伯顏等樹黨受賂，謫戍遠方，道路相慶。方今數月，遽聞召復相位，又與原鞫者同列。天下之人目伯顏、梁德珪、八都馬辛爲三凶。三凶不除，無以謝天下，乞明正其罪。」中丞何遹亦以爲言，前後章數上，皆不報。

德珪既至，帝問：「卿安在？」德珪涕泣不能語，賜酒饌，使往拜其母，因以氣疾乞骸骨歸。是年卒，年四十六。至元元年，贈推誠保德功臣、開府儀同三司、太傅、上柱國，追封薊國公，謚忠哲。弟德璋，益都路總管。

張思明，字士瞻，其先獲嘉人，後徙居輝州。思明穎悟過人，讀書日記千言。至元十九年，由侍儀司舍人辟御史臺掾，又辟尚書省掾。丞相阿合馬死，世祖命尚書省簿問黨與。一日，召右丞何榮祖、左丞馬紹輸其賦以入，思明抱牘從。日已昏，命讀之，自昏達曙，帝聽之忘疲，曰：「讀者聲大，似侍儀舍人。」榮祖對曰：「正由舍人選爲掾者。」帝曰：「斯人可用。」明日，擢大都路治中。思明以超遷逾等，固辭，乃改湖廣行省都事。

元貞元年，召爲中書省檢校，遷户部主事。大德初，擢左司都事。有獻西域秤法，思明以惑衆，不用。初立海道運糧萬户府於江浙，受除者憚涉險不行，思明請升等以優之。

著爲令。五年，轉吏部郎中。九年，改集賢司直。十年，除江浙行中書省左右司郎中。至大三年，遷兩浙鹽運使。未上，入爲參議樞密院事，改中書省左司郎中。

皇慶元年，再授兩浙鹽運使。歲課贏羨，僚屬請上增數，思明不許，曰：「贏縮不常，萬一以增爲額，是我希一身之榮，遺百世之害也。」二年，召爲户部尚書。

延祐元年，進參議中書省事。三年，拜中書參知政事。浮屠妙總統有寵，敕中書官其弟五品，思明執不可。帝大怒，召見，切責之。對曰：「選法，天下公器，徑路一開，來者雜遝。寧違旨獲戾，不敢隳祖宗成憲，使四方得窺陛下淺深。」帝心然其言，然業許之，乃曰：「卿姑與之，後勿爲例。」遂授萬億庫提舉，不與散官。久之，出爲工部尚書。帝問左右曰：「張士瞻居工部，得無怏怏乎？」對曰：「勤職如初。」帝嘉歎之，命授宣政院副使。

五年，除西京宣慰使，條和林運糧不便十一事上之，帝勞以端硯、御酒。會左丞相哈散辭職。思明諂事哈散，哈散乃白於帝曰：「臣自揆才薄，恐誤陛下國事。若必欲任臣，願薦一人爲助。」帝問：「爲誰？朕能從汝。」哈散再拜謝曰：「臣願得張思明。」即日拜思明中書參知政事。未幾，遷左丞。

英宗即位，思明又黨附鐵木迭兒。帝造壽安山寺，監察御史觀音保、瑣咬兒哈的迷失、成珪、李謙亨强諫，帝震怒，殺觀音保、瑣咬兒哈的迷失。成珪、李謙亨屬吏，思明謂鐵木迭兒曰：「言事，御史職也，祖宗以來未嘗殺諫臣。成、李既屬吏，當論法。」二人得從輕典。及拜住爲左丞相，惡思明以不支蒙古子女口糧，餓死四百人，罪之，杖免，籍其家。

天曆元年，起爲江浙行省左丞。會陝西大饑，執政撥江浙鹽運司歲課十萬錠賑之。吏白：「周歲所入已輸京師，當回咨中書省。」思明曰：「陝西饑民，猶鮒魚在涸轍，往復逾月，是索之枯魚之肆也。其以下年未輸者如數與之，有罪吾當坐。」事聞，朝廷韙之。

二年，復召爲中書左丞。監察御史言：「思明在仁宗時，阿附鐵木迭兒，離間兩宫，仁宗灼見其奸，既行黜罷。及英宗即位，鐵木迭兒再相，援爲左丞，稔惡不悛，竟以罪廢。今又冒居是官，宜從黜罷。」從之。

後至元三年，卒，年七十八。思明熟於律，與謝讓、曹鼎新齊名。贈推忠翊治守義功臣，依前中書左丞，上護軍、清河郡公，謚貞敏。

陳顥，字仲明，其先信安人。五世祖山，仕金爲謀克監軍。大安初，守居庸關，降於太祖，授平陽、太原等路軍民都元帥，以年老致仕。金宣宗南渡，河北盜賊蠭起，有號「兩淮張」者，據信安，山單騎謁之，諭以禍福，張不聽。金亡，山復勸之曰：「今天下已定，君守一城欲何爲？民且屠矣！」張感動，遂降。山卒，子孫徙清州，又爲清州人。

顥幼穎悟，日誦千餘言。稍長，游京師，受學於翰林學士承旨安藏，從安藏事徽仁裕聖皇后，安藏深於釋教，后乃命顥祝髮受戒。及仁宗奉后出居懷慶，顥從行，益見親信。成宗崩，仁宗入定内難，迎立武宗，顥皆預密謀。

武宗即位，命以資德大夫爲釋教都總統。仁宗即位，顥始易冠服，拜集賢大學士，仍宿衛禁中。顥伺帝閒暇，輒取經書所載切於政治者奏之，每見嘉納。帝嘗坐便殿，羣臣奉事，望見顥，喜曰：「陳仲明在列，所奏必善事。」帝欲用顥爲中書平章政事，顥固辭。仁宗崩，顥謝病歸。

文宗即位，復起爲集賢大學士。奏請增國學弟子員，蠲其徭役，皆從之。元統初，扈從上都，至龍虎台，惠宗召見，握顥手言曰：「卿累世老臣，更事多，凡議政事宜，極言無隱。」顥頓首謝。顥素無學術，太常博士逯魯曾議以貞哥皇后配享武宗。明宗、文宗生母不應配享，顥妄引唐太宗册曹王明之母爲皇后以駁之，爲當時所鄙笑。事具《逯魯曾傳》。

至元四年致仕，命食全俸於家。明年卒，年七十六。至正中，贈攄誠秉義佐理功臣、光禄大夫、河南行省平章政事，追封薊國公，謚文忠。子孝伯。清州判官；敬伯，中書平章政事。

傅巖起，晉寧汾西人。父傑，以縣吏除河中府、絳州兩提控案牘，有能名。故巖起亦長於吏事，辟中書省掾，歷陝西行省都事，入爲吏部主事。

太子太師鐵木迭兒引用官僚非人，巖起繳駁之，鐵木迭兒深以爲憾。仁宗崩，英宗居諒闇，鐵木迭兒復相，召巖起入，將坐以沮格之罪。道遇吏部尚書，告之曰：「汝以微官忤重臣，事恐叵測。若問前事，宜推於我，庶幾可以分罪。」巖起謝之曰：「事出於某，豈敢嫁禍？」及至，鐵木迭兒詰責甚厲，即日免官。

至治二年，鐵木迭兒卒，拜住爲右丞相，以巖起爲户部主事，改刑部。泰定元年，拜監察御史，疏劾遼王脱脱，請廢之。又論太尉、司徒、司空之職，不宜濫假僧人，遷左右司郎中，參議中書省事。四年，擢吏部尚書，御史韓鏞言：「吏部天下銓衡，巖起從小吏入官，不知天下賢才。又尚書三品。巖起官四品，於法亦不得遷。」由是改同知大禧宗禋院事。左丞相倒剌沙，西域人，黨賈胡，售奇寶求增其價，巖起爭之甚力，倒剌沙雖慍，然亦服其公直。丁父憂歸。

文宗即位，起爲同僉樞密院事。時囊加台阻兵四川，勢張甚，命同知樞密院事不憐吉歹討之，以母老辭，巖起請代其行。帝義而許之，賜金虎符。既而囊加台降，巖起遂便道歸。終制，服闋，授兩淮都轉運鹽使，以淮漕稱職，賜御酒、金幣。遷湖北、燕南、山東三道廉訪使，陝西行臺治書侍御史，入爲中臺治書侍御史。以言事忤旨，謝病歸。至元五年，召拜中書參知政事。六年，進左丞，階資政大夫。累封河東郡公，卒，謚正獻。

王士弘，字可毅，平陽晉陵人。

祖父泰亨，字子通，從許衡學。至元中，以平章政事商議中書省事。使高麗，不受餽遺。安南國請佛書，泰亨乞以《九經》賜之，爲時論所稱。元統二年，追謚清憲。

士弘幼事文宗於潛邸，文宗方四歲，士弘侍奉十餘年，多所啟沃。仁宗聞而善之，授管領諸路納綿總管經歷，翊正司丞，稍遷中政院司議。文宗遷南海，召還，復出居建康，士弘皆從之。道有餓莩，命士弘出私錢賑之。文宗在建康，日飲酒爲韜晦之計，士弘諫曰：「内文明而外柔順，以蒙大難，文王以之。酒能敗德，不節恐致疾。」文宗嘉納焉。士弘進水飯鹽虀，文宗食之美，乃曰：「以此上供。」及移江陵，士弘宿衛益謹，或通夕侍立不寐。

泰定帝崩，燕鐵木兒起兵大都，遣使迎文宗於江陵。文宗即位，改元，百僚朝賀，敕士弘糾儀，殿陛肅然。授工部尚書，士弘進言：「刑不可贖，賞不可濫。」每承飲賜，皆固辭。文宗問曰：「聞爾兄宗敬有廉名，今何事？」對曰：「臣兄宗敬，除桂陽知州，貧不能往。」即日授監察御史，又以其次兄宗讓爲大司農經歷，旋改南臺御史。士弘本名宗訓，文宗爲易今名，以可毅字之。天曆二年，改建康潛邸爲佛寺，以士弘董其工役。

至正中，與散散奉使宣撫江西、福建諸道，廣招賄賂。江西儒人黄如徵伏闕上書，言其罪狀，惠宗爲之感動，授如徵江西儒學提舉。士弘與散散雖釋不問，然終身不加遷擢。未幾，士弘以疾卒。

史臣曰：梁德珪，張思明之黨奸，王士弘之黷貨，陳顥奉母后之命祝髮受戒甘爲浮屠，其人皆不足道。傅巖起從吏入官，素無學術，然鯁直敢言，較脂韋者終有取焉。

新元史卷之二百八　列傳第一百五

張起巖　許有壬　宋本褧　王結　仇濬　王思誠

張起巖，字夢臣，其先章邱人，徙家濟南。高祖迪，迪子福，附見《張榮傳》。起巖，福曾孫也。祖鐸，東昌領事推官。父範，四川行省儒學提舉。

起巖弱冠，以按察司舉爲福山縣學教諭。值縣官捕蝗，攝縣事，聽斷明允，民頌之。登延祐二年進士第一，除同知登州事，特旨改集賢修撰。轉國子博士，累遷翰林待制，兼國史院編修官。丁内艱。服除，選爲監察御史。中書參政楊廷玉以墨敗，臺臣奉敕就省中逮之下吏，丞相倒剌沙疾其摧辱同列，誣臺臣罔上，欲寘之重辟。起巖抗章論曰：「臺臣按劾百官，論列朝政，職使然也。今以奉職獲戾，風紀解體，忠良寒心，非盛世之事。且世皇建臺閣，廣言路，維持治體。陛下即位詔旨，動法祖宗。今臺臣坐譴，何論法祖耶？」章三上，不報。起巖廷争愈急，帝感悟，事始得釋，猶皆坐免官。

遷中書右司員外郎，進右司郎中，兼經筵官，拜太子左贊善。丁外艱，服除，改燕王府司馬，拜禮部尚書。文宗親郊，起巖充大禮使，導引從容，帝嘉之，賜賚優渥。轉參議中書省事。寧宗崩，有妄男子上變，言部使者謀不軌。按問皆虚，法司謂《唐律》告叛者不坐。起巖謂同列曰：「今嗣君未立，人情危疑，不亟誅此人以杜奸謀，恐妨大計。」趣有司具獄。省臣列坐銓選，起巖薦一士可用，丞相燕帖木兒不悦，起巖即攝衣而起。燕帖木兒以爲忤己，左遷翰林侍講學士、知制誥兼修國史。預纂三朝《實録》，加同知經筵事。

御史臺奏除浙西廉訪使，不允。已而擢陝西行臺侍御史，將行，留爲侍講學士。拜江南行臺侍御史，召入中臺爲侍御史。轉燕南道廉訪使，搏擊豪强，不少容貸。升江南行臺御史中丞，拜翰林學士承旨，知制誥兼修國史、知經筵事。右丞相别怯兒不花爲臺臣所糾去位，未幾，再入相，諷翰林官言臺劾之非，起巖執不可，聞者壯之。俄拜御史中丞，論事剴直，無所顧忌，與同僚多不合。

詔修遼、金、宋三史，復命入翰林爲承旨，充總裁官。積階至榮禄大夫，年始六十有五，上疏乞骸骨以歸。後四年卒，謚文穆。

起巖面如紫玉，美髯方頤，眉目清揚，望而知爲雅量君子。及臨政決議，意所背向，屹然不可回奪，廷臣憚之，名聞四裔。安南使者致其世子之辭，必候起巖起居。起巖博學能文，善篆隷。有《華峰漫稿》、《華峰類稿》、《金陵集》行於世。

許有壬，字可用。其先世居潁州，後徙湯陰。父熙載，會福院照磨。有壬幼穎悟，讀書一目五行，嘗閱衡州浄居院碑，一覽輒能背誦。年二十，暢師文薦入翰林，不報，授開寧路學正。遷教授，未上，辟山北道廉訪司書吏。擢延祐二年進士第，授同知遼州事。會周王舉兵，關中大亂，鄰州聽民出避。有壬獨閉城門，率民兵固守，一州晏然。有追逮，不用胥隸，惟令執里役者呼之，民安而事集，州大治。六年，除山北道廉訪司經歷。

至治元年，遷吏部主事。二年，轉江南行臺監察御史。行部廣東，以貪墨劾罷廉訪副使哈只、蔡衍。至江西，會廉訪使苗好謙監焚昏鈔，人畏其嚴，率剔真爲僞。有壬覆視之，真物也，遂留其大半。召拜監察御史。

八月，英宗遇弑，賊臣鐵失遣使者自上都至，封府庫，收百官印。有壬知事急，速往告御史中丞董守庸。守庸謂宫禁事非外廷所當問，有壬即疏守庸及經歷朵爾只班、監察御史郭也先忽都阿附鐵失之罪以俟。十月，鐵失伏誅，泰定帝發上都，御史大夫紐澤先還京師，有壬袖疏上之。及帝至，復上章言：「鐵木迭兒之子瑣南與聞大逆，乞正典刑，其兄弟勿令出入宮禁。中書平章政事王毅、右丞高昉横罹貶黜，四川行省平章政事趙世延受禍尤慘，皆請雪冤復職。」繼上《正始十事》：「一曰輔翼太子，宜先訓導；二曰遴選長官，宜先培養；三曰通籍宮禁，宜別貴賤；四曰欲謹兵權，宜罷兼領；五曰武備廢弛，宜加修飭；六曰賊臣妻妾，宜禁勢官徵索；七曰前赦權以止變，宜再詔以正名；八曰鐵木迭兒諸子，宜籍没以懲惡；九曰考驗經費，以減民賦；十曰撙節浮蠹，以舒國用。」帝多從之。

泰定元年，初立詹事院，選爲中議，改中書左司員外郎。京畿饑，有壬請賑之，同列讓曰：「子言固善，其如虧國帑何？」有壬不聽，卒白於丞相，發糧四十萬斛以賑饑民。國學舊法：積分次第，貢以出官。執政用監丞張起巖議，欲廢之，以推擇德行爲務，有壬折之曰：「積分雖未盡善，然可得博學能文之士。若曰惟德行之擇，其名固佳，恐皆厚貌深情、專意外飾，則人才益寙不可用。」議久不決。三年六月，遷右司郎中，起巖議遂行，已而復寢。獲盜例有賞，論者多疑其僞，有淹四十餘年者，羣訴於馬首。有壬曰：「盜賊方熾，緩急何以使人？但經部覆覈者，皆予官。」俄移左司郎中，每遇公議，有壬屢争得失。都事宋本退語人曰：「此貞觀、開元間議事也。」明年，丁父憂。

天曆三年，擢兩淮都轉運鹽司使。先是，鹽法壞，廷議非有壬不能稱職，故有是命。有壬詢究弊端，立法維持，國課遂登。至順二年二月，召參議中書省事。未幾，以丁母憂去。

元統元年，復以參議召。明年，拜治書侍御史，轉奎章閣學士院侍書學士，仍治臺事。會御史劾福建達魯花赤完卜，完卜藏御史大夫家，有壬捕而讞之。九月，拜中書參知政事、知經筵事。帝詔羣臣議上皇太后尊號爲太皇太后，有壬曰：「皇上於皇太后，母子也；若加太皇太后，則爲孫矣，非禮也。」衆弗從，有壬曰：「今制，封贈祖父母，降於父母一等，蓋推恩之法，近重而遠輕。今尊皇太后爲太皇太后，是推而遠之，豈所謂尊之邪？」又弗聽。

中書平章政事徹里帖木兒奏罷進士科，有壬廷爭甚苦，不能奪，遂稱疾在告。帝强起之，拜侍御史。廷議欲行古劓法，立行樞密院，禁漢人、南人勿學蒙古畏吾兒字書，有壬皆爭止之。

後至元初，長蘆韓公溥因家藏兵器，興大獄，株連臺省，多以贓敗，獨無有壬名。由是忌者益甚，有壬遂謝病歸。至元六年，召入中書，仍爲參知政事。

明年改元至正，有壬極論：帝當親祀太廟；母后虛位，徽政院當罷；改元、命相當合爲一詔；冗職當沙汰；錢糧當裁節。人皆韙之。轉中書左丞。二年，囊加慶善八及孛羅帖木兒獻議，開金口導渾河，逾京城，達通州以通漕運。丞相脱脱主之，有壬曰：「渾河之水，湍悍易決，足以爲害，又淤淺不能行舟，況地勢高下不同，徒勞民費財耳。」不聽，後卒如有壬言。

先是，有壬父熙載官長沙，設義學，課諸生。有壬母卒於長沙，旅殯城外，有壬廬墓三年。後諸生即有壬廬墓之地，立東岡書院，旌其孝，且以廣熙載教士之澤。南臺監察御史木八剌沙，緣睚眥之怨，言書院不當立，並劾有壬及其二弟有儀、有孚。有壬復稱病歸。

四年，改江浙行省左丞，辭。六年，召爲翰林學士，既上，又辭。監察御史累章辯其誣。俄拜浙西道廉訪使，未上，復以翰林學士承旨召，仍知經筵事。明年夏，授御史中丞，賜白玉束帶及御衣一襲。未幾，又以病歸。

十三年，起爲河南行省左丞。十五年，遷集賢大學士。尋改樞密副使，復拜中書左丞。有僧自高郵來，言張士誠乞降，衆幸事且成，皆大喜，有壬獨疑其妄，呼僧詰之，果語塞不能對。轉集賢大學士，兼太子左諭德，階至光禄大夫。有壬前朝舊德，太子頗敬禮之。一日入見，方臂鷹爲樂，遽呼左右屏去。

十七年，以老病乞致任。久之，始得請，給俸賜以終其身。二十四年卒，年七十八。贈推誠守正昭德佐理功臣，銀青光禄大夫、中書平章政事、上柱國，追封魯郡公，謚文忠，著有《至正集》八十一卷。

有壬歷事七朝，垂五十年，遇國家大事，無不盡言。當權臣恣睢時，稍忤意，輒誅竄隨之，有壬不爲巧避，事有不便，明辯力諍，不知有死生利害，君子多之。

初，有壬舉進士，知貢舉、平章政事李孟，讀卷官參知政事趙世延，集賢學士趙孟頫，第有壬高下未定。世延曰：「觀此策，異日必爲名臣，請置第二甲。」孟不許，世延辯論不已。孟頫立請曰：「宋東南一隅，一科取數百人。以國家疆域之廣，正七品多取一人，不爲濫也。」孟乃從之。後有壬卒爲名臣，世以趙世延爲知人云。

宋本，字誠夫，大興人。自幼警拔，異羣兒。至治元年，廷策天下士，本爲第一，賜進士及第，授翰林修撰。

泰定元年春，除監察御史，首言：「逆賊鐵失等雖伏誅，其黨樞密副使阿散躬爲弑逆，以告變得不死，乞早正天罰。」盜竊仁宗廟主，本言：「民間失盜，捕違期不獲猶治罪，太常及應捕官皆當罷斥。」又言：「中書宰執日趨禁中，兼旬不至中書，機務壅滯，乞戒飭臣僚，非入宿衛日，必詣本署治事。」又言：「司空、太尉之職濫假僧徒，及會禮、殊祥二院，並辱名爵，請罷之。」皆不報。

調國子監丞。夏，風烈地震，詔集百僚議弭災之法。時宿衛士自北來者，在桓州剽劫殺人，既逮捕，丞相旭邁傑奏釋之。蒙古千户奪民朱甲妻女，甲訴於中書，旭邁傑庇不問。本抗言：「鐵失餘黨未誅，仁宗廟主盜未得，桓州盜未治，朱甲冤未申，刑政失度，民憤天怨，災異之見，職此之由。」詞氣激奮，衆皆聳聽焉。冬，遷兵部員外郎。二年，轉中書左司都事。故將李庭之子，嘗假兵部尚書從諸王征檆林州猺，中道納妾，逗留不進，兵敗歸。樞密副使卜鄰吉台言：「李平猺有功，當遷官。」本曰：「李納妾逗留，宜置諸法，況遷官耶？」卜鄰吉台色沮，不敢復言。

旭邁傑卒，左丞相倒剌沙當國，與平章烏伯都剌，皆西域人。西域賈人以其地寶石名璼者來獻，估鉅萬，未酬其直；又官吏爲御史劾罷者，多出其門下，求復官。三年冬，烏伯都剌自禁中至政事堂，以星孛地震赦天下，命中書酬累朝獻物之直，擢用爲御史所劾罷者，使左司員外郎以詔稿示本，本曰：「獻物直未酬，有司細故，載於王言，貽笑天下。司憲褫有罪者官，世祖法令，上即位，累詔法世祖，若擢用之，是反汗前言，後再有奸贓，將治之耶？抑置不問耶？」宰執聞本言，相視歎息罷去。明日，宣詔，本稱疾不出。

四年春，遷禮部郎中。天曆元年冬，擢吏部侍郎。二年，改禮部。是年，文宗開奎章閣，置藝文監檢校書籍，本遷大監。至順元年，進奎章閣學士院供奉學士。二年冬，出爲河西道廉訪副使，未行，擢禮部尚書。三年冬，寧宗崩，惠宗未至，皇太后在興聖宮，正旦，議循故事行朝賀禮。本言：「宜上表興聖宮，罷朝賀。」衆躩而從之。元統元年，兼經筵官。二年夏，轉集賢直學士，兼國子祭酒，兼經筵如故。是年冬十月，卒，年五十四。贈翰林直學士、范陽郡侯，謚正獻。

本性高抗不屈，持論堅正，不可干以私，尤以扶植文學自任。知貢舉，取進士滿百人額。爲讀卷官，增第一甲爲三人。及卒，執紼者至三千人，皆門生、故吏及國子諸生，時論榮之。著有《至治集》四十卷。弟褧。

褧，字顯夫，文學與本齊名，人稱之曰「二宋」。延祐中，從本至京師，清河元明善、濟南張養浩、東平蔡文淵、王士熙争薦之。登泰定元年進士第，授秘書監校書郎。安南遣使入貢，選充館伴使。使者以金爲贐，褧卻之。改翰林國史院編修、詹事府照磨。尋辟御史臺掾，辭。轉大禧宗正院照磨，遷翰林修撰。

至元三年，擢監察御史。時災異洊至，褧上言：「一歲之内日月薄蝕、星文垂象，正月元日千步廊火，六月河朔大水，八月京師地震，毀宗廟，震驚神靈。皆朝政未修，民瘼未愈所致。宜集廷臣，講求弭災之法。」從之。

出僉山南道廉訪使事。宜城民争刈麥，共毆田主死，賂縣尹，使一人承之。褧廉知其事，坐尹及共毆者。安陸寡婦有罪自刎，誣其夫兄殺之，已誣服。褧發墓驗之，寡婦尚以繩繫其頸，夫兄之冤始雪。制：獲盜五人得官，應山民被劫，巡徼執五人坐之。褧疑而訊之，皆良民，乃釋之，坐巡徼者罪，衆服其明允。改陝西行臺都事，旋召爲翰林待制，遷國子監司業，與修遼、金、宋三史。拜翰林直學士，尋兼經筵講官。卒，年五十三，贈國子祭酒、范陽郡侯，謚文靖。著有《燕石集》十五卷。

王結，字儀伯，易州定興人。祖逖勤，以質子從太祖西征，娶阿魯渾氏，自西域徙家中山。父德信，陝西行臺監察御史，與臺臣議不合，即棄官歸，不復出。

結生而聰穎，讀書數行俱下，從名儒董朴受經。廉訪使王仁見之，曰：「公輔器也。」年二十餘，游京師，上執政書，陳時政八事，曰：「立經筵以養君德，行仁政以結民心，育英材以備貢舉，擇守令以正銓衡，敬賢士以厲名節，革冗官以正職制，辨章程以定民志，務農桑以厚民生。」宰相不能盡用。

時仁宗在潛邸，或薦結充宿衛，乃集歷代君臣行事善惡可爲鑒戒者，日陳於前。武宗即位，仁宗爲皇太子，置東宫官屬，以結爲典牧太監，階太中大夫。近侍以俳優進，結言：「昔唐莊宗好此，卒致禍敗。殿下方育德春宫，視聽宜謹。」仁宗嘉納之。

仁宗即位，遷集賢直學士，出爲順德路總管。屬邑鉅鹿、沙河有唐魏徵、宋璟墓，乃祠二人於學，以風勵學者。遷揚州路，又遷寧國路，以從弟紳僉江東廉訪司事，辭不赴。改東昌路。會通河堤遏舊黄河下流，夏月潦水，壞民田，結疏爲斗門以泄之，民獲耕作之利。

至治二年，參議中書省事。時拜住爲丞相，結言：「爲相之道，當正己以正君，正君以正天下。除惡不可猶豫，猶豫恐生它變；服用不可奢僭，奢僭則害及身家。」拜住是其言。未幾，除吏部尚書，薦名士宋本、韓鏞等十餘人。

泰定元年春，廷試進士，以結充讀卷官。遷集賢侍讀學士、中奉大夫。會有日食、地震、烈風之異，結昌言於朝曰：「今朝廷君子、小人混淆，刑政不明，官賞太濫，故陰陽錯謬，咎徵薦臻，宜修政事以弭天變。」是歲，詔結知經筵，扈從上都，結援引古訓證時政之失，冀帝有所感悟。中宫聞之，亦召結等進講，結以故事辭。明年，除浙西道廉訪使，中途以疾還。歲餘，拜遼陽行省參知政事。遼東大水，結請於朝，發粟數萬石以賑饑民，召拜刑部尚書。

文宗即位，拜陝西行省參知政事，改同知儲慶司事。二年，拜中書參知政事，入謝光天殿，以親老辭。帝曰：「忠孝能兩全乎？」是時明宗未至，文宗以皇太子奉迎，近侍有求除拜賞賚者，結曰：「俟天子至議之。」四川行省平章囊家歹拒命，廷議發兵討之，結曰：「蜀遠，恐不知朝廷近事，可遣使諭之，如不從，討之未晚。」後囊家歹果來朝。近侍争求籍没妻孥貲産，結復論之。近侍怒，譖詆日甚。遂罷政，改集賢侍讀學士。丁内艱，不起。

元統元年，復除浙西道廉訪使，未行，召拜翰林學士、資善大夫、知制誥同修國史，與張起巖、歐陽玄修泰定、天曆兩朝《實録》。拜中書左丞，中宫命僧尼於慈福殿作佛事，已而殿災，結言：「僧尼褻瀆，當罪之。」左丞相撒敦疾革，家人請釋重囚禳之，結極陳其不可。先時有罪者，北人則徙廣海，南人則徙遼東，去家萬里，往往道死。結請更其法，移鄉者止千里外，改過聽還其鄉，著爲令。職官坐罪者，多從重科，結曰：「古者刑不上大夫，今貪墨雖多，然士之廉恥不可以不養也。」時論稱其得體。後至元元年，以疾罷爲翰林學士。二年正月卒，年六十有二。

結立言制行，皆法古人。張珪曰：「王結非聖賢之書不讀，非仁義之言不談。」識者以爲名言，晚邃於《易》，著《易説》一卷，臨川吴澄讀而善之。四年五月，詔贈資政大夫、河南江北等處行中書省右丞、護軍，追封太原郡公，謚文忠。有詩文集十五卷，行於世。子敏修，社稷署丞。

仇濬，字公哲，大都大興人。

父諤，字彦中，以布衣謁安西王，王善其占對，命給事左右，授武備院庫使。至元十五年，擢知威州。民張氏兄弟争財，吏受賕，事久不決，諤召諭之曰：「兄弟與吏，孰親？」曰：「兄弟親。」諤曰：「竭兄弟之財以賂吏，可謂智乎？」張氏兄弟感悟，俱叩頭謝罪。累遷福建閩海道副使，行省議采銀徵賦，閩無銀，礦民買銀納之。諤劾行省欺罔，罷其役，民大悦。後卒於官，年五十一。

濬早孤，從舅氏户部尚書郝彬還京師。武宗即位，太保曲樞引見便殿，命侍仁宗説書。至大二年，授資國院照磨，轉集賢院掾。延祐中，累遷中書左司掾。至治元年，擢太廟署丞。英宗新享太室，濬進退甚稱上意，改禮部主事。

泰定元年，拜監察御史。先是，他御史劾參知政事楊廷玉贓罪，宰相倒刺沙庇之，奏命臺、省、宗正府雜治。濬曰：「御史臺職糾劾，今宰相欲變亂祖宗成法，不可。」誓以死請。」竟從臺鞫，廷玉杖免。二年，河决，百姓流殍，又地震、蝗旱，濬與同列上封事，謂：「地宜静今動，由宰相失於調燮。又兵亦陰象，或軍政不修所致。」章三上，不報。又劾御史大夫禿忽魯奸邪不忠，曲庇楊廷玉，自隳紀綱，不勝重任。移文上都及行臺御史，事聞，詔罷禿忽魯，執政滋不說，激帝怒，逮捕治書侍御史二人，繫詔獄置對。衆懼禍不測，濬泰然自若。久之，事得釋，置濬等不問。濬又劾也先帖木兒在樞院受賕，不當知經筵事；太子詹事輔導元良，不當以宦者爲之；奸臣帖木迭兒罪應籍没，不當給回貲産；廉訪使王結素廉直，爲御史挾私妄論，當申雪；處士吴炳、史約當召赴館閣；内外官有文行者，參政張昇、八辰等當任以風憲。言皆切直，爲時論所稱。四年，遷户部員外郎。明年，進郎中。

天曆元年，除僉燕南河北道肅政廉訪司事。未幾，改禮部郎中。明年，遷右司員外郎，改刑部侍郎，階亞中大夫。俄又改中政院判官，内批進階中大夫以奬之。至順元年，復除江北淮東道廉訪司副使。再遷吏部侍郎，命參議樞密院事。二年，拜陝西行臺治書侍御史。未幾，引疾歸，卒於家，年五十二。

王思誠，字致道，兖州嵫陽人。天資過人，七歲從師授《孝經》、《論語》，即能成誦。後從汶陽曹元用遊，學大進。登至治元年進士第，授管州判官。召爲國子助教，改翰林國史院編修官。尋遷應奉翰林文字，再轉爲待制。

至正元年，遷奉義大夫、國子司業。二年，拜監察御史。上疏言：「京畿去年秋不雨，冬無雪，方春首月，蝗生，黄河水溢。蓋不雨者陽之亢，水湧者陰之盛也。嘗聞一婦銜冤，三年大旱。往歲伯顔專擅威福，仇殺不辜。郯王之獄、燕鐵木兒之宗黨，死者不可勝數。非直一婦之冤而已。宜昭雪其罪，敕有司禱於百神，陳牲幣，祭河伯，發卒塞之，被災之家死者給葬，庶幾可以召陰陽之和，消水旱之變。」

又言：「採金鐵冶提舉司設司獄，掌囚之應徒配者，鈦趾以春金礦，舊嘗給衣與食。天曆以來，因水壞金冶，罷之。𩟄草飲水死者三十餘人，瀕死者又數人。夫罪不至死，乃拘囚至於饑死，不若加杖而使速死之愈也。況州縣俱無囚糧，輕重囚不決者多死獄中，吏妄報治病日月，用藥次第。請定瘐死多寡罪，著爲令。又至元十六年開壩河，設壩夫户八千三百七十有七，車户五千七十，出車三百九十兩，船户九百五十，出船一百九十艘。壩夫累歲逃亡，十損四五，而運糧之數，十增八九。船止六十八艘，户止七百六十有一，車之存者二百六十七兩，户之存者二千七百五十有五，晝夜奔馳，猶不能給。壩夫户之存者一千八百三十有二，一夫日運四百餘石，肩背成瘡，顛額如鬼，甚可哀也。河南、湖廣等處打捕鷹房府打捕户尚玉等一萬三千二百二十五户，阿難答百姓劉德元等二千三百户，可以僉補，使勞佚相資。」

又言：「燕南、山東密邇京師，比歲饑饉，羣盜縱横，巡尉、弓兵與提調捕盜官會鄰境以討之，賊南則會於北，賊西則會於東，及與賊遇，望風先遁。請立法嚴禁之。」又言：「初開海道，置海仙鶴哨船四十餘艘往來警邏。今敝船十數，止於劉家港口，以捕盜爲名，實不出海，以致寇賊猖獗。宜即萊州洋等處分兵守之，不令泊船島嶼，禁鎮民與梢水爲婚，有能捕賊以船畀之，獲賊首者賞以官。仍移江浙、河南行省列戍江海諸口，以詰海商還者，審非寇賊，始令泊船。下年糧船開洋之前，遣將士乘海仙鶴於二月終旬入海，庶幾海道寧息。」朝廷多韙其議。

松州官吏誣搆良民，以取賂，愬於臺者四十人，選思誠鞫問。思誠密以他事入松州境，執監州以下二十三人，皆罪之。還至三河縣，一囚愬不已。俾其黨異處，使之言，囚曰：「賊向盜某芝麻，某追及刺之，幾死，賊以是圖復讐。今弓手欲滿捕獲之數，適中賊計。其贓實某妻裙也。」思誠以裙示失主，主曰：「非吾物。」其黨詞屈，遂釋之。豐潤縣一囚年最少，械繫瀕死，疑而問之，曰：「昏暮，三人投宿，約同行，未夜半，趣行至一塚間，見數人如有宿約者，疑之。衆以爲盜，告不從，脅以白刃，驅之前至一民家，衆皆入。獨留户外，遂潛奔赴縣，未及報而被收。」思誠正有司罪，少年獲免。

出僉河南山西道肅政廉訪司事，行部武鄉縣，監縣來迓。思誠私語吏屬曰：「此必贓吏。」未幾，果有愬於道側者，問曰：「得無訴監縣敚汝馬乎？」其人曰然，監縣抵罪。吏屬問思誠先知之故，曰：「衣敝衣，乘駿馬，非詐而何？」陝西行臺言，欲鑿黄河三門，立水陸站以達於關陝，使思誠會陝西、河南省臺官及郡縣長吏視之，皆畏險阻欲以虚辭復命，思誠怒曰：「吾屬自欺，何以責人？諸君少留，吾當身歷其地。」衆惶恐從之，沿河灘磧百有餘里，礁石錯出，路窮，舍騎徒行，攀藤葛以進，凡三十里，度不可行，乃止。作詩上之執政，議遂寢。

召修遼、金、宋三史，調秘書監丞。會國子監諸生因事鬨於學，復命思誠爲司業。思誠黜爲首者五人，罰而降齋者七十人，勤者升，惰者黜，士習爲之一變。超拜兵部侍郎，丁内憂。甫禫，朝廷行内外通調法，起思誠太中大夫、河間路總管。磁河決鐵燈干，真定境也。召其長吏責之，晝夜督工，期月而塞。復外築夾堤，使瀕河民及弓手廬於上，以防盜決。南皮民瀕御河種柳，輸課於官，曰柳課。河決，柳盡没，官猶徵課，子孫貧不能償。思誠白其事於朝，罷之。景州廣川鎮，漢董仲舒故里也，河間尊福鄉，毛萇故里也，皆請建書院，設山長。召拜禮部尚書。

十二年，帝以民多失業，選名臣巡行勸課，以思誠巡河間及山東諸路。奏進二麥豌豆，帝嘉之，賜上尊二。召還，遷國子祭酒。俄復爲禮部尚書，知貢舉。遷集賢侍講學士，兼國子祭酒。應詔言事：「一曰置行省丞相，以專方面；二曰寬内郡徵輸，以固根本；三曰汰冗兵，以省糧運；四曰改祿秩，以養官廉；五曰罷行兵馬司，以便詰捕；六曰復倚郭縣，以正紀綱；七曰設常選，以起淹滯。」其言多見施行。尋出爲陝西行臺治書侍御史。辭以老病，不允。

十七年春，紅巾陷商州，奪七盤，進據藍田縣。思誠移書於察罕帖木兒曰：「河南爲京師之庭戶，陝西實内郡之藩籬，兩省相望，互爲唇齒，陝西危則及於河南矣。」察罕帖木兒新復陝州，得書大喜，以輕騎五千倍道來援，賊敗遁。已而河南總兵官詰思誠擅調，遣思誠亟請於朝。命察罕帖木兒專防關陝，仍便宜行事，詔從之。行樞密院掾史田甲受賂事覺，匿豫王邸，監察御史捕之急，並繫其母。思誠曰：「古者罪人不孥，況母乎？吾不忍以子而累其母。」令釋之，不從，思誠因自劾不出，諸御史謁而謝之。初，監察御史有封事，自中丞以下惟署紙尾，莫敢問其由。思誠曰：「若是，則上下之分安在？」乃與御史約，凡上奏，必拆視其不可行者，以臺印封置架閣庫，後遂爲例。

十七年，召拜國子祭酒。時卧疾，聞命即行，至朝邑，疾復作。十月卒，年六十七。思誠當官涖事，力矯詭隨，故所至有名蹟，時論以不爲宰相惜之。

史臣曰：張起巖諸人之奏議，事覈而詞直，切於當時之務，嘉謨嘉猷，庶幾無愧。王結謂：「除惡不可猶豫，恐生他變。」使拜住用其言，豈有南坡之禍？嗚呼！可謂知幾君子矣！

新元史卷之二百九　列傳第一百六

脱脱合剌章

脱脱，字大用，蔑兒吉台氏。

曾祖稱海，從憲宗征蜀，歿於軍中，贈太師，追封淮王，謚忠襄。

祖謹只兒，總宿衛隆福太后宮，贈太師，追封鄭王，謚忠懿。

父馬札爾台，扈從武宗，後侍仁宗於潛邸，以恭謹爲仁宗所親信，及即位，授虎賁親軍都指揮使。泰定四年，拜陝西行臺侍御史。文宗自立於大都，陝西行臺附上都起兵，焚詔書，殺使者，及事定議罪，以其兄伯顏有功，特免之，命爲上都留守，遷知樞密院事。伯顏罷黜，代爲右丞相。未幾，以疾辭，拜太師就第，封忠王，改封德王。至正七年，卒。長子脱脱，次也先帖木兒。

脱脱生而岐嶷。及就學，請於其師吴直方曰：「與其終日危坐讀書，孰若記古人之嘉言懿行而服習之。」乃扁其燕居之室曰「道濟書院」，延納學者，討論義理。稍長，膂力過人，能挽弓一石。充東宫怯薛口怯薛歹。至順二年，授忠翊侍衛親軍都指揮使。元統二年，遷同知樞密院事。至元初，唐其勢伏誅，其叔父答里擁兵以叛，脱脱討擒之。歷太禧宗禋院使，拜御史中丞，提調左阿速衛。

四年，遷御史大夫。扈從上都，還至雞鳴山之渾河，帝將畋於保安州，馬驚，脱脱諫曰：「古者帝王端居九重，日與宿儒大臣講求治道，飛鷹走狗，非其事也。」帝嘉納之。

是時，伯顏爲中書右丞相，既誅唐其勢，益貪横，帝積不能平。脱脱幼育於伯顏，數諫不聽，常憂之，私請於父曰：「伯父驕縱已甚，一旦天子震怒，吾族赤矣。曷若於未敗圖之，以報國家？」馬札兒台以爲然。又決於其師吴直方，直方告以《春秋》之法，「大義滅親」。脱脱意始決。乘間言於帝，自陳忘身殉國之意，帝猶未之信。時左右皆伯顏黨與，獨世傑班、阿魯、楊瑀爲帝心腹，因遣三人日與往復論難，知其忠義，始不疑之。

五年秋，車駕留上都，伯顏出赴應昌，脱脱與世傑班、阿魯謀拒之，懼弗勝而止。會河南范孟端矯殺省臣，事連前廉訪使段輔，伯顏風臺臣奏漢人不可爲廉訪使。時别怯兒不花爲御史大夫，畏人議己，辭疾不出，故其奏未上。伯顏促之，脱脱度不能止，乃先入告於帝，言漢人爲廉訪使，祖制不可廢。及奏上，帝如脱脱言。伯顏聞之大怒，言於帝曰：「脱脱雖臣子，其心專右漢人，宜罪之。」帝曰：「此朕意也。」及伯顏殺郯王，擅貶宣讓、威順二王，帝益忿。一日，與脱脱語，相對泣下。歸，復謀於吴直方，直方曰：「此社稷安危所繫，不得不密，議論之時，左右爲誰？」曰：「阿魯及脱脱木耳。」直方曰：「子伯父挾震主之威，若輩苟利富貴，語泄，則主危身戮矣！」脱脱乃延二人於家，晝夜置酒張樂，不令出，欲俟伯顏入朝執之。戒衛士嚴宫門出入，殿陛間悉置兵仗。伯顏見之，驚問故。對曰：「天子所居，防禦不得不爾。」伯顏退，亦增兵自衛。

六年二月，伯顏請帝出獵，脱脱勸帝以疾不往，伯顏乃挾太子燕帖古思畋於柳林。脱脱等謀，以所領忠翊軍及衛士拒之，拘諸門鍵鑰，分遣親信布列城門下，奉帝御玉德殿，召近臣及省院大臣入見，集午門聽命。又召楊瑀入草詔，數伯顏罪狀。詔成，夜已四鼓，命翰林學士承旨只瓦兒台賫詔赴柳林，黜伯顏爲河南行省左丞相。伯顏使騎士至城下問故，脱脱坐城上應之曰：「有旨，逐丞相一人，餘無所問。諸從官可各還本衛。」伯顏養子知樞密院事詹因不花、尚書洛失蠻，謂伯顏曰：「擁兵入宫，問奸臣爲誰，尚未晚也。」伯顏曰：「爲爾輩與脱脱不睦，致有今日，汝輩尚欲誤我邪？帝豈有殺我之意，皆脱脱賊子所爲耳。」遂請入辭，使者曰：「皇帝命丞相即行，勿入辭。」於是伯顏遂至河南。詔馬札兒台入爲右丞相，脱脱知樞密院事。馬札兒台素貪鄙，於通州置糟房、酒館，日售萬餘石，又廣販長蘆、淮南鹽以牟利。脱脱病之，謂參知政事佛家閭曰：「吾父與君善，曷諫吾父，使辭丞相，不然，人將議吾父篡兄之位。」佛家閭乘間言之，馬札兒台果辭職。詔馬札兒台拜太師，封忠王。

至正元年，以脱脱爲右丞相。脱脱悉更伯顏舊政，復科舉取士及太廟四時祭，雪郯王之冤，召還宣讓、威順二王使居舊藩位，弛馬禁，減鹽額，蠲負逋，開經筵，遴選儒臣勸講，中外翕然，稱賢相焉。

三年，詔修遼、金、宋三史，命脱脱爲都總裁官。又請修《至正條格》頒天下。脱脱欲帝親儒臣，講學問，左右多沮撓者。一日，帝御宣文閣，脱脱取裕宗當日所授書以進曰：「設使經史不足觀，世祖豈以是教裕皇乎？」帝嘉納之。皇太子愛猷識理達臘嘗育於脱脱家，每有疾飲藥，必嘗之而後進。帝駐蹕雲州，遇暴風雨，山水猝至，車馬皆漂没。脱脱抱皇太子單騎登山，乃免。皇太子至六歲始還宫，脱脱復以私錢造大壽元忠國寺，爲皇太子祈福。

四年，領宣政院事。時諸山主僧請復僧司，且曰：「州縣所苦，如坐地獄。」脱脱不許，曰：「若復僧司，何異地獄中復置地獄耶？」是年，《遼史》成，脱脱奏上之，且請曰：「給事中所記陛下即位以來之聖政，亦宜漸加編葺，藏於石室金匱。」帝曰：「此事俟吾兒爲之可也。」故元統以後之事，國史咸闕而不書。脱脱寢疾，體漸羸，以術者言行年不利，遂抗表辭職，帝不允，表凡十七上，始從之。詔封爲鄭王，食邑安豐，賞賚巨萬，俱辭不受，乃賜興江田，爲立稻田提領所領之。

七年，别怯兒不花爲右丞相，以宿憾譖馬札兒台。詔徙馬札兒台於甘肅，脱脱請從。又移其父子於西域撒思嘉之地，至河，召還，使就養於甘州。馬札兒台尋卒。帝念脱脱勳勞，復拜太傅，總理東宫事。

先是，脱脱在甘州，皇太子與脱脱子合剌章同歲，相親愛，故合剌章留京師侍皇太子。一日，與皇太子嬉殿外，皇太子欲負合剌章，辭曰：「合剌章，奴也；皇太子，使長也。奴不敢令使長負。」皇太子怒，撻之，合剌章啼。聲聞於帝，問之左右，具以事對，帝太息曰：「賢哉！此子也。」奇皇后因奏曰：「脱脱忠臣，不宜久在外。」帝頷之，會佛郎國貢天馬，置馬羣中，高大如駱駝。帝曰：「人中有脱脱，馬中有天馬，皆一時傑出者也。」時哈麻在側，聞之，以爲脱脱旦夕復相，因乘間薦脱脱之賢。帝曰：「彼嘗罪汝，杖汝一百七，奈何薦之？」對曰：「彼杖臣，臣之罪也。何怨之有？」奇皇后於殿屏後聞之，陰使人至甘州召脱脱。脱脱至京師，未見帝，皇后伺帝有喜色，因謂合剌章曰：「汝亦思汝父脱脱否？」合剌章跪曰：「思之。」帝謂皇后曰：「脱脱今何在？而汝使思之邪？」皇后起謝曰：「脱脱去國日久，思見至尊，今聞其至都矣。」帝遂使人召之入，正色問曰：「我使汝侍汝父於甘州，誰召汝來耶？」皇后爲之失色，脱脱徐對曰：「陛下使臣侍父，今臣父已卒，葬事畢，故來爾。」帝遽起抱之，相與泣下，翌日，遂有太傅之命。

九年，丞相朵爾只、太平皆罷，復命脱脱爲右丞相，兼領端本堂事，於是脱脱引用烏古孫良楨、龔伯璲、汝中柏、伯帖木兒等爲官屬，委以腹心，無鉅細悉與之謀，省臣奉行文牘而已。帝以吴直方有協贊功，由長史超授集賢大學士，御史王士點劾其躐進，直方亦力辭，乃止。

脱脱用吏部尚書偰哲篤言，更至正交鈔，詔廷臣集議。祭酒吕思誠亟言不可，脱脱不從，事具《思誠傳》。參議孛羅帖木兒、都水監傅佐，建議於都城外開河置閘，放渾河水引船至麗正門外，可運西山煤，省薪芻負擔之費。脱脱從之，役丁夫數萬，迄無成功，孛羅帖木兒、傅佐俱論死。然脱脱勇於任事，終不以此自悔。

時黄河決白茅堤，又決金堤，五年不能塞。脱脱用賈魯計塞之，請身任其責，奏以賈魯爲工部尚書，總治河防，使役河南北民十七萬，築決堤成，使復故道。凡八月功竣，事見《河渠志》。帝嘉其功，賜世襲答剌罕號，又敕儒臣歐陽玄製《河平碑》以紀之。仍賜淮安路爲食邑，郡邑長吏聽其自用。

是時，汝、潁盜起，以紅巾爲號，蔓延襄、樊、唐、鄧間。十一年，脱脱奏以弟御史大夫也先帖木兒爲知樞密院事，將禁衛兵討之。駐沙河，也先帖木兒素庸懦，軍中夜驚，左右鞚馬請留，也先帖木兒拔刀斫之曰：「我非性命耶！」乃先遁，大軍遂一時奔潰。也先帖木兒棄輜重，收散卒萬餘人，抵開封城外，文濟王蠻子在城上，遥謂之曰：「汝爲大將，未見敵而奔，吾將劾汝，不能令汝入城。」乃屯於朱仙鎮。朝廷以脱脱故，不之罪，詔他將代之。也先帖木兒徑歸，仍爲御史大夫。陝西行臺監察御史十二人，劾其喪師辱國。脱脱聽弟言，遷西臺御史大夫朵兒只班爲湖廣平章政事，除十二人，各府添設判官，以杜言者之口。監察御史及河南分御史臺、行院、廉訪司，鞏昌總帥府、陝西都府義兵萬户府，復承旨交章言也先帖木兒有功，詔賞金帶、金挺各一，銀挺千，鈔五千貫，布帛百匹。脱脱又用龔伯璲等興大獄，以謀害大臣殺高昌王亦都護及御史大夫韓嘉納，由是爲時論所不與。

十二年，紅巾賊芝麻李據徐州，衆數萬，僭號稱王。脱脱請自將討之。師次徐州，攻其西門。賊出戰，以鐵翎箭射中脱脱馬首。脱脱不爲動，麾軍擊敗之，入其郛。翌日，賊棄城遁，遂復徐州。民大悦，請於朝，願爲建生祠，從之。帝又爲脱脱立勳德碑，遣使加脱脱太師，趣回朝，凱旋，賜上尊、珠衣、白金、寶鞍，皇太子賜燕私第。

十三年二月，脱脱用右丞烏古孫良楨、右丞悟良哈台議，屯田京畿，以良楨等兼大司農卿，而自領大司農事。西至山，東至遷民鎮，南至保定、河間，北至檀、順等州，凡官地屯田，皆募江南農夫佃種之，歲大稔。故海運不通，而京師之食自足。

時張士誠據高郵，號召江淮，梗南北運道，連年用兵弗克。十四年，詔脱脱總制諸軍討之，一切聽便宜行事，臺、省、院諸司聽選官屬從行，西域、土番皆發兵來會，旌旗千里，出師之盛，前所未有。次濟寧，遣官詣闕里祀孔子，過鄒縣，祀孟子。十一月，至高郵，連戰皆捷。又用董摶霄計，分兵克天長、六合，賊勢大蹙。進破高郵外城，士誠震懼，自分亡在旦夕。俄有詔，罪其勞師費財，以河南行省左丞相太不花、中書平章政事月闊察兒、知樞密院事雪雪代將其兵，削脱脱官爵，安置淮安路。

先是，脱脱深德哈麻，引爲中書右丞。是時，汝中柏由左司郎中參議中書省事，平章以下曲意事之，議事莫敢異同。唯哈麻不爲之下，中柏因譖哈麻於脱脱，改爲宣政院使，故哈麻銜之。及脱脱將出師，以中柏爲治書侍御史，使輔也先帖木兒。中柏恐哈麻爲後患，請去之。脱脱猶豫不決，令與也先帖木兒謀之，也先帖木兒不從。哈麻知之，乃譖脱脱於皇太子及奇皇后，謂脱脱不欲授皇太子册寶，俟正宫皇后生子立之，皇后及皇太子皆大怒。會也先帖木兒移疾家居，監察御史袁賽因不花等承哈麻風旨，劾脱脱出師三月，無尺寸功，傾國家之財爲己用，並劾也先帖木兒。章三上，乃允之。奪也先帖木兒印，命出都門外待罪，以汪家奴爲御史大夫，脱脱亦有安置淮安之命。

詔至軍中，參議龔伯璲曰：「《春秋》之義，大夫出疆，有可以安國家、利社稷者，專之可也。『將在外，君命有所不受。』今江淮之盜，關社稷安危。丞相出師，嘗受密詔，便宜行事。今一意進討，賊破則讒言自息。詔書且勿開，開則大事去矣。」脱脱曰：「君命豈可抗也！」遂頓首受詔，曰：「臣至愚，荷天子恩寵，委以軍國重事，蚤夜戰競，懼弗克勝，一旦許釋重負，主恩所全多矣。」即出兵甲及名馬三千，分賜諸將，俾各帥所部聽新帥節制，軍中大哭。客省副使哈刺答曰：「丞相既去，我輩必死於他人之手，今寧死丞相前。」遂拔刀自刎死。先是，諸大臣弟子率所部從軍，哈麻陰遣使告之：「詔書且至，不即散，罪至夷族。」故一時迸潰，其無所歸者皆從賊。官軍精鋭者爲鐵甲軍，亦降於徐壽輝，賊將號「鐵甲吴」者，即脱脱之舊部也。未幾，詔移置脱脱於亦集乃路。

十五年三月，哈麻恐朝廷復用脱脱，風臺臣疏其兄弟罪狀，謂罰不蔽辜。於是詔流脱脱於雲南鎮西路，流也先帖木兒於四川碉門，脱脱長子合剌章肅州安置，次子三寶奴蘭州安置，家産簿録入官。脱脱行至大理，騰衝府知府高惠欲以女事之，又欲爲築室一程外，謂儻有加害者，臨時可以計自免。脱脱曰：「吾罪臣也，安敢念及此？」巽辭謝之。九月，再移置脱脱於阿輕乞之地。高惠以不受其女，慚怒，發兵圍之。十二月己未，合麻矯詔遣使鴆之，死年四十有二。訃聞，中書遣尚舍卿七十六至其地，易棺衾以斂。

脱脱儀度雄偉，器宇閎深，不矜不伐，輕財好士，功在社稷，而始終不失臣節，有古大臣之風。惟信用汝中柏等，爲僉人口實，君子惜之。

二十三年，監察御史張冲等上章，雪其冤。詔復脱脱官爵，並給還家資。召哈剌章、三寶奴還朝，授哈剌章中書平章政事，封申國公，分省大同，三寶奴知樞密院事。時也先帖木兒已卒。是年，臺臣復言：「脱脱向在中書，政務修舉，深懼滿盈。自求引退，加封鄭王，固辭不受。再秉鈞軸，克濟艱難，統軍討賊，平除州，收六合，大功垂成，浮言誣構，奉詔謝兵就貶以没。已蒙録用其子，還所藉田宅，乞憫其勳舊，還其所授宣命。」從之。二十六年，監察御史聖魯、也先、撒都失里等復言：「前者奸邪構害大臣，臨敵易將，致我國家將士由此沮挫，盜賊由此猖獗，生民由此塗炭。設使脱脱不黜，軍令不變，羣賊早已蕩平，何至有今日之亂？乞封一字王爵，予謚，加功臣號。」朝廷然之，未及報而國亡。

合剌章，以中書平章政事分省大同，未行，而明兵已逼。至正二十八年，帝御清寧殿，召見羣臣，諭以巡幸上都。合剌章力言不可，謂車駕出城，則京師不可保。金宣宗南奔之事，可爲殷鑒，請固守以待援兵。帝不聽，從帝北巡，拜知樞密院事，請速召擴廓帖木兒入援，從之。嘗太息曰：「亡國之臣，不可與言恢復，吾當與西北諸藩共圖此事耳。」明年，封徐國公。未幾，加太保。後不知所終。

史臣曰：元季盜賊縱横，將相大臣出總師干，輒望風奔潰。其忠於許國而有戡亂之才者，脱脱一人而已，乃爲奸人構陷，無辜而死，國亦熸焉。豈元之亡於盜賊，天實爲之，非人力所能匡救者歟？然元統以後，宰相互相傾軋，成爲風氣，雖以脱脱之賢，亦不免於任愛憎、售恩怨，此其所以敗也。

新元史卷之二百一十　列傳第一百七

徹里帖木兒　別兒怯不花　定住　太不花劉哈剌不花　老的沙

徹里帖木兒，字通理，阿魯温氏。由宿衛擢中書直省舍人，拜監察御史。時右丞相鐵木迭兒用事，徹里帖木兒抗言歷詆其奸。鐵木迭兒欲中傷之，未得間。會山東水，鹽課大損，遂出爲山東轉運司副使。徹里帖木兒補其虧數皆足，鐵木迭兒無以爲罪。轉刑部尚書。

天曆元年，由同知樞密院事轉中書左丞。二年，除右丞。尋拜中書平章政事，出爲河南行省平章政事。黄河清，有司以爲瑞，請聞於朝。徹里帖木兒不可，曰：「吾知爲臣忠、爲子孝、天下治、百姓安爲瑞，餘非所知也。」歲大饑，徹里帖木兒議賑之，其屬謂必自縣上之府，府上之省，然後以聞。徹里帖木兒慨然曰：「民饑，死者已衆，乃欲拘常格耶？往復累月，民存無幾矣。」竟發倉廩賑之。文宗聞而嘉之，賜龍衣、上尊。

至順元年，雲南伯忽叛，以知行樞密院事總兵討之，賊平，賞賚甚厚，悉分賜將士。師旋，除上都留守。先是，上都官買商旅之貨，不即給值，商旅不得歸，至有饑寒死者。徹里帖木兒爲之請，出鈔四百萬貫償之。遷浙江行省平章政事，尋拜御史中丞。

至元元年，復拜中書平章政事，首議罷科舉，又欲減太廟四祭爲一，監察御史呂思誠等劾之，不報，詔徹里帖木兒仍至省署事。時罷科舉詔已書而未用寶，參政許有壬入争之，太師伯顏怒曰：「汝風臺臣言徹里帖木兒邪？」有壬曰：「太師以徹里帖木兒宣力之故，擢置中書。御史三十人不畏太師，而聽有壬，豈有壬權重於太師邪？」伯顏意解。有壬乃曰：「科舉若罷，天下人才觖望。」伯顏曰：「舉子多以贓敗，又有假蒙古、色目名者。」有壬曰：「科舉未行之先，臺中贓罰無算，豈盡出於舉子？舉子不可謂無過，較之於彼則少矣。」伯顏因曰：「舉子中可用者，惟參政耳。」有壬曰：「若張夢臣、馬伯庸、丁文苑等，皆可任大事。又如歐陽原功之文章，豈易及邪？」伯顏曰：「科舉雖罷，士欲求美衣美食者，皆自能向學，豈有不至大官者邪？」有壬曰：「所謂士者，初不以衣食爲事，其事在治國平天下耳。」伯顏又曰：「今科舉取人，實妨選法。」有壬曰：「古人有言，立賢無方。科舉取士，豈不愈於通事等出身者？今通事等凡三千三百二十五名，歲餘四百五十六人，玉典赤、太醫、控鶴皆入流品，又路吏及任子，其途非一。今歲自四月至九月，白身補官受宣者七十二人，而科舉一歲僅三十餘人。太師試思之，科舉於選法果相妨邪？」伯顏心然其言，然議已定，不可中輟，乃爲温言慰解之，且謂有壬爲能言。有壬聞之曰：「能言何益於事！」徹里帖木兒時在座，曰：「參政坐，毋多言也。」有壬曰：「太師謂我風人劾平章，可共坐耶？」徹里帖木兒笑曰：「吾固未嘗信此語也。」有壬曰：「宜平章之不信也。設有壬果風人劾平章，則言之必中矣，豈止如此？」衆皆笑而罷。翌日，崇天門宣詔，特令有壬爲班首，以折辱之。有壬懼及禍，勉從之。治書侍御史普化誚有壬曰：「參政可謂過河拆橋者矣。」有壬以爲大恥，遂移疾不出。

初，徹里帖木兒在江浙，見請考官供張甚盛，意不能平，故入中書以罷科舉爲第一事。先論貢士莊田租可給怯薛衣糧，動當國者以發其機，至是遂論罷之。徹里帖木兒常指斥武宗爲「那壁」，「那壁」者猶「彼」之謂也。又以妻弟阿魯渾沙女爲己女，冒請珠袍等物。於是臺臣復劾其罪，伯顔亦惡其忤己，欲斥之。詔貶徹里帖木兒於南安。久之，卒。徹里帖木兒以罷科舉爲士大夫所不滿，然彊直日遂，始忤鐵木迭兒，後忤燕鐵木兒，卒至於貶竄云。至正二十三年，監察御史野仙帖木兒等辯其無罪，請依寒食國公追封王爵定謚加功臣之號，事不行。

別兒怯不花，字大用，燕只吉觸氏。曾祖忙怯秃，以千户從憲宗南征，有功。父阿忽台，事成宗爲左丞相。成宗崩，與皇后謀立安西王阿難答，爲仁宗所殺。後贈和寧王，謚忠獻。

別兒怯不花蚤孤，八歲以興聖太后及武宗命，侍明宗於藩邸，尋入國子學爲生。會明宗鎮雲南，別兒怯不花從行，至大同而還。仁宗召入宿衛，偉其儀榘，召對，慰諭之。八番宣撫司長，其世職也。至治初，授懷遠大將軍、八番宣撫司達魯花赤。既至，宣布國家恩信，峒民感悦，皆喜曰：「吾賢帥子孫，其敢違命？」率其十四部來受約束。

泰定三年，入爲同知太常禮儀院事，尋拜監察御史。明年，遷中書右司郎中。又明年，拜參議中書省事。久之，除吏部尚書。至順元年，其兄自當劾明里董阿子誾誾不當爲監察御史，執政不悦，並出別兒怯不花爲廣西兩江道宣慰使司都元帥。未幾，丁内艱，還京。起復爲浙江行省參知政事，尋除禮部尚書，遷徽政院副使，擢侍御史，特命領宿衛，晉榮禄大夫、宣徽使，加開府儀同三司。凡宿衛士有從掌領官薦用者，所舉多其親暱。別兒怯不花獨推擢歲久者，衆論翕服。至元四年，拜御史大夫。六年，以御史大夫知經筵事，尋遷中書平章政事。

至正二年〔一〕，拜江浙行省左丞相。行至淮東，聞杭州大火燒官廨民廬幾盡，疾馳赴杭，録被災者二萬三千餘户，户給鈔一錠，焚死者亦如之；人給月米二斗，幼稚給其半。又請日減酒課爲千二百五十緡，織坊減元額之半，軍器、漆器權停一年，泛税皆停。事聞，朝廷從之。又大營省治，民居附其旁者，增直售之。民就役，則厚其傭直。又請歲減江浙、福建鹽課十三萬引。民賴以濟。在鎮二年，召還，除翰林學士承旨，仍掌宿衛。

三年，拜中書左丞相。朝廷議選宣撫使問民疾苦，察吏貪廉，以别兒怯不花習北藩風土，乃遣周行沙漠，慰諭諸王，賜以錦衣、重寶，命各撫其民，毋逾法制。使還，值歲大饑，流民載道，别兒怯不花命有司賑之，欲還鄉者給道糧，又録在京貧民，日糶以賑之。帝至自上都，遣中使數輩趣使迎謁，比見，帝親酌酒勞之。

七年，拜右丞相。别兒怯不花與脱脱有夙嫌，譖其父馬札兒台徙於甘肅，脱脱請侍父行，復移其父子於西域，人始惡其娼嫉。是年，御史劾别兒怯不花調燮失宜，災異屢見，請罷斥之。徽政院使高龍卜在帝側，爲解釋，乃出御史大夫亦憐真班爲江浙行省左丞相，中丞以下皆辭職，復加别兒怯不花太保。於是兩臺御史交章論之，别兒怯不花益不自安，詔以太保就第。御史復劾其爲逆臣之子，不可爲師保，不從。八年，御史張禎又劾别兒怯不花黨附權奸，宜遠竄，乃謫别兒怯不花於渤海。十年正月卒，後贈弘仁輔治秉文守正寅亮同德功臣、開府儀同三司、上柱國、太師，追封冀王，謚忠宣。

子達世帖木而，字原理，仕至中書平章政事，有學識，能世其家。

定住，康里氏，由宿衞累官中書參知政事。至正三年罷，尋除翰林學士承旨。七年，遷中書右丞。擢平章政事，兼治都水監事。時有司擅以通惠河閘户配各驛，閘工日壞，金口河水勢氾濫，將冲決。定住以聞，詔復還閘户千餘，州縣之擅役者悉禁絶之，河防始固。十四年，拜左丞相。十五年，晉右丞相。帝謂定住曰：「敬天地，尊祖宗，重事也。近年以來，缺於舉行，朕將親祀郊廟，務盡誠敬。卿等其議典禮以聞。」乃奏以右丞斡欒、左丞吕思誠領其事。是年，親祀上帝於南郊，以皇太子爲亞獻，定住攝太尉爲終獻。未幾，以病辭，拜太保就第治疾。

十六年正月，復以疾辭太保，不允。是月，起爲右丞相。二月，命定住依前太保，中書一切機務悉聽總裁。初，哈麻兄弟擅作威福，臺臣劾之，帝念其宿衞舊臣，命討賊自贖。至是，定住與平章桑哥失里等劾其罪惡，帝命杖殺之，賜定住篤憐赤薛丹三十名。十七年，罷右丞相。十八年，復代搠思監爲右丞相。卒。

定住歷臺閣三十餘年，清慎如一，熟知國家典章，世以雅量推之。

太不花，弘吉剌氏，以世胄入官，累遷雲南行省右丞。歷通政使、上都留守、遼陽行省平章政事。至正八年，太平爲丞相，薦太不花可大用，召入爲中書平章政事。明年，太平罷，脱脱復相，太不花因黨於脱脱，背太平。

十二年，盜起河南，知樞密院事老章出師，久無功。拜太不花河南行省平章政事，加太尉，將兵往代之。未期月，平南陽、汝寧及唐、隨等州，又下安陸、德安等路，軍聲頗振。十四年，脱脱以太師、右丞相總大兵征高郵，尋詔奪其兵柄，擢太不花本省左丞相，與太尉月闊察兒、知樞密院事雪雪，代總其兵，山東、河北諸軍悉令太不花節制。太不花以糧運不繼，驕蹇不遵朝命，軍士又常剽掠爲民患。十五年，監察御史也里忽都等劾之，詔盡奪其職。俾率領火赤温，從平章政事答失八都魯征討。

頃之，拜湖廣行省左丞相，節制湖廣、荆襄諸軍，招捕湖廣沔陽等處。會朝廷復相太平，太不花聞之，意不平，歎曰：「我不負朝廷，朝廷負我矣！太平漢人，今居中書用事，受逸樂，乃使我在外勤苦耶？」賊且退，諸將皆欲乘勝渡江，太不花反逗撓，以養鋭爲名。其後賊犯汴梁，守臣請援兵，至十往反，太不花猶按兵不進，駐於彰德、衛輝。未幾賊竄晉、冀，大同亦相繼陷没，朝廷以爲憂，兩遣重臣促之進兵，太不花不從。是時其子壽童以同知樞密院事將兵分討山東，久無功，嘗以事入奏，語不遜，帝惡之。

十八年，山東賊愈充斥，且逼近京畿，詔拜太不花右丞相，總兵討山東。既渡河，即上疏謂：「賊勢張甚，軍行宜以糧餉爲先。昔漢韓信行軍，蕭何饋餉。方今措畫無如丞相太平者，令太平至軍中供給，事乃可濟。」其意實銜太平，欲其至軍中害之。時參知政事卜顔帖木兒、張晉分省山東，二人嘗劾壽童不進兵，太不花至，誣以罪黜之，又誣奏知樞密院事完者帖木兒，加以失誤之罪，擅改其官。事聞，廷議喧然。太平遂風監察御史迷只兒海、七十等劾其緩師拒命，於帝前力言之。乃下詔削太不花官爵，安置蓋州，以知樞密院事悟良哈台總其兵。

太不花聞有詔，夜馳詣劉哈剌不花求援。劉哈剌不花者，太不花舊部將也，以破賊有功，拜河南行省平章政事，駐兵保定。見太不花來，因張樂大宴，舉酒慷慨言曰：「丞相國家柱石，有大勳勞，天子終不害丞相，是必讒言間之，我當見上言之，丞相勿憂。」哈剌不花即至京師，首見太平。問其來意，哈剌不花具告之，太平曰：「太不花大逆不道，今詔已下，爾敢妄言耶？」哈剌不花聞言，噤不能發。太平度太不花必在哈剌不花所，語之曰：「爾能致太不花來，吾以爾見上，爾功不細矣。」哈剌不花許之。太平乃引入見帝，賜賚良渥。

初，哈剌不花與倪晦同在太不花幕府，太不花偏信晦，哈剌不花言多不聽，哈剌不花銜之。及是，知事已不可解，還縛太不花父子送京師，未至，皆殺之於保定。

劉哈剌不花，本江西人，爲探馬赤軍户。至正十二年，太不花以河南行省平章政事討賊，哈剌不花上書於太不花，言攻守略。太不花大悦，辟爲掾，旋奏除左右司都事，使統八翼軍爲先鋒將，所向有功。

是時答失八都魯軍潰於長葛，哈剌不花援之，中途知賊已渡河，哈剌不花曰：「我行已緩，不及事。不如斷賊歸路以覆之。」賊果掠答失八都魯輜重而歸，哈剌不花伏兵四起，賊大敗〔二〕，盡奪其所獲而返。

十八年，毛貴由河間趨直沽，遂犯漷州。已而游騎至柳林，樞密副使達國珍敗死，京師大震。哈剌不花時爲同知樞密院事，率所部拒之，大敗賊於柳林，貴走濟南。論功，哈剌不花爲最。未幾，遷河南行省平章，卒。

老的沙，罕禄魯氏，明宗徽裕皇后之弟也。至正十三年，以哈麻薦，入侍左右。時哈麻與脱脱有隙〔三〕，老的沙黨附哈麻，乃密譖脱脱於帝，又風太史院奏有星變，咎在宰相，後遂罷脱脱兵柄，安置淮南。

十五年，哈麻爲中書平章政事，老的沙等進秩有差。十七年六月，擢御史大夫。九月，拜中書平章政事。十八年，又改御史大夫，奉詔作新風紀。

二十年正月，老的沙與御史中丞咬住奏便宜行事，官員毋得陰挾私讎，明爲舉索，輒將風憲官擅自遷除，沮壞臺綱。從之。三月，搠思監爲右丞相，老的沙復拜平章政事。初，帝謀相於老的沙，老的沙欲自爲之，而難於言，遂薦搠思監。帝從之。老的沙恃推薦之恩，數有請於搠思監，搠思監不答，二人遂不相能。俄改御史大夫。二十二年，老的沙辭職，帝不允。

二十三年，監察御史也先帖木兒、傅公讓等劾宦者朴不花蠹國，老的沙奏其事。皇太子以奇后祖朴不花，貶也先帖木兒等。陳祖仁、李國鳳又上書劾之，帝大怒，左遷二人官。老的沙力争其事，言不已，太子惡之。奇后譖於帝，帝以老的沙母舅，故封爲雍王，遣就國。老的沙遂奔於孛羅帖木兒。太子深銜之，索於孛羅帖木兒，不與。朴不花見臺臣無力，又與其黨謀曰：「十八家功臣子孫，朝夕在帝側，恐不利於我等。」搠思監曰：「彼皆老的沙黨也。」並執之，皆誣服。後以太子患喉痛，左右言：「諸人無罪，釋之則病或愈。」始緩其獄，謫諸人於外。朴不花怨孛羅帖木兒匿老的沙，又誣孛羅帖木兒與老的沙謀不軌。

二十四年，詔以孛羅帖木兒謀爲悖逆，解其兵權。孛羅帖木兒手裂詔書，囚使者，使知樞密院事秃堅帖木兒舉兵犯闕，帝不得已，以搠思監、朴不花與之，秃堅帖木兒執二人送於孛羅帖木兒。頃之，孛羅帖木兒擁兵屯都門外，入見帝，請以己爲中書左丞相，秃堅帖木兒爲知樞密院事，老的沙爲中書平章政事，帝唯唯而已。帝召見秃堅帖木兒、老的沙於宣文閣，二人訴非其罪，皆泣。帝亦泣，詔授老的沙等官。初，孛羅帖木兒犯闕，太子避之古北口，孛羅帖木兒欲追襲之，老的沙勸止，以故得免焉。

二十五年，平章失烈門等誅孛羅帖木兒於延春閣下，老的沙傷額趨出，擁孛羅帖木兒母妻出都，將其軍合於秃堅帖木兒。帝命益王渾都帖木兒、樞密副使觀音奴，擒老的沙，誅之。秃堅帖木兒走嶺北八兒思之地，尋亦伏誅。

【校勘記】

〔一〕「至正二年」，原作「至元元年」，據《元史》卷一四〇列傳第二十七《别兒怯不花傳》改。

〔二〕「敗」，原作「販」，據《元史》卷一八八列傳第七十五《劉哈剌不花傳》改。

〔三〕「時」，原作「與」，據退耕堂本改。

新元史卷之二百十一　列傳第一百八

貢奎師泰　王守誠　李好文　孛朮魯翀遠　蘇天爵　吴直方萊　楊瑀　逯魯曾曾福仲　劉聞　張翥　周伯琦　孔克堅

貢奎，字仲章，其先大名滿城人，後徙寧國宣城。奎十歲能屬文，及長，博通經史，浙江行省檄爲池州齊山書院山長。

大德六年，授太常奉禮郎，兼檢討，上疏言：「先王制禮，雖節文有經，而本誠貴質，惟不蔽於禮之文，而得其意，則可以對越而無歉，不然，繁爲之節，無當也。」朝廷多采其議。九年，遷翰林國史院編修。

至大元年，轉應奉翰林文學，預修《成宗實録》。丁父憂，服闋，除江西等處儒學提舉。吏逮數人至，持公牘請奎署日，是學校報事遲誤者。奎曰：「吾以天子命，提舉儒學，職在教，何以刑爲？」立命釋之。乃書其坐屏曰：「讀書之中，日有其益；飲水之外，他無所求。」與諸生揖讓周旋，如師弟子禮，士論翕服。五年，遷翰林院待制，預修《仁宗實録》。

書成，賜幣有差。

至治元年，以母老乞養歸。泰定三年，復起爲翰林待制，拜集賢直學士，階奉訓大夫。天曆元年，奉命祀北岳南鎮及淮濟瀆。二年，至會稽，以疾卒，年六十一。著有詩文集百二十卷。元統元年，贈翰林直學士、太中大夫、輕車都尉，追封廣陵郡侯，謚文靖。子師泰。

師泰，字泰甫，肄業國學爲諸生。天曆元年，選授太和州判官，累遷江浙行省掾。以中書檄，不得用部下士爲掾，自劾去。尋以大臣薦，擢應奉翰林文字、同知制誥兼國史院編修官。丁內艱。服闋，除紹興路總管府推官。山陰白洋港有無主船漂抵岸，史甲等取其篙櫓，船有死人二，徐乙見之，疑爲史甲所殺，告於官，史傭富民家，並逮繫富民。師泰密訪之，則沈丁船，以盜魚，爲漁人所殺者，其冤遂白。巡鹽徐裕奪諸暨商所賫錢，殺之，走白縣：「我獲販私者，其人畏罪投水死。」師泰覆案之，具得裕殺人狀。餘姚孫國賓，以捕盜獲姚甲造僞鈔，受其賕縱之，誣執良民。師泰訊得實，姚處死，孫亦就法。其審斷之明多類此，治行爲諸郡第一。

至正六年，復入爲翰林應奉文字。預修遼、金、宋史。八年，遷授經郎，兼經筵譯文官。九年，擢翰林待制，進講經筵，明君子、小人之辨。帝悦，錫賚甚厚。十年，改國子司業。擢禮部郎中，遷吏部，拜監察御史。自世祖以後，省、臺不用南人，及是始復舊制，南人復爲省、臺官，自師泰始。

至正十二年，除吏部侍郎，旋調兵部，巡視口北十三站駉户，均其徭役，豪强慴服。十四年，除都水庸田使，和糴浙西以供軍儲。庸田司罷，擢江西廉訪副使，未行，再擢福建廉訪使。又改兵部尚書，旋授平江路總管。

十六年，張士誠陷平江，師泰懷印綬遁去。士誠降，浙西行省丞相達識帖木兒承制授師泰兩浙都運鹽使，再除江浙行省參知政事。十八年，改户部尚書。詔以閩鹽與糧由海道運至京師，皇太子書「務本」二字賜之。二十年，召爲秘書卿。

二十二年，行至杭之海寧，以道阻，遂寓於海寧，自名其里爲「小桃源」。元亡，宋濂邀之出，師泰爲置酒，飲罷，仰藥而卒，年六十五。師泰工詩文，尤長於吏治，所至有名績，著《玩齋集》十卷。

王守誠，字君實，冀寧陽曲人。少好學，從鄧文原、虞集游。泰定元年，進士第一，授秘書郎。遷太常博士，續纂《太常集禮》。轉藝林庫使，與修《經世大典》。拜陝西行臺監察御史，改奎章閣鑒書博士，遷監察御史。出爲山東廉訪司僉事，累遷禮部尚書。與修遼、金、宋三史。擢中書省參議，出爲燕南北道廉訪使。

至正五年，拜河南行省參知政事。偕大都留守答而麻識里宣撫四川。銅梁尹張文德捕斬盜魁，得懷中旗，書曰：「南朝趙王，其黨聚衆，焚掠雙山。」文德又捕百餘人。重慶知府以私憾誣之，議文德罪，比不即捕强盜例加四等，會遇赦，尚欲杖一百七。守誠至，爲直其事。疏言：「四川官吏禄薄，請以户絶田及屯田之荒者，召人耕闢，收其租以贍之。」宜賓尹楊濟亨請建憲宗神御殿於蟠龍山，儒學教授謝進賢請復文翁石室爲書院，守誠據以入奏，皆從之。進資政大夫、河南行省左丞，未抵任，卒，年五十四。賜鈔萬錠，謚文昭。

李好文，字惟中，大名東明人。父永貞，國子伴讀。好文少貧力學，夜就鄰家磨房燈讀書。一日，貸村媼米，媼詘其弗耕。好文曰：「我目耕耳。」時人爲語曰：「目耕夜分李好文。」

登至治二年進士第，授濬州判官。入爲翰林國史院編修、國子助教。泰定四年，除太常博士。會盜竊太廟神主，好文言：「在禮，神主當木爲之，金玉祭器宜貯之别室。」又言：「祖宗建國以來七八十年，每遇大禮，皆臨時取辦，博士徒循故事相應答耳。往年詔爲《集禮》，乃令各省及各郡縣置局纂修，宜其久不成。禮樂由朝廷出，郡縣何有焉？請長院者選僚屬數人，仍請出架閣文牘，以資擇録。」從之。三年，書成，凡五十一卷，名曰《太常集禮》。遷國子博士，丁内憂。

服闋，起爲國子監丞，拜監察御史。時復以至元紀元，好文言：「年號襲舊，古所未聞，襲名祛實，未見有益。」因言時弊遂於至元者十餘事。朝廷雖是之，終弗能用。好文録囚河東，有李拜拜殺人，而凶器不獲，懸十四年。好文曰：「不決之獄，有如是久者！」立出之。王傅撒都剌以足踢死人，衆謂殺人不用刃，當杖。好文曰：「怙勢殺人甚於刃，况因有求而不遂乎？」卒論死，一道震慴。出僉河南、浙東兩道廉訪司事。六年，帝親享太室，召僉太常禮儀院事。

至正元年，除國子祭酒。好文言宜親祀孔子，帝納之。會丁夜有御史中丞入禮殿，國子生阻之。明日，中丞使刑曹訊其事，好文曰：「中丞不察其由，何施鞭朴耶？」卻之。丞相以聞，中丞謝罪乃已。改陝西行臺治書侍御史，遷河東道廉訪使。三年，郊祀，召爲同知太常禮儀院事。帝親祀太廟，乘馬至裏橋弗下，衆不敢言，好文前跪白：「皇帝宜下馬。」

帝乃下馬，至寧宗室，遣阿魯問曰：「兄拜弟可乎？」好文與博士劉聞對曰：「爲人後者，爲之子也。」帝遂拜。由是每親祀，必命好文攝禮儀使。四年，除江南行臺治書侍御史，未行，改禮部尚書，與修遼、宋、金史，除治書侍御史。俄除參議中書省事，視事十日，仍爲治書，與修史。

又遷陝西行臺治書侍御史，獨署臺事。時王守誠奉使四川，以私仇誣廉訪使曾文博，僉事烏馬兒、王武。文博免官卒，烏馬兒誣服，武不屈，以輕侮抵罪。好文曰：「奉使代天子行事，當問民疾苦，黜邪陟正。今行省以下未聞舉劾一人，獨風憲之司無一免者，豈正大之體？」率御史力辯武等之枉，並劾守誠不法十餘事，時論直之。

六年，除翰林侍講學士，兼國子祭酒。遷集賢侍講學士，仍兼祭酒。九年，出爲湖廣行省參知政事、湖北道廉訪使。尋召爲太常禮儀院使。

帝以皇太子年漸長，開端本堂，命入學，以右丞相脱脱、大司徒雅不花知端本堂事，命好文以翰林學士兼諭德。好文力辭，上書於脱脱曰：「三代聖王，莫不以教世子爲先務，蓋傳經期以明道，出治在於爲學，宜求道德之鴻儒，拂成國家之盛事。好文天資本下，人望素輕，驟膺重托，負荷誠難。」脱脱以其書聞，不許。好文言：「欲求二帝三王之道，必由於孔氏。其書則《孝經》、《四書》。」乃節其要略，釋以經文，又取史傳及先儒論説有關治體者，加以所見，效真德秀《大學衍義》例，成《端本堂經訓要義》十一卷。詔付端本堂，令皇太子習焉。好文又集歷代帝王故事，總一百六篇：一曰聖慧，二曰孝友，三曰恭儉，四曰聖學。又采歷代興亡治亂之迹，名《大寶龜鑑》，皆進呈於皇太子。久之，遷翰林學士承旨，階榮禄大夫。

十六年，復上書皇太子曰：「臣之所言，即前日所進經典大意也。殿下宜以所進諸書，參以《貞觀政要》、《大學衍義》等書。果能推而行之，何憂乎天下不治！」皇太子嘉納之。然皇太子性好佛，常謂左右曰：「李先生教我讀儒家書，每不了了。西僧教我佛經，則一夕便曉也。」後屢引年乞致仕，辭至再三，拜光禄大夫、河南行省平章政事，仍以翰林學士、一品禄終其身。卒，年七十。

孛朮魯翀，字子翬，鄧州順陽人，其先隆安人。金泰和中，定女真姓氏，屬望廣平。祖德，從憲宗南征，因家於順陽，以功封南陽郡侯。父居謙，辟江西行省掾，生翀贛江舟中，釜鳴者三，人以爲異。稍長，即勤學。居謙卒，家漸落，翀學益力。自順陽徙居鄧州，從州人李貞隱受學。復往江西，從新喻蕭克翁受學。克翁有學行，爲州里所敬，嘗夢大鳥止其居，翼覆於軒，明日翀至。翀始名思温，字伯和，克翁爲易今名，以符夢兆。後復從京兆蕭𣂏及翰林學士虞集游，學益進。姚燧以書致貞隱曰：「燧見人多矣，學問、文章無與子輩比者。」於是貞隱以其女妻之。

大德十一年，用薦者授襄陽儒學教諭，遷汴梁路儒學正。會修《世祖實録》，燧首以翀薦。至大四年，授翰林國史院編修官。延祐二年，擢河東道廉訪司經歷。遷陝西行臺監察御史，賑吐蕃饑，多所建白。

五年，拜監察御史。時英宗未出閣，翀言：「宜擇正人，以爲輔導。」帝納之。尋劾奏中書參議元明善，帝初怒不納，明日乃命改明善他官，而慰翀。俄以御史巡撫遼陽，敕給弓矢、環刀，後著爲令。又往淮東，察憲司官聲跡，淮東憲司尚嚴刑，翀取獄具焚之。凡以吏進者，例降二等，從七品以上不得用。翀言：「科舉未立，人才多以吏進，若一概屈抑，恐未足盡持平之議。請吏進者，止於五品。」從之。

除右司都事。時宰相鐵木迭兒專事刑戮，以復私憾，翀因謝病去。頃之，擢翰林院修撰，又改左司都事。拜住爲左丞相，使人勞翀曰：「今規模已定，不同往日，宜早至也。」翀爲强起。會國子監隸中書，俾翀兼領之。先是，周王舉兵，陝西府縣官多罣吏議，翀白丞相曰：「此輩皆脅從，宜宥之。」乃悉加銓敘。帝方獵柳林，駐故東平王安童碑下，因獻《駐蹕頌》，甚稱旨，命坐，賜飲上尊。從幸上都，次龍虎臺，拜住命翀宣旨中書，翀領之，行數步，還曰：「果命翀否？」拜住歎曰：「真謹密人也。」間謂翀曰：「卿可作宰相否？」翀曰：「宰相固不敢當，然所學宰相事也。夫爲宰相者，必福、德、才、量備，始可當之。」拜住大悦，觴翀曰：「非卿不聞此言。」迎駕至行在所，翀入見，帝賜坐，擢右司員外郎，預修《大元通制》，書成，翀爲序焉。

泰定元年，遷國子司業。明年，出爲河南左右司郎中。行省丞相曰：「吾得賢佐矣。」翀言：「世祖立國，成憲具在，慎守足矣。譬如乘舟，非一人之力能運也。」遂開除壅弊，省務一新。三年，擢燕南河北道廉訪副使。晉州達魯花赤有罪就逮，而奉使宣撫以印帖徵之，欲緩其事。翀發其姦，奉使因遁去。入僉太常禮儀院事，盜竊太廟神主，翀言：「各室宜增設都監員，内外嚴置扃鎖，晝巡夜警，永爲定制。」從之。又纂修《太常集禮》，書成，未上，命翀兼經筵官。

文宗入京師，大臣問以故事，翀建議從漢文帝從代邸踐阼之事，衆韙之。文宗嘗字呼翬而不名。命翀與平章政事温迪罕等十人商論大事，日夕備顧問，宿值東廡下。文宗虚大位以俟明宗，翀極言：「神器不可久虚，宜攝位以俟其至。」帝納之。及親祀天地、社稷、宗廟，翀爲禮儀使，詳記行禮節文於笏，遇至尊，不敢直書，必識以兩圈。帝偶取笏視曰：

「此爲皇帝字乎？」因大笑還之。竣事，上《天曆慶詩》三章，帝命藏之奎章閣。擢陝西漢中道廉訪使。

會立太禧院，除僉太禧宗禋，兼祗承神御殿事，詔遣使趣之還。迎駕至龍虎臺，帝曰：「子翬何緩來？」太禧院使阿榮對曰：「翀體豐肥，不任乘馬，從水道來，是以緩。」帝又問阿榮曰：「魯子翬飲食何如？」對曰：「與衆人同。」又問：「談論如何？」曰：「翀所談義理之言也。」從幸上都，嘗奉敕撰碑文，稱旨。帝曰：「候朕還上都，當酬汝潤筆資也。」

遷集賢學士，兼國子祭酒。諸生素望翀，至是相賀。翀以古者教育有業，退必有居。舊制：弟子員初入學，以羊贄，所貳之品，與羊等。翀曰：「與其饜口腹，孰若爲吾黨燥濕寒暑之虞乎？」命撙集之，得錢二萬緡有奇，作屋四區，以居學者。諸生積分有六年未及釋褐者，翀至，皆使就試而官之。

帝師至京師，敕朝臣一品以下皆乘白馬郊迎，大臣俯伏進觴，帝師不爲動，惟翀舉觴立進曰：「帝師，釋迦之徒，天下僧人師也。余，孔子之徒，天下儒人師也。請各不爲禮。」帝師笑而起，舉觴卒飲，衆爲悚然。帝問翀：「三教何者爲貴？」對曰：「釋如黃金，道如白璧，儒如五穀。」帝曰：「然則儒賤耶？」對曰：「黃金、白璧，無亦何妨？五穀可一日闕哉！」帝曰：「善。」

文宗崩，皇太后聽政，命別不花、塔失海牙、阿兒思蘭、馬祖常、史惟良及翀六人商論國政。惠宗即位，大臣以爲不可頻赦。翀曰：「今上入繼大統，當新天下耳目，豈可令新天子收怨議？」乃定。遷禮部尚書，階中憲大夫。有大官，妻無子，而妾有子者，其妻以田盡入僧寺，子訟之。翀召其妻詰之曰：「汝爲人妻，不以資産遺其子，他日何面目見汝夫於地下？」卒反其田。

元統二年，除江浙行省參知政事。逾年，以還葬歸鄉里。明年，召爲翰林侍講學士，以疾辭不至。至元四年卒，年六十。贈通奉大夫、陝西行省參知政事、護軍，追封南陽郡公，謚文靖。

翀狀貌魁梧，不妄言笑。其爲學，一本於性命道德。文章簡奧，深合古法。居國學久，論者謂自許衡之後，能以師道自任者，惟耶律有尚及翀而已。有文集六十卷。

子遠，字明道，以翀蔭調秘書郎，轉襄陽縣尹。南陽賊起，遠以忠義自奮，傾財募丁壯，得千餘人。與賊拒戰，俄而賊大至，遠被害，妻雷氏亦不屈死。

蘇天爵，字伯修，真定人。父志道，有吏能，爲姚天福所知，累遷中書省掾、刑部主事。延祐三年，擢嶺北行省左右司郎中。時周王出鎮雲南，次延安，其從官與行省丞相阿思罕擁之，舉兵反，兵敗，周王遂出北邊。和林大震，官吏俱奔散，又大雪，人畜多壓没。志道受命即行，開倉振恤，募商賈運粟實邊，民遂安堵。及代還，以積勞卒於京師。

天爵少從安熙學，爲國子學生。又從吴澄、虞集受業。延祐四年，馬祖常以御史監試國子生，試《碣石賦》，天爵文詳實典雅，拔爲第一，釋褐授從仕郎、大都路薊州判官。丁内外艱，服除，調功德使司照磨。泰定元年，改翰林國史院典籍官。擢應奉翰林文字。至順元年，預修《武宗實録》。二年，遷修撰。擢江南行臺監察御史。

明年，慮囚湖北。湖北地僻遠，民獠雜居。天爵冒瘴毒，偏歷其地。囚有言冤狀者，天爵曰：「憲司歲兩至，不言何也？」皆曰：「前此慮囚者應故事，今聞御史至，當受刑，故不得不言。」天爵爲之太息。雖盛暑，猶夜篝燈，治文書無倦。江陵民文甲無子，育其甥雷乙，後乃生兩子，而出乙。乙俟兩子賣茶，即舟中取斧，並斮殺之，沈斧水中，而血漬其衣，跡故在。事覺，乙具服，部使者乃以三年之疑獄釋之。天爵曰：「此事二年半耳，且不殺人何以衣汙血？又何以知斧在水中？又其居去殺人處甚近，何謂疑獄？」仍置於法。常德民盧甲、莫乙、汪丙，同出傭，而甲誤墮水死。甲弟之爲僧者，欲私甲妻不得，訴甲妻與乙同殺其夫。乙不能明，誣服，擊之死，斷其首棄草間，尸與仗棄譚氏家溝中。吏往索，果得髑髏，然無屍與仗，而譚誣證曾見一屍水漂去。天爵曰：「屍與仗縱存，今已八年，未有不腐者。」召譚詰之，則甲未死時，目已瞽，其言見一屍漂去妄也。天爵語吏曰：「此乃疑獄，況不止三年。」俱釋之。其讞獄詳允率類此。

入爲監察御史，道改奎章閣授經郎。元統元年，復拜監察御史。在官四月，章疏凡四十五上，所劾者五人，所薦舉者百有九人。明年，預修《文宗實録》，遷翰林待制，尋除中書右司都事，兼經筵參贊官。後至元二年，由刑部郎中改御史臺都事。三年，遷禮部侍郎。五年，出爲淮東道肅政廉訪使，一道肅然。入爲樞密院判官。明年，改吏部尚書，參議中書省事。是時，朝廷更立宰相，天爵知無不言，夙夜謀畫，鬚髪盡白。

至正二年，拜湖廣行省參知政事，遷陝西行臺侍御史。四年，召爲集賢侍講學士，兼國子祭酒。明年，出爲山東道肅政廉訪使。尋召還集賢，充京畿宣撫使，凡興除者七百八十有三事，糾劾者九百四十有九人，都人有包、韓之譽。然以忤時相意，竟坐不稱職罷歸。七年，起爲湖北道宣慰使、浙西道廉訪使，俱未行。拜江浙行省參知政事。九年，召爲大都路都總管，以疾歸。俄復起爲兩浙都轉運使。時鹽法弊甚，天爵所辦課爲鈔八十萬錠，及期而足。十二年，妖賊蔓延江浙，仍拜行省參知政事，總兵饒、信，克復一路六縣。

未幾，卒於軍中，年五十九。

天爵爲學，博而知要，長於紀載。有《國朝名臣事略》十五卷，《國朝文類》七十卷，奏議五卷，文集三十七卷。

吴直方，字行可，婺州浦江人。家貧，游學京師，歷三十六年，雖困厄，志氣愈壯。後用薦者以説書事明宗於潛邸。明宗出鎮雲南，復罷去。尋授上都路學正，欲涖任，又爲代者所先。留守馬札爾台留教其子脱脱及也先帖木兒。

元統二年，脱脱爲御史大夫，以直方嘗事先朝，奏爲江浙等處儒學提舉。中書改副提舉，御史臺又改授廣東廉訪司永發架閣兼照磨，轉中政院架閣管勾，俄遷長史。

是時伯顔專權驕恣，人情震懾，脱脱雖養於伯顔，常憂其敗，私請於馬札兒台，及其未敗圖之，馬札兒台以爲然。脱脱復質於直方，直方曰：「《傳》有之：『大義滅親。』大夫但知忠於國家，餘何顧焉！」脱脱計遂決。會河南矯殺省臣，事連廉訪使段輔，伯顔嗾臺臣言漢人不可爲廉訪使，脱脱度不能争，與直方謀之。直方曰：「此祖宗法度，決不可廢。盍先爲上言之？」脱脱入白於帝，奏上，帝如脱脱言。伯顔知出於脱脱，大怒，謂帝曰：「脱脱雖臣之子，然其心專護漢人，宜罪之。」帝曰：「此朕意，非脱脱所言。」及伯顔擅貶宣讓、威順二王，帝不勝其憤，泣語脱脱，脱脱亦泣下。歸與直方謀之，事具《脱脱傳》。後伯顔請太子獵於柳林，脱脱佐帝逐伯顔出爲河南行省左丞相。

事平，賜直方黄金帶，擢集賢直學士，轉侍講學士，尋又擢集賢大學士。脱脱拜右丞相，有大政，咨於直方然後行，直方必引古義告之。未幾，引疾歸，以榮禄大夫、大學士致仕。至正中，御史劾直方躐進，奪誥命，除名。他御史復辨其誣，詔復之。卒於家。

直方深沈有謀，人莫測其涯際。性謙慎，待人如布衣時，有一飯之恩必思報之，人以是稱焉。子萊。

萊，字立夫。年四歲，其母盛氏口授《孝經》、《論語》、《春秋》、《穀梁傳》，即能成誦。七歲能賦詩。同縣方鳳，有文學重名，見而歎曰：「明敏如吴萊，雖汝南應世叔不是過也。」悉以所學授之。萊本名來鳳，取《毛詩》「北山有萊」之義，爲易今名。

延祐七年，舉進士不第，退隱松山，益窮諸經之義，所造愈邃。至正三年，監察御史以茂才薦，署饒州路長薌書院山長，未行，卒，年四十四。門人私謚淵穎先生。

萊文章雄宕有奇氣，尤工古今體詩。著有《尚書標説》六卷，《春秋世變圖》二卷，《春秋傳授譜》一卷，《古職官録》八卷，《孟子弟子列傳》二卷，《楚漢正聲》二卷，詩文集六十卷。

史臣曰：吴直方説脱脱「大義滅親」，卒屏權奸臣，安社稷。洎脱脱秉政，可以行其志矣，迺見機而作，逡巡引避。知進退存亡而不失其正者，直方有焉。

楊瑀，字元誠，杭州錢塘人。父昌，宋邳州萬户。瑀少警敏。天曆間，以大臣薦，召見於奎章閣，論治道及藝文事，命瑀篆「洪禧明仁」璽文，稱旨，留備宿衛。署廣成局副使，擢中瑞司典簿，特賜牙符出入禁中。改廣州清源縣尹，帝愛其廉慎，留之。

時伯顔柄政，一日挾太子出獵，帝欲逐之，瑀與密謀，夜以牙牌宣入。瑀首以增糶官米爲請，左右皆迂之，瑀曰：「城門上鎖，明日不開，則米價湧貴，城中必先鬨噪。且使知聖王恤民之德，有何不可？」帝允之，命世傑班傳旨於省臣，增米鋪二十，鈔到即糶，都人咸額手以頌焉。

以功授奉議大夫、太史院判官，旋擢同僉院事，賜金帶、貂裘。同官有以景星見，欲奏之，瑀不可，曰：「使人共見，始爲不欺。」後數日，太白經天，衆乃服瑀之有識。未幾，請告歸。

復起爲宣政院判官，改建德路總管。屬賊由歙縣窺建德，有司疑淳安長樂鄉民通賊，捕下獄，株連數百家，民益洶洶。主帥將以兵往，瑀不可，曰：「儻以疑枉鼓衆，亂賊乘釁而至，則事去矣。我請撫之，果不測，我當任其咎。」遂肩輿直抵淳安，又載米二百石以賑饑民，使縣令諭之。明日，帥以兵至，瑀曰：「敢擅動者，軍法從事。」鄉民歡呼，持牛酒拜瑀，事遂定。

二十年，遷中奉大夫、浙東道宣慰使都元帥，瑀以年七十，累請老。丞相達識帖木兒遣使留之，瑀謝事去，卒於家。著有《山居新話》行世。

逯魯曾，字善止，懷慶修武人，性剛介。天曆三年進士，授翰林國史院編修官，辟御史臺掾。監察御史劾中丞史惟良簡傲，魯曾開實封於大夫前曰：「中丞素持重，不能與人周旋，御史劾之非公論。」由是衆稱其直。

除太常博士。武宗皇后真哥無子，故武宗廟未立皇后主配享，至元初，集廷臣議之。右丞相伯顔請以明宗之母亦乞列氏配享，徽政院傳太后旨，以文宗之母唐兀氏配享。伯顏問於魯曾，魯曾不能對，歸問其館客曾福仲。福仲曰：「公何疑？」曰：「『母以子貴』，是以疑之。」福仲曰：「何拘拘於《公羊》之義也？真哥皇后在武宗時已膺寶册，文、明二后何與焉？今爲臣而廢帝后，爲子而尊父妾，有是理乎？」魯曾悦，乃告於伯顏曰：「真哥皇后以無子之故，不爲立主，而追崇妃妾，非禮也。且慕容垂即位追廢母后，而立所生母爲后，爲萬世笑，豈可復蹈其失？」集賢大學士陳顥曰：「唐太宗册曹王明之母爲皇后，是亦二后也，曷爲不可？」魯曾曰：「堯母爲帝嚳庶妃，堯即位，不聞册封其母。皇上不法堯、舜，而法太宗邪？」伯顏韙其言，遂以真哥皇后配享。

遷監察御史。劾太尉答失海牙、阿吉剌，右丞鞏卜班，刑部尚書兀突蠻，監察御史吉當普，院使哈喇完者、月魯不花，郎中呂思誠等，皆黜之，朝廷肅然。

除樞密院都事，疏言：「前丞相伯顏專殺大臣，其黨利人妻女，巧誣以罪。今大小官及諸人有罪，請止坐本身，不得籍妻女。郯王爲伯顏構陷，宜雪其無辜，給復子孫。」從之。除刑部員外郎，遷宗正府郎中，出爲遼陽左右司郎中，遷僉山北道肅政廉訪司事，入爲禮部郎中。

至元十二年，丞相脱脱討徐州賊，以官兵不習水土，募瀕海鹽丁五千人，使魯曾將之。超遷資善大夫、淮南添設元帥，領征討事。徐州平，又從討淮東，卒於軍。

曾福仲者，其先泰和人，後徙於邵陽。福仲通《春秋》、《三禮》。元統二年，以經明行修徵入京師，久不報，館魯曾家。魯曾從福仲言，請以真哥皇后配享，且告伯顔曰：「此館客曾福仲之議也。」伯顔召福仲問之，對如初，乃以福仲爲太常博士。福仲與劉聞同爲博士，相友善，議寧宗祭拜禮，福仲助聞爭之。性剛，忤丞相朵兒只歹，左遷天臨路録事，棄官歸，卒。

聞字久廷〔一〕，安福人。父蒙正，淹貫六籍，讀書過目成誦。聞亦有學行。

張翥，字仲舉，晉寧襄陵人。少受業於李存。存字安仁，江左宿儒也，其學傳於陸九淵。翥從之游，學日進。未幾，又從仇遠學。遠於詩最高，翥盡得其聲律之奥。至元末，同郡傅巖起在中書，薦翥隱逸，召爲國子助教。會朝廷修遼、金、宋三史，召擢翰林國史院編修官。歷應奉、修撰，遷太常博士、禮儀院判官，又遷翰林直學士，侍講學士，以侍讀兼祭酒。翥勤於誘掖後進，不以師道自尊，用是學者親之。有以經義問者，必歷舉衆説爲之折衷，無不厭其所得。

嘗奉敕詣中書議時政，衆論蜂起，翥獨默然。丞相搠思監曰：「張先生平日好論事，今日語不出，何耶？」翥對曰：「諸人之議皆是也，但事勢有緩急，施行有先後，在丞相所決耳。」搠思監善之。明日，除集賢學士。俄以翰林學士承旨致仕。

搠思監削孛羅帖木兒兵權，使翥草詔。翥曰：「此大事，非親見主上不能筆。」左右或勸之，翥曰：「吾臂可斷，筆不能操也。」乃命危素就相府草之。及孛羅帖木兒至京師，召素責之曰：「詔從天子出，相府豈草詔地乎？」素不能答，孛羅帖木兒欲斬之，左右營救始免焉。

及孛羅帖木兒伏誅，詔以翥爲河南行省平章政事，仍翰林學士承旨致仕，給全俸終其身。二十八年三月卒，年八十二。

翥嘗集兵興以來死事者爲書，曰《忠義録》，識者韙之。

周伯琦，字伯温，饒州鄱陽人。

祖㞳，字良載，宋咸淳進士，署江東路提刑幹辦。大兵圍饒州〔二〕，諭能以城降者除郡守，衆推扆署降表，扆夜遁。宋平，以程鉅夫薦，授同知廣州路總管，辭不拜，隱居而卒，世以魯仲連擬之。

父應極，至大間仁宗爲皇太子，召見，獻《皇元頌》，授翰林待制，後爲皇太子説書。仁宗即位，遷集賢待制，出爲池州路同知總管府事，卒。

伯琦以父蔭授南海縣主簿，爲翰林修撰。至正元年，改奎章閣爲宣文閣，藝文監爲崇文監，以伯琦爲宣文閣鑒書博士，兼經筵官。進講輒稱旨，日被顧問，帝常呼其字而不名。擢崇文監丞。會御史奏風憲宜用近臣，特命僉廣東道廉訪司使。未幾，改福建道。八年，召爲翰林待制，兼崇文少監。累擢翰林直學士，轉兵部侍郎。

十二年，與貢師泰同除監察御史。時御史大夫也先帖木兒喪師失律，陝西行臺御史劉希曾等十人共劾之。伯琦劾希曾等越分言事，希曾等皆左遷，由是不爲公論所與。

十三年，遷崇文太監，兼經筵官，代祀天妃廟。丁内艱。十四年，起復爲江東道廉訪司使。長槍軍瑣南班等陷寧國，伯琦率僚佐迎之，尋奔杭州。除兵部尚書，未行，改浙西道廉訪使。

十七年，浙江行省丞相達識帖木兒，承制假伯琦參知政事，招諭張士誠，士誠稱臣入貢。先是，江南行臺御史金觀劾伯琦棄寧國之罪，及士誠降，行臺御史又爲伯琦辯釋，遂除同知太常禮儀院事，士誠留不遣，改江浙行省左丞。又改江南行臺侍御史，擢御史中丞。後以榮禄大夫、集賢院大學士致仕。

伯琦留平江十餘年，士誠敗，明太祖聞伯琦名，召見之。後返饒州卒，或云明祖殺之。伯琦儀觀温雅，博學，工文章，尤善書。帝命篆「宣文閣寶」，並題「宣文閣」，徧摹王羲之《蘭亭序》，智永《千文》，刻石閣中。著有《六書正譌》五卷，《説文字原》一卷，詩文集四卷。

孔克堅，字景夫，孔子五十世孫也。

父思晦，延祐中爲寧陽儒學教諭。仁宗崇尚儒術，一日問孔子裔襲爵爲誰？廷臣以未定對，帝親取孔氏譜牒，按之曰：「以嫡應襲封者，思晦也。」特授中議大夫，襲封衍聖公。思晦性至孝，居母喪，勺水不入口者五日，受業於導江張𩓐，不爲詞章之學。

思晦卒，克堅襲封衍聖公。十五年，平章達識帖卜兒薦克堅明習禮教，徵爲同知太常禮儀院事，以子希學襲衍聖公爵。是年冬，郊祀，克堅攝太常使，登降有容，觀者稱其知禮。拜治書侍御史，克堅謝病歸。

十六年，起爲山東道肅政廉訪使，丞相太平奏克堅爲集賢直學士。毛貴逼京師，廷議遷都陝西。克堅曰：「天子當與社稷宗廟爲存亡，惡可棄而之他？且勤王兵日集，賊必敗走。」後果如克堅言。

十九年，遷禮部尚書，知貢舉。時四方避亂者多集京師，克堅請設流寓科以收之。俄遷陝西行臺侍御史。李思齊與察罕帖木兒相攻，行省丞相帖里木兒納思齊降，命張良弼禦察罕帖木兒。克堅及中丞袁焕言其不可，帖里木兒不聽，涣亦被劾去。克堅曰：「謀之不臧，亂且至矣。」遂自免歸。月餘，良弼敗於鹿臺，奉元遂陷。

二十二年，除國子祭酒，太子書大成殿額以賜之。克堅以世亂，不樂仕進，復謝病歸。明洪武三十年卒，年五十有五。子希學，襲封衍聖公。

【校勘記】

〔一〕「聞字久廷」，「聞」指劉聞，上文有「福仲與劉聞同爲博士」云云，卷首目録「逯魯曾」下附「劉聞」，則「聞字久廷」前依例當加「劉」字。

〔二〕「大兵圍饒州」，原倒作「大兵饒圍州」，據文意乙正。同治《饒州府志》卷二一四作「兵圍饒」。

新元史卷之二百十二　列傳第一百九

王克敬　崔敬　韓鏞　蓋苗　歸暘　徐奭

王克敬，字叔能，大寧人。幼穎悟，常嬉道傍。丞相完澤見之，謂左右曰：「是兒貌秀偉，異日必令器也。」大寧尚樸陋，克敬獨孜孜爲經史之學。

辟江浙行省照磨，擢檢校。徽州民汪俊上變誣富人反，省臣遣克敬往驗之。克敬察其言不實，中道爲開陳禍福，俊悔，將對簿，竟仰藥以死。調知順州，以内外艱不赴。服除，授江浙行省左右司都事。

延祐四年，監四明倭人互市。先是，監者懼夷情叵測，必嚴兵自衛，克敬悉去之，撫以恩意，皆帖然受約束。有軍士陷於倭者，至是從至中國，訴於克敬，願還本鄉。或恐爲他變，克敬曰：「豈有軍士還鄉而不納邪？脱有釁，吾當坐。」事聞朝廷，嘉之。

鄱陽大饑，總管王都中以官倉米減價糶之，行省欲罪其擅發。克敬曰：「鄱陽距省千里，比待命，民且死。彼爲仁而吾罪之，顧不自愧耶？」都中因得免。

拜監察御史，用故事監吏部。選有履歷當升者，吏故抑之，問故，吏曰：「有過。」克敬曰：「法笞四十七以上不升轉，今不至是。」吏曰：「責輕，罪重。」曰：「失出在刑部，銓曹安知其罪重！」卒升之。治書侍御史張昇曰：「往者監選，以減駁爲能，今王御史乃論增品級，可爲世道賀矣。」

尋遷左司都事。時英宗厲精圖治，丞相拜住請更前政不便者，會議中書堂。克敬首言：「江南包銀，民貧有不能輸者，有司責之役户，當罷之。兩浙煎鹽户，當免其它役。」議定以聞，悉從之。

泰定初，出爲紹興路總管。郡中計口受鹽，民困於誅求。乃上言，乞減鹽五千引，運司弗從，因歎曰：「使我爲運使，當令越民少蘇。」行省檄克敬抽分舶貨，拗蕃者例籍之，商人以風水爲解，有司不聽，克敬曰：「某貨出某國，地有遠近，貨有輕重。冒重險，出萬死，舍近而趨遠，棄重而取輕，豈人情邪？」具以上聞，衆不能奪，商人德之。擢江西道廉訪司副使，轉兩浙鹽運司使。首減紹興民食鹽五千引。温州逮犯私鹽者，以一婦人至，怒曰：「豈有逮婦人千百里外，與吏卒雜處者？汙名教甚矣！自今毋得逮婦人。」建議著爲令。

明年，擢湖南道廉訪使，調海道都漕運萬户。是歲，泰定帝崩，燕帖木兒起兵於大都，立文宗，海漕舟後至直沽者，不果輸，復漕而南還，行省欲罪督運者，勒其還直沽。克敬謂：「督運者蹈萬死，完所漕而還，出於不得已。請令其計石數，附次年漕舟達京師。」省臣從之。

召爲參議中書省事，有以飛語中大臣者，下其事。克敬持古八議之法，謂：「勳貴可以不議，且罪狀不明而輕罪大臣，何以白天下？」宰相傳命大長公主爲皇外姑，賜錢若干，平雲南軍還賜錢若干，英宗皇后入覲賜錢若干，克敬乞覆奏。宰相怒曰：「參議乃敢格詔邪？」克敬曰：「用財宜有道。大長公主供給素優，今再賜錢出於無名，是不當也。自諸軍征討以來，賞格未下，平雲南省獨先受賞，是不均也。皇后遠來，徒御衆多，非大賜賚，恩意不能洽，今賜物少，是不周也。」宰相以聞，帝從其議。拜中奉大夫、參知政事，行省遼陽。俄除江南行臺治書侍御史，又遷淮東道廉訪使。入爲吏部尚書，乘傳至淮安，墜馬，居吳中養疾。

元統元年，起爲江浙行省參知政事，請罷富民承佃江淮田，從之。松江大姓，有歲漕米萬石獻京師者，其人死，子孫貧且行乞，有司仍歲徵弗足，則雜置松江田賦中，令民包納。克敬曰：「匹夫妄獻米，徼名爵以榮一身。今身死家破，又已奪其爵，不可使一郡之人均受其害。」奏免之。江浙大旱，諸民田減租，惟長寧寺田不減，克敬移牘中書，謂不可忽天變而毒疲民。嶺海猺賊竊發，朝廷調戍兵往討之，會提調軍馬官缺，故事，漢人不得與軍政，衆莫知所爲。克敬抗言：「行省任方面之寄，假令萬一有重於此者，亦將拘法坐視耶？」乃調兵往捕之，軍行，給糧有差。事聞於朝，即令江西、湖廣二省給糧亦如之。

視事五月，請老，年甫五十九。謂人曰：「穴趾而峻墉，必危無功。德而忝富貴，何以異此。」又曰：「世俗喜言勿認真，此非名言。臨事不認真〔一〕，豈盡忠之道乎？」故克敬曆官所至，俱有聲績，時稱名卿。著詩文、奏議，傳於世。三年卒，年六十一。贈中奉大夫、陝西等處行省參知政事，追封梁郡公，謚文肅。

子時，以文學顯，歷仕中書參知政事至左丞，以翰林學士承旨致仕。

崔敬，字伯恭，大寧惠州人。由掾史累遷至樞密院都事，拜監察御史。

至元六年，既毁文宗廟主，削文宗后皇太后之號，徙東安州，又放文宗子燕帖古思於高麗。敬上疏曰：「文皇獲不軌之愆，已徹廟祀；叔母有階禍之罪，亦削洪名。盡孝正名，斯亦足矣。惟念皇弟燕帖古思太子年方在幼，罹此播遷，天理人情，有所不忍。明皇當上賓之日，太子在繈褓之間，尚未有知，義當矜憫。蓋武宗視明、文二帝皆親子也，陛下與太子皆嫡孫也。以武宗之心爲心，則子孫固無親疏；以陛下之心爲心，未免有彼此之論。

臣請以世俗喻之：常人有百金之産，尚置義田，宗族困厄者爲之教養，不使失所。况皇上貴爲天子，富有四海，子育黎元，當使一夫一婦皆得其所，今乃以同氣之人，置之度外，適足貽笑夷狄，爲中國之辱。臣願殺身以贖太子之罪，望陛下遣近臣迎歸太后太子，全母子之情，盡骨肉之義。天意回，人心悦，則宗社幸甚。」不報。

又上疏諫巡幸上都曰：「世祖以上都爲清暑之地，車駕行幸，歲以爲常，閣有大安，殿有鴻禧、睿思，所以保養聖躬，適起居之宜，存畏敬之心也。今失刺斡耳朵乃先皇所以備宴游非常時臨御之所，陛下方以孝治天下，屢降德音，祗行宗廟親祀之禮，雖動植無知，罔不歡悦。而國家多故，天道變更，臣備員風紀，以言爲職，願大駕還大内，居深宫，嚴宿衛，與宰臣謀治道，萬機之暇，則命經筵進講，究古今盛衰之由，緝熙聖學，乃宗社之福也。」

時帝數以歷代珍寶分賜近侍，敬又上疏曰：「臣聞世皇時，大臣有功，所賜不過槃革，重惜天物，爲後世法，慮至遠也。今山東大饑，燕南亢旱，海潮爲災，天文示儆，地道失寧，京畿南北蝗飛蔽天，正當聖主恤民之日。近侍之臣不知慮此，奏稟承請，殆無虚日，甚至以府庫百年所積之寶物，徧賜僕御閽寺之流、乳稚童孩之子，帑藏或空。萬一國有大事，人有大功，又將何以爲賜乎？乞追奪所賜，以示恩不可濫，庶允公論。」

是年，出僉山北廉訪司事。按部全寧，有李秀以坐造僞鈔，連數十人，皆與秀不相識。

敬疑而讞之，秀曰：「吾以訓童子爲業，有司謂秀爲造僞鈔者，捶楚之下，不敢不誣服。」敬詢知始謀者，乃大同王濁，有司誤以李秀爲王濁也。移文至大同，果得王濁爲真造僞鈔者。

至正初，遷河南，又遷江東，除江西行省左右司郎中。入爲諸路寶鈔提舉，改工部侍郎。十一年，遷同知大都路總管府事。直沽河淤數年，中書省委敬浚治之，募工萬人，不三月告成。除刑部侍郎，遷中書左司郎中。十二年，歷兵部尚書，爲樞密院判官。

十四年，遷刑部尚書。廣東憲府相讎殺，科以大逆，當連坐家人。敬謂：「殺人者止一人論抵，不得連坐一家。」廷議韙之。十五年，復爲樞密院判官，尋拜河南行省參知政事。復爲兵部尚書，兼濟寧軍民屯田使，給鈔十萬錠，興立營屯，歲收百萬斛，以給邊防。

十七年，召爲大司農少卿。拜中書參知政事，與平章政事荅蘭、參知政事俺普分省陵州，敬兼領兵、刑、户、工四部事，供給諸軍，賜上尊，仍命便宜行事。敬以民力日疲，乃請行納粟補官之令，詔從之。積粟百萬石、綺段萬疋，民獲少蘇。

十八年，除山東行樞密院副使，俄遷江浙行省左丞。卒，年六十七，贈資善大夫，江浙行省左丞如故，謚曰忠敏。

史臣曰：惠宗援不共戴天之義，追討文宗之罪，宜也；並殺文宗皇后及其弟燕帖古思，則過矣。崔敬之疏，直而不訐，即惠宗亦無以罪之。嗚呼！安得此愷弟之言乎！

韓鏞，字伯高，濟南人。延祐五年進士，授將仕郎、翰林國史院編修官，尋遷集賢都事。泰定四年，轉國子博士，俄拜監察御史。當時由進士入官者，僅百之一；由吏致位顯要者，常十之九。帝欲以中書參議傅巖起爲吏部尚書，巖起從吏入官，鏞極言不可，事遂已。

天曆元年，除僉浙西廉訪司事，擊姦暴、黜貪墨，特舉烏程縣尹干文傳治行爲諸縣最，所至郡縣爲之肅然。二年，轉江浙財賦副總管。至順元年，除國子司業，尋遷南行臺治書侍御史，歷僉宣徽及樞密院事。

至正二年，除翰林侍講學士。既而拜侍御史，以剛介爲時所忌，言事者誣以贓私，乃罷去。五年，起參議中書省事。

七年，朝廷慎選守令，參知政事魏中立言於帝：「當今必欲得賢守令，無如鏞者。」帝乃特署鏞姓名，授饒州路總管。饒俗尚鬼，有覺山廟者，以禍福惑人，爲盜賊者事之尤謹。將爲盜，必卜之。鏞至，即毁其廟，沈土偶於江，人初大駭，已而皆嘆服。鏞居官廨，自奉澹泊，僚屬亦化之。先是，朝使至外郡者，供張甚侈。一不厭其欲，即銜之，騰謗於朝。其出使饒州者，鏞延見郡舍中，供以糲飯，退皆無後言。有詔以織幣脆薄，遣使笞行省臣及諸郡長吏，獨鏞獲免。

十年，拜中書參知政事。十一年，丞相脱脱當國，更張庶務，鏞言不見聽。人或以鏞優於治郡，而執政非其所長，遂出爲甘肅行省參知政事。及脱脱罷，鏞遷陝西行臺中丞，卒。

蓋苗，字耘夫，大名元城人。幼聰敏好學。延祐五年進士，授濟寧路單州判官。州多繫囚，苗請決之，知州以爲囚數已上部使者，未報，不可決。苗曰：「使者問，請身任其責。」知州勉從之，使者果不以先決爲罪。歲饑，總管遣苗至户部請賑，户部難之，苗伏中書堂下，出糠餅以示曰：「濟寧民率食此，況有不得此食者，坐視不救，可乎？」因泣下，宰相乃從其請。有陳官粟五百石，借於民，期秋熟還官。及期，郡責償甚急，苗曰：「官粟實苗所貰，今民饑不能償，苗請代還。」使者乃已。其責單州税糧，歲輸館陶倉，距單五百餘里，民甚苦之。是秋，館陶大熟，苗先期令民糴粟倉下。十年初，倉券已至，省民力什之五。

辟御史臺掾，累擢江南行臺監察御史。建言：「嚴武備以備不虞，簡兵卒以壯國勢，全功臣以隆大體，惜官爵以清銓選，考實行以抑奔競，明賞罰以杜姦欺，計利害以孚民情，去民賊以崇禮節。」皆切於時務，公論韙之。

天曆初，文宗詔以建康潛邸爲佛寺，毁民居七十餘家，仍以御史大夫督其役。苗上封事曰：「臣聞使民以時，使臣以禮，自古未有不由斯道而致隆平者。陛下龍潛建業之時，居民困於供給，幸而獲睹今日之運，百姓跋足舉首以望非常之恩。今奪農時，以創佛寺，又廢民居，使之家破産蕩，豈聖人御天下之道乎？昔漢高帝興於豐沛，爲復兩縣；光武中興，南陽免税三年。既不務此，而隆重佛氏，何以滿斯民之望？臺臣職專糾察，表正百司，今乃委以修繕之役，豈其禮哉？」書奏，御史大夫遂免督役。

入爲監察御史。文宗幸護國仁王寺，泛舟玉泉，苗進曰：「今頻年不登，邊隅不靖，當恐懼修省，何暇逸遊以臨不測之淵？」帝嘉納之，賜以對衣、上尊，即日還宫。臺臣擬苗僉淮東廉訪司事，帝曰：「仍留蓋御史，朕欲聞其讜言也。」以丁外艱去。免喪，除太禧宗禋院都事。

用薦者出知亳州。修學，完州廨。有豪强占民田爲己業，民五十餘人訴於苗，苗訊治之，豪民咸自引服。苗曰：「爾等罪甚重，然吾觀，皆有改過意。」遂從輕議。

至元四年，入爲左司都事。任左司僅十八日，已決數百事。丁内憂，宰相惜其去，重賻之。

至正二年，起爲户部郎中。俄擢御史臺都事。御史大夫欲以故人居言路，苗曰：「非其才也。」大夫不説，是晚，邀至私第以謝，人兩賢之。

出爲山東廉訪副使。益都、淄萊二路，舊産金礦已竭，民歲買金輸官，至是六十年矣。民有忤其官長者，輒謂所居地有金礦，掘地及泉而後止，猾吏爲姦利，莫敢誰何。苗建言罷之。

三年，遷户部侍郎。四年，由都水監遷刑部尚書。初，盜殺河南省憲官，延坐五百餘家，已有詔：「除首罪外，餘從原宥。」至是，宰相欲追加誅戮，苗堅持不可，事獲已。出爲山東廉訪使，歲饑，上救荒弭盜十二事，劾宣慰使骫骳不法者。有司援例，欲徵苗所得職田，苗曰：「年荒民困，吾無以救之，尚忍徵斂以肥己耶！」命勿徵。

六年，復入爲治書侍御史。遷侍御史，尋拜中書參知政事，同知經筵事。大臣以兩京馳道狹隘，奏毁民田廬廣之，苗執曰：「馳道創自至元初，何今日獨爲隘乎？」又欲出宿衛士爲郡吏，以養其貧，苗議曰：「郡吏所以牧民，豈養貧之地？果不能自存，賜之錢可也。」廷議俱從之。

僉四川廉訪司事家人違例收職田，奉使宣撫坐其主人，宰相以爲然，苗請付法司詳議，勿使憲司以爲口實。於是宰相顧謂僚佐曰：「所以引蓋君至此者，欲其相助也，乃每事相抗，何耶？今後有公務，毋白參政。」苗歎曰：「吾以非才，待罪執政，中書之事，皆當與聞。今宰相言若此，不退何俟？」將引去，適拜江南行臺御史中丞，然宰相怒苗終不解，比至，即改甘肅行省左丞。時苗已致仕歸，宰相復趣其赴任。苗舁疾就道，抵任，即上言：「西土諸王，爲國藩屏，賜賚雖有常制，而有司牽於文法，使恩澤不以時及，有匱乏之憂，非隆親厚本之意。」又言：「甘肅每歲中糧，姦弊百端，請以糧鈔兼給，則軍民咸利。」朝廷從之。

遷陝西行御史臺中丞，到官數日，即上疏乞骸骨還鄉里。明年卒，年五十八。贈攄誠贊治功臣、中書左丞、上護軍，追封魏國公，謚文獻。

歸暘，字彥溫，汴梁開封人。將生，其母楊氏夢日出東山，上有輕雲掩之，故名暘。登至順元年進士第，授同知潁州事，有能名。山東鹽司遣奏差至潁，恃勢爲不法，暘執以下獄。時州縣事鹽司甚謹，暘獨不爲屈。轉大都路儒學提舉，未上。至元五年十一月，河南行省掾范孟端，詐爲詔使至省中，殺平章政事月魯帖木兒等，以段輔爲左丞，使暘北守河口。暘力拒不從。賊怒，繫於獄，暘無懼色。已而賊敗，暘獲免。

孟端，杞縣人，與其黨霍八失等，僞稱聖旨，乘昏夜入行省中堂，召平章政事月魯不花、左丞怯烈、理問金剛奴、郎中完者禿、黑的兒、都事拜住、廉訪使禿滿、萬户完者不花、總管撒思等至，皆殺之，矯稱除孟端爲河南都元帥。有馮甲者，孟端用爲宣撫使，給事於外，馮叩孟端曰：「幸引我見朝廷官。」孟端醉，大言曰：「何者爲朝廷官？我是也。」馮覺其僞，因隨孟端出，告都鎮撫閉城門勿納，遂殺孟端於城外，霍八失等俱伏誅。當孟端反時，衆官俯首聽命，獨暘不爲賊汙。同里有吴炳者，嘗以翰林待制徵不起，賊以炳司卯酉曆，炳不敢辭。時人爲之語曰：「歸暘出角，吴炳無光。」暘自此知名。

明年，轉國子博士，拜監察御史。及入謝，臺臣奏曰：「此即河南抗賊者也。」帝曰：「好事卿宜數爲之。」賜以上尊。

已而辭官歸養。至正五年，起爲僉河南廉訪司事，以法繩趙王府官屬之貪暴者，王三遣使請之，不爲動。宣寧縣有殺人者，蔓引數十人，一讞得其情，盡釋之。沁州民郭仲玉爲人所殺，有司以蒲察山兒當之，暘察其誣，踪跡得殺人者，山兒遂免死。六年，轉僉淮東廉訪司事，改宣文閣監書博士，兼經筵譯文官。

七年，遷右司都事。順江酋長樂孫求内附，請立宣撫司及置郡縣二十三處。暘曰：「古人有言：『鞭雖長不及馬腹。』使郡縣果設有事，不救則孤來附之意，救之則罷中國而事外夷，所謂『獲虚名而受實禍』也。」與左丞吕思誠抗辨甚力，丞相太平笑曰：「歸都事善戇，何相抗乃爾邪！然策將焉出？」暘曰：「其酋長可授宣撫，勿責其貢賦；使者賜以金帛，遣歸足矣。」卒從暘言。

有訴太平馬前，太平索皮服予之，仍覈在官所藏皮服之數，悉給貧民。暘曰：「宰相當以廣濟天下爲心，皮服有幾何，而欲悉給之邪？莫若録寒饑者賑之。」太平愧謝。

湖廣行省左丞沙班卒，其子沙的方爲中書掾，請奔喪。執政以沙的有兄弟，不許。暘曰：「孝者，人子之同情。以有兄弟而沮其請，非所以孝治天下也。」遂許之。

廣海猺賊入寇，詔朵兒只丹將思、播楊元帥軍以討之。暘曰：「易軍而將，不諳教令，恐不能決勝。若命楊就統其衆，彼悦於恩命，必能自效。所謂以夷狄攻夷狄，中國之利也。」帝不從，後竟無功。

八年，遷左司員外郎。六月，遷參議樞密院事。時方國珍未附，詔江浙行省參知政事朵兒只丹討之，一軍皆没，朵兒只丹被執，將罪之。暘曰：「將失利，罪固當誅。然所部皆北方步騎，不習水戰，是驅之死地也。宜募海濱之民習水者討之。」既而國珍遣人從朵兒只丹走京師，請降。暘曰：「國珍已敗我王師，又拘我王臣，力屈而來，非真降也。必討之以令四方。」時朝廷方事姑息，卒從其請。後果屢叛，如暘言。遷御史臺都事，俄復參議樞密院事。十二月，擢樞密院判官。

九年，轉河西道廉訪使，未上，改禮部尚書。會開端本堂，皇太子就學，召暘爲贊善。未幾，遷翰林直學士、同修國史，仍兼前職。暘言：「師傅當與皇太子東西相向授書，其屬亦以次列坐，虚其中座以待至尊臨幸。不然，則師道不立。」從之。俄以疾辭。帝遣左司郎中趙璉賜白金、文綺，不受。

初，暘在上都時，脱脱自甘州還，且入相，中書參議趙期頤、員外郎李稷謁暘私第，致脱脱之命，屬草詔。暘辭曰：「丞相將爲伊周事業，入相之詔當命詞臣視草，今屬筆於暘，恐累丞相之賢。」期頤曰：「若帝命爲之，奈何？」暘曰：「事理不順，亦當固辭。」期頤知不可屈，乃已。

十年正月，遷四川行省參知政事。十二年，除刑部尚書。十五年，再除刑部尚書。凡三遷，皆以疾辭。

十七年，授集賢學士，兼國子祭酒。使者迫之，暘輿疾至京師，卧於南城，不起。時海内多故，暘上三策：一曰振紀綱，二曰選將材，三曰審形勢。亹亹數千言，朝廷不能用。

十一月，以集賢學士、資德大夫致仕，給半俸終身，辭不受。明年，乞骸骨，僑居弘州。徙蔚州，後移居解州之夏縣。皇太子至冀寧，强起之，居數月，復還夏縣。二十七年卒，年六十三。

徐奭，字周臣，彰德安陽人。由國子生爲學録，累遷户部主事，擢員外。拜監察御史，劾臺臣不稱職者。出僉浙西道肅政廉訪司事，入爲中臺都事。再遷爲浙東道肅政廉訪使，以静治聞。入爲户部尚書，參議中書省事。拜治書侍御史，與言事者不合，謝病歸。後除禮部尚書，擢河東山西道宣慰使，拜河南江北等處行省參知政事，改集賢侍講學士。至正四年卒，年六十五。

奭爲人恂恂，至當官涖事，意有不可，即言之，故屢爲姦人所中云。

史臣曰：王克敬之練達，崔敬、蓋苗之侃直，韓鏞、歸暘、徐奭之剛介，皆惠宗時名臣也。當時權在丞相，左右丞、參政一忤丞相意，即斥去。鏞與苗並以忤丞相，不能久於其位，惜哉！

【校勘記】

〔一〕「臨事不認真」，「真」字原脱，據《元史》卷一八四列傳第七十一《王克敏傳》補。

新元史卷之二百十三　列傳第一百十

吕思誠武祺　成遵　賈魯

吕思誠，字仲實，平定人。父允，僉漢中道廉訪司事。母馮氏，夢見神人，及寤，思誠生，有光照室，人異之。

長從蕭𣂏學，擢泰定元年進士第，授同知遼州事，未赴，丁内艱。改景州蓨縣尹，差民户爲三等，均其徭役，刻孔子象，令社學徧祀之。春行田，樹畜勤敏者，賞以農器。印文簿畀社長，季月報縣，不孝弟、不事生業者，悉書之，罰輸作。胥吏豪猾者，竄名職田户，思誠悉革之。

天曆初，軍興，豫貸鈔於富民造兵器，事先集，而民不擾。天旱，道士持青蛇曰：「盧師谷小青龍也，禱之雨。」思誠殺蛇，笞道士，即日雨。

擢翰林國史院檢閲官，俄遷編修。文宗在奎章閣，敕取國史閲之，院長不敢言，思誠獨跪閣下，争曰：「國史紀當代人君善惡，天子無閲之者。」事遂寢。

累擢國子監丞、司業。拜監察御史，與斡玉倫徒等劾中書平章政事徹里帖木兒變亂朝政，疏留中不下。思誠納印綬殿前，遂出僉廣西廉訪司事。巡行郡縣，土官於元帥恃勢陵人，恐事覺，遣其子迓思誠於道。思誠縛至縣，痛懲之，一道震肅。移浙西道，達識帖睦邇爲南臺御史大夫，與江浙省臣有隙，嗾思誠劾之。思誠曰：「吾爲天子耳目，非臺臣鷹犬。」不聽。已而聞平章左吉貪墨，思誠劾其罪，流之海南。

復召爲國子司業，遷中書左司員外郎。盜殺河南省臣，詿誤者三十餘人，思誠言於朝，皆釋之。遷左司郎中，俄以事罷，起爲右司郎中，拜刑部尚書。

科舉復行，與僉書樞密院事韓鏞爲御試讀卷官，改禮部尚書。御史臺奏爲治書侍御史。總裁遼、金、宋三史，擢侍御史。樞密院奏爲副使，御史臺又留爲侍御史。會平章政事鞏卜班不法，監察御史劾之，御史大夫也先帖木兒曰：「姑徐之。」思誠趣入，奏罷鞏卜班。也先帖木兒銜思誠甚，思誠即謁告，朝廷知其事，出爲河東道廉訪使。未幾，召爲集賢侍講學士，兼國子祭酒。拜湖廣行省參知政事，中道授湖北道廉訪使。

五年，入拜中書參知政事。六年，遷左丞。九年，轉御史中丞。再任左丞、知經筵事，提調國子監，兼翰林學士承旨、知制誥兼修國史，加榮禄大夫，總裁后妃、功臣傳。會萃《六條政類》，賜玉帶。又爲樞密副使，仍知經筵事。復爲中書左丞。御史大夫納麟誣參政孔思立受賕，或欲連中思誠，納麟曰：「呂左丞有廉名，勿及之。」遂止，拜集賢學士，仍兼國子祭酒。

吏部尚書偰哲篤、右司都事武祺等建言更鈔法，以楮幣一貫文省權錢一千文爲母，銅錢爲子。詔命廷臣集議，思誠曰：「中統、至元，自有母子。上料爲母，下料爲子。譬之蒙古人以漢人子爲後，皆人類也，尚終爲漢人之子。豈有紙幣爲父，而以銅錢爲子者？」一座咸笑。思誠又曰：「錢鈔用法，以虚換實也。今歷代錢、至正錢、中統鈔、至元鈔、交鈔，分爲五項。若商賈藏其實而棄其虚，恐不利於國家。」偰哲篤曰：「至元鈔多僞，故更之。」思誠曰：「至元鈔不僞，人爲僞爾。交鈔若出，亦有爲僞者。且至元鈔猶故戚也，家之童奴識之；交鈔猶新戚，人未識也，其僞滋多。况祖宗之成憲，豈可輕改？」偰哲篤曰：「祖宗法弊，亦可改。」思誠曰：「汝輩更法，又欲上誣世祖，是汝與世祖争高下也。且自世祖以來，諸帝皆謚曰『孝』，改成憲可謂孝乎？」偰哲篤曰：「錢、鈔兼行何如？」思誠曰：「錢、鈔兼行，輕重不倫，何者爲母？何者爲子？汝不通古今，徒道聽塗説耳。」偰哲篤忿曰：「我等策不可行，公有何策？」思誠曰：「我有三字策，曰：行不得。」丞相脱脱見思誠言直，狐疑未決。御史大夫也先帖木兒獨曰：「呂祭酒之言亦是，但不當在廟堂上大聲厲色爾。」監察御史承望風旨，劾思誠狂妄，奪其誥命並所賜玉帶。

十四年，出爲湖廣行省左丞，遣太醫院宣使秦初即其家迫遣之，初窘辱不遺餘力，思誠不爲動，貽書參議龔伯遂曰：「去年許可用爲河南左丞，今年呂思誠爲湖廣左丞，世事至此，足下得無動心乎？」未幾，召還爲中書添設左丞，進光禄大夫，兼司農卿。思誠去二日，武昌陷，爲御史所劾，遂罷職。十五年六月，御史桑哥等復辦思誠無罪，詔給還宣命、玉帶。十七年三月卒，年六十五。追封齊國公，謚忠肅。有文集、《漢通紀》行於世。

與思誠争鈔法者，爲偰哲篤、武祺。偰哲篤，附見《仳理迦帖木兒傳》。祺，字子春，太谷人。由掾吏遷知桐城縣，果斷有能名。入爲户部左司都事，建言議鈔法，曰：「鈔法自世祖時已行之，後除撥支料本，倒易昏鈔，以布天下外，有合支名目於寶鈔總庫料鈔轉撥，所以鈔法疏通，民受其利。比年以來，失祖宗原行鈔法本意，不與轉撥，故民間流轉者少，致僞鈔滋多。」廷議韙之，凡合支名目准於總庫轉支。至正十年，丞相脱脱鋭意變法，祺與吏部尚書偰哲篤請更鈔法，以楮幣一貫文省權銅錢一千文爲母，銅錢爲子。脱脱從祺等議，立寶泉提舉司，鑄至正通寶銅錢，印造交鈔，通行天下。未幾，以軍興賞犒，印鈔日不暇給，物價騰湧逾十倍，度支益絀。祺尋授參議中書省事，轉户部尚書，拜甘肅參知政事，以疾卒。

成遵，字宜叔，南陽穰縣人。年十五喪父，貧不廢學。至順元年，至京師，受《春秋》於夏鎮，遂入國子監爲諸生。助教陳旅數以語學士虞集，集方有目疾，見遵來，迫而視之，曰：「公輔器也，君當自愛重。」

元統改元，登進士第，授翰林國史院編修官。明年，預修泰定帝、明宗、文宗三朝《實録》。後至元四年，擢應奉翰林文字。

至正初，擢太常博士，轉中書檢校，尋拜監察御史。扈從至上京，上封事言：「天子宜慎起居，節嗜慾，以保養聖躬。聖躬安，則宗社安。」言甚迫切，帝改容稱善。又言臺察四事：一曰差遣臺臣，越職問事；二曰左遷御史，杜塞言路；三曰御史不思盡言，循叙求進；四曰體覆廉訪，聲跡不實，賢否混淆。帝皆嘉納之，諭臺臣曰：「遵所言甚善，皆世祖風紀舊規也。」特賜上尊旌之。遵又言江浙火災，宜賑恤；劾平章火魯忽赤不法十事，宜罷斥。皆從之。復上封事言時務四事：一曰法祖宗，二曰節財用，三曰抑奔競，四曰明激勸。奏入，命中書議行。

三年，自刑部員外郎出爲陝西行省員外郎，以母病辭歸。五年，丁母憂。八年，擢僉淮東肅政廉訪司事、禮部郎中，奉使山東、淮北，察守令賢否，薦循良九人，劾罷貪懦者二十一人。九年，改刑部郎中，尋遷御史臺都事。臺臣嫉贓吏以父母之憂獲免，建議：「官吏凡被劾贓私，雖父母死，不許歸葬。」遵曰：「貪吏固可惡，然與人倫孰重？國家以孝治天下，寧失罪人，勿使爲吏者不葬父母。」御史大夫是其言，擢户部侍郎。十年，遷中書右司郎中。刑部獄久不決者積數百，遵與同僚分閲之，共議輕重，各當其罪。時輸粟補官者匿罪得七品雜流，爲怨家所告，有司議不問。遵曰：「賣官鬻爵，已非盛典，况賣與有罪之人乎？必奪其敕，著爲令。」省臣從之。

除工部尚書。先是，河決白茅，鄆城、濟寧皆爲巨浸，漕運使賈魯言：「必疏南河，塞北河，使復故道，役不大興，害無已時。」廷議莫能決，乃命遵偕大司農禿魯行視河，議其疏塞之方以聞。十一年春，自濟寧、曹、濮、汴梁行數千里，掘井以量地之高下，測岸以究水之深淺，謂故道不可復，其議有八。而丞相脱脱先入賈魯之言，及遵與禿魯至，力陳不可，且曰：「濟寧、曹、鄆連歲饑饉，民不聊生，若聚二十萬人於此地，恐後日之憂，有重於河患者。」脱脱怒曰：「汝謂民將反耶？」自辰至酉，辨論終不能入。明日，執政謂遵曰：「丞相意已定，且有人任其責矣，公幸毋多言。」遵曰：「腕可斷，議不可易也。」由是出爲大都、河間等處都轉運鹽使。

十四年，調武昌路總管。時大江上下皆劇盜，米直翔湧，遵言於省臣，假軍儲鈔萬錠，募勇敢之士且戰且行，糴粟於太平、中興，民賴以濟。會省臣出師，遵攝省事，乃遠斥候，塞城門，籍民爲兵〔一〕，得五千餘人，設萬夫長四，配守四門，號令嚴肅。賊船往來江中，終不敢近岸。

十五年，擢江南行臺治書侍御史，召拜參議中書省事。時河南賊數渡河焚掠，郡縣上下視若無事。遵率左右司，詣丞相言曰：「天下州縣喪亂過半，河北之民稍安者，以黄河爲之障，賊不能飛渡，視河南之民，猶得保其家室故也。今賊北渡河，而官軍不禦，是大河之險已不能守，河北之民復何所恃？河北民心一摇，國勢將如之何？」語未畢，哽咽不能出聲，丞相已下皆爲揮涕。乃入奏，詔遣使責防河將帥，自是守禦始固。

湖廣賊倪文俊質威順王之子，遣人請降，求爲湖廣行省平章。廷議欲許之，遵曰：「平章職亞宰相，承平時，雖德望漢人，抑而不與。今逆賊挾勢要求，輕以與之，如綱紀何？」或曰：「王子，世皇嫡孫也，不許，是棄之與賊，非親親之道。」遵曰：「項羽執太公，欲烹之以挾高祖，高祖尚以分羹答之。奈何以王子故，廢天下大計？」廷議不能奪。除治書侍御史，俄復入爲參知政事。

十七年，擢中書左丞，階資善大夫。是年九月，改除御史中丞，與中書右丞也花不先奉使宣撫彰德、大名、廣平、東昌、東平、曹、濮等處。

十八年，復拜中書右丞。時太平爲右相，以事忤皇太子，皇太子深銜之。以遵及參知政事趙中皆黨於太平，遵與中去，則太平勢孤。十九年，用事者承望風旨，嗾寶坻縣尹鄧守禮弟鄧子初等，誣遵與參政趙中、參議蕭庸等六人受贓。皇太子命御史臺、大宗正府等官雜問之，鍛鍊成獄，遵等俱坐杖死，中外冤之。

二十四年，御史臺臣辯明遵等誣枉，詔給還所授宣敕。

賈魯，字友恒，澤州高平人。幼負志節。即長，才氣過人。泰定初，以鄉貢授東平路儒學教授。歷行省掾，除潞城縣尹，選丞相東曹掾。擢户部主事，未上，一日覺心悸，尋得父書，即辭歸。及至家，父已得疾，未幾卒。魯服闋，起爲太醫院都事。

會詔修遼、金、宋三史，召魯爲《宋史》局官。書成，選授奉使宣撫幕官，考最，遷中書省檢校官。上言：「十八河倉，近歲没官糧百三十萬斛，其弊由富民兼并、貧户流亡，非先正經界不可。然事體重大，宜處置盡善，勿輕發。」書累數萬言，切中其弊。俄拜監察御史，奏：「御史言事，應專達聖聰，不宜臺臣先爲可否。」擢都事，遷山北道廉訪副使，復召爲工部郎中。

至正四年，河決白茅堤，又決金堤，立行都水監專治河防，數年不就。九年，白茅河東注沛縣成巨浸，帝患之，遣使體驗，乃督大臣訪求治河方略。特命魯行都水監，魯循行河道，往復數千里，備得要領，爲圖以進，且獻二策：其一，築北堤，以制横潰，功省；其一，疏塞並舉，挽河復故道，功數倍。會遷右司郎中，議未及上，又疏言時政二十一事。調都漕運使，復修上漕運二十事，朝廷取其八：一曰京畿和糴；二曰優恤漕司舊領漕户；三曰接連委官；四曰通州總治，豫定委官；五曰船户困於壩夫，海運壞於壩户；六曰疏濬運河；七曰臨清運糧萬户府當隸漕司；八曰宣忠船户付本司節制。既而河水北侵安山湖，入運河，延袤濟南、河間，將隳漕司鹽場。

太傅、右丞相脱脱復相，乃集廷臣議之，言人人殊。魯復以前二策進，脱脱韙其後策，與魯定議，以河事屬魯，固辭。脱脱曰：「此事非子不可。」乃入奏，大稱帝旨。十一年四月，命魯以工部尚書、總治河防使，進秩二品，領河南北諸路軍民，發汴梁、大名十三路民夫一十五萬，廬州等戍十八翼軍二萬供役，一切從事大小軍民官，咸受節度。十一月，諸埽、諸堤成，水土工畢，河復故道。事見《河渠志》。帝遣使報祭河伯，召魯還京師。魯以《河平圖》獻，超拜榮禄大夫、集賢大學士，賞賚金帛。敕翰林學士承旨歐陽玄製《河平碑》，具載魯之方略，且宣付史館。

十二年，拜中書左丞，從脱脱平徐州。明年，脱脱旋師，命魯剿餘賊，攻濠州，同總兵官、平章月可察兒督戰。魯誓師曰：「吾奉旨統八衛漢軍，已頓兵七日，爾諸將同心協力，必以今日巳午時克其城，然後食。」魯上馬指麾，抵城下，忽頭眩下馬，戒兵弗退，病亟，却藥不肯汗，未幾卒，年五十七。賜鈔五百錠以給葬事。

初，潁川妖賊劉福通埋石人於黄陵岡，且爲童謠曰：「石人一隻眼，挑動黄河天下反。」及魯治河，掘得石人，役夫轉相告語，民心震駭，福通等遂煽惑其衆以叛。議者謂元之亡由治河，然是時羣盜蠭起，即無治河之役，天下亦大亂，魯固不任咎云。

史臣曰：脱脱爲宰相，慨然以天下爲己任，其變鈔法、復黄河故道，皆是也。吕思誠、成遵迂儒，固不足言。然變法，鈔之弊愈甚；河平，盜賊之亂日起。何則？不治其本而治其標，欲以療膏肓之疾，吾知爲扁、倉所竊笑也。

【校勘記】

〔一〕「兵」，原作「共」，據《元史》卷一八六列傳第七十三《成遵傳》改。

新元史卷之二百十四　列傳第一百十一

奕赫抵雅爾丁　野訥　回回　瞻思　自當篤列圖　完者都　達里麻識理　丑的

奕赫抵雅爾丁，字太初，回回氏。父伊速馬音，大都南北兩城兵馬都指揮使。奕赫抵雅爾丁幼穎悟嗜學，初爲中書掾，以年勞授江西行省員外郎。入爲吏部主事，固辭，擢刑部員外郎。四方所上獄牘，反復披閱，多所平反。遷陝西漢中道肅政廉訪司僉事，不赴，改中書右司員外郎，尋擢郎中。

一日，與同列議獄事，有持異同者，奕赫抵雅爾丁曰：「公等讀律，苟不能變通以適事，宜譬之醫者雖熟於方書，而不能切脈用藥，則於病者奚益焉？」識者歎爲名言。

大德八年，肆赦議，惟官吏受賕者不預，奕赫抵雅爾丁曰：「不可。贓吏固可嫉，比之盜賊，則有間矣。宥盜而不宥吏，何邪？」刑部有獄事上讞，既論決，已而丞相知其失，以譴右司主者。奕赫抵雅爾丁未嘗署其案，因取成案閱之，竊署名於其下。或訝之曰：「公實不與，丞相今方譴怒，而公反追署其案，何也？」奕赫抵雅爾丁曰：「吾雖不署此案，豈有與諸君同事而獨求倖免者？」丞相聞而賢之，同列因以獲免。

遷左司郎中。時左司闕一都事，平章梁德珪謂奕赫抵雅爾丁曰：「幹材易得，惟篤實不欺爲難得，公當舉其所知。」奕赫抵雅爾丁薦王毅、李迪，時論稱之。又嘗論朝士，如高克恭、敬儼等可大用，後皆如其言。

遷翰林侍講學士，兼修國史，轉中奉大夫、集賢大學士。未幾，除江東建康道肅政廉訪使。始視事，見以獄具陳列庭下，問之，乃前官創製以待有罪者。奕赫抵雅爾丁蹙然曰：「凡逮至臬司，皆命官及有出身之吏，廉得其情，彼自服罪，毋庸獄具也。」即屏去之。

至大初，立尚書省，拜參議尚書省事，召至京師，懇辭不就，復拜參議中書省事，亦以疾辭。延祐元年卒，年四十七。

野訥，回鶻爾氏。父脱烈，集賢大學士，野訥事仁宗於潛邸，成宗崩，仁宗將自懷州入都，左右或持不可，野訥屏人啟曰：「大行晏駕，社稷無主，邪謀方興。懷寧王及殿下人心所屬，宜急奉太后入都，迎立懷寧王以正神器。」仁宗即白太后，以二月至京師，遣使迎武宗於北邊。武宗即位，授嘉議大夫、秘書監，賜玉帶。仁宗爲皇太子，以野訥兼太子右庶子。遷侍御史、崇禋院使，兼將作院使。福建文繡局工匠男女無別，吏夤緣爲姦，野訥奏罷之，閩人感悦。尋兼太醫院使。

仁宗即位，請召先朝舊臣，咨以時政，又請以中都苑囿還諸民。拜樞密院副使，進同知樞密院事。遷中書平章政事，辭不拜。

野訥侍禁中，條時政得失，言無不納，然韜晦慎密，不泄其事於外。延祐四年卒，年四十。贈推誠保節翊運功臣、金紫光禄大夫、行中書省左丞相、上柱國，趙國公，謚忠靖。弟阿禮海涯，自有傳。

回回，哈剌乞台氏。祖脱密剌温，從世祖伐宋，討阿里不哥，俱有功。又從討李璮。師還至信都，遂家焉。父那海，從定浙東、西，以功授千户，超授潭州萬户府達魯花赤，遷宿州蒙古、漢軍上萬户達魯花赤，卒。

回回通儒書。成宗即位，召見上都慈德殿，命宿衛皇太后，累遷左司郎中。至大二年擢中奉大夫、參議中書省事。仁宗在東宫，嘗稱回回爲皇太后舊臣，宜供奉内廷，又嘉其在中書省能斷大事，賜東宫經史。及即位，轉大中大夫，仍參議中書省事。五月，驛奏使宜事於宣德行宫，仁宗奬納之，賜御衣一，質孫三十。遷兵部尚書，尋改禮部。九月，命工部尚書鄭允中錫金帶一。遷正議大夫、同僉樞密院事。

皇慶二年，擢中奉大夫、昭文館大學士，仍同僉樞密院事。尋命代僉院劉方統兵江南，回回奏曰：「人臣宣力戎行，陛下不宜遽奪其官，臣亦不宜奪同僚官，請追還成命。」帝曰：「朕不食言也。」比劉歸，授爲禮部尚書。九月，出爲淮東道宣慰使，賜鈔二萬錠，固辭，又賜海東白鶻，且命曰：「遇天壽節、元正節，可馳驛見朕。」回回奏：「國法：無故不得馳驛。」帝解御衣授之，以爲信。回回至官，訪問民所疾苦，悉革之，江淮民大悦。

延祐元年，還朝。二年，授河東陝西道宣慰使，平反冤獄百餘，治行爲諸道最。擢宣徽副使，進通奉大夫。復命覈兩淮屯田，得田千七百餘頃，糧千四百餘石，鈔二萬四千餘錠。召還，拜行省參知政事。入爲福壽院使。晉資善大夫。

英宗即位，拜浙江行省參知政事。至治元年，考績，復爲各行省最，賜織金段表裏。丁父憂。丞相拜住奏起爲大都路總管，兼大興府尹，乞終喪，不允。

泰定帝即位，内府供億、邊臣賞賚，視常例十倍，回回倉卒立辦，民不知擾。泰定二年卒，年五十九。子奴奴、童童。

回回歷事五朝，尤見知於仁宗。嘗朝仁宗別殿，見近臣疾趨出，回回徐入，仁宗默然，以手命回回啟户，復命闔之，又命取物以獻。明日，仁宗語平章蕭拜住曰：「朕端居深念，憂形於色，左右皆望而卻走，獨回回顏色如平時，彼走者皆内愧於心者也。回回自信無他，朕亦信之。」遂命工畫像賜之。回回家素貧，及卒，竟無以爲葬焉。

瞻思，字得之，其先大食人，後徙豐州。祖魯坤，太宗時以材授真定、濟南等路監榷課税使，又家於真定。

瞻思幼警敏，弱冠以所業就正於翰林學士承旨王思廉，思廉甚譽之。泰定三年，詔以遺逸徵至上都，見帝於龍虎臺。時倒剌沙柄國，西域人多附焉。瞻思獨不往，倒剌沙屢使人招之，以養親辭歸。天曆三年，召爲應奉翰林文字，賜對奎章閣，文宗問：「卿有著述否？」明日，進所著《帝王心法》，文宗稱善。詔預修《經世大典》，以議論不合求去，命奎章閣侍書學士虞集留之，瞻思堅以母老辭，乃賜幣遣之。後命集傳旨曰：「卿且暫還，行召卿矣。」至順四年，除國子博士，丁内艱，不赴。

後至元二年，拜陝西行臺監察御史，論奏十事，曰：「法祖宗，攬權綱，敦宗室，禮勳舊，惜名器，開言路，復科舉，罷衛軍，一刑章，寬禁綱。」侍御史趙承慶見之，歎曰：「御史言及此，天下之福也。」襄、漢流民聚居宋紹熙府故地，至數千户，私開鹽井，自相部署。瞻思上言：「紹熙土饒利厚，流户日增，若以其人散還本籍，恐爲邊患，宜設官府以撫定之。」詔即其地置紹熙宣撫司。三年，除僉浙西肅政廉訪司事，按問都轉運鹽使、海道都萬户、行宣政院等官贓罪，浙西郡縣無敢爲貪墨者。復以猾民自稱「道人」、「道民」、「行童」者，皆託名以避徭役，使民力日耗，契勘嘉興一路，爲數已二千七百，請勒歸本籍，俾供王賦，庶以少寬民力。朝廷韙之，著爲令。四年，改僉浙東肅政廉訪司事，以病免歸。

嘗與五府官決獄。咸寧民婦宋娥與鄰人通，鄰人謂娥曰：「我將殺而夫。」娥曰：「張子文行且殺之。」明日，夫果死，跡盜數日，娥始以張子文告其姑。五府官以爲非共殺，且既經赦宥，宜釋之。瞻思曰：「張子文以爲娥固許之矣，且娥夫死終旬始言之，是娥與張同謀，度不能終隱，故發之也，不可釋。」樞密判官曰：「平反活人，陰德也，御史勿執常法。」瞻思曰：「是謂故出人罪，非平反也。且公欲種陰德於生者，奈死者何？」乃獨上議，刑部卒正娥罪。

至正四年，除江東肅政廉訪副使。十年，召爲秘書少監議治河事。皆辭疾不赴。十一年卒，年七十四。二十五年，贈嘉議大夫、禮部尚書、上輕車都尉，追封恒山郡侯，謚文孝。著有《四書闕疑》、《五經思問》、《奇偶陰陽消息圖》、《老莊精詣》、《鎮陽風土記》、《讀東陽志》、《重訂河防通議》、《西國圖經》、《西域異人傳》、《金哀宗記》、《正大諸臣列傳》、《審聽要訣》，及文集三十卷。

自當，燕只吉䚟氏。英宗時，以速吉兒赤擢監察御史。録囚大興縣，有人見橐駝死道傍，舁至其家，醢之，置甕中。會官橐駝被盜，捕索甚亟，乃執而勘之，其人誣服。自當審其獄辭，疑爲冤，即以上御史臺。臺臣以爲贓已具，不聽，改委他御史讞之，竟處死。後數日，遼陽行省以獲盜聞，冤始白。人皆服其有識。

泰定二年，扈從至上都，劾參知政事楊庭玉贓罪，不報，即納印還京師。帝遣使追之，俾復任，即再上章劾庭玉，竟罷之。又劾奏：「平章政事禿滿迭兒入怯薛之日，英宗被弑，必預逆謀。」不報，並賜禿滿迭兒黄金繫腰，自當遂移疾去。改工部員外郎。中書省委開渾河，自當往視之，以爲水性不常，民力亦瘁，難以成功，言於朝，河役始罷。

會三皇后卒，命工部撤行殿車帳，皆新作之。自當未即興工，尚書曰：「此奉特旨，員外有誤，則罪歸於衆矣。」自當曰：「即有罪，我獨任之。」未幾，帝果問成否，省臣乃召自當責問之。自當請入對，奏曰：「皇后行殿車帳尚新，若改作，恐勞民費財。且先皇后無惡疾，居之何嫌？必欲捨舊更新，則大明殿乃自世祖所御，列聖嗣位，豈皆改作乎？」帝大悅，語省臣曰：「國家用人，當如自當者，庶不誤大事。」特賜上尊、金幣。遷中書客省使，又改同僉宣政院事。

文宗即位，除中書左司郎中。有使者自江浙還，言：「行省臣意若不服。」帝怒，將誅之。自當言於丞相燕帖木兒曰：「皇帝新即位，雲南、四川猶未定，乃以使者一言，殺行省大臣，恐非盛德事。」燕帖木兒言於帝，事乃止。既而遷參議中書省事。燕帖木兒議封太保伯顏王爵，衆論附之，自當獨不言。燕帖木兒問故，自當曰：「太保位列三公，復加王爵，後再有大功，何以處之？且丞相封王，出上意，今欲加太保王封，丞相宜請於上，王爵非中書選法也。」議遂寢。拜治書侍御史。

初，文宗在集慶潛邸，欲創天寧寺，令有司起民夫，江南行臺監察御史亦乞剌台言曰：「太子爲好事，宜出錢募夫；若欲役民，則朝廷聞之，非便也。」至是，文宗悉召江南行臺監察御史，皆入爲監察御史，而欲黜亦乞剌台。自當諫曰：「陛下在潛邸時，御史能爲陛下諍臣，今無罪而黜之，非所以示天下也。」乃除亦乞剌台僉湖南廉訪司事。

帝欲游西湖，自當諫不聽，遂稱疾不從行。帝在舟中，顧謂臺臣曰：「自當終不滿朕此游耶？」

臺臣嘗奏除目，帝以筆塗一人姓名，而綴將作院官閭閭之名。自當言：「閭閭詼諧無行檢，惟可任教坊司，若居風紀，則臺綱掃地矣。」命遂不下。俄出爲陝西行臺侍御史。

惠宗初，改福建都轉鹽使。先是，自當爲左司郎中時，泰定帝欲以河間、江浙、福建鹽引賜中書參議撒迪，自當執不可，僅以福建鹽引二萬賜之。至是，自當復建言：「鹽引宜盡資國用，以紓民力。」時撒迪方爲御史大夫，不以爲怨，數遣人省自當母於京師，時人兩賢之。

丁母憂，久之，起爲浙西肅政廉訪使。時駙馬高昌王帖木兒補化爲江浙行省丞相，其左右恃公主勢，强有司以賤直買民物，不從即毆之。有司來白自當，自當命械以示衆，自是豪奴爲之斂戢。

尋召爲同僉樞密院事，復爲治書侍御史、同知經筵事。惠宗欲加太后爲太皇太后，下廷臣議之，自當以爲不可。衆曰：「英宗何以加太后爲太皇太后？」自當曰：「英宗，孫也。今上，子也，安得同？」帝不從。

寧夏人誣告買買等謀害太師伯顏，伯顏委自當與中書、樞密等官往鞫問，事不實，以誣妄坐告者罪。伯顏怒，自當曰：「太師令吾三人勘之，以國法所在也。必欲罪吾三人，則自當實主其事，宜獨受之。」乃左遷自當同知徽政院事。

自當歷事四朝，始終一節，有古遺直之風。然卒以是忤權貴，不復柄用。未幾，以病卒。

弟别兒怯不花，中書右丞相，自有傳。同時以鯁直聞者，又有篤列圖。

篤列圖，字敬夫，捏古氏，後徙永豐。父卜里也禿思，從文宗於潛邸，官靖江路總管。篤列圖，天曆三年，舉進士第一，文宗覽其對策曰：「是必世家子弟，何以知吾家事若是之詳？」授集賢修撰。御史中丞馬祖常以其妹妻之。累遷江南行臺監察御史，按治湖廣、江浙諸路，咸有名蹟。威順王寬徹不花素不法，奪山澤之利，民尤苦之，告於官，篤列圖一無所貸，劾王罪宜削爵土，會赦免。故事，御史按部至，官吏供張甚盛，篤列圖命撤去，及視事，莫不震懾，曰：「慎勿犯捏古狀元。」召爲内臺御史，以病卒，年三十七。

完者都，朵魯伯觧氏，乃蠻太陽罕之族也。父札忽台，蘄縣翼上萬户府達魯花赤。延祐初，完者都襲父職，以防海功，賜金織紋對衣二襲，階定遠大將軍。徽泰翼萬户田特哥子安童與其兄珙争襲爵，安童匿其符命，有司不能直者十有五年。行省檄完者都覈其事，一訊而服，人以爲神明。

日本人四十餘乘夜入内港，完者都訊得其情，徵所賂上官金還之。及出港，復掠商船十有四，劫民財百三十家，完者都乘巨艦追之，奪其所獲而返。

歲旱，官吏有買饑民子女者，完者都要於路讓之曰：「爾等政令不修，民罹菑害，尚忍奴人子女耶？」盡召其父母至，俾攜去。

至元初，以親老辭。已而海寇竊發，詔完者都回任。完者都分兵水陸並進，賊大敗，漳州李志甫叛，完者都一戰擒之。賊聞小萬户來，皆相顧失色。常追賊周麻千等，直抵琉球國界，舟幾覆，賊皆乞降。下令曰：「凡脅從者，皆釋罪。財貨悉沉於海。」賜上尊、金龍紫緞，以旌其功。拜浙東道宣慰使都元帥，加中奉大夫。至正四年卒，年四十六。

達里麻識理，字遵道，怯烈台氏，居開平。父阿剌不花，江西行省參知政事，追封趙國公，謚襄惠。

達里麻識理，幼穎敏。至正五年，經筵選充譯史。轉補御史臺譯史，除照磨。十五年，拜監察御史。出僉山北道肅政廉訪司事，未行，留爲僉事院都事。十七年，爲太子家令。又四遷爲中書左司郎中。十九年，除刑部尚書，提調兵馬南北司巡綽事。二十二年，拜中書參知政事、同知經筵事。二十三年冬，遷上都留守，兼開平尹。

二十四年，塔失帖木兒以前平章來爲留守。時孛羅帖木兒擁兵京師，達里麻識理與塔失帖木兒皆以忠義許國，不附孛羅帖木兒。未幾，塔失帖木兒入爲大司農，謂達里麻識理曰：「我至京師，則制於强臣，未易圖也。」因留不行。既而孛羅帖木兒以善安爲上都留守，使徵兵於瓦吉剌部落。達里麻識理以禮待之，善安辭去。孛羅帖木兒復調帖木兒、托忽速哥至上都，以守禦爲名，實爲牽制達里麻識理之計。達里麻識理密遣前宗正札魯忽赤月魯帖木兒潛通音問於行樞密院事益老答兒，又遣留守司照磨陳恭發興州兵，約東東西手八剌哈赤、虎賁司，糾集丁壯苗軍，什伍相聯，布列鐵旛竿山下，揚言四方勤王之師畢至，帖木兒等大驚，所將兵盡潰走，由是上都城守益嚴。

二十五年，皇太子在冀寧，命立上都分省，以達里麻識理爲右丞，便宜行事。七月，禿堅帖木兒以兵犯上都，先遣利用少監帖理哥赤來征餉，達里麻識理戮之於市。已而禿堅帖木兒兵至，旌旗蔽野，達里麻識理嬰城固守，夜遣死士縋城下，焚其攻具。又調副留守禿魯迷失海牙引兵出小東門，敗禿堅帖木兒軍於卧龍岡。未幾，孛羅帖木兒伏誅，禿堅帖木兒亦遁。拜中書右丞，兼上都留守，提調虎賁司，加光禄大夫，賜黄金繫腰，仍命提調東西手八剌哈赤。分省罷，遥授平章政事、上都留守，位第一，力辭，不允。明年，召爲大宗正也可札魯忽赤。又明年，拜太子詹事，遷翰林學士承旨，又遷知樞密院事，兼知大撫軍院事。未幾，卒。

丑的，字子元，蒙古氏。祖德里山，河南行省右丞。父萬僧，江浙行省平章政事。丑的寬仁有雅量，由宿衛拜江南行臺監察御史，累遷翰林侍講學士。

至正十六年，除江南浙西道肅政廉訪使，爲政務持大體，慨然曰：「天下太平，則糾劾官邪，職也。今日之事，宜安靖以綏輯之。」會行臺移杭州，吏白檄有司供給，丑的曰：「如此則擾民矣。」乃出公帑市於民，悉予其值。杭州三關曰昱嶺、獨松、千秋，控扼宣、歙諸郡，丑的議增築堡壘，嚴兵爲守禦計。後賊由宣、歙來犯，輒敗去。時苗軍暴横，白晝殺市人，攫其金，聞丑的來，皆斂戢，且相戒曰：「監司大人不可犯也。」丑的語其帥，徙營於北關外，築五壘以居之，苗軍始戢。

杭州司税者多市井無賴，布於遠近，以漁獵商賈，丑的悉禁之，物價頓平，倉吏歲當更，有司輒視貧富爲去取，丑的廉知其弊，革之，民大悦。張士誠乞降，行省議未決，丑的力贊其事。擢江浙行省右丞，賜上尊、金幣，慰勞甚厚。尋拜榮禄大夫、江浙行省平章政事。十八年，率師援安慶，臺臣劾其逗撓，褫職安置陝西，道梗，爲張士誠所留。明太祖滅士誠，丑的後卒於明。

新元史卷之二百十五　列傳第一百十二

月魯帖木兒　卜顔帖木兒　道童　達里麻識理　也速

月魯帖木兒，卜領勒多禮伯臺氏。曾祖貴裕，事太祖爲管領怯憐口怯薛官。祖合刺，襲父職，事世祖。父普蘭奚，由宿衛爲中書右司員外郎，從丞相哈剌哈孫迎立武宗，累遷至山北遼東道肅政廉訪使。

月魯帖木兒幼警敏，年十二，成宗命與哈剌哈孫子脱歡同入國學。仁宗時入直宿衛。一日，帝問左右曰：「斯人容貌不凡，誰之子耶？」左右忘其父名，月魯帖木兒即對曰：「臣父普蘭奚也。」帝曰：「汝父協謀以定國難，朕未嘗忘。」因命脱忽台諭四怯薛，令常侍禁廷，毋止其入。哈剌哈孫欲用爲中書，月魯帖木兒辭。哈剌哈孫曰：「汝年幼，欲何爲？」對曰：「欲爲御史爾。」久之，遂拜監察御史，巡按上都，劾奏太師右丞相帖木迭兒受張弼賕六萬貫貸死。帝怒，碎其太師印，賜月魯帖木兒鈔萬貫。除兵部郎中，拜殿中侍御史，遷給事中、左侍儀、同修起居注。

尋爲右司郎中，賜坐便殿，帝顧左右，謂曰：「月魯帖木兒識量明遠，可大用。」他日，帝語近臣曰：「朕聞前代皆有太上皇之號，今皇太子且長，可居大位，朕欲爲太上皇，與若等游西山以終天年。」御史中丞蠻子、翰林學士明里董阿皆稱善，月魯帖木兒獨起拜曰：「臣聞昔之所謂太上皇，若唐玄宗、宋徽宗，皆當禍亂，不得已而爲之者。願陛下正大位，以保萬世無疆之業，不宜慕前代虛名。」帝稱善。

仁宗崩，帖木迭兒復入中書。參議乞失監以受人金帶繫獄，帖木迭兒使乞失監愬月魯帖木兒爲御史時誣丞相受賕。皇太后命丞相哈散等即徽政院推問，不實，事始釋。帖木迭兒乃奏以月魯帖木兒爲山東鹽運司副使，降亞中大夫爲承事郎。期月間，鹽課增以萬計。丁外艱。復擢山南江北道肅政廉訪副使。

泰定初，遷汴梁路總管。再調武昌，以養親不赴。致和元年，河南行省平章伯顔矯制起月魯帖木兒爲本省參知政事，共議起兵，月魯帖木兒固辭曰：「皇子北還，若問參政受命何人，則何辭以對？」伯顔怒，會明里董阿迎文宗過河南，月魯帖木兒爲御史時嘗劾其娶娼女，冒受封爵。明里董阿因説伯顔收之，丞相別不花亦與之有隙，乃謫月魯帖木兒乾寧安撫司安置。至順四年，移置雷州。

至元六年，召還。至正二年，入覲，帝欲留之，以母喪未葬辭。四年，起同知將作院事。尋除大宗正府也可扎魯花赤。九年，由太醫院使拜翰林學士承旨，知經筵事。

十二年，江南諸郡盜賊充斥，詔拜月魯帖木兒平章政事，行省江浙，因言於丞相脱脱曰：「守禦江南，爲計已緩。若得權宜行事，猶有可爲。」不從。陛辭，賜尚醖、御衣、弓矢、甲胄，衛卒十人，鈔萬五千貫。至鎮，招募民兵數千人，次建德，獲首賊何福，斬於市，遂復淳安等縣。是年七月，次徽州，以疾卒於軍中。

卜顔帖木兒，字珍卿，唐兀吾密氏。性明鋭，早備宿衛。天曆初，由太常署丞拜監察御史、殿中侍御史，累除大都路達魯花赤、都轉運鹽使、肅政廉訪使，由行中書省參知政事擢左、右丞，行御史臺中丞，遂拜江浙行省平章政事。

至正十二年春，蘄、黄賊徐壽輝遣兵陷湖廣，侵江東、西，詔卜顔帖木兒討之。卜顔帖木兒募壯健爲兵，得士三千人、戰艦三百艘。時湖廣平章政事也先帖木兒、江西平章政事星吉、江南行臺御史中丞蠻子海牙，皆以兵駐太平，宿留不進。卜顔帖木兒至，乃與俱前。賊方聚丁家洲，官軍奮擊，敗之，遂復銅陵縣，擒其賊帥。又復池州，分遣萬户普賢奴屯陽陵，王建中屯白面渡，閭兒攻無爲州，自率鎮撫不花、萬户明安駐池口，爲之節度。已而江州再陷，星吉死之，蠻子海牙及威順王寬徹普化兵俱潰而東，安慶圍益急，遣使求援。諸將皆欲自守信地，卜顏帖木兒曰：「何言之不忠耶！安慶與池州止隔一江，救患之義，我其可緩？且上流官軍雖潰，然皆百戰之餘，所乏者錢穀耳。吾受命總兵，坐視其饑困，可乎？」即大發帑藏以周之，潰軍大集，兩軍之勢復振，安慶圍遂解。

十三年三月，賊再攻池州，衆十萬，諸縣皆叛應之。卜顏帖木兒會諸將謀曰：「賊表裏連結，若俟其築壘成，而坐食諸縣之粟，破之實難。今新至疲弊，如乘其驕惰，盡鋭攻之，則頃刻之間大功可就。」遂分番與戰，果大敗之，擒其僞帥，俘斬無算。乘勝率舟師以進，五月，戰於望江，又戰於小孤山及彭澤，又戰於龍開河，賊皆破走，復江州。七月，克蘄州，擒僞帥鄒普泰。進兵道士洑，焚賊柵，抵蘭溪口。賊之巢曰黄連砦，又克而殲其衆，分兵平兩巴河，於是江路始通。十一月，與蠻子海牙、四川行省參知政事哈臨秃、左丞桑秃失里、西寧王牙罕沙軍合湖廣左丞伯顏不花等軍亦來會，十二月，分道進拔蘄水縣，徐壽輝之僞都也，獲其僞將相而下四百餘人，壽輝僅以身免。以功，詔賜上尊、黄金帶。

時丞相脱脱方總大兵南征，聞賊已破，乃檄伯顏不花討淮東，蠻子海牙守裕溪口，威順王還武昌，卜顏帖木兒控制長江上下。十六年六月，復還兵守池州。十一月卒。

卜顏帖木兒持身廉介，人不敢干以私，所過不受禮遺宴犒，民不知有兵。性至孝，幼養於叔父阿朮，事之如父。常乘花馬，時稱爲花馬兒平章云。

道童，字石巖，高昌人。以世胄入官，授直省舍人。遷監察御史，出爲廣東、山南等路廉訪司僉事。調信州路總管，移平江。

平江徵夏絲二萬二千餘斤，歲立三限收之，吏胥緣爲姦。道童改定舊法，甫六月，而夏稅已竣，吏弊遂除。郡以七倉儲米，歲設杴斗三百人，累年爲倉蠹，道童盡逐之。民輸米石加五六斗，豪右則僅輸二三，以多輸者補之。道童令大户輸齊，然後徵細户，豪右皆依數完納。和顧和買，官給其直，每經歲不發，道童令物至官所，即以鈔償之，民尤稱便。歲旱，道童遣屬吏勘災，戒之曰：「吾輩爲民父母，聽其啼饑，可乎？既履畝，必以實聞。」廉訪使朵歹聞而賢之。有與道童不合者，告其以妄言凶歲誑朝廷，於是遣御史乘傳至，鞫其虚實。時道童已擢江淮等處財賦都總管府達魯花赤，逮至平江，御史按其事，則告者皆妄語，乃讁告者，復還道童官。

至正元年，遷大都路達魯花赤。出爲江浙行省參知政事。尋召入中書，頃之，又出爲江浙行省右丞，拜平章政事。

十一年，詔仍以平章政事行省江西。是年，江州土賊蠭起，道童倉皇無措。左右司郎中伯顔不花曰：「今賊勢衝突，城中無備，萬一失守，奈何？有章伯顔左丞者，致仕居撫州，其人知軍務，宜禮請之，使署本省左丞事，專任調遣軍旅，庶幾事可濟。」道童從其言，伯顔亦欣然爲起曰：「此正我報國時也。」至則設守禦計甚悉。

明年正月，湖廣陷。二月，伯顔不花將兵援江州，至石頭渡遇賊，戰敗。道童聞之恐，即懷省印遁走。伯顔不花還，與章伯顔嬰城固守。後數日，道童始自南昌民家歸。三月，賊圍城，道童素恤民，故多爲之用。又用章伯顔計，密召死士，面塗青，額抹黄，布衣，黄衣爲前鋒。别選精鋭數千爲中軍，命萬户卜魯哈歹章妥因領之。夜半，開門擊賊，賊驚以爲神，遂敗走。章伯顔尋以疾卒。

十五年，以守城功，加大司徒、開府，仍錫龍衣、御酒。歲大旱，公私匱乏，道童移咨江浙行省借米數十萬石、鹽數十萬引，凡軍民約三日人糴官米一斗，入昏鈔二貫，又三日買官鹽十斤，入昏鈔二貫，民皆便之。

十八年夏四月，陳友諒復攻江西，時平章政事火爾赤與道童不相能，又貪忍，不得將士心，見城且陷，遂夜遁。道童亦棄城退保撫州，賊追至，遂爲所害。事聞，賜謚忠烈。

達理麻識理，字正道，高昌人。祖玉赤不花，奉詔修金水河，獲龜蛇之瑞。父長喜，官浙西江東道廉訪使，遂家於常州之宜興。

達理麻識理性廉介，有操行，博通經史，尤工小篆，以蔭授寧國路判官。至元元年，改泰和州達魯花赤，書十字於楹間，曰：「奉薄儉常足，官卑清自尊。」其厲志如此。十一年，江淮盜起，省檄巡防江上。未幾，還泰和。

十二年，陳友諒破吉安，行省官皆委印綬宵遁，達理麻識理集民兵爲城守，計料兵之日，戮賊諜二人，尸城上。分勸富室出粟數千石、錢數萬緡爲兵餉，聲勢大振。以民兵五百人送達魯花赤納速兒丁、總管梁克申返吉安，遂復其城。又遣趙州判禦賊於石門，趙戰死，麾下猶不退，賊讙曰：「此達相公兵，不可拒也。」明日遂相率來降。或請繕城堡爲拒守計，曰：「堅固不如民心，民心壞，雖有堅城能獨守乎？」不聽。撫循丁壯如家人子弟，按行營伍，不以寒暑風雨而輟。

江淮道阻，惟參政全普庵撒里與尚書哈海赤守贛州。中丞沙嘉班以重臣宣慰廣東，慷慨有大節。達理麻識理乃近連贛州，復爲書上宣慰司，其詞憤切，沙嘉班大喜，勉以固守，爲進取計。已而嶺海隔絶，達理麻識理歎曰：「天乎！吾今殆絶望矣！」

十四年，賊奄至城西門外，達理麻識理不爲動。夜五鼓，先遣鎮撫趙家奴率援兵出戰，自辰至午，力盡幾挫，乃簡精卒五百人援之。賊望見，大驚曰：「黃衫軍來矣。」皆奔潰，城圍立解。

十五年，代者來，達理麻識理指庭下列瓮數十，謂人曰：「此吾所儲俸米也。」比去，惟家僮負挈俸米及書帙而已。俄以疾卒，民繪其像祀之。

達理麻識理嘗語人曰：「吾涖官有三字：曰勤，曰法，曰畏。勤以治事，法以守身，畏以奉行。」世以爲名言。

也速，蒙古人。父月闊察兒，爲惠宗宿衛。惠宗討伯顏，使月闊察兒夜至柳林，負燕帖古思太子歸，遂見親任。及帝安置燕帖古思於遼東，命月闊察兒護送。月闊察兒希旨，中道拉殺之。至正十四年，由知樞密院事拜中書平章政事。十五年，帝罷丞相脱脱兵權，加月闊察兒太尉，與太不花、雪雪同代脱脱將兵。後罷爲大宗正札魯忽赤，仍太尉。十六年，月闊察兒以軍中受傷，請罷職，帝不允，未幾卒。

也速倜儻知名，由宿衛歷尚乘寺提點，遷宣政院參議。至正十四年，河南賊芝麻李據徐州，也速從脱脱南征。脱脱用其計，以巨石爲礮晝夜攻之。賊不能支，也速又先登，破其外城，賊遂遁，以功除同知中政院事。會賊圍安豐，從月闊察往援之，策馬探淮水深淺而過，賊大駭，撤圍去。也速進攻濠州，有詔班師，乃還，遷將作院使。復從大軍征淮東，取盱眙，累遷淮南行樞密院副使、同知樞密院事。

賊航海襲山東，也速計賊必乘勝北侵，引兵北還，表裏擊之，復滕、兖二州及費、鄒、曲阜、寧陽、泗水五縣，賊勢遂衄。未幾，復泰安州及平陰、肥城、萊蕪、新泰四縣，又平安水等五十三寨。進知樞密院事。討蒲臺賊杜黑兒，擒送京師磔之。東昌賊北犯陵州，也速邀擊於景州，斬獲殆盡，進復阜城縣。命也速屯單家橋，斷賊北路。賊轉攻長蘆，也速往援，流矢貫左手，不顧，轉鬭無前，殺賊五百餘人，奪馬三千匹。

拜中書平章政事，改行省淮南。雄州、蔚州賊繼起，也速悉平之。知樞密院事劉哈剌不花所部卒掠懷來、雲州，欲爲亂，也速以輕騎撫之，降其衆，隸麾下。

賊陷大寧，詔也速往討。兵次侯家店，遇賊，即搏戰，散而復合，遣别將繞出賊後，賊腹背受敵，大敗，遂拔大寧，擒賊首湯通、周成等三十五人，磔於都市。召入覲，賞賚優渥，進階金紫光禄大夫、知樞密院事。既而賊首雷帖木兒不花、程思忠等陷永平，詔也速出師，遂復灤州及遷安縣。時遼東郡縣，惟永平不被兵，儲粟十萬，芻藁山積，賊乘間竊入，增土築城，因河爲塹，堅守不可下。也速爲連營，絶其樵采，又復昌黎、撫寧二縣，擒雷帖木兒不花，送京師。賊急，乃乞降於參政徹里帖木兒，請命於朝，詔許之，命也速退師。也速度賊必以計怠我，乃嚴備以偵之。程思忠果棄城遁去，追至瑞州，殺獲萬計，賊遂東走金、復州。

拜遼陽行省左丞相，知行樞密院事，建行省於永平，總兵如故。金、復、海、蓋等州賊並起，西侵興中州，復由海道趨大都。聞也速在永平，乃止，轉攻大寧，爲守將王聚所敗，衆潰，皆西走。也速慮賊窺上都，以右丞忽林台守之，簡精鋭，自躡賊後。賊果逼上都，忽林台擊敗之，永平、大寧俱無賊，乃分命官屬安輯遺民，使什伍相保，以事耕種，民爲立石頌功德。

二十四年，孛羅帖木兒犯闕，拜也速中書左丞相。七月，孛羅帖木兒留兵守大同，自率兵至京師。命也速軍於昌平禦之。孛羅帖木兒前鋒已度居庸關，也速軍無鬭志，不戰而潰，皇太子尋出奔於太原。

二十五年，皇太子與擴廓帖木兒謀清内難，入討孛羅帖木兒。孛羅帖木兒乃遣御史大夫秃堅帖木兒率兵攻上都，又調也速禦擴廓帖木兒部將竹真、貊高等。也速軍次良鄉，不進，謀之於衆，皆謂孛羅帖木兒狂悖，圖危宗社，中外同憤，遂勒兵歸永平，西連太原擴廓帖木兒，東連遼陽也先不花國王，軍聲大振。孛羅帖木兒患之，遣其將姚伯顏不花攻也速。姚伯顏不花素輕也速，不設備，也速覘知之，襲破其軍，擒姚伯顏不花。七月，孛羅帖木兒伏誅。

二十七年，命也速以中書右丞相分省山東。二十八年，明兵取山東，也速與部將哈剌章、田勝、周達等禦於莫州，衆敗潰，乃北遁。惠宗至上都，復以也速爲中書左丞相，獻帛萬匹、糧五千石。十一月，封也速梁王，加太保。

二十九年三月，也速率精騎四萬襲通州，不克。詔也速勿深入，賜龍衣、御酒，將士賞賚有差。六月，與明將常遇春戰於全寧，失利，明兵遂入上都。惠宗奔應昌，命也速屯於紅羅山後，又爲明兵所破。惠宗崩，皇太子奔和林，也速卒於漠北。

新元史卷之二百十六　列傳第一百十三

李士贍　張楨　陳祖仁

李士贍，字彦聞，南陽新野人，後徙漢陽。幼英敏好學。至正初，以布衣游京師，平章政事悟良合台、右丞烏古孫良楨皆以王佐許之。尋用度支監卿柳嘉薦，爲知印，復以大都籍登至正十一年進士第。知印歷十九月考滿，遷庫知事，中書辟充右司掾。時賊陷濟寧，中書省奏分省、分院官處死，帝以知院哈剌八都兒勛戚，赦其罪，以右丞阿塔赤、參知政事賈惟貞坐之。士贍上書於執政曰：

賞罰者，國家之大柄；是非者，人心之至公。賞罰無章，雖堯舜不能以爲治，況後世乎？是非混殽，雖智者不能以有爲，況庸人乎？國家自太祖皇帝肇基朔方，世祖皇帝奄有區夏，一舉而蹙殘金，再舉而混南北，使海内之人争效臣妾，豪傑之士奔走慕義，翕然如雲龍風虎之相從者，此無他，賞罰明而是非公故也。承平以來，百年於兹，紀綱法度，日益廢弛，上下之間，玩歲愒日，率以爲常。一旦盜賊猝起，茫然無措。

總兵者惟事虚聲，秉鈞者務存姑息。其失律喪師者，未聞顯戮一人。是以不數年間，海内鼎沸，山東、河北莽爲丘墟。此無他，賞罰不明而是非不公故也。

近者天子以兩丞相爲元老舊臣，命總萬機。今日之事，正宜開誠布公，振作綱紀，明示賞罰，號令天下，一新中外之耳目，庶幾盜賊可平，四海可定，中興之事業可計日而待也。今巨寇在邇，敗軍滿前，姑息之風愈勝前日。但聞今日取一招，明日送刑部。切爲閣下惑焉。姑以一節言之，如哈剌八都兒等所犯，最爲容易處置者，乃至遷延到今，未有定論。中外之人謂聖君賢相作事，猶且若此，安得不觖望乎？《傳》曰：「賞不逾時，罰必當罪。」斯言是矣。何則？哈剌八都兒官雖知院，其職則總兵也。右丞阿塔赤、參政賈惟貞名雖分省官，其職則供給也。在律，主將所犯，宜處重刑，供給所招，應得杖流。今哈剌八都兒雖有特敕免死之文，不過聖上寬仁，少延其死耳。然法者，祖宗之所授，天下之名器也，雖天子不能以自私。是故舜爲天子，皋陶爲士，瞽瞍殺人，彼爲舜者祇能竊負而逃耳。漢薄昭，太后之母弟也，昭有罪，文帝終不貸其死命。夫虞舜，大聖人也；漢文，賢主也。而其所爲若是。誠以恩不足以掩義，私不可以廢公。

古者制敕一下，事有弗順於人而礙理者，在百官有司，猶且封還，不即奉詔，未聞宰相秉國之鈞，職當繩愆糾繆，而徒以承顔順旨爲事者也。必不得已，其總兵官既已特敕免死，則分省官正應坐以本罪。如此則輕重適均，後世猶懼爲公道之玷，安可使輕重失倫，以啟將來紛然之議乎？

僕一介草茅，濫叨掾屬，顧惟職在簿書，忝司法守，固不敢偷容取合，以賣法誤國；亦不敢畏避詭隨，以陷閣下於不義。伏惟閣下亮之。

執政韙其言，阿塔赤等遂得減死。

累遷刑部主事員外郎、樞密院經歷、僉山南江北道事，改吏部侍郎，又改户部侍郎，行永平路總管，擢户部尚書，出督福建海漕。時海賊賽甫丁降，仍據福州，詔以燕赤不花爲行省平章政事，賽甫丁拒不納。燕赤不花攻之三月，城垂克，民恐爲兵所掠，乞士贍言於燕赤不花，與賽甫丁和解，燕赤不花從之。士贍欲復入城，衆危之，士贍曰：「民候我去留爲存亡。不入，且有變。」士贍入城，賽甫丁聽命，一城獲免。拜資善大夫、福建行省左丞。尋入爲中書參議。是時察罕帖木兒與孛羅帖木兒争冀寧，士贍與察罕帖木兒書曰：

士贍奉使無效，本無置喙之地。然初意不過欲暫那三晉之地，少安彼軍之心。彼軍既離，則雲中一帶自可輸粟京都，以實國本。而山西之糧，既路遠難運，其勢亦當少緩。根本稍定，然後合兩軍之衆，並力東南，則門庭之寇，庶可指日而靖。何意使轄未還，遽致自相魚肉，暴横如此，良可慨也。

愚者誠不足論，公爲當今賢者，天下之寶，安得不爲天下惜之！大抵臣子之於君父，惟求其所當盡，不責於人。然後天下之爲君臣父子者，由是而定。彼其怨恨日深，則是非日起，是使瞽瞍終無底豫之期，申生終無待烹之理。此非見道分明，所養素定，何以臻此？

三代而上，孝莫如舜，忠莫如周公，古今此兩人外，固不多見。自是而下，其能處富貴而不移，當危疑而不惑，卓然無所繫累，一出乎千萬人志慮之表者，近代惟郭汾陽爲然耳。汾陽用舍進退，皆庶幾中庸之道。僕謂後之殷監，無過於是，當時閣下亦嘗笑而許之。今背馳若秦人與越人然，夫以閣下之忠義，乃至使人不相信遽如此，然則將何時何人而可信乎？謂閣下之志在公耶？則閣下之疆土乃國家之疆土也，於閣下何與焉？謂閣下之志在私耶？彼以桓文之義舉，猶不足以服當時，信後世，况欲如曹丞相、桓大司馬之爲哉？僕知閣下之志，固不在是矣。

閣下處衆人之中，獲天下之盛名，四方諸侯一視公爲輕重。自冬徂春，兩軍交惡，謗書迭積，至煩天子遣宰周公之使。至今兵不解，而使不返，其跡則類乎拒命，其心則近乎要君。自是以來，閣下之盛名，遂不能不損於前日，吾恐《春秋》之責，不在彼而在公矣。

今山東之寇未平，公不以此時提兵東向，克終前業，乃效兩虎交鬭，此所謂謹其小而遺其大，快私憾而棄公義，安得不見笑於藺相如乎？天下之人，其以公爲何如人耶？且易失者機會，難得者事功，時不再來，僕爲閣下惑焉。彼黄口之子，久當自斃，烏足以爲公敵？某平昔辱公知待之厚，故不避言深之忌，而妄意陳之，雖獲罪左右，無憾也。

察罕帖木兒雅敬士贍，雖不盡用其言，亦不以爲忤也。

十二年，拜樞密副使，條上二十事，曰：「悔己過以詔天下，罷造作以慰人心，御經筵以講聖學，延老成以詢治道，去姑息以振紀綱，開言路以求得失，明賞罰以厲百司，公選舉以息奔競，察近倖以杜姦弊，嚴宿衛以備非常，省佛事以節浮費，絶濫賞以足國用，罷各宫屯種歸有司經理，減歲賞計置爲諸宫用度，招集散亡以實八衛之兵，廣給牛具以備屯田之用，奬勵守令以勸農務本，開誠佈公以禮待藩鎮，分遣大將急保山東，依唐廣寧王故事分道進取。」疏上，惠宗嘉納焉。先是，薊國公脱火赤上言，乞罷三宫造作，帝爲減軍匠之半還隸宿衛，而造作如舊，故士贍首及之。

未幾，擴思監議解孛羅帖木兒兵柄，士贍曰：「兹事重大，宜先調兵以固京師。」擴思監不從。及孛羅帖木兒犯闕，也速代擲思監爲丞相，士贍爲參知政事，士贍謂也速曰：「前政首禍天子，以丞相代之。如其復蹈前轍，難未已也。請亟下明詔，以彰天討。」又不聽。遷翰林學士、知制誥同修國史。

孛羅帖木兒入朝，出爲遼陽行省左丞。至則傳檄遠近，起兵討孛羅帖木兒。會孛羅帖木兒伏誅，復徵爲中書參知政事。

擴廓帖木兒奉命南征，諸王、駙馬悉聽節制，士贍以爲兵權太重，固争之。又與宰相言：「朝廷爲政，宜先正倫常。」宰相謂：「國俗叔嫂相妻，蓋欲守其家產。」士贍曰：「今議論政體，乃以家産爲言乎？」其人慚而止。擴廓帖木兒上疏，請討張思道等，執政莫敢言。士贍曰：「棄南征之命而逞私憾，咎孰與歸？若許之，則責在朝廷矣。」事遂寢。拜翰林學士承旨，進封楚國公。二十七年，以疾卒，年五十五。

子守成，進士；守恒，遼陽行樞密院斷事官經歷；守峴，太尉掾史。

張楨，字約中，汴梁開封人。元統元年進士，授彰德路録事，辟河南行省掾。楨初娶祁氏，生貴家，見楨貧，不爲禮。合巹逾月，楨即出之。祁氏之兄訟於官，左右司官聽之，楨因移疾不出，案牘留滯。平章政事月魯帖木兒怒曰：「張楨剛介士，豈汝曹所當議耶！」郎中虎者禿謁而謝之，乃起。

尹，門無私謁。范孟端爲亂，矯殺月魯帖木兒等，城中大擾。楨暮夜縋城出，得免。逾年，除高郵縣縣民張提領武斷鄉曲，一日至縣，有所干請，楨執之，盡得其罪狀，杖而徒之，人以爲快。千户狗兒妻崔氏爲妾所譖虐死，其鬼憑七歲女詣縣訴，備言死狀，屍見瘞舍後，楨率吏卒發土，得屍，拘狗兒及妾鞫之，皆伏辜，縣人頌爲神明。累除中政院判官。

至正八年，拜監察御史，劾太尉阿乞剌欺罔之罪，并言：「明里董阿、也里牙、月魯不花皆陛下不共戴天之讐。伯顔賊殺宗室嘉王、郯王十二口，稽之古法，當伏門誅，而其子弟尚仕於朝，宜誅竄。別兒怯不花阿附權姦，亦宜遠貶。今災異迭見，盜賊蜂起，海寇敢於要君，閫帥敢於玩寇，恐有唐末藩鎮之禍。」不聽。

及毛貴陷山東，上疏言根本之禍有六，征討之禍有四。根本之禍：一曰輕大臣，二曰解權綱，三曰事安逸，四曰杜言路，五曰離人心，六曰濫刑獄。其言「事安逸」之禍曰：

臣伏見陛下以盛年入纂大統，履艱難而登大寶，因循治安，漸不如初。今天下可謂多事矣，天道可謂變常矣，民情可謂難保矣。是陛下警省之時，戰兢惕厲之日也。

陛下宜卧薪嘗膽，奮發悔過，思祖宗創業之難，今日覆亡之易。於是而修實德，則可以答天意，推至誠，則可以回人心。凡土木之勞，聲色之玩，皆宜痛自改悔。有不盡者，亦宜防微杜漸，禁於未然。而陛下乃安焉處之，如天下太平無事之時，此所謂根本之禍也。

征討之禍：一曰不慎調度，二曰不資羣策，三曰不明賞罰，四曰不擇將帥。其言「不明賞罰」之禍曰：

臣伏見調兵六年，既無紀律之法，又無激勸之宜，將帥掩敗爲功，指虛爲實，大小相謾，上下相依，其性情不一，而邀功求賞則同。是以有覆軍之將，殘民之將，怯懦之將，貪婪之將。所經之處，雞犬一空，貨財俱盡。及其面諛游説，反以冒功受賞。今克復之地悉爲荒墟，河南提封三千餘里，郡縣星羅棊布，歲輸錢穀數百萬，計今所存者封丘、延津、登封、偃師三四縣而已。兩淮之北，大河之南，所在蕭條。夫有土、有人、有財，然後可望軍旅不乏，饋餉不竭。今寇敵已至之境，固不忍言，未至之處，尤可寒心。如此而望軍旅不乏，饋餉不竭，使天雨粟、地湧金，朝夕存亡且不能保，況以地方有限之費，而供將帥無窮之欲哉！陛下事佛求福，以天壽節而禁屠宰，皆虛名也。今天下殺人矣，陛下泰然不理，而曰：「吾將以是求福。」福何自而至哉！潁上之寇，始結白蓮教，以佛法誘衆，終挾威權，以兵抗拒。視其所向，駸駸可畏，其勢不至於亡吾社稷、燼吾國家不已也。朝廷不思靖亂，而反爲階亂，其禍至慘，其毒至深，其關係至大，有識者爲之痛心。此征討之禍也。

疏奏，不省。

權臣惡其訐直，二十年，除僉山南道肅政廉訪司事。至則劾中書右丞也先不花、參知政事脱脱木兒、治書侍御史奴奴弄權誤國之罪，又不報。

是時，孛羅帖木兒駐兵大同，察罕帖木兒駐兵洛陽，二將方以争晋、冀爲事，搆兵相攻。朝廷遣也先不花、脱脱木兒、奴奴往解之。既受命，不前進。楨又言其庸懦無憂國之心，枉道延安以西，繞數千里遲遲而行，使兩軍日夜仇殺，黎庶肝腦塗地，宜急殛之，以救時危。亦不報。楨乃慨然歎曰：「天下事不可爲矣！」即辭官，歸居河中安邑。有訪之者，不復言時事，但對之流涕而已。

二十四年，孛羅帖木兒犯闕，皇太子出居冀寧，奏除贊善，又除翰林學士，皆不起。擴廓帖木兒將輔皇太子入討孛羅帖木兒，遣使傳皇太子令旨，賜以上尊，且訪時事。楨復書曰：

今燕趙齊魯之境，大河内外，長淮南北，悉爲丘墟，關陝之區所存無幾，江左日思薦食上國，湘漢、荆楚、川蜀淫名僭號，幸我有變，利我多虞。閣下國之右族，三世二王，得不思廉、藺之於趙，寇、賈之於漢乎？京師一殘，假有不逞之徒，崛起草澤，借名義尊君父，倡其説於天下，閣下將何以處之？守京師者能聚不能散，禦外侮者能進不能退，紛紛藉藉，神分志奪，國家之事能不爲閣下憂乎？《志》曰：「不備不虞，不可以師。」僕之惓惓爲言者，獻忠之道也。然爲言大要有三：保君父一也，扶社稷二也，衛生靈三也。請以近似者陳其一二：衛出公據國，至於不父其父；趙有沙丘之變，其臣成兑平之，不可謂無功，而後至於不君其君；唐肅宗流播之中，怵於邪謀，遂成靈武之篡。千載之下，雖有智辯百出，不能爲雪。嗚呼！是豈可以不鑒之乎？然吾聞之，天之所廢，不驟也。肆其寵樂，使忘其覺悟之心，非安之也，厚其毒而降之罰也；天遂其欲，民厭其汰，而鬼神弗福也。閣下覽觀焉。謀出於萬全則善矣，急則其變不測，徐則其釁可乘。通其往來之使，達其上下之情，得其情斯得其策矣。擴廓帖木兒深然之。後三年卒。

陳祖仁，字子山，汴梁開封人。父安國，常州晉陵尹。

祖仁貌寢，眇一目，然議論偉然，剛正負氣節，博學能文。至正二年，舉進士第一，授翰林修撰，同知制誥兼國史院編修官。歷太廟署令、太常博士，遷翰林待制。出僉山東肅政廉訪司事，擢監察御史。復出爲山北肅政廉訪司副使。召拜翰林直學士，擢侍講學士，除參議中書省事。

二十二年五月，帝欲修上都宫闕，工役大興。祖仁上疏曰：

自昔人君不幸，遇多難之時，孰不欲奮發有爲，成不世之功，以光復祖宗之業？苟或上不奉於天道，下不順於民心，緩急失宜，舉措未當，雖無事之時，猶或致亂，而況欲撥亂世反之正乎？上都宫闕，創自先帝，修於累朝，自經兵火，焚燬殆盡。此固陛下日夜痛心，所宜亟圖興復者也。然今四海未靖，瘡痍未瘳，倉庫告虚，財用將竭，乃欲驅疲民以供大役，廢其耕耨，而荒其田畝，何異扼其吭而奪之食，以速其斃乎？陛下追惟祖宗宫闕，念兹在兹，然不思今日所當興復，乃有大於此者。假令上都宫闕未復，固無妨於陛下之寢處，使因是而違天道失人心，則夫天下者亦祖宗之天下，生民者亦祖宗之生民，陛下亦安忍而輕棄之乎？願陛下以愛惜民力爲本，以恢復天下爲務，信賞必罰，以驅策英雄，親正人，遠邪佞，以圖謀治道。夫如是，則承平之觀不日咸復，詎止上都宫闕而已乎！

疏奏，其事遂寢。

二十三年十二月，拜治書侍御史。時宦者資正使朴不花與宣政使槖驢，內侍皇太子，外結丞相搠思監，驕恣不法。監察御史傅公讓上章暴其過，忤皇太子意，左遷吐蕃宣慰司經歷，它御史累疏諫爭，皆外除。祖仁上書皇太子曰：

御史糾劾槖驢、不花姦邪等事，非御史之私言，乃天下之公論。今殿下未賜詳察，輒加沮抑，擯斥御史，詰責臺臣，使姦臣蠹政之情不得達於君父，則亦過矣。夫天下者，祖宗之天下；臺諫者，祖宗之所建立。以二豎之微，而於天下之重、臺諫之言一切不恤，獨不念祖宗乎？且殿下之職，止於監國撫軍，問安視膳而已，此外予奪賞罰之權，自在君父。今方毓德春宮，而使諫臣結舌，凶人肆志，豈惟君父徒擁虛名，即天下蒼生亦將奚望焉？

疏上，皇太子怒，令御史大夫老的沙諭祖仁，謂：「臺臣所言雖是，但槖驢等俱無是事，御史糾劾不實，已與美除。昔裕宗爲皇太子，兼中書令、樞密使，凡軍國重事合奏聞者，乃許上聞，非獨我今日如是也。」祖仁復上疏曰：

御史所劾，得於田野之間；殿下所詢，不出宮牆之內。所以全此二人者，止緣不見其姦。昔唐德宗云：「人言盧杞姦邪，朕殊不覺。」使德宗早覺，杞安得相？是杞之姦邪，當時知之，獨德宗不知；今二人之姦，天下知之，獨殿下不知也。且裕宗雖領軍國重事，至於臺諫封章，自是御前開拆。假使東宮先閱，君父或有差失。諫臣有言，太子將使之聞奏乎？不使之聞奏乎？使之聞奏，則傷其父心，不使聞奏，則陷父於惡。殿下將安所處？如知此説，則今日糾劾之章不宜阻矣，御史不宜斥矣。祖仁疏再上，即辭職。皇太子以其事聞，朴不花、稾驢皆自免，令老的沙諭祖仁等。祖仁復上疏曰：

祖宗以天下傳之陛下，今乃壞亂不可救藥。雖曰天運使然，亦陛下刑賞不明之所致也。且區區二豎，猶不能除，況於大者？願陛下俯從臺諫之言，擯斥二人，不令其以辭職爲名，成其姦計，使海内皆知陛下信賞必罰，自二人始，則將士孰不效力，天下可全而有，以還祖宗。若猶優柔不斷，則臣寧餓死田野，誓不與之同列也。

書奏，帝大怒。是時侍御史李國鳳亦上疏，言此二人必當斥逐。於是臺臣自老的沙以下皆左遷，出祖仁爲甘肅行省參知政事。時天寒，祖仁單衣就道，以弱女托於其友朱毅。

明年七月，孛羅帖木兒入中書爲丞相，除祖仁山北道肅政廉訪使，召拜國子祭酒，遷樞密副使，累疏言軍事利害，不報，辭職。除翰林學士，復拜中書參知政事。是時天下大亂，祖仁性剛直，與時宰議論數不合，乃超授其階榮禄大夫，而仍還翰林爲學士。尋遷太常禮儀院使。

二十七年，明兵已取山東，朝廷方疑擴廓帖木兒有不臣之心，置撫軍院總兵馬以備之。祖仁與翰林學士承旨王時、待制黄哻、編修黄肅上書曰：

近者南軍不逾月而逼畿甸，朝廷雖命也速出師，然勢力孤危，不足爲京師屏蔽，宗社安危，正在今日。臣愚以爲，馭天下之勢，當論其輕重、强弱，遠近，先後，不宜膠於一偏，狃於故轍。前日南軍尚遠，擴廓帖木兒近在肘腋，意將覬覦非分，不得不亟於致討。今擴廓帖木兒勢已窮蹙，而南軍長驅北犯，山東瓦解。是擴廓帖木兒弱而輕，南軍强而重也。陛下與皇太子宜審其輕重、强弱，改弦更張。撫軍院諸臣亦宜以公天下爲心，審時制宜。擴廓帖木兒既不能復振，分撥一軍足以擒獲。其餘見調一應軍馬，宜令其倍道東行，勤王赴難，與也速等聲勢聯絡，仍遣重臣分道宣諭督催，庶幾有濟。如復膠於成見，動以言者爲擴廓帖木兒游説，而鉗天下之口，不幸猝有意外之變，則天下之事去矣。

書上，不報。

十二月，祖仁又上書皇太子言：

近降詔削河南兵馬之權，雖所當然，然此項軍馬終爲南軍所畏。即使有悖逆之心，朝廷以忠臣待之，其心愧沮，亦何所施？今未有所見，遽以此名加之，彼若甘心以就此名，其害有不可言者。朝廷苟善用之，豈無所助？然人皆知之而不敢言者，誠恐誣以受賄，謂爲之游説也。況聞擴廓帖木兒屢上書，疏明其心跡，是其心未絶於朝廷，以待朝廷之昭洒。今爲朝廷計者，不過戰、守、遷三事。以言乎戰，則資其觭角之勢；以言乎守，則待其勤王之師；以言乎遷，則假其藩衛之力。勉强策勵，猶恐遲晚，豈可使數萬之師，棄置於無用之地？今宗社存亡，祇在旦夕，不幸有唐玄宗倉卒之事，是以祖宗之社稷人民委而棄之。臣雖碎首粉身，亦無濟於事矣。

疏上，亦不報。

二十八年秋，明兵至近郊，詔祖仁及同僉太常禮議事王遜志等，奉太廟神主，從皇太子北行。祖仁等奏曰：「天子有大事，出則載主以行。從皇太子，非禮也。」帝然之，命祖仁守太廟以俟。未幾，帝北奔，祖仁不果從。京城陷，將出健德門，爲亂軍所殺，時年五十五。

史臣曰：元季國勢阽危，所恃以禦賊者，惟擴廓帖木兒一人，而李士贍猶嫌其兵權太重。擴廓帖木兒劾張思道等不聽節制，士贍又持其事不下。當時執政大臣，士贍號爲通達時務者，乃闇於機權如此，其亡國不亦宜乎？張楨、陳祖仁屢進讜言，終無尺寸之效。祖仁請昭洗擴廓帖木兒，其言尤激切，惠宗父子屏而不用，惜哉！

新元史卷之二百十七　列傳第一百十四

李黼韓準　泰不華　樊執敬　汪澤民　福壽賀方　褚不華　普化帖木兒　劉鶚

李黼，字子威，潁州人。父守中，工部尚書。守中遇諸子嚴，每飲酒，輒半月醉不解。黼百計承順，跪而自訟，常達旦不寐。

泰定四年，進士及第，授翰林修撰。明年，代祠西嶽，公燕，黼坐省臣上，省臣曰：「敕使每後我，今可易邪？」黼曰：「王人雖微，序於諸侯之上，《春秋》之義也。」省臣不能對。

改河南行省檢校官，遷禮部主事。拜監察御史，首言：「禴祠烝嘗，古今大祭，今太廟惟一祭，而日享佛祠神御，非禮也。宜據經典行之。成均教化之基，不當隸集賢，宜中書省領之。諸侯王歲賜，宜有定額。分封易代之際，陳請恩例，世系親疏無成書可考，宜仿先代修正玉牒。」皆不報。轉江西行省郎中。入爲國子監丞，遷宣文閣鑒書博士，兼經筵官。

尋中書省命黼巡視河渠，黼上言曰：「蔡河源出京西，宋以轉輸之故，平地作堤。今河底塡淤，高出地面，秋霖一至，横潰爲災，宜按故跡修浚。他日東河或有不測之阻，江淮運物可分道達於京師，此萬世之利也。」亦不報。遷秘書太監，拜禮部侍郎。敕詳定中外所上封事，已而廷議内外官通調，授黼江州路總管。

至正十一年夏五月，盜起，陷蘄、黄，焚掠數千里，造船江北岸，鋭意南攻。江州爲大江咽喉之地，黼治城濠，募丁壯，分守要害，且上攻守策。於江西行省請屯兵江北，以扼賊衝，不報。黼歎曰：「吾不知死所矣！」

十二年正月，賊將趙普勝渡江，陷武昌，威順王及省臣相繼遁去。賊船蔽江而下，遂陷瑞昌。右丞孛羅帖木兒亦遁。黼雖孤立，然志氣愈壯。黄梅縣主簿也先帖木兒願出擊賊，黼大喜，向天灑酒與之誓。時賊已至，黼軍倉卒無號，墨士卒面以統之，出戰，黼身先士卒，也先帖木兒繼之，賊大敗，逐北六十里，鄉丁依險阻遏賊歸路，殺獲二萬餘人。黼計賊不利於陸，必由水道來薄，乃冒鐵椎於木杪，植沿岸水中，逆刺賊舟，謂之七星椿。會西南風急，賊舟揚帆至，遇椿莫能動，倉惶失措。官軍發火箭射之，焚溺無算。行省上黼功，拜江西行省參知政事，江州、南康等處軍民都總管，便宜行事。普勝屢敗，憤甚，乃益兵環攻之。黼守孤城，提孱兵，無日不與賊戰，中外援絶。

二月，賊薄城下，平章政事禿堅不花啟北門遁。黼引兵登陴，賊已至甘棠湖，焚西門，乃張弩射之。賊轉攻東門，遂入城。黼引兵巷戰，揮劍叱賊曰：「殺我，無殺百姓。」賊刺黼墜馬，黼與從子秉昭、萬户黄德隆俱罵賊死，年五十五。

百姓聞黼死，哭聲震天，相率具棺槨葬於東門外。事聞，贈攄忠秉義效節功臣、資德大夫、淮南江北等行中書省左丞、上護軍，追封隴西郡公，謚忠文。詔立廟江州，賜額曰崇烈。官其子秉方集賢待制。黼兄冕居潁州，亦死於賊。秉昭，冕季子也。

與黼同時在江西者，有韓準，亦知名。準，字公衡，濟州沛縣人，登進士第，授同知孟州事。三遷至太常博士。拜監察御史，出爲南康路總管，擢本路廉訪使。

至正十二年，蘄、黄賊入江西，平章以下皆遁，獨準與右丞章伯顔固守，相持五十四日，賊卒敗退。十八年，陳友諒陷龍興，來見準，準面壁卧。友諒曰：「向爲縣吏，已知公名。」準不答。展轉遁至福建，拜江西行省參知政事。準志在收復，輿疾以往，寓於順昌。旋改行臺治書侍御史，遂上章告老，以行省左丞致仕。既而順昌亦陷，準籍藁堂下，以喪禮自處，有疾，不服藥而卒，年七十三。

泰不華，字兼善，伯牙吾台氏。初名達普化，文宗賜以今名。世居白里山。父塔不台，入直宿衛，歷台州録事判官，遂家台州。

家貧，好讀書，集賢待制周仁榮養而教之。登進士第，授集賢修撰，轉秘書監著作郎。拜江南行臺監察御史。時御史大夫脱歡貪暴，泰不華劾罷之。文宗建奎章閣學士院，擢爲典籤。改中臺監察御史。

惠宗即位，加文宗皇后太皇太后之號，泰不華率同列上疏争之。太后怒，欲殺言者，泰不華語衆曰：「此事我自發之，不敢累諸公。」已而太后怒解，賜金幣以旌其直。出僉河南廉訪司事，俄移淮西，又遷江南行御史臺經歷，辭不赴。轉江浙行省左右司郎中。浙西大水，言於中書省，免其租。擢秘書監，改禮部侍郎。

至正元年，授紹興路總管。除没官牛租，令民自實田，以均賦役。行鄉飲酒禮，教民興讓，民德之。召入史館，與修遼、金、宋三史，書成，授秘書卿，改禮部尚書，兼會同館事。

八年，台州黄巖民方國珍作亂，劫掠漕運，詔江浙參政朶兒只班總舟師捕之。官軍自相驚潰，朶兒只班被執，爲所逼，奏國珍乞降。朝廷從之，國珍兄弟皆授官，國珍仍不肯赴，勢益横。九年，詔泰不華察其事。泰不華上招捕之策，不聽。尋除江東道廉訪使，改侍講學士，知制誥，同修國史，出爲都水庸田使。

十年十二月，國珍寇沿海諸路。十一年二月，詔孛羅帖木兒爲江浙行省左丞，總兵至慶元。遷泰不華浙東道宣慰使都元帥，分兵温州，夾攻賊師。未發，賊寇温州，泰不華縱火筏焚之，遁去。孛羅帖木兒與泰不華約，以六月乙未合兵進討。壬辰，孛羅帖木兒先期至大閭洋，兵敗被執，國珍飾詞上聞，泰不華聞之痛憤，數日不食。帝復遣大司農達識帖木兒等至黄巖招之，國珍兄弟皆登岸羅拜。是夕，泰不華欲命壯士襲殺之，密白於達識帖木兒，達識帖木兒曰：「我奉詔招降國珍，君欲擅殺乎？」乃檄泰不華至海濱，散其部衆，授國珍兄弟官。尋遷台州路達魯花赤。

十二年，國珍兄弟復入海叛，泰不華發兵扼澄江，遣義士王大用至賊所示約信，使其來歸。國珍留大用，以小舸二百突入舟港，泰不華語衆曰：「吾以書生致位顯貴，誠恐負所學。汝輩助我討賊，克則汝功，不克則我死以報國。」衆皆踴躍請行。時賊將陳仲達往來計議，僞言賊可降。泰不華率衆，張受降旗，乘潮而至，與賊船遇，呼仲達申前議，仲達色變。泰不華知有異，即手斬之，直前攻賊船，射死五人，殺登船賊二人。賊欲擁泰不華過船，泰不華瞋目叱之，奪其刀，復殺二人。賊攢槊刺之，中頸死，猶植立不仆。賊投其屍於海。年四十九，時十二年三月庚子也。

其家僮抱琴及臨海尉李輔德、千户赤盞、義士張君璧皆死之。泰不華死後，除江浙行省參知政事，行台州路達魯花赤事，不及聞命。後三年，追贈榮禄大夫、江浙行省平章政事、柱國，封魏國公，謚忠介。立廟台州，賜額崇烈。

泰不華爲人尚氣節。初，太平爲臺臣劾貶，泰不華獨餞送都門外。太平曰：「公且止，無以我故累公。」泰不華毅然不從。後雖爲時相所擯斥，人皆義之。篆書温潤遒勁，師徐鉉、張有，稍變其法，自成一家。著《重訂復古編》十卷，行於世。

樊執敬，字時中，濟寧鄆城人。少穎敏好學，由國子生擢授經郎。見帝師不拜，或問之曰：「帝師，天下所崇重，王公大臣見，必俯首爲禮。君獨不拜，何也？」執敬曰：「吾孔氏之徒，豈拜異教者？」歷官至侍御史。至正七年，擢山南道廉訪使，移湖北道。十年，拜江浙行省參知政事。

十二年二月，督海運於平江，將發，官宴犒，有客船自外至，驗其券信，不虞乃海寇也，入港即縱火燔民居。時變起倉卒，軍民擾亂，賊劫糧以去。執敬走崑山。

及還省，而江西之賊已至昱嶺關，平章政事月魯帖木兒引軍拒之，賊不得進。會月魯帖木兒以疾卒，賊遂破昱嶺關，犯餘杭。

執敬與平章政事定定治事，省中掾吏蘇友龍素伉直，進言於執敬曰：「賊且至，城内空虚無備，奈何？」執敬曰：「吾當殺賊報國，倘不克，有死而已，何畏哉！」

俄賊入，執敬上馬率衆出，中途遇賊，射死二人。賊逐之，又射死三人。已而賊來愈衆，呼執敬降，執敬怒叱曰：「逆賊！守關吏不謹，汝得至此。恨不碎汝萬段，何降也！」中槍墜馬，僕田也先馳救之，亦中槍，與執敬俱死。

事聞，贈翰林學士承旨、榮禄大夫、柱國，追封魯國公，謚忠烈。

汪澤民，字叔志，寧國宣城人。少警悟，家貧力學。登延祐五年進士第，授同知岳州路平江州事。州民李甲死，其妻誓不改適，兄利其財，使人誣以姦私。婦不勝榜掠，自誣服。澤民至，廉知其枉而直之。朝廷徵江南包銀，府檄澤民分辦，民不擾而事集。秩滿，題春帖云：「及瓜當此日，行李似來時。」人以爲信然。

尋遷南安路總管府推官。萬户朶兒赤跋扈自用，其府吏擅笞大庾令，令訴於府，同官不敢發一辭。澤民獨捕府吏下獄，朶兒赤賂行臺御史，召澤民詰之。澤民曰：「姦吏路人皆知，公欲骩法耶？」卒治其罪。

潮州府判官錢珍挑推官梁楫妻，不從，誣楫冒糴官米，殺之。事連廉訪副使劉安仁，逮繫二百餘人，中書檄澤民訊之。獄具，珍自殺，詔戮其屍，安仁坐受賕除名。江西湖東道廉訪使聞其名，命巡南安、贛州二路，事得專決，旋擢信州路總管府推官，丁内艱。

服除，授平江路總管府推官。僧净廣與他僧有隙。一日，邀廣飲，其弟子夜殺廣，而誣他僧殺之，他僧誣服。獄上，澤民閲其刀，有鐵工名，召工問之，乃其弟子佩刀，遂釋他僧，而置弟子於法。嘉定土豪朱、管二姓爲姦利，澤民與總管道童籍其家，及徵帳簿，備列官吏受賕數，惟澤民與道童名下疏曰：「不受。」丁母憂，去官。

服闋，起濟寧路兗州知州。衍聖公階三品，澤民奏請增其品級，以示褒崇先聖之意，廷議韙之。

至正三年，入爲翰林待制，與修遼、宋、金三史。書成，遷國子司業、集賢學士，階大中大夫。未二月，即移書告老。大學士和尚曰：「集賢、翰林，養老尊賢之地，先生遽去何也？」澤民曰：「吾以布衣，榮叨三品，志願已足，尚何求邪？」遂以禮部尚書致仕歸。

十三年，蘄、黄盜起，廉訪使道童問計於澤民，告以收人心、振士氣、築城、濬濠、儲糧、簡卒，凡數十事。寇再至，皆卻之。

十六年夏六月，長鎗叛帥瑣南班、程述等渡江，欲襲宣城。城中兵不滿數百，或勸澤民避去，廉訪使木八沙、周伯琦亦以爲言，澤民曰：「昔江萬里寓鄱陽，大兵來，猶坐守不去，況父母之邦乎？」軍費不給，澤民從容一言，獲鈔萬錠，米三千斛。八月，江浙行省參政吉尼哥兒遣兵來援，城中恃援至，守懈，賊乘夜攀堞以上。城陷，執澤民，逼之降，駡賊不屈，遂遇害，年八十三。瑣南班等敬其節，具衣冠葬之。事聞，贈資善大夫、江浙行省左丞、上護軍，追封譙郡公，謚文節。

子用敬、用和，皆痛父，不食卒。

福壽，唐兀特氏。幼俊邁，讀書知大義。以宿衛年勞授長寧寺少卿，累遷引進使、同知侍儀使、正使。出爲饒州路達魯花赤，擢淮西廉訪副使。入爲工部侍郎、僉太常禮儀院事，拜監察御史，遷户部侍郎、尚書。出爲燕南道廉訪使，又五遷爲同知樞密院事。

至正十一年，潁州盜發，事聞，時車駕在上都，執政欲驛奏其事。福壽曰：「比得請，則已不及事。」乃遣衛官哈剌章等討之，奏上，惠宗嘉之，以爲知緩急。

明年，改也可札魯忽赤，出爲淮南行省平章政事。是時，賊陷濠、泗，勢張甚，福壽築集慶城，劃江自守。

十五年，遷江南行臺御史大夫。初，湖廣平章阿魯灰率苗軍援集慶有功，駐揚州。至是，爲下所殺。苗軍日事劫掠，不來援。及高郵、滁、和等州俱陷，人情益震恐，福壽乃練民兵爲城守計，令有資者助餉。朝廷知其勞，數加賞賜。是年九月，賊將郭天叙、張天祐來攻，其黨陳埜仙殺二人以降，埜仙尋爲民兵所殺。從子兆先收其衆屯方山，與中丞蠻子海牙相犄角。

十六年二月，朱元璋敗蠻子海牙於采石。三月，進圍集慶，擒兆先，降其衆。福壽督兵出戰，敗於蔣山，城遂陷。福壽獨據胡床，坐鳳皇臺下，或勸之去，叱曰：「吾與城爲存亡，去將何之？」時百司奔潰，惟達魯花赤達尼達思就福壽問事，留弗去。俄而亂兵至，福壽與達尼達思、參政百家奴皆死之。事聞，贈福壽金紫光禄大夫、浙江行省左丞相、上柱國，追封衛國公，謚忠肅。

時殉難者，又有侍御史賀方。

賀方，字伯京，晉寧人。幼聰慧，日誦千餘言，人呼爲小學士。由國學生累官翰林直學士，出爲江南行臺治書侍御史。城陷，死之。

褚不華，字君實，隰州石樓人。沈默有器局。泰定初，補中瑞司譯史。授海道副千户，轉嘉興路治中，累遷西臺、南臺監察御史，僉河西道廉訪司事，移淮東，未幾擢副使。

汝、潁盗起，不華行郡至淮安，先事爲守禦計，且請知樞密院老章、判官劉甲守韓信城，相犄角爲聲援。復上章劾總兵及諸將逗撓之罪，以功遷廉訪使，階中奉大夫。甲有智勇，攻賊輒勝，賊憚之，號曰劉鐵頭，不華恃爲援。總兵者銜不華劾己，乃調甲使别擊賊，以困不華。甲去，韓信城陷，賊築長圍以困淮安。

俄而天長青軍普顔帖木兒所部黄軍皆叛從賊，賊率以來攻，不華退入哈刺章營。賊稍引去，乃出抵楊村橋。賊奄至，殺廉訪副使不答失里，啖其尸，不華以餘兵入淮安。

時城東、西、南三面皆賊，惟北門通沭陽，阻赤鯉湖，指揮使魏岳、楊暹駐兵沭陽，淮安倚其芻餉，未幾，赤鯉湖復爲賊所據，沭陽路絶。賊遂進栅南鎖橋，不華與元帥張存義、僉事忽都不花突賊栅，殊死戰。賊敗走，追北二十里。

城中食且盡，元帥吴德琇運糧萬斛至，爲賊所掠，德琇僅以身免。賊攻城日急，總兵者按兵不救。城中餓莩仆道上，即取啖之，一切草木、魚蟲、鳥獸及韡皮、鞍韂、敗弓之筋皆食盡，後老穉更相食。撤屋爲薪，人多露宿，坊陌生荆棘。力盡城陷，不華中傷，見執，賊臠之。次子伴哥冒刃護之，亦見殺。時至正十六年十月乙丑。

不華守淮安五年，人比之張巡。明年，御史哈剌章言不華徇忠盡節，宜加褒贈。詔贈翰林學士承旨、榮禄大夫、柱國，追封衛國公，謚忠肅。賻鈔二百錠，以恤其家。

普化帖木兒，字兼善，答魯乃蠻氏。父帖木哥，江南行臺御史大夫。

普化帖木兒，累官江浙行省平章政事。至元十八年，改福建行省。十九年，陳友諒遣其將鄧克明由建昌分三道寇閩。二十年，延平陷，進圍建寧。時經略使伯顏不花守建寧，普化帖木兒合諸縣兵援之。秋七月，克延平，建寧圍始解。二十一年，鄧克明復導渠帥胡廷瑞等大舉入寇。三月，邵武陷，復圍建寧。普化帖木兒與平章完者帖木兒、參知政事帖木烈思議，檄汀州總管陳有定援建寧。有定部將帖木烈思率數十騎突入城中，人心始固。已而有定復邵武，克明敗遁，建寧前後被圍一百七十餘日，城卒完。詔賜普化帖木兒御衣、上尊，加銀青榮禄大夫，用便宜如故事。是年八月，遷江南行臺御史大夫。時行臺移紹興，張士誠弟士信據杭州，普化帖木兒不能有所設施。

二十二年，士誠諷行臺請於朝封己吴王，弗從，即遣人索行臺印。普化帖木兒置其印於庫曰：「我頭可斷，印不可得。」又逼之登舟，曰：「我可死，弗可辱也。」從容沐浴更衣，與妻子訣，乃飲藥死，擲杯地上曰：「我死，逆賊當踵我而死。」時士誠幽丞相達識帖木兒於紹興，達識帖木兒聞普化帖木兒自殺，歎曰：「大夫死矣，吾不死何爲？」亦飲酖死。

劉鶚，字楚奇，吉安永豐人。少力學，吴澄愛重之。皇慶初，爲揚州學録。至正元年，擢湖廣儒學提舉。學田爲有力者所據垂三十年，鶚至，白於臺省而復之。未幾，入爲秘書郎，擢翰林修撰，丁憂歸。

十二年，除江州路總管。紅巾賊起，江西瓦解，鶚練兵爲恢復計，威聲甚著。十七年，遷廣東廉訪副使。上書論江西、廣東事宜曰：

伏以比歲逆賊嘯聚，併合醜類，多方告警，焚我蘄、黄，陷我江州，諸路守臣皆棄城逃遁。總管李黼，以無援而戰死。臣履任之日，濬治城池，繕修器械，召募丁壯，分守要害，偕諸將士百計捍禦。數年之内，强寇稍卻，民得安居。十七年，荷蒙聖恩，授臣廣東廉訪副使。聞命之日，星夜奔馳，度嶺而南，修城濠，繕甲兵，仰仗天威，軍士初集，民志用寧。十九年，遷臣守韶州，整飭軍旅，撫綏地方，城郭完固，猺獠遁避。

謹將江西、廣東兩省事宜爲陛下直陳之。江西以鄱陽爲襟喉，以江州爲輔臂，袁、臨、吉、贛，當楚、越之要衝；撫、建、廣、饒，控閩、越之關隘。至於龍興，名爲省會，居中應外，宜慎簡良帥，增設重兵。諸郡有警，則分兵援之。其在各府，則修築城池，固守要隘，團練堵截，餉糧既裕，兵氣自奮。又於九江、湖口各增設一營，備兵捍禦，兼置戰船百艘，相爲應援，則荆、揚諸盜不敢窺竊矣。若乃廣東，五嶺之外，號爲四塞，由南雄可向荆、吴，由惠、潮可制閩、越，由高、廉可控安南。總廣東一省，列郡爲十，今分爲三路：東惠、潮，中嶺南，西高、廉，三者皆要衝也。爲今之計，東路官軍必屯柘林，以固要津，中路之虎頭門等澳，宜嚴防也，而南頭更爲尤甚，重兵鎮衛不可以已西路等對。暹羅諸番變生肘腋，是更當急爲經畫者也。

臣所言悉地方之要害。臣竊慮今日大勢，亦岌岌矣。自紅巾賊起汝、潁，大爲心腹之患，是不獨江西一省也。方國珍焚掠沿海諸郡，是又不獨廣東一省也。天下之潰，大抵起於因循，而成於蒙蔽。臣願陛下嚴簡擢之法，省參督之制，覈功賞之實，奮刑威之斷。舉一將則衆論必孚，任一人則羣疑莫奪，賞一功則疏遠不棄，罰一罪則貴近不貸。如是則盜賊可平，區區江、廣又何足慮哉！疏入，不報。

二十年，擢廣東道宣慰使，秩中奉大夫。二十二年，拜嘉議大夫、江西行省參知政事。寇至，屢擊卻之。二十四年，韶州洞獠爲亂，鶚分兵討之。疏請益師，不報。而江西贛州賊數萬猝至，鶚守禦數月，城陷，被執。幽於贛州慈雲寺，罵賊不屈而死，年七十五。著《惟實集》四卷。

史臣曰：劉向有言：「士有殺身以成仁，觸害以立義，非勇斷孰能行之？」李黼、褚不華等，城孤援絶，甘以身殉。汪澤民無守土之責，效死而弗去。泰不華討方國珍，普化帖木兒抗張士誠，義烈言言，皆以勇斷行之者也。嗚呼！向可謂知言之君子矣！

新元史卷之二百十八　列傳第一百十五

董搏霄　余闕

董搏霄，字孟起，磁州人。由國學生辟陝西行臺掾。時天大旱，從侍御史郭貞讞獄華陰縣。劫賊李謀兒獄已具，賄有司，以未獲黨徒，五年不決，人咸憤之。搏霄言於貞，論殺謀兒，天乃雨。授四川道肅政廉訪司知事，除涇陽縣尹。入爲户部主事，遷員外郎，拜監察御史。又出僉遼東肅政廉訪司事，累遷浙東宣慰副使。所至有稱。

至正十一年，除濟寧路總管。從江浙平章教化討安豐賊，敗賊於合肥定林站。時朱臯、固始賊復起，官軍不能分討，搏霄奬勞民砦及芍陂屯田兵，用之，三縣悉平。官軍屯安豐朱家寺，遣進士程明仲諭城賊，招徠千餘家，知賊虚實。夜縛浮橋於淝水，既渡，賊始覺，衆數萬據磵自守。搏霄麾騎兵，别渡淺灘，襲賊後。賊分兵拒之，搏霄躍馬渡磵，揚言賊已潰，諸軍皆渡，一鼓敗之，遂復安豐。

十二年，命搏霄攻濠州，又命移軍援江南。渡江，至湖州，而賊已陷杭州。教化問計摶霄，請急攻之。教化猶豫未決，諸將亦難之，摶霄正色曰：「江浙相公轄地，已陷賊，今可取而不取，誰任其咎？」復拔劍謂諸將曰：「諸君荷國厚恩，而臨難苟免。今相公在此，慢令者斬之！」計乃決。賊陣於鹽橋，摶霄麾壯士突其陣，諸軍夾擊之。凡七戰，追至清河坊，賊奔接待寺，塞其門焚之，賊盡殪，遂復杭州，餘杭、武康、德清亦次第平。

未幾，摶霄受代去，徽、饒賊復自昱嶺關寇於潛。行省乃假摶霄爲參知政事，使討之，摶霄曰：「討賊不敢辭，若假以重爵則不敢受。」即日引兵至臨安、新溪，分兵守之。進至叫口及虎檻，遇賊，皆敗之，遂復於潛，又克昌化及昱嶺關，降賊將潘大𥙷二千人。賊又犯千秋關，摶霄還守於潛。賊大至，焚倚郭廬舍。摶霄按軍不動，左右請出兵，摶霄曰：「未也。」遣人執白旗登山，約曰：「賊以我爲怯，必少懈，伺其有間，則麾所執旗。」又伏兵城外，授以火礮，復約曰：「見旗動，然之。」已而礮發，兵盡出，斬首數千級，遂復千秋關。

賊復攻獨松、百丈、幽嶺三關。摶霄先以兵守多溪，三關要路也。既又爲三軍分出三關，會兵擣賊巢穴，乘勝復安吉縣。數日，賊再至，摶霄以兵守苦嶺及黄沙嶺，賊將梅元來降，且言欲降者有十一人。摶霄遣偏將余思忠至賊砦，諭之，賊皆入暗室潛議。思忠持火投室内，拔劍語衆曰：「元帥命我來活汝等，復何議？」已而火起，焚其砦，賊驚潰來降。明日，進兵廣德，克之。蘄州賊與饒、池諸賊復犯徽州，有道士能作十二里霧。摶霄伏兵要之，伏發，襲賊後，賊大潰，斬首數萬，獲道士，焚其妖書斬之，徽州平。

十四年，除水軍都萬户。俄擢樞密院判官，從丞相脱脱圍高郵，分戍鹽城。興化賊砦在大縱、德勝兩湖間，凡十有二，悉破之，即其地築芙蓉砦。賊入，輒迷故道，爲官軍所殺，自是，不復敢至。賊恃習水，渡淮，據安東州。摶霄招善泅者五百人，與賊戰於大湖，敗之，進復安東。

十六年，剿平北沙、廟灣、沙浦等砦。已而戰不利，賊乘勝東略，斷我軍糧道。乃回屯北沙，糧且絶，與賊死戰七晝夜，賊卒敗走。奪賊船七十餘，乃渡淮，保泗州。時暑潦，湖水溢，摶霄獨守孤城。賊環攻之，摶霄坐城上，遣偏將率騎士突出賊後，約曰：「旗一麾，即還。」既而旗動，騎士還，步卒自城中出，夾擊之，賊大敗。乃結陣而行，以奇兵轉戰，日數十合，始得至海寧。論功，擢同僉淮南行樞密院事。

摶霄建議曰：

淮安爲南北襟喉，江淮要衝之地。其地一失，兩淮皆未易復也。爲今日計，莫若於黄河上下，並瀕淮，瀕海之地，南自沭陽，北抵沂、莒、贛、榆諸州縣，布連珠營，每三十里設一總砦，就三十里中又設一小砦，使斥堠烽燧相望，巡邏往來，遇賊則並力野戰，無事則屯種而食，然後進有援，退有守。此善戰者所以常爲不可勝，以待敵之可勝也。又海寧一境，不通舟楫，軍糧惟恃陸運。其陸運之方，每人行十步，三十六人可行一里，三百六十人可行十里，三千六百人可行百里。每人負米四斗，以夾布囊盛之，用印封識。人不息肩，米不著地，排列成行，日行五百回，計路二十八里，輕行一十四里，重行一十四里，日可運米二百石。每運給米一升，可供二萬人。此百里運糧之術也。又江淮流民及安東、海寧、沭陽、贛、榆等州縣，宜設軍民防禦司，擇軍官材堪牧守者，使居其職，籍其民以屯故地。練兵積穀，且耕且戰，内全山東完固之邦，外禦淮海出没之寇，而後恢復可圖也。

議上，朝廷不能用。

十七年，毛貴陷益都、般陽等路，命摶霄從知樞密院事卜蘭奚討之。已而濟南路又告急，摶霄率所部援之。賊衆自南山下攻濟南，望之兩山皆赤。摶霄按兵不動，先以數十騎挑之，賊悉衆來攻，騎兵少卻，伏兵起，合戰，城中兵又大出，賊敗走。泰安賊復逾山來襲濟南，摶霄擊敗之，於是城守始固。擢淮南行樞密院副使，兼山東宣慰使都元帥，仍賜上尊、金帶、楮幣、名馬以勞之。有疾其功者，譖於總兵太尉紐的該，令摶霄依前詔，從卜蘭奚征益都。摶霄以老病，請使弟昂霄領其衆，朝廷從之。授昂霄淮南行樞密院判官。未幾，命摶霄守河間長蘆。

十八年，摶霄以兵北行，且曰：「我去，濟南必不守。」既而濟南果陷。摶霄屯於南皮縣之魏家莊，詔拜摶霄河南行省右丞。甫拜命，毛貴兵已至，營壘未完。諸將問計，摶霄曰：「我受命至此，當以死報國耳。」賊衆突至摶霄前，捽而問曰：「爾爲誰？」摶霄曰：「我董老爺也。」衆刺殺之，無血，惟見有白氣衝天。是日，昂霄亦戰歿。事聞，贈宣忠守正保節功臣、榮禄大夫、河南行省平章政事、柱國，追封魏國公，謚忠定。昂霄贈推誠效節功臣，嘉議大夫、禮部尚書、上輕車都尉，追封隴西郡侯，謚忠毅。

摶霄號令嚴肅，御將吏凜然不可犯，而四方之士歸之者，禮遇勤至，各取其長任之，故能得人死力。元末名將，摶霄一人而已。

余闕，字廷心，一字正心，唐兀氏，世居河西。父沙剌藏卜，官廬州，遂爲廬州合肥人。母尹氏，夢異人至而生闕。少孤，授徒養母。與吴澄弟子張恒游，學日進。

元統元年進士及第，授同知泗州事。爲政嚴明，豪猾懾服。州無麥，民不敢上聞，闕請於中書，著爲令，凡無麥者得減賦代還。民大悦，醵金爲謝，闕不受。俄召爲應奉翰林文字。轉刑部主事，與上官議事不合，闕上書宰相言狀，又不報，乃棄官歸。

未幾，召修遼、金、宋三史，復入翰林爲修撰。拜監察御史，疏言：「守令爲親民之吏，欲天下治，責守令宜用殿最法。」時論韙之。廷議遣使者巡察諸路，闕言：「使者無狀，所至供帳飲食，如奉至尊，不能宣上憫恤元元之意，宜亟罷之。」不聽。改禮部員外郎，闕議復古禮樂，援據精覈，朝廷不能用。安西郭氏女受聘，夫卒，郭爲行服不嫁，有司請旌其門。闕以過於中庸，非制禮所尚，不予旌。

出爲湖廣行省左右司郎中。廣西山路峻險，民輸官粟費恒倍，闕命輸布帛代粟，民便之。猺蠻叛，右丞沙班討之，逗撓無行意。闕面責之，沙班辭以糧芻不給，闕下令趣三日具辦，沙班遂行。湖南章宣慰以婆律香饋闕，闕疑其重，不受，篋内果寘黄金。章歎曰：「余饋達官，無辭者。潔如冰壺，獨余公一人耳。」

復召入爲集賢經歷，遷翰林待制。出僉浙東廉訪司事，貪吏聞闕至，多解印綬自免。衢州長官燕只吉臺賊殺無辜，闕鞫治之，獄上，行臺御史與有連，反摭事劾闕。闕復棄官歸，旋丁母憂。

十二年，江淮盜起，行省平章政事脱忽兒不花承制起闕，權淮西宣慰副使、僉都元帥府事，分兵守安慶。闕對使者曰：「爲臣死忠，正在今日，闕曷敢辭！」時城外皆賊柵，闕從間道入，與將吏議屯田戰守事。闕自將攻雙港柵，賊殊死鬬，兵稍卻，闕召敗兵誓之曰：

「死則俱死爾，何生爲？」乃一鼓而進，拔之，諸栅皆次第降。闞以鄉兵扞外，護民耕作，屬縣潛山八社土沃，墾爲兵屯。賊至，輒與戰，戰必勝，所用者鄉兵數千而已。

十四年，大饑，闞捐俸二百石，爲粥以食餓者，又請於中書，得鈔三萬錠賑之，全活甚衆。

十五年夏，霖雨，城下水湧，有物聲吼如雷，闞祀以少牢，水頓平。秋，大獲，得糧三萬斛。闞度兵食足，乃浚隍、增陴，陴外築大防塹三重，引江水注之，環城植木栅，城上起望樓，表裏完固。是時，淮東、西皆陷，闞獨守安慶，左提右挈，屹爲江淮保障。賊僞作尺牘，與城中諸大姓約爲内應。闞曰：「吾民安有是？」悉焚之。賊復令闞故人甘言説降，闞牽出，以鐵錐擊其齒頰，斬於東門外。論功，累擢同知副元帥、都元帥，賜上尊及黄金束帶。

江西官軍掠州縣，殺嬰兒貫稍上爲戲，獨不敢入安慶界。廣西苗軍元帥阿思蘭抵廬州，遣使者至，腰刀直入，脇闞供億。闞叱左右縛付獄，抗疏言：「苗蠻素不被王化，其人與禽獸等，不宜使入中國。」詔阿思蘭還軍。轉淮南行省參知政事，尋改左丞，賜二品服。闞益自奮，誓以死報國。立旌忠祠，集將士祠下，謂之曰：「男子生爲韋孝寬，死爲張巡，不可爲不義屈。」聞者壯之。

十六年，池州賊趙普勝來攻，連戰卻之。未幾又至，淮寧縣達魯花赤百家奴戰死。

十七年，普勝挾青軍兩道來攻，相拒月餘，圍始解。安慶倚小孤山爲屏蔽，闕使義軍元帥胡伯顏守之。十月，陳友諒自上游直抵小孤山，伯顏力戰四晝夜，敗還安慶。友諒追至山口鎮，遂薄城下，闕遣兵扼於觀音橋。已而饒州賊攻西門，友諒兵攻東門，已登闉，闕簡死士擊之，賊復敗走。友諒恚甚，乃並軍攻東、西門，闕部分諸將，晝夜扞之。十一月，普勝攻南門，友諒自攻西門，戰不利。闕駐於城東練樹灣，據濠爲陣，賊渡濠，闕手刃數人，一賊登岸，闕復刺殺之。友諒望見，歎曰：「儒者之勇如此，使天下皆余公，何患城守之不固哉！」遂退。十二月，普勝復攻東門，闕矢貫左目，昏瞀不知人事，將士衛闕還。闕蘇而駴愕，謂左右曰：「吾死得其地，瞑目無憾，汝奚以吾歸？」於是復衛闕出。

十八年春正月，普勝軍東門，友諒軍西門，饒州賊軍南門，羣賊蟻附，戰艦蔽江而下。友諒攻西門急，闕自當之，分遣部將督三門之兵。闕身先士卒，斬馘無算，而闕亦身被十餘創。俄城中火起，闕知城已陷，乃引刀自刎，墜濠西清水塘而死，年五十六。妻蔣氏、妾耶律氏、女安安，皆赴井死。子德臣，年十八，通經史大義，亦溺水死。甥福童戰死。姪壻李宗可，蘄州人，爲義兵元帥，手刃妻子，自刎死。吏民登城樓，自去其梯曰：「寧俱死此，誓不從賊。」乃縱火自焚。其知名者，萬户紀守仁、陳彬、金承宗，都事帖木兒不花，萬户府經歷段桂芳，千户火失不花、新李、盧廷玉、葛延齡、邱卺、許元琰，奏差兀都蠻，百户黃寅孫，推官黄秃倫歹，經歷楊恒〔一〕，知事余中，懷寧尹陳巨濟，凡十八人。

闕號令嚴明，與下同甘苦。嘗病不視事，將士皆籲天乞以身代，闕聞之，强衣冠而出。臨敵，矢石雨下，左右以楯蔽，闕卻之曰：「汝輩亦有命，何蔽我？」故人人爲之效死。稍暇即注《周易》，率諸生會講郡學，立將士門外聽之，俾知尊君親上之義，有古儒將風。贈攄誠守正清忠諒節功臣、榮禄大夫、淮南江北等處行中書省平章政事、上柱國，追封豳國公，謚忠宣。

闕留意經學，《五經》皆有撰述。尤工詩文，門人輯爲《青陽山房集》五卷。初，金谿危素以文學徵，或問於虞集，集曰：「素事業匪所敢知，必求其人，其余闕乎？」或問：「何以知闕？」集曰：「吾於闕文字見之。」後竟如其言。闕既死，陳友諒義之，以金贖其尸，具棺斂葬於安慶西門外。明太祖復爲闕立廟於忠節坊，命有司至祭焉。

史臣曰：以董摶霄之智勇，而使受節制於紐的該、卜蘭奚等，往來奔命，死於盜賊，悲夫！余闕兼資文武，守孤城以抗方張之寇。闕嘗曰：「男子當生爲韋孝寬，死爲張巡。」嗚乎！闕固巡之亞匹也，豈孝寬所敢望哉？

【校勘記】

〔一〕「經」字原脱，據退耕堂本及《元史》卷一四三列傳第三十《余闕傳》補。

新元史卷之二百十九　列傳第一百十六

星吉　石抹宜孫邁里古思　蘇友龍　也兒吉尼　陳有定

星吉，字吉甫，河西人，曾祖朵吉、祖搠思吉朵兒只、父思吉，世爲怯里馬赤。星吉襲怯里馬赤，給事仁宗潛邸。至治初，授中尚監丞，謹於出納，英宗獎其稱職。改右侍儀、同修起居注。泰定元年，拜監察御史。疏劾御史大夫倒剌沙，直聲震中外。三年，擢引進使、知侍儀事。四年，進侍儀使。

文宗即位，拜江南行臺治書侍御史，賜上尊二，衣一襲、鈔五十貫。至順元年，遷河東山西道廉訪使。復拜陝西行臺治書侍御史，召還，除同知中政院事，改同知功德使司事。元統二年，出爲淮西江北道廉訪使。明年，拜大都路總管府達魯花赤，擢太府卿。將作院乾没錦綺一萬五千匹，星吉悉責償之，吏畏如神。崑山知州誣告總管道童，詭報歲災，帝命星吉按之。道童廉直，屬吏不能堪，故誣之，且倚前翰林學士阿魯灰爲援。星吉廉知其狀，並治阿魯灰罪。於是三臺交章薦之，特授資善大夫、大都留守，仍兼太府卿，旋加榮禄大夫。帝幸太府，見其簿籍精密，善之。時星吉侍階下，遇雨，帝命取御服油衫衣之，並賜金帶。旋擢宣徽院使。四年，改湖廣行省平章政事，召還爲中政院使。

六年，賜金虎符，轉海西遼東合思罕等處打捕鷹房怯憐口萬户府達魯花赤，累遷宣政院使。出爲江南行臺御史大夫，選剛明御史行十道，糾擿貪邪不少貸。秦檜裔孫奪民田，訟久不決，星吉曰：「秦檜何人也？」屬吏曰：「宋姦臣也。」星吉閲檜傳，乃署其狀曰：「檜之罪，百世有餘戮，其遺允敢爲民害？」盡返其田。浙東僉事三寶住，廉吏也，御史誣劾之，星吉怒杖御史，而白其誣。丞相脱脱與御史有連，惡之，移湖廣行省平章政事。威順王寬徹不花好田獵，民病之，又起廣樂園，聚娼婦、賈人以網利〔一〕，有司莫敢問。星吉至，謁王，王闔中門，啟左扉召之入。星吉引繩床，坐而言曰：「我受天子命爲行省大臣，惡得從小門入？」閽者懼，告王，乃啟中門。星吉入，責王曰：「王，帝室之胄，不聞德音，而淫獵以爲民病，竊爲王危之。」王投几，握星吉手謝之。

十一年，汝、潁妖賊起，星吉召老將鄭萬户，任以戰守。賊遣其黨二千人詣軍門降，鄭誘而殲之，械其酋數十人於獄。會星吉召爲大司農，平章和尚受賊賂，乃誣鄭罪而釋其所械者。明年，賊大至，内外響應，城遂陷。城人泣曰：「大夫不去，吾豈爲賊俘？」星吉入見，具言賊本末，帝喜，賜食及鈔三萬貫。

脱脱以宿嫌，奏爲江西行省平章政事，員外置。與浙西平章政事不顏帖木兒、御史中丞蠻子海牙守江州。時江州已陷，星吉建閫太平，賊漸逼，衆號百萬，官吏恟懼。星吉貸富室粟募兵，一日得三千人，與賊戰於池州，敗之，復其城。至魯港，威順王之兵亦至。賊夜遁，遣裨將敗賊於白馬灣，賊走淮西。星吉部分諸將，躡其後，及於白湄，又敗之，擒其僞丞相周驢，奪戰船六百艘。

已而賊復竄池州，星吉率所部援之，聞賊攻陷石棣，夜趣之。賊陣於縣西岳溪橋，有賊將乘驢挑戰，驍悍爲官軍所畏，星吉引弓射之，應弦而殪，賊敗走。又以舟師一百艘來攻，使萬户王惟恭敗之，乘勝進至望江清水灣。偵者告賊船四百順風而至，諸將失色，星吉曰：「吾有以勝之。」乃伏兵横港中，風利，賊船奄過，官軍鼓噪出其後，復破之。賊方圍安慶，捷聞，遽燒營走。星吉自駐鄱陽，命王惟恭守小孤山，扼江湖衝要以圖恢復。

是時湖廣已陷，江浙兵屢敗，江西孤立無援。或曰：「東南完實，盍因糧以圖再舉？」星吉曰：「吾受命守江西，必死於此。」衆不敢復言。

十二年九月，賊以大船四面來攻，星吉麾衆殊死戰，從子伯不花死之。星吉猶堅坐不動，賊射之中目，乃昏仆。賊素聞其名，欲降之。明日少蘇，賊饋以食，星吉駡曰：「狂賊，我國家大臣，恨不能殺汝，何謂降也！」不食而卒，年五十七。贈開府儀同三司、上柱國、録軍國重事、江西行省丞相，追封威寧王，謚忠肅。

星吉公廉明決，在軍中與將士同甘苦，以忠義激發人心，故能以少擊衆，得人死力。

子剌咱識理，利用監太卿；答里麻，僉遼東行樞密院事。

石抹宜孫，字申之，契丹人。祖良輔、父繼祖，俱爲沿海上副萬户。宜孫性警敏，嗜學，襲世職，及嫡母弟厚孫長，即讓之。至正十一年，方國珍起海上，浙江行省檄宜孫守温州。是年，蘄、黄賊自閩犯龍泉，復檄宜孫禦之。賊退，處州判官欲盡誅平民詿誤者，龍泉人章溢説宜孫曰：「貧民迫於凍餒，故從賊，誠得一循吏撫之，皆良民。今不出此，而肆行殺戮，是揚湯以止沸也。」宜孫曰：「善！」即檄判官勿擅殺。以功擢浙東道宣慰使，守台州。海賊起黄巖，寧海亂民應之，圍台州。宜孫檄章溢以民兵赴援，溢得檄即起曰：「吾鄉非石抹公，人當盡死。此報德之時也。」率精鋭數百人抵城下，内外夾擊，賊潰走。頃之，處州屬縣賊並起，宜孫復率所部討之。

十七年，行省左丞相達識帖木兒承制授宜孫行樞密院判官，分省治處州。以儒學副提舉劉基爲經歷，蕭山縣尹蘇友龍爲照磨。又辟章溢、胡深、葉琛參謀軍事。遣千户曹勝安攻松陽賊，降之。又遣溢等討平麗水、青田、金華、東陽諸縣賊。尋擢同僉行樞密院事。

十八年，二月，明兵逼婺州，宜孫母及弟厚孫俱在城中。宜孫泣曰：「食禄而不事其事，謂之無君；母在難而不赴，謂之無親。可立於天地間乎？」遣深等率民兵數萬援婺州，自以鋭卒殿之，失利而還。其母與弟俱爲明兵所獲，令爲書招宜孫降，宜孫不應。時經略使李國鳳至浙東，承制拜宜孫行省參知政事，階中奉大夫。

十九年，明將胡大海、耿再成間道攻處州。再成駐兵縉雲之黄龍山，四面斗絶。宜孫遣元帥葉琛屯桃花嶺，參謀林彬祖屯葛渡，鎮撫陳仲亨屯樊嶺，元帥胡深守龍泉以拒之，士卒皆無鬭志。深棄軍降於大海，且言處州兵弱易攻。大海出兵樊嶺，與再成合攻之。桃花嶺最險，再成繞出其後，連拔桃花、葛渡二砦，遂薄城下。宜孫戰敗，走建寧，收集散卒，攻慶元，復爲再成所敗。還建寧，半道遇亂兵，爲所害。部將李彦文葬宜孫於龍泉。事聞，贈推誠宣力效節功臣，集賢大學士、榮禄大夫、上柱國，追封越國公，謚忠愍。

宜孫幕府士劉基、章溢等皆爲明用，獨蘇友龍始終不出。

與宜孫同時守紹興者，有邁里古思。

邁里古思，字善卿，寧夏人。至正十四年進士，授紹興路録事司達魯花赤。撫字凋瘵，民愛之如父母。楊完者部將持露布至紹興，無故劫照磨陳修家。邁里古思怒，率吏捕之，民歡呼從事，擒斬數人，苗軍懼，不敢復至。

江南行臺移治紹興，檄邁里古思爲行臺鎮撫，募民二千餘人，號曰果毅軍。處州山賊陷永康，掠東陽，邁里古思率所部討之，命部將黄中等以奇計紿賊，擒賊首六人，斬六百餘級。賊復空砦出戰，邁里古思簡精兵，截其衝，賊大潰，遂復永康。以功除江南浙西道廉訪司知事，又遷江東建康道經歷。行省丞相達識帖木兒承制授行樞密院判官，分院治紹興。

時御史大夫拜住哥統軍三千，號臺軍，紀律不嚴，民受其擾害者，訴於邁里古思，輒以法繩之，臺軍怨怒。拜住哥黷貨，不爲邁里古思所禮。或諫，邁里古思曰：「吾知上有君，下有民，遑問其他？」拜住哥銜之。會方國珍遣兵侵紹興屬縣，據上虞，邁里古思曰：「國珍本海賊，今即降，又爲大官而害吾民，可乎？」乃先遣黄中取上虞，自率親軍與國珍將馮萬户戰，不利。是時朝廷方倚重國珍，資其糧運，拜住哥素與國珍通賄賂，情好甚篤，遂決意殺邁里古思。使人召至私第，與計事，既至，左右以鐵鎚撾殺之。民聞其死，皆痛哭，持服設位祭之，私謚曰越民考。

黄中率衆復仇，盡殺拜住哥家人及行臺官吏，獨留拜住哥不殺。拜住哥自劾，納印綬去，尋遷宣政院使。御史真童劾其陰害帥臣，幾激大變，不法不忠，莫斯爲甚，宜寘之嚴刑。詔削拜住哥官職，安置湖州，邁里古思之冤始白。追封西夏郡侯，贈中奉大夫、江浙樞密院僉事，謚忠勇。

邁里古思友董旭，錢塘人，字太初。方國珍欲用之，不肯屈，爲國珍所殺。

蘇友龍，字伯夔，金華人。江浙行省參政蘇天爵聞其名，辟爲掾，遇事力爭，天爵敬憚之。

賊犯杭州，省臣皆遁，參政樊執敬獨以死自誓。友龍説執敬曰：「明公以身殉國，義則得矣，如一城百姓何？今城中健兒不下數十萬，府庫銀絹以萬計，募兵戰而不勝，死未晚也。」執敬不能用，策馬赴賊而死。友龍與掾李樞募民殺賊，一賊首償錢二百五十緡，數日内殺賊萬計。未幾，平章教化復杭州，友龍口不言功。

考滿，謁選中書參議，汝中柏欲引爲右曹掾，友龍辭不就。擢蕭山縣尹。縣民詭名匿其田，賦日不均。友龍令民自實，輯爲册，凡徵發皆據册輕重之。縣糧輸衢、處二州，民憚其遠，屬吏代輸，吏遂緣爲姦利。友龍爲立法，每鄉置督運一人，趣民運於江濱，驗糧多寡僦舟以載，民便之。

累遷行樞密院照磨，張士誠降，友龍持詔書往湖州，責其戍將潘允明行郊迎禮。允明欲西向坐，友龍正色曰：「君敢與詔書抗禮耶？」允明讋服，臨行贈米百斛、錦二十端，友龍辭不受。時士誠新授淮南平章政事，請於行省丞相曰：「詔使四出，惟蘇照磨廉介士，願得爲幕僚。」友龍謝不往。

擢江浙行省左右司都事。石抹宜孫分省處州，請友龍與青田劉基從。後幕下士多散去，部將胡深、章溢亦擁兵觀望。友龍獨左右之，復移書深等，惓惓以共濟國事爲言。既而明兵下處州，怨家告友龍長子仕於陳有定，徙滁陽。明丞相李善長欲奏官之，友龍以年耄辭，卒年八十二。

也兒吉尼，字尚文，唐兀氏。

至正五年，由陝西行臺監察御史入爲内臺御史。劾丞相別兒怯不花不可爲相者五事，章再上，出爲僉浙西道廉訪司事，既拜命，復劾之。帝感悟，罷別兒怯不花爲太保，也兒吉尼曰：「是不可以爲相，而可以爲師乎？吾爲諫官，言不用則當去。」固辭前命，由是謫別兒怯不花居渤海。也兒吉尼丁父憂，奪情起判中政院。十一年，遷廣西道肅政廉訪副使。

十二年，紅巾賊陷潭州，鼓行而西。也兒吉尼乃議繕城郭，扼險要。捐俸貿易海鹽，數歲息至鉅萬，經費以充。又集諸將謂之曰：「使賊長驅深入，則廣西危矣，宜出軍衡、湘以扼之。」乃使萬户黄祖顯率三千人爲先鋒，都元帥甄崇福統五萬户繼之。祖顯敗賊於樟木鎮，賊走衡山，追之，連戰皆捷，斬首數萬級，潭、衡二州平。既而道州賊周伯顏陷全州，也兒吉尼使萬户孫思敬赴援，賊敗走，復進克道州，獲伯顏誅之。又使同知普顏帖木兒等平臨桂、賀州亂民，廣西始定。擢湖廣行省平章政事，兼廣西道肅政廉訪使。

二十三年，立廣西行省，以也兒吉尼爲平章政事。是時江南諸行省多陷没，惟也兒吉尼守廣西十有五年。

二十八年，明將楊璟等克永州，進攻靖江，别將朱亮祖亦自平樂率師來會。也兒吉尼屢敗，使副使王暹乘驛至梧州募兵，無應者。復遣其子不花帖木兒至肇慶，告急於普顏帖木兒。餽以銀五千兩，使先歸。不花帖木兒中道爲明兵所獲，縛至城下，招其父降。也兒吉尼登陴，下令曰：「有能射殺吾子者，賞五十金。」射之，無中者。六月，璟使降將皮彦高陰購把水元帥張榮爲内應，榮麾下裴觀縋城出，見璟約降。璟給白皮帽百餘，使爲識，乘夜自寶賢門入，城遂陷。也兒吉尼出走，追執之，送於金陵，不屈死。部將陳瑜、劉永錫、曾尚賓，皆全家自殺。

陳有定，字安國，汀州清流人。初病疕，及壯，儀表魁梧。家貧，傭於同里羅氏。翁奇其貌，欲妻之，媪不可，乃分資助之。有定不能居積，益困，投身明溪寨爲兵，人多服其勇略。

至正中，天下兵起，遠近騷動。妖賊柳順據寧化之曹坊寨，擁衆萬餘。一日，索馬於明溪寨。有定設策，陽以牛酒犒之，潛收其兵械，悉戮之。賊怒，自將數千人來攻，寨中恟懼。有定擇壯士數百人，伏於山麓。迨順至，伏兵猝起，盜驚擾，有定馳出擊之，俘斬大半。乘勝攻拔曹坊，擒順歸，衆皆拜有定曰：「非公莫可以主吾寨者。」因推爲長。

至正十七年，授明溪巡檢。時鄰縣寇壘數十，有定悉平之。因險立寨三：曰南北，曰石龍，曰平安。練兵積粟，爲一方障蔽。賊曹福山、馬文甫等以兵應紅軍，直犯汀州，勢甚鋭，有定使巫揚言曰：「神當遣兵助我。」賊信之。有定乃引兵直薄其壘，馘二賊以還。福建行省表有定爲清流尉，聲威漸著。是年春，義兵萬户賽補丁、阿達黑丁據泉州叛。明年，遣禮部員外郎姜碩自海道宣慰有定，遇寇而没。未幾，他使至，拜有定延平總管。

二十一年，陳友諒既得江右之地，使其將鄧克明帥衆數萬破汀州、延平，遂圍建寧。時有定屯平安寨，潛師救建寧，與福州守將阮德柔合兵擊克明，破走之，追殲其衆，悉復所失地。友諒由此不敢窺閩。

二十二年，安撫使李國鳳表有定功，授福建行省參知政事，有定辭。尚書李士贍以使事在閩，勸之，乃受命。福清路宣慰使陳端孫不附有定，臨以兵，端孫拒戰被執。有定脅之附己，端孫不從，殺之。

未幾，平章普化帖木兒與泉州萬户賽補丁搆兵。普化帖木兒起前平章三旦八、前總管安童，分省於興化，以爲己援，復賂泉州。亦思八夷酋阿迷里丁襲陷興化，執三旦八，安童遁去，阿迷里丁遂大掠而還。初，浦田林德隆與惠安陳從仁並禦寇有功，朝廷以德隆爲興化總管，從仁爲興化同知。二人素有隙，從仁乃計殺德隆，德隆黨復殺從仁。從仁之弟同及其戚柳伯順，與德隆子珙、部將許瑛治兵相攻，同乞援於漳州羅良珙，又乞援於阿迷里丁、賽補丁，兵迭至，興化遂大亂。五月朔，賽補丁入福州，平章燕只不花敗之。賽補丁率餘衆航海返泉州。而阿巫那復殺阿迷里丁，敗同等，殺戮尤甚。皇太子聞亂，使孫觀爲左丞，分省於泉州，阿巫那將聽令。觀處分乖刺，阿巫那益桀驁不可制。頃之，柳伯順與珙合，以兵拒阿巫那。阿巫那遣其將白牌馬合謀金阿里擊殺許瑛，且暴兵海濱。伯順乘虚入興化。白牌諸酋聞之，即還師攻城。圍既合，獨不嚮寧真門。

時兵亂既久，朝廷檄有定討之。有定使其子宗海將兵，夜從寧真門入，外寇不知也。詰朝，宗海令開西南二城門。寇驟見門開，已懼，須臾城中整師而出，愈惶惑。宗海乃直前薄之，夷兵大敗，死以千計，追擒白牌諸酋，斬之。有定尋至，收撫殘兵，勢益振，伯順、珙同受約束，各率所部聽命。遂進討泉州，州人執阿巫那、賽補丁迎降，有定斬之。興、泉罹寇禍殆十餘年，至是乃平，故二路之民皆深德有定。

漳州羅良，先以左丞據漳，自以亦思八夷不敢犯其境，素不下有定。有定憤良不附己，攻之，良戰敗入城，城陷，良巷戰死，其妻陳氏亦赴水死。於是九路之地悉歸有定矣。

朝廷聞興、泉平，進有定爲福建行省平章政事，其將佐皆拜官有差。有定以延平城險固，自居之，而以宗海鎮將樂，又使其族弟子琦守建寧，盡以部將控制諸路，吏事則聽朝廷所命官治之。

有定不修威儀，常如爲布衣時。爲政有威惠，歲修貢賦，括閩中廢寺田租由海道輸於京師。惠宗嘉其忠，賜賚稠疊。時朝命獨通於閩，故臣舊帥及江右之士思勤國事者多入閩，有定皆禮而用之。初，宗海至泉，訪士人趙應嘉，應嘉説之曰：「夷狄爲中國患，宜共驅之，柰何更爲之用？」宗海然之，以告有定。有定乃聘至延平，咨以時務，應嘉多迂論，且勸有定立宗廟。有定笑其迂而罷之。

二十三年，陳友諒敗死，餘賊熊天瑞據贛。有定遣江伯昂往説之，欲與之合從以抗金陵，天瑞不決。伯昂還吉水，蕭寅遇之，嘉其義，乃從伯昂入閩，復渡兩浙，歷金陵、楚、蜀，就故封州守解若鳳謀曰：「吾視羣雄，獨有定忠義可依也。」復之閩。有定以寅同知邵武，令參其軍謀。有定用法嚴，誅戮亦濫，寅從容營解，多所全活。

二十五年正月，有定兵至浙東。或言於明太祖曰：「閩兵脆弱，易攻也。」乃遣胡深率兵伐之。深攻下浦城、建陽，有定與阮德柔以兵四萬營於錦江，出深後。深還兵擊破之，因追奔逐利，閩人乘而薄之，深衆潰，被執。時明將朱亮祖攻崇安，聞深敗，引兵退保紫溪。有定初得深，敬禮之，無加害意。深勸有定降明，依竇融故事，有定不答。頃之，大都使者至，趣有定殺深以明無貳，有定乃設銅驢，置深其上，熾爇之，且曰：「後有犯我者，當視此。」有定既統全閩，參政阮德柔自以元舊臣，不盡受節度，有定不能容。德柔懼不自安，密通款於金陵，且請兵自救。使未報，有定掩之，德柔戰死。柳伯順以破胡深功，驕蹇，有定亦忌而殺之。時陳同將兵守潮州，有定慮同以伯順故，必怨望，乃徵同還，處之福州。

二十七年，朝廷以海道遼遠，出空名宣敕數十道付之，使承制封拜，勉以忠義，欲令牽制明師。有定雖受命，亦不敢輕動。是時福州鼓樓鴟吻吐氣若煙霧，見者以爲不祥。冬十月，明祖使湯和等伐有定，分兵三路：一出衢州，一出建昌，一出台、温自海道進。有定但防陸路，嚴兵守邵武、浦城，自提兵往來，爲東、西應援。十二月，胡廷瑞、何文輝破杉關，略光澤，守將李宗茂以邵武降。尋破崇安，守將曹復疇以建陽降。

正月，明軍次建寧，守將同僉達里麻與參政陳子琦議曰：「金陵兵自破杉關，轉鬭，鋒不可當。計吾兵不下萬人，以戰不足，以守有餘，且儲粟甚富，宜固守以老其師。彼攻城不克，必退，吾因而乘之，可以得志。」衆善之。廷瑞等圍城，數挑戰，不應，遂四面急攻之。達里麻自度不支，開門降。二將整兵入城，執陳子琦送京師。有定雖失建、邵，猶恃延平之固，方與明軍相持，而湯和海道之師奄至南台，陳同以伯順宿憒，首出降。福州守將平章曲出遁，左司郎中柏帖木兒死之，和遂克福州。

於是延平孤立，首尾皆明軍。和等督大軍趨延平，屢遣使以詔旨招有定。有定殺使者，取血和酒中與諸將飲之，堅守如故。和乃分兵攻其西門。有定見外兵甚鋭，不敢出戰，和又堰劍水之下流，水漸及城，有定猶嚴備以伺間，晝夜巡邏不少息。其麾下皆請決戰，有定不許。數請不已，有定疑其有異志，殺數人。由是人心解體，多縋城遁去。和等悉兵攻之，有定益危蹙。城且陷，召其將鄧益、謝英輔等與訣曰：「公等善爲計，吾自死元爾。」乃服朱雀血而死，未絶。英輔與達魯花赤亦具朝服，北面自經。其將賴正孫啟門納外兵，輿有定至神武門，雷震之而蘇，械至金陵。

是月，湯和遣使諭興化將王恩義等，恩義殺使者，走泉州。興化民李子誠送款於和，殺恩義等，漳州達魯花赤合魯温自殺。初，延平被圍，有定日望將樂之救，而宗海力不能援。延平破，單騎來歸，並縶送京師。明祖問有定曰：「元亡，汝爲誰守？能降仍官汝，否則伏銅馬。」有定曰：「不降，願伏銅馬。」遂與宗海並遇害。

宗海有膂力，善騎射，有定平諸賊，宗海之力居多。將樂既下，有定舊部曲據明溪、白頭、虎頭、黄龍、青龍諸寨，皆委兵降。

六月，有定故將金子隆起兵攻延平，明將沐英破斬之。蕭寅從有定至京師，有定死，明祖欲官之，寅以親老辭，家居三十年而卒。陳同歸，吏侵之急，同不能容，遂假行省檄，集民兵得二千餘人，擁之以叛。泉州發兵討之，爲同所敗，人多應之。明駙馬王克恭以大兵至，同敗走光澤，明兵擒斬之。

史臣曰：星吉、石抹宜孫皆欲延攬英豪，以紓國難，迨勢窮援絶，人情乖阻，舍命不渝，無慚義烈。然宜孫幕府士異日爲明之佐命，擬跡良、平，非智於明而不智於宜孫，憑藉之勢異也。元末雲南有梁王，福建有陳有定，廣西有也兒吉尼，可謂三忠，國亡而不改節，視何真、陳均義等，何如哉！

【校勘記】

〔一〕「綱利」，原作「罔利」，據《元史》卷一四四列傳第三十一《星吉傳》改。

新元史卷之二百二十　列傳第一百十七

察罕帖木兒擴廓帖木兒　李思齊　老保　魏賽因不花　闞闞　闞保　劉則禮

察罕帖木兒，字廷瑞，本乃蠻氏。曾祖闊闊台，元初從大軍定河南。祖乃蠻台，父阿魯温，遂家河南，爲潁州沈丘人，改姓李氏。察罕帖木兒幼篤學，應進士舉，有時名。身長七尺，修眉覆目，左頰有三毫，怒則豎立，慨然有當世之志。

至正十一年，盜發汝、潁。不數月，江淮各路皆陷。朝廷徵兵討賊，無功。十二年，察罕帖木兒乃起義兵，從者數百人。與信陽羅山人李思齊合兵，復羅山。事聞，朝廷授察罕帖木兒汝寧府達魯花赤，自爲一軍，屯沈丘，與賊戰輒克捷。

十五年，賊陷鄧、許諸州。察罕帖木兒轉戰而北，屯於虎牢，以遏賊鋒。賊北渡盟津，掠懷州，河北震動。察罕帖木兒進討，大敗之，殲賊黨棚河洲者。除中書刑部侍郎。苗軍以滎陽叛，察罕帖木兒夜襲之，虜其衆幾盡，乃東屯中牟。已而淮西賊號三十萬，掠汴梁以西，直擣中牟。察罕帖木兒嚴陣待之，以死生利害諭士卒，皆賈勇決死戰。會大風起，察罕帖木兒乘風勢，率鋭卒衝賊中堅，賊遂披靡不能支，夜遁，軍聲益振。

十六年，擢兵部尚書。賊入潼關，陷陝、虢二州。知樞密院事答失八都魯節制河南諸軍，調察罕帖木兒與李思齊赴援。察罕帖木兒西拔殽陵，立栅於交口。陝州阻山帶河，賊轉南山粟給食以堅守，攻之猝不可拔。察罕帖木兒乃焚馬矢營中，如爨烟以疑賊，夜率兵拔靈寶。城守既備，賊始覺，不敢動，乃渡河陷平陸，掠安邑，察罕帖木兒追襲之，蹴以鐵騎。賊回扼下陽津，溺死者衆。相持數月，賊敗遁，遂復陝州及虢州。以功加中奉大夫、僉河北行樞密院事。

十七年，賊出襄、樊，陷商州，攻武關，官軍失利。直趨西安，至灞上，分道掠同、華諸州，陝西省臺來告急。察罕帖木兒與李思齊自陝、虢援西安，與賊遇，殺獲萬計，賊餘黨入興元。朝廷嘉其功，進陝西行省左丞。未幾，賊陷興元，據鞏昌，遂入鳳翔。察罕帖木兒先分兵入守鳳翔，而遣諜者誘賊。賊果悉衆來攻，察罕帖木兒自將鐵騎，晝夜馳二百里赴之。去城里許，分軍張左右翼掩擊之，城兵亦開門鼓噪而出，内外合擊，呼聲動天地。賊大潰，自相踐蹂，伏屍百餘里，餘黨皆奔潰，關中悉定。

十八年正月，詔察罕帖木兒屯陝西，李思齊屯鳳翔。二月，復涇州、平涼，進保鞏昌。三月，賊陷晉寧路，察罕帖木兒遣賽因赤等擊敗之，復其城。已而大同諸縣相繼陷，復遣闗保擊敗之。四月，與李思齊會張良弼、郭擇善、拜帖木兒、定住、汪長生奴等，共討賊李喜喜於鞏昌。李喜喜奔四川。五月，又遣董克昌復冀寧。拜陝西行省右丞，兼行臺侍御史、同知河南樞密院事。詔察罕帖木兒守禦關陝、晉、冀，便宜行閫外事。察罕帖木兒益練兵訓農，以平定四方爲己任。

是年，安豐賊劉福通等陷汴梁，號召羣賊。川、楚、江淮、齊魯、遼東所在兵起，勢相聯絡。察罕帖木兒乃北塞太行，南守鞏、洛，而自將中軍軍沔池。會叛將周全與福通合兵攻洛陽，察罕帖木兒以奇兵出宜陽，自率大軍發新安來援。賊至城下，見堅不可攻，即引去。察罕帖木兒追至虎牢，塞成皋諸險而還。拜陝西行省平章政事，仍兼同知行樞密院事。

十九年正月，察罕帖木兒遣樞密院判官陳秉直、八不沙將兵二萬守冀寧。秉直分兵駐榆次，招撫太不花潰兵，遣部將屯田於河南。五月，察罕帖木兒率大軍次虎牢，遊騎出汴梁，南略歸、亳、陳、蔡，戰艦浮於河，水陸並下。又大發秦兵出潼關，過虎牢，晉兵出太行，踰黄河，俱會汴梁城下。自將鐵騎屯杏花營。諸將環城而壘，賊出戰輒敗，遂嬰城固守。乃夜伏兵城南，旦日，遣苗軍略城而過。賊易之，傾城以出，伏兵鼓噪起，大敗之。又令弱卒立栅城外，以餌賊。賊攻之，弱卒佯走，薄城西，因縱鐵騎擊之，悉擒其衆。賊自是益不敢出。八月，諜知城中食且盡，乃與諸將閆思孝、李克彝、虎林赤、賽因赤、答忽、脱因不花、吕文、完哲、賀宗哲、安童、張守禮、伯顔、孫翥、姚守德、魏賽因不花、楊履信、關關等議，分門攻之。至夜，將士鼓勇登城，斬關而入。劉福通挾其僞主從數百騎出東門遁走，獲僞皇后及賊妻子數萬、僞官五千，符璽、印章、寶貨無算。不旬日，河南悉定。獻捷京師，歡聲動中外。以功拜河南行省平章政事，兼知河南行樞密院事、陝西行臺御史中丞，仍便宜行事，賜御衣、七寶腰帶。

先是，中原亂，江南海漕不通，京師苦饑。至是，河南既定，檄文達江浙，海漕復至。又請今年八月鄉試河南舉人，及他路儒士避亂者，不拘籍貫，依河南定額，就陝西置貢院考試，從之。

二十年正月，河南賊犯杞州，察罕帖木兒討平之，遣兵復永城縣，又復宿州，擒賊將梁綿住。察罕帖木兒既定河南，乃分兵守關陝、荆襄、河洛、江淮，而以重兵屯澤、潞，營壘旌旗千里相望。日修車船，繕兵甲，務農積穀，訓練士卒，謀大舉以復山東。

先是，山西晉、冀諸州皆察罕帖木兒所定，而答失八都魯之子孛羅帖木兒以兵駐大同，欲并據晉、冀，遂與察罕帖木兒相争。詔以冀寧畀孛羅帖木兒。察罕帖木兒以用兵數年，惟恃晉、冀兩路供軍餉，乃屯兵澤、潞以拒之，與孛羅帖木兒戰於東勝州，又戰於汾州。朝廷使中書平章政事達實帖木兒、參知政事七十，諭二人罷兵。時搠思監當國，與宦者朴不花黷貨無厭，視二人賂遺厚薄而左右之。由是搆怨日深，兵連不解。八月，詔孛羅帖木兒守石嶺關以北，察罕帖木兒守石嶺關以南，二人始奉詔罷兵。二十一年，察罕帖木兒謀知山東羣賊相攻，六月，乃輿疾自陝西抵洛，大會諸將，議師期。發晉寧軍出井陘，遼、沁軍出邯鄲，澤、潞軍出磁州，懷、衛軍出白馬，及汴、洛軍，分道並進。察罕帖木兒建大將旗鼓，渡孟津，鼓行而東。七月，復冠州、東昌。八月，師至鹽河，遣其子擴廓帖木兒、閆思孝等，會關保、虎林赤，造浮橋以濟。拔長清，進搗東平。田豐遣崔世英等拒戰，大敗之，斬首萬餘級，直抵城下。察罕帖木兒以田豐據山東久，軍民服之，乃遺書諭以逆順之理，豐及王士誠，俞寶、楊誠等皆降，遂復東平、濟寧。時羣賊聚於濟南，其賊首劉珪屯齊河、禹城以拒官軍。察罕帖木兒分遣奇兵間道出賊後，南略泰安，逼益都，北徇濟陽、章丘，中循瀕海郡縣，自將大軍渡河，與賊將戰於分齊鎮，大敗之。進逼濟南，齊河、禹城俱送款，南道諸將亦報捷。再敗益都兵於好石橋，圍濟南。三月，劉珪出降。詔拜中書平章政事、知河南山東行樞密院事、陝西行臺中丞如故。察罕帖木兒遂移兵圍益都，大治攻具，百道並進，復掘重塹，築長圍，遏南洋河以灌城中。

二十二年，山東俱定，獨益都猶未下。六月，田豐、王士誠陰結城中賊，圖作亂。初，豐等降，察罕帖木兒推誠待之，數獨入其營中。豐乃請察罕帖木兒巡營壘，衆以爲不可往。察罕帖木兒曰：「吾推赤心待人，安得人人防之？」左右請以力士自衛，又不許。以十一騎從行，至王信營，又至豐營，遂爲士誠所刺殺。事聞，帝震悼，京師及四方之士無不慟哭。

先是，有白氣如索，長五百餘丈，起危宿，掃太微垣。太史奏山東當大水，帝曰：「不然，山東必失一良將。」即遣勅使戒察罕帖木兒勿輕舉，使未至而及於難。詔贈推誠定遠宣忠亮節功臣、開府儀同三司、上柱國、河南行省左丞相，謚獻武。及葬，賜賻有加，改贈宣忠興運弘仁效節功臣，追封潁川王，改謚忠襄，食邑沈丘縣，所在立祠，歲時致祭。封其父阿魯溫汝陽王，後又進封梁王。

明太祖聞察罕帖木兒定山東，謂左右曰：「田豐爲人反覆，察罕帖木兒待如腹心，是其闇也。古之名將智謀弘遠，使人不可測，察罕帖木兒豈足以知之？」後竟如明祖所料云。

察罕帖木兒無子，以甥擴廓帖木兒爲嗣。

擴廓帖木兒，本王氏，小字保保，惠宗賜名擴廓帖木兒。察罕帖木兒既被刺，詔以擴廓帖木兒爲銀青光禄大夫、太尉、中書平章政事、知樞密院事、太子詹事，仍便宜行事，總其父兵。擴廓帖木兒受命，即急攻益都，穴地以入，克之，戮田豐、王士誠，剖其心祭察罕帖木兒，而執送益都賊帥陳猱頭等二百餘人於京師。乘勝使關保東取莒州，山東復定。是時，東自淄、沂、西踰關陝，無一賊。擴廓帖木兒乃駐兵河南，朝廷倚以爲重。孛羅帖木兒復以兵争晉、冀，擴廓帖木兒至太原與孛羅帖木兒搆兵，相持不解。

二十三年，御史大夫老的沙與知樞密院事禿堅帖木兒得罪於皇太子，奔大同，爲孛羅帖木兒所匿。

二十四年，搠思監、朴不花誣孛羅帖木兒、老的沙謀爲不軌，下詔罪狀，孛羅帖木兒遂與老的沙合禿堅帖木兒兵同犯闕。擴廓帖木兒遣部將白鎖住，以萬騎衛京師，駐於龍虎臺，拒戰不利，奉皇太子奔太原，白鎖住仍屯保定，爲朝廷聲援。

二十五年，擴廓帖木兒先以兵擣大同，取之。皇太子乃大舉討孛羅帖木兒，自與擴廓帖木兒率兵抵京師。會孛羅帖木兒伏誅，詔皇太子還京師，擴廓帖木兒亦扈從入朝。九月，拜伯撒里右丞相，擴廓帖木兒左丞相。伯撒里累朝舊臣，而擴廓帖木兒以新進晚出，乃與並相。居兩月，不自安，即請南還視師。

是時，中原雖定，而江以南皆非朝廷所有。皇太子累請出督師，帝難之，乃封擴廓帖木兒河南王，總天下兵馬，代之行，官屬之盛，幾與朝廷等。

二十六年二月，擴廓帖木兒自京師還河南，欲廬墓終喪。左右咸謂：「受命出師，不可中止。」乃北渡居懷慶，又移居彰德。時明太祖已滅陳友諒，盡有楚地，張士誠據淮東、浙西。擴廓帖木兒知南軍强，未可輕進，乃駐軍河南，檄關中李思齊、張良弼、脱列伯、孔興四將會師大舉。思齊故與察罕帖木兒齒位相埒，及是擴廓帖木兒爲元帥，思齊心不平，而張良弼等亦各懷異見，得檄皆不聽命。擴廓帖木兒使部將討思齊等，思齊等亦會兵長安以拒之。擴廓帖木兒受命南征，而先攻思齊等，朝廷已疑之。皇太子之奔太原，欲用唐肅宗靈武故事自立，擴廓帖木兒不可。及還京師，皇后奇氏令擴廓帖木兒以重兵擁太子入城，意欲脅帝禪位。擴廓帖木兒知其意，比至京城三十里，即留軍城外，自將數騎入朝。皇太子益銜之，至是屢促其南征。擴廓帖木兒乃遣弟脱因帖木兒及部將完哲等率兵東出，而陝西諸將終不用命。帝又下詔爲之和解，擴廓帖木兒憤極，殺詔使天下奴等，於是廷臣譁然，言其跋扈。

二十七年八月，帝下詔以皇太子親總天下兵馬，命擴廓帖木兒及思齊、良弼等分道出兵，收江淮、四川，以戢其争。擴廓帖木兒不受分兵之命，皇太子亦止不行。而部將貊高叛，據彰德、衛輝，罪狀擴廓帖木兒於朝。先是，關保、貊高爲察罕帖木兒軍中驍將，擴廓帖木兒之討李思齊，使貊高從河中渡河，欲出不意覆思齊巢窟。貊高所將多孛羅帖木兒舊部，至衛輝而軍變，脅貊高叛擴廓帖木兒。貊高奏至，皇太子乃立撫軍院，總制天下兵馬，以貊高知樞密院事，兼平章政事，領河北軍事，賜號忠義功臣。十月，乃削擴廓帖木兒兵柄，落其太傅、左丞相，以河南王就食邑於汝州，以河南府爲梁王食邑，使其弟脱因帖木兒自隨，其從行官屬悉令還朝。所總諸軍在帳前者，隸白鎖住與虎林赤；在河南者，隸李克彝；在山東者，隸也速；在山西者，隸沙藍答兒。擴廓帖木兒受詔，至澤州，其將李景昌、關保亦自歸於朝廷，皆封爲國公。朝廷知擴廓帖木兒勢孤，始詔禿魯與關中四將東出關，合貊高之軍，聲罪討擴廓帖木兒。

二十八年，詔左丞孫景益分省太原，關保以兵戍之。擴廓帖木兒遂遣兵據太原，盡殺朝廷所置官吏。帝下詔盡削擴廓帖木兒爵邑，將吏效順者免罪。皇太子乃命魏賽因不花及關保，會李思齊等兵，夾攻澤州。二月，擴廓帖木兒退守平陽，關保進據澤、潞二州，與貊高軍合。擴廓帖木兒勢稍沮，而關中四將以明兵已盡取山東、河南地，察罕帖木兒父梁王阿魯温又以汴梁降明兵，將入潼關，皆遣使詣擴廓帖木兒謝出師非本意，大掠而歸。獨關保、貊高進攻平陽，擴廓帖木兒堅壁不戰。諜知貊高分軍掠祁縣，乃夜出師，薄其營，擒關保、貊高，皆殺之。朝廷大震，罷撫軍院，盡黜太子所用帖林沙、伯顔帖木兒、李國鳳等，以謝擴廓帖木兒。擴廓帖木兒亦上疏自陳，詔復其官爵，令以兵會也速、思齊等南討。甫一月，明兵陷大都，帝北奔。擴廓帖木兒自太原入援，不及。

十月，進封擴廓帖木兒爲齊王。時明兵已定大都，使湯和徇山西，擴廓帖木兒拒之，敗明兵於韓店。會帝命擴廓帖木兒收復大都，擴廓帖木兒奉詔北出雁門，將逕居庸以窺大都。明徐達、常遇春乘虛襲太原，擴廓帖木兒還師救之。部將豁鼻馬潛約降於明，明兵夜劫其營，衆潰，擴廓帖木兒倉卒將十八騎北走。明兵遂乘勝西入陝西，降李思齊等故臣，遺士皆入於明矣。惟擴廓帖木兒擁兵塞上，時時侵略西北邊，明人患之。

二十九年正月，帝復拜擴廓帖木兒右丞相，欲以政事委之。十一月，擴廓帖木兒因陝西行省左丞王克勤赴行在，附奏請車駕速幸和林，勿以應昌爲可恃之地。弗從。明年，擴廓帖木兒圍蘭州，斬其援將于光。明將徐達出西安，以搗定西，擴廓帖木兒趨赴之，大敗於沈兒峪，全軍覆没。擴廓帖木兒獨與妻子數人逃，乘斷木濟河，遂奔和林。

時惠宗已崩，昭宗復以擴廓帖木兒柄國事。明太祖使徐達將十五萬兵，分道出塞，擊擴廓帖木兒至嶺北。擴廓帖木兒逆戰，大敗之，明師死者數萬人，達等皆奔還。自是明人有戒心，不敢輕出。是年，擴廓帖木兒攻雁門，明人嚴爲之備。

宣光五年，擴廓帖木兒從昭宗徙金山。五月，卒於哈刺那。妻毛氏，自經以殉。

初，明太祖憚察罕帖木兒威名，遣使通好，以介於朝。會其被刺，事遂已。及擴廓帖木兒視師河南，明人復遣使修好，凡七致書，擴廓帖木兒輒留使者不遣。既出塞，又以書招之，亦不應。明祖由是敬其爲人。劉基嘗言於明祖曰：「擴廓未可輕也。」及嶺北之敗，明祖思其言，恒舉以爲戒。一日大會諸將，問曰：「方今天下，孰爲奇男子？」皆對曰：「常遇春。將不過萬人，橫行天下，可謂奇男子矣！」明祖笑曰：「此固吾得而臣之。若王保保者，吾所不能臣，真天下奇男子也！」後册其妹爲皇子妃。

擴廓帖木兒弟脱因帖木兒，亦屢立戰功，官至陝西平章政事。帝之北巡，脱因帖木兒從赴行在，後終於漠北。

史臣曰：察罕帖木兒，明太祖之所畏也。天不祚元，隕身降賊。擴廓帖木兒才不及其父，然崎嶇塞上，卒全忠孝，明太祖謂之奇男子，諒矣哉！

李思齊，羅山人。與察罕帖木兒同舉義兵，克復羅山。有司奏其功，授思齊縣尹。惠宗曰：「人言國家輕漢人，果然。」乃授知汝寧府。從察罕帖木兒平河南、陝西。至正十七年，拜四川行省左丞。十八年，詔思齊屯鳳翔。察罕帖木兒與思齊會宣慰使張良弼、郎中郭擇善、宣慰同知拜帖木兒、平章政事定住、總帥汪長生奴，敗李喜喜於鞏昌。思齊駐斜坡，張良弼駐秦州，郭擇善駐崇信，拜帖木兒駐通渭，定住駐臨洮，各自除府州縣官，徵其賦爲軍需。未幾，思齊、良弼同謀襲殺定住及郭擇善，分總其兵，朝廷不能問。

二十一年，進克伏羌等縣，受韓林兒黨李武、崔德降。四川賊陷川東郡縣，詔思齊討之，遣知樞密院事禿堅帖木兒賫璽書獎諭，思齊乃進兵益門鎮。已而復歸鳳翔，與張良弼相攻，爲良弼所敗。二十三年，又與孛羅帖木兒相攻。二十五年正月，封思齊許國公。是年二月，皇太子復加思齊銀青光禄大夫、邠國公、陝西等處行中書省平章政事、太子詹事兼知四川等處行樞密院事、招討使。

二十六年，擴廓帖木兒遣關保攻張良弼，良弼遣子弟質於思齊，合兵拒關保。思齊請朝廷和解之。是年，禮部侍郎滿尚賓、吏部侍郎掩篤刺哈自鳳翔還京師。先是，尚賓等奉詔諭思齊開通蜀道，思齊不奉詔，尚賓等留鳳翔且一年，至是始歸。

二十七年，張良弼、脱列伯、孔興與思齊會於含元殿基，推思齊爲盟主，同拒擴廓帖木兒。先是，擴廓帖木兒檄思齊等出兵，思齊得檄，大怒曰：「我與汝父同鄉里，汝父進酒，猶三拜然後飲。汝於我前無立地，今敢公然調我耶！」因與良弼等聯合，不聽擴廓帖木兒節制。朝廷以禿魯爲陝西行省左丞相，思齊不説，遣其將鄭應祥守陝西，自還鳳翔。皇太子總天下兵馬，命思齊自鳳翔與侯伯顔、達世進規四川。未幾，復命思齊副禿魯安撫關中，又中分關以西屬思齊，以東屬擴廓帖木兒，思齊皆不奉詔。

二十八年，詔思齊討擴廓帖木兒。已而明兵至河南，思齊遁還關中，與張良弼會兵守潼關。會火焚良弼營，思齊移屯葫蘆灘。明兵入潼關，思齊棄輜重，奔鳳翔。是時，思齊部將虎林赤等據盩厔，商暠據武功，李克彝據岐山，任從政據隴州，思齊自據臨洮。未幾，皆降於明。明人授思齊江西平章政事。張良弼走寧夏，爲擴廓帖木兒所執。其弟良臣以慶陽降於明，已而復叛。明將徐達攻克慶陽，良臣投於井，引出斬之。其後，明祖遣思齊通好於擴廓帖木兒。始至，待以賓禮，尋使騎士送歸至塞下，辭曰：「主帥有命，請公留一物爲別。」思齊曰：「吾遠來無所齎。」騎士言：「願得公一臂。」思齊知不免，斷臂與之，還，未幾卒。

老保，姓李氏，一名保保，陽武人。察罕帖木兒起義兵，老保從之，以復羅山縣，授澤州路治中。從平方脱脱之亂，改授樞密院知院，守石州。又從察罕帖木兒攻取山東郡縣。察罕帖木兒爲田豐所害，老保與擴廓帖木兒共破田豐，擢平章政事，留守益都。明遣大將軍徐達攻益都，諭老保降，不從。達謂諸將曰：「老保所恃者河上援兵，吾已分兵拒黄河南岸，斷其臂矣。」即督兵填壕而進，拔其城，執老保與白鎖住送建康。平章普顏不花死之，老保降於明。後明太祖遣老保招諭擴廓帖木兒，擴廓帖木兒鴆殺之。

魏賽因不花，息州人。幼卓犖不羣，善騎射。至正間，紅巾賊起，募義勇禦之，以衆屬察罕帖木兒。嘗單騎殺賊百餘人，又從擴廓帖木兒討孛羅帖木兒於大同，破之。累官河南江北知樞密院事。又討禿堅帖木兒於嶺北，獲之，進拜中書平章政事，卒。

關關，字文祖，温縣人。少沈鷙，有材勇。察罕帖木兒舉兵，關關募義勇萬餘人附之，授招討上百户，佩銀符。從破賊韓皺兒，攻拔汝寧、鈞、許等州，關關皆先登。深州賊犯河南，察罕帖木兒遣關關救之，賊遁走，擢上千户。及賊據滎陽，關關大破之。賊復屯八角。時韓林兒據汴梁，分兵四掠，察罕帖木兒使關關定陝、虢等州，以功進潁、息招討五萬户。賊敗走，入陝西，關關追至鳳翔，復移軍守高平。轉河東宣慰司副使，進河南行樞密院判，又進本院同僉。率所部守懷慶，綏輯流亡，遠近歸附。遷定遠大將軍。尋改河南行省參知政事，從察罕帖木兒討山東賊，連拔高唐、虞城，擒賊驍將王達兒等。次濼陂，奪賊船二百餘艘，斷其糧道。進行省左丞。攻濟南，賊將劉平章等以三萬人來拒，關關率羸卒誘之，賊争進，伏兵前後夾擊，斬獲無算。進右丞，賜金帶一。移守懷慶，進同知河南行樞密院事。卒，年五十三，追贈推忠協義宣力功臣，謚康定。

關保，河南人。至正間爲總兵野庵裨將。時山西盜起，調守澤、潞，與百户虎林赤破賊於澤州。及高平，又擒賊首劉子才。擢兵部侍郎，賜龍衣、金帛有差。從察罕帖木兒攻汴梁，以功加同僉樞密院事。二十七年，拜中書平章政事，分省濟寧。二十八年，朝廷以擴廓帖木兒抗命，封關保國公，命與貊高同攻擴廓帖木兒。師次太原，擴廓帖木兒自平陽來，襲禽貊高、關保，皆殺之。

劉則禮，臨江人。從答失八都魯平河南，擢安陸府同知，累遷河南行樞密院副使，鎮白羊口。擴廓帖木兒總兵南伐，授湖廣行省左丞。明兵入京師，則禮兵潰，率麾下百餘人壁易州龍居山，間道謁擴廓帖木兒於大同。時將作院使田邁魯團結沿山民砦，留則禮共守。未幾，擴廓帖木兒敗於太原，則禮知事不可爲，欲擁衆赴行在，邁魯無去意。明兵至，邁魯迎降，欲授則禮以官，辭不受，寓薊州而卒。

新元史卷之二百二十一　列傳第一百十八

信苴日　楊漢英宋阿重　楊完者曾華

信苴日，姓段氏，其先世爲大理酋。權臣高氏當國，世祖奉命南征，誅其臣高祥，以段興智主國事。興智與季父信苴福入覲，詔賜金符，使歸大理。憲宗五年，獻地圖，請悉平諸部，并條奏治民立賦之法。憲宗大喜，賜興智名摩訶羅嵯，命悉主諸蠻白爨等部，以信苴福領其軍，興智遂以國事任之。其弟信苴日與信苴福率僰爨軍二萬爲前鋒，導大將兀良合台討平諸部之未附者。

中統二年，信苴日入覲，世祖復賜虎符，詔領大理、善闡、威楚、統失、會川、建昌、騰越等城，自各萬户以下皆受其節制。至元元年，舍利畏結威楚、統失、善闡及三十七部諸爨，各殺守將以叛，信苴日率衆進討，大敗之，復遣孛羅敗賊於統失城，遂定統失。其秋，舍利畏又以衆十萬謀攻大理，詔都元帥也先不花與信苴日討之。師至安寧，遇舍利畏，擊走之，遂復善闡，降威楚，定新興。進攻石城、肥膩，皆下之，爨部平。三年，信苴日入覲，録功賜金銀、衣服、鞍勒、兵器。

十一年，賽典赤爲雲南行省平章政事，更定諸路名號，以信苴日爲大理總管。未幾，舍利畏復叛。信苴日遣石買等詭爲商，執贄見舍利畏，挺矛鏦殺之，梟首於市。行省以聞，復賜金一錠及金織紋衣。

十三年，緬國以象騎數萬掠金齒南甸，欲襲大理。行省遣信苴日與萬户忽都，率騎兵千人禦之。信苴日以功授大理、蒙化等處宣撫使。

十八年，信苴日與其子阿慶復入覲，帝嘉其忠勤，進大理、威楚、金齒等處宣慰使、都元帥，留阿慶宿衛東宮。及陛辭，復拜爲雲南諸路行中書省參知政事。十九年，詔同右丞拜答兒迎雲南征緬軍，行至金齒，以疾卒。信苴日治大理凡二十三年。

子阿慶襲爵，累授鎮國上將軍，大理、金齒等處宣慰使、都元帥，佩金虎符。

楊漢英，字熙載，其先太原人。唐季，南詔陷播州，有楊端者，以應募起，竟復播州，遂使領之。五傳至昭，無子，族子貴遷嗣。又十一傳，至邦憲，世襲播州安撫使。宋授邦憲左金吾衛上將軍、安遠軍承宣使、牙牌、節度使。宋亡，世祖遣使者諭邦憲内附，邦憲捧詔三日哭，以播州、珍州、南平軍之地降。十五年，入朝，拜龍虎衛上將軍、侍衛親軍都指揮使，紹慶、珍州、南平等處沿邊宣撫使，播州安撫使。十八年，遷宣慰使，卒。贈推忠効順功臣、銀青光禄大夫、平章政事、柱國，追封播國公，謚惠敏。

漢英五歲而孤，二十二年，從其母田氏入朝，世祖摩其頂，諭執政曰：「是兒真國器，宜以父爵授之。」賜名賽因不花，授金虎符，拜龍虎衛上將軍，紹慶、珍州、南平等處沿邊宣慰使，播州安撫使，賜金繒、弓矢、鞍勒，封田氏爲貞順夫人。二十四年，漢英族衆搆亂，殺貞順夫人。漢英衰絰入奏，詔捕賊縛至成都，斬之。二十七年，詔郡縣上計，漢英即括户口租税籍以進，世祖大悦，加管軍萬户。二十八年，入朝奏罷順元宣慰司。是年，升播州安撫司爲宣撫司，授漢英宣撫使。會羅甸宣慰使斡羅思誘播州黄平諸寨酋，詐爲新闢屬地以獻，漢英奏復之。斡羅思恚不勝，誣言舊有雄威、忠勝二軍，播州匿弗奏，漢英抗言納土。時二軍已隸别籍，御史臺審覆上之，世祖令寢其事。俄拜侍衛親軍都指揮使。

成宗即位，漢英三入朝。大德三年，奏改南詔驛道，分定雲以東地隸播州，西隸新部，減郡縣冗員，去屯丁糧三之一，民大便之。四年，部蠻桑柘叛，湖廣行省議用兵，漢英言賊勢盛，宜招諭之，不聽。兵出無功，卒從漢英議，始相繼出降。五年，宋隆濟及蛇節等叛，漢英率民兵從行省平章劉二拔都等討之。六年秋九月，連與賊戰，敗之。進壁蹉泥，賊騎卒至，漢英先登陷陣，大軍乘之，賊遂潰，斬獲不可勝計，降宋阿宜，拔笮籠，望風送款者相繼。七年正月，大軍屯暮窩，賊衆復合，漢英又敗賊於墨特川。蛇節懼，乞降，斬之。又擒斬隆濟等，西南夷悉平。以功進資德大夫，賜玉帶、金鞍、弓矢。

仁宗即位，加上護軍，詔許世襲。延祐四年，黄平蠻劉奔及新部黎魯等相繼叛，詔漢英撫定之，置戍而還。五年，盧崩蠻内侵，漢英與恩州宣慰使田茂忠討之，以疾卒於軍，年四十。贈推誠秉義功臣、銀青光禄大夫、平章政事、柱國，追封播國公，謚忠宣。漢英究心濂洛之學，爲詩文典雅有則。著《明哲要覽》九十卷，《桃溪内外集》六十卷。

子嘉貞嗣，至治二年來朝，賜名延禮不花。

宋隆濟之叛，與漢英同時立功者，有曾竹長官宋阿重。棄家走京師，陳滅賊計。成宗賜衣一襲，授爲順元路宣撫同知。阿重深入烏撒烏蒙，至藺州之水東，招諭木樓獠，生獲隆濟以獻。擢靖江路總管，佩三珠虎符。旋進榮禄大夫、雲南平章政事，卒。贈貴國公，謚忠宣。阿重孫蒙古歹，亦以平賊功爲八番順元等路宣慰使。

楊完者，原名通貫，城步人。世爲土官，性勇敢，多權略，所統獠猺號爲答刺罕，能以兵法部勒其衆。其實完者爲宋十峒首領之裔，非苗族也。

至正中，達識帖睦邇爲湖南行省左丞相，使萬户陶夢禎招完者，合兵復武昌，以功授管軍千户，累遷都元帥，擁衆不受行省節制。

十五年，平章政事阿思蘭與完者順流而下，所至刦掠，甚於盗賊。將至廬州，淮東都元帥余闕奏止之，完者聽命，衆稍戢。已而張士誠陷揚州，右丞阿魯灰引完者來援，士誠還高郵。時完者渡江屯廣德，士誠又自福山港陷平江，東南大震。達識帖睦邇以江浙行省守杭州，不能禦士誠，奔富陽。完者趨救，擊敗士誠，達識帖睦邇乃還。初，達識帖睦邇以完者爲海北道宣慰使都元帥，尋擢江浙行省參知政事。至是，遂遷左丞。然士兵無紀律，浙人怨之。

明年，士誠寇嘉興，屢爲完者所敗，遣蠻子海牙以書乞降。完者欲納之，達識帖睦邇不聽，固勸，乃許之，承制拜士誠太尉。達識帖睦邇倚完者制士誠，久乃厭其專恣。完者亦思挾士誠自重，然士誠實欲圖完者而未發也。是時，徽州、建德已爲明太祖所取，完者出兵屢敗，勢益衰。又强取平章慶童女，事具《達識帖睦邇傳》。達識帖睦邇遂陰與士誠定計除完者，揚言使士誠復建德。完者營杭州城外，不爲備，士誠圍之，衆潰，完者與其弟伯顔皆自殺。事聞，贈完者潭國公，謚忠愍；伯顔衛國公，謚忠烈。

完者部將曾華，武岡人，累功至廣東道宣慰使、僉都元帥府事，守浦陽，嚴戢部衆，四門置守卒，非軍令不得出。已而完者檄華還杭州，一夕去，不聞人馬聲，其馭下過完者遠甚。浦陽人思之，爲立碑於縣庭。

史臣曰：信苴日、楊漢英，咸以蠻夷酋長立功名於當世。楊完者雖暴恣，然死非其罪，君子憫焉。故類次其事，著於篇。

新元史卷之二百二十二　列傳第一百十九

李璮　王文統

李璮，小字松壽，益都濰州人，李全子也。或曰璮本衢州徐氏子，其父嘗爲揚州司理參軍，全蓋養之爲子。太祖二十一年，全叛宋，舉山東州郡歸附國王孛羅，承制拜全山東淮南楚州行省，而以其兄福爲副元帥。太宗三年，全攻宋揚州，敗死。其妻楊妙真率餘衆北歸，仍授益都行省，開府辟官屬，文士多爲所用。妙真死，璮襲爲益都行省，專制山東，朝廷數徵兵，輒詭辭不至。憲宗七年，又調其兵赴行在，璮詣行在言曰：「益都乃宋航海要津，分軍不便。」帝然之，命璮歸取漣、海數州。璮遂發兵攻拔漣水四城，大張剋捷之功。

中統元年，世祖即位，加璮江淮大都督。璮言：「近獲生口，知宋調兵將攻漣水。且諜見許浦、射陽湖舟艦相望，勢欲出膠州，向益都。請繕城塹以備。」詔出金符二十、銀符五授璮，以賞將士有功者；賜銀三百錠，降詔獎諭；蒙古、漢軍，咸聽節制。璮復揚言：「宋呂文德合淮南兵七萬五千，來攻漣水，且規築城堡以臨我。及得賈似道、呂文德書，辭甚悖傲，知朝廷近有内顧之憂，必將肆志於我。乞選將益兵，臣當帥以渡淮，雪慢書之辱。」執政得奏，諭以「朝廷方通好於宋，邊將惟當固封圉。且南人用間，其詐非一，彼既不至，毋妄動」。璮乃上言：「臣所領益都，土曠人稀，自立海州，今八載，將士未嘗釋甲，轉輓未嘗息肩，民力凋耗，莫甚斯時。以一路之兵，抗一敵國，衆寡不侔，人所共患。賴陛下神武，既克漣、海二州，復破夏貴、孫虎臣十餘萬之師。然臣豈敢恃此，必敵人之不再至？且宋人今日西無掣肘，得并力而東。若以陸師綴漣，而遣舟師遵海以北，擣膠、萊之虛，然後帥步騎直指沂、莒、滕、嶧，則山東非我有矣。豈可易視而不爲備？臣昨追敵至淮安，非不能乘勝取揚、楚，徒以執政止臣，故臣不敢深入。若以棗陽、唐、鄧、陳、蔡諸軍攻荊山，取壽、泗，以亳、宿、徐、邳諸軍，合臣所統兵，攻揚、楚，則兩淮可定。兩淮既定，則選兵以取江南，自守以寬民力，將無施不可，此上策也。」因上將校馮泰等功第狀，詔以益都官銀分賞之。

二年正月，璮言於行中書省：「宋人聚兵糧數十萬，列艦萬三千艘於許浦，以侵内郡，而宣撫司轉輸不繼，恐一日水陸道絶，緩急莫報。請選精騎，倍道來援，表裏協攻，乘機深入，江淮可圖也。」既而來獻漣水捷，詔復獎諭之，仍給金符十七、銀符二十九，增賜將士。璮輒發兵修益都城塹，且報宋人來攻漣水，詔阿朮、哈喇拔都、阿實克不花等悉兵赴之。

璮遂請節制諸道所集兵馬，且請給兵仗，中書議與矢三萬，詔給矢十萬。

三年二月，又以宋賈似道誘總管張元、張進等書來上。璮父子專制山東三十餘年，其前後所奏凡數十事，皆恫疑虛喝，挾敵國以要朝廷，而自爲完繕益兵計。聞帝自將討阿里不哥，料内難非旦夕可平，反意遂決。璮子彦簡質於朝，僭爲私驛，自益都至京師質子營。至是，彦簡逃歸。璮乃以漣、海三城獻於宋，殲蒙古戍兵，引麾下還攻益都，陷之，發府庫以犒其死黨。遂寇蒲臺，陷淄州。民聞璮反，皆入保城郭，或奔竄山谷，自益都至臨淄數百里，道路不通。

帝下詔暴璮罪，發蒙古、漢軍討之。命水軍萬户解成、張榮實，大名萬户王文幹及嚴忠範會東平；知濟南府事、都元帥張宏，歸德萬户邸浹，礮手元帥薛勝會濱棣；又命濟南軍民萬户張邦彦、濱棣路安撫使韓世安修城塹，盡發管内民爲兵，以備之。以諸王合必赤總督諸軍。已而真定、順天、河間、平灤、大名、邢州、河南諸路兵皆至。時前宣撫副使王磐挺身走濟南，驛召磐，令姚樞問計。磐對：「豎子狂騃，即成禽耳。」帝然之。是月，誅中書平章政事王文統，以與璮通也。

璮盜據濟南，命史樞、阿朮各帥所部進討。璮出掠輜重，官軍邀擊，大敗之，斬首四千級。璮退保濟南。帝又命右丞相史天澤督師，諸將皆受節度。五月，大軍築長圍困之，璮自是不能復出，猶日夜拒守，取城中子女賞將士，以悦其心。且分軍就食民家，發其蓋藏以贍軍食。然人情潰散，璮不能制，相率縋城以出。七月，璮知城且破，乃手刃愛妾，乘舟入大明湖，自投水中，水淺不得死，爲官軍所獲，縛至合必赤帳前。史天澤言：「宜即戮之，以安人心。」遂與蒙古軍官囊加台并伏誅。

王文統，字以道，益都人。多機智，遍謁東諸侯，無所遇，乃往見李璮。璮與語，大喜，留置幕府，命其子彦簡師事之，文統亦以女妻璮。由是軍旅之事，咸與咨決，歲上邊功，虛張敵勢，以固其位，用官物樹私恩，取宋漣、海二州，皆文統謀也。

世祖伐宋，圍鄂州，聞宋宰相賈似道之才，歎曰：「吾安得如賈似道者而用之？」劉秉忠以文統對。帝問廉希憲，希憲亦譽之。及帝即位，厲精求治，亟召用文統，立中書省以總内外百官之政，擢文統爲平章政事，委以更張庶務。建元爲中統，詔諭天下立十路宣撫司。尋詔行中書省造中統元寶交鈔，立互市於潁州、漣水、光化軍。是年冬，初行中統交鈔，自十文至二貫，凡十等，不限年月，諸路通行，稅賦並聽收受。

明年二月，世祖在開平，召行中書省事禡禡與文統，率各路宣撫使俱赴闕。帝自去秋親征阿里不哥，凡民間差發、宣課鹽鐵等事，一委文統等裁處，故召文統等至，詢以成效。詔量免民間課程，復以所議條格頒各路行之。如勸農桑，抑游惰，禮高年，問民疾苦，舉文學才識及茂才異等列名上聞，其職官汙濫、不孝弟者，量輕重議罰，皆當時善政焉。未幾，又詔宣撫司，并達魯花赤、管民官、課税所官，申嚴私鹽、酒醋、麴貨等禁。帝命舉讀史者一人，文統以中書詳定官周止應其選。

文統爲人忌刻。初立中書省，張文謙爲左丞。文謙素以經濟自負，凡討論之時，輒相可否，文統積不能平，思有以排之，文謙竟以本職行大名等路宣撫司事而去。時姚樞、竇默、許衡，皆世祖所敬信者，文統言於世祖，授樞爲太子太師，默爲太子太傅，衡爲太子太保，外佯尊之，實不欲使朝夕侍側。默嘗與王鶚及樞、衡俱侍世祖，面詆文統曰：「此人學術不正，必禍天下，不可處以相位。」世祖曰：「若是，則誰可爲相者？」默以許衡對，世祖不懌而罷。鶚嘗請以右丞相史天澤監修國史，左丞相耶律鑄監修《遼史》，文統監修《金史》。世祖曰：「監修階銜，俟修史時定之。」

又明年二月，李璮反，以漣、海三城獻於宋。先是，其子彦簡由京師逃歸，璮遣人白之中書。及反書聞，人多言文統嘗遣子蕘與璮通書問。世祖召文統，問之曰：「汝教璮爲逆，舉世皆知。朕今問汝所策云何，其悉以對。」文統對曰：「臣亦忘之，容臣悉書以上。」書畢，世祖命讀之，其間有曰：「螻蟻之命，苟能獲全保，爲陛下取江南。」世祖曰：「汝今日猶欲緩頰於朕耶？」會璮遣人持文統三書自洺水至，爲邏者所獲，以書示之，文統始錯愕駭汗。書中有「期甲子」語，世祖曰：「甲子之期云何？」文統對曰：「李璮久蓄反心，以臣居中，不敢即發。臣欲告陛下縛璮久矣，第緣陛下用兵北方，不能兼顧。比至甲子，猶可數年，臣爲是言，姑遲其反期耳。」世祖曰：「無多言！朕拔汝布衣，授之政柄，遇汝不薄，何負而爲此？」文統猶枝辭傍説，終不自言「臣罪當死」。乃命左右斥去，始出就縛。猶召竇默、姚樞、王鶚、劉秉忠及張柔等至，示以前書，曰：「汝等謂文統當得何罪？」文臣皆言：「『人臣無將，將則必誅。』」柔獨疾聲大言曰：「宜剮！」世祖又曰：「汝等同辭言之。」諸臣皆曰：「當死。」世祖曰：「渠亦自服矣。」乃誅文統，并戮其子蕘。

文統雖以反誅，而元之立國，其規模法度出於文統者居多。初，廉希憲、商挺並爲世祖所信任，希憲譽文統，挺亦薦其有宰相才。及文統伏誅，世祖逮挺下獄，又因事免希憲官，始疑書生不可用，阿合馬、桑哥等遂以言利進焉。

史臣曰：明張溥史論，亟稱李璮能蓋前愆，躋之忠臣孝子之列。璮世受蒙古豢養，辜恩反噬，欲乘時徼利，自爲帝王，非忠於趙氏者也。君子「一言以爲不知」，其溥之謂歟？

新元史卷之二百二十三　列傳第一百二十

阿合馬　盧世榮　桑哥要束木

阿合馬，回鶻人。幼爲阿勒赤那顔家奴，阿勒赤女察必皇后以爲媵臣，執宫庭灑掃之役。世祖愛其幹敏，中統三年，始命領中書左右部，兼諸路都轉運使，委以財賦之任。四年，以河南鈞、徐等州俱有鐵冶，請給授宣牌，以興鼓鑄之利。帝升開平爲上都，又以阿合馬同知開平府事，領左右部如故。阿合馬奏以禮部尚書馬月乃合兼領已括户三千，興煽鐵冶，歲輸鐵一百三萬七十斤，就鑄農器二十萬事，易粟輸官者凡四萬石。

至元元年正月，阿合馬奏言：「太原民煮小鹽，越境賣，民貪其價廉，競買食之，解鹽以故不售，歲入課銀止七千五百兩。請自今歲增五千兩，無問僧道軍匠等户，均賦之，其民間通用小鹽從便。」是年十一月，罷領中書左右部，併入中書，超拜阿合馬中書平章政事，階榮禄大夫。

三年正月，立制國用使司，阿合馬又以平章政事領之。奏：「以東京歲課布疏惡不堪用者，就市羊於彼。真定、順天金銀不中程者，宜改鑄。別怯赤山出石絨，織爲布，火不能然，請遣官採取。」又言：「國家費用浩繁，今歲自車駕至都，已支鈔四千錠，恐來歲度支不足，宜量節經用。」十一月，又奏：「桓州峪所採銀鑛，已十六萬斤，百斤可得銀三兩、錫二十五斤。採鑛之費，鬻錫足以給之。」帝悉從其請。

七年正月，立尚書省，罷制國用使司，改阿合馬平章尚書省事。阿合馬以功利成效自負，衆咸稱其能。世祖急於富國，試以事，頗有成績。又見其與丞相線真、史天澤爭論，屢爲所詘，由是奇其才，授以政柄，言無不從，阿合馬遂專愎益甚。丞相安童言於帝曰：「臣近言尚書省、樞密院、御史臺，宜各循常制奏事，其大者從臣等議定奏聞，已奉命俞允。今尚書省一切以聞，似違前奏。」帝曰：「汝所言是。豈阿合馬以朕信用，敢如是耶？不與卿等議非是，宜如卿言。」安童又言：「阿合馬所用者，左丞許衡以爲多非其人，然已奉命咨請宣付，如不與，恐異日有辭。宜試其能否，久當自見。」帝然之。五月，尚書奏括天下户口，既而御史臺言：「所在捕蝗，百姓勞擾，括户事宜少緩。」遂止。

初立尚書省，時凡銓選各官，吏部擬定資品，呈尚書省，由尚書咨中書聞奏。至是，阿合馬用私人，不由部擬，亦不咨中書。丞相安童以爲言，帝問阿合馬，對以：「事無大小，皆委之臣，所用之人，臣宜自擇。」安童因請：「自今惟重刑及遷上路總管，屬中書，餘並付尚書省，庶事體明白。」帝從之。

八年三月，尚書省再以閲實户口事，奏條畫詔諭天下。是歲，增太原鹽課，以千錠爲常額，仍令本路兼領。九年，併尚書入中書省，又以阿合馬爲中書平章政事。明年，以其子忽辛爲大都路總管，兼大興府尹。安童見阿合馬擅權日甚，乃奏都總管以下多不稱職，乞選人代之。又奏：「阿合馬挾宰相權爲商賈，以網天下大利〔一〕，民困無所訴。」阿合馬曰：「誰爲此言？臣等與廷辯。」安童進曰：「左司都事周祥，中木取利，罪狀明白。」帝曰：「若此者，征畢當顯黜之。」既而樞密院奏以忽辛同簽樞密院事，帝不允，曰：「彼賈胡，不可以機務責之。」

十二年，伯顔伐宋，既渡江，捷報日至。帝命阿合馬、姚樞、徒單公履、張文謙、陳漢歸、楊誠等議行鹽、鈔法於江南，及鬻藥材事。阿合馬奏：「樞云『江南交會不行，必致小民失所。』公履云：『伯顔嘗榜諭交會不换，今亟行之，失信於民。』文謙謂：『可行與否，當詢伯顔。』漢歸及誠皆言：『以中統鈔易交會，事便可行。』」帝曰：「樞與公履，不識時機。朕嘗以此問陳巖，巖亦以交會速宜更换。今議已定，當依汝言行之。」阿合馬又奏：「北鹽、藥材，樞與公履皆言可使百姓從便販鬻。臣等謂此事若小民爲之，恐紊亂不一。擬於南京、衛輝等路括藥材，蔡州發鹽十二萬斤，禁諸人私相貿易。」帝從之。

十三年，阿合馬奏：「軍興之後，減免征稅，又罷轉運司官，令各路總管府兼領課程，以致國用不足。臣以爲莫若驗户口之多寡，遠以就近，立都轉運司，量增舊額，選廉幹官分理其事。廣行鼓鑄，官爲局賣，仍禁諸人毋私造銅器。如此則民力不屈，而國用充矣。」乃奏立諸路轉運司，盡以其私人爲使。

十五年正月，帝以西京饑，發粟萬石賑之。又諭阿合馬宜廣貯積，備闕乏。阿合馬奏：「自今御史臺非白省，毋擅召倉庫吏，毋究錢穀數。及集議中書，不至者罪之。」俱報可。四月，江淮行省中書左丞崔斌入覲，奏曰：「先以江南官冗，委任非人，命阿里等前往察汰。今蔽不以聞，是爲罔上。杭州地大，委寄非輕，阿合馬溺於私愛，以不肖子抹剌虎充達魯花赤，佩虎符，此豈量才授任之道？」又言：「阿合馬先自陳乞免其子弟之任，今身爲平章，而子若姪或爲行省參政，或爲禮部尚書、將作院達魯花赤、領會同館，一門悉處津要，自背前言，無以示天下。」詔並罷之，然終不以是爲阿合馬罪。帝嘗謂淮西宣慰使昂吉爾曰：「宰相者，明天道，察地理，盡人事，兼此三者，乃爲稱職。阿里海牙、麥朮丁等，亦未可爲相。回人中，阿合馬才任宰相。」其爲帝倚重如此。

十六年四月，中書奏立江西榷茶運司，以盧世榮爲使，又以諸路轉運鹽使司秩尊禄重，改宣課提舉司。未幾，以忽辛爲潭州行省中書右丞。明年，中書省奏：「阿塔海、阿里言：今立宣課提舉司，官吏至五百餘員。左丞陳巖、范文虎等言其擾民，且侵盜官錢，乞罷之。」阿合馬奏言：「立提舉司未三月而請罷，必行省有姦弊，故先發制人。」乃詔御史臺遣能臣往案其事，具以實聞。未幾，崔斌遷江淮行省右丞，阿合馬修舊怨，乃奏理算江淮錢穀，遣孛羅罕、劉思愈等往檢覆之，誣搆斌與平章阿里伯盜官糧四十萬，擅易命官八百餘員，及鑄銅印等事，二人竟坐誅。

阿合馬在位日久，援引姦黨郝禎、耿仁，驟升同列，罔上剥下，以濟其私。庶民有美田宅，輒攘爲己有。内通貨賂，外以威劫，羣臣人人切齒恨之。皇太子尤惡阿合馬，嘗以弓擊其頰。阿合馬創甚，口張不能闔，奏於帝：「爲馬蹴傷。」皇太子適至，面詰其欺。又嘗於帝前毆之，帝不問。

十九年三月，帝在上都，皇太子從。有益都千户王著者，素任俠，因人心憤怨，密鑄大銅鎚，誓碎阿合馬首。與妖僧高和尚合謀，以戊寅日，詐稱皇太子還都作佛事，結八十餘人，夜入京城。旦遣二僧詣中書省，令市齋物，省中疑而訊之，不伏。及午，著又遣崔總理矯傳令旨，使樞密副使張易發兵，夜會東宫前。易不察，即命指揮使顔義以兵往。著自馳見阿合馬，詭言太子將至，令省官候於宫前。阿合馬遣右司郎中脱歡徹里等數騎出關北十餘里，遇其衆，僞太子責以無禮，盡殺之，奪其馬，南入健德門。夜二鼓，至東宫前，其徒皆下馬，獨僞太子立馬指揮，呼省官至前，責阿合馬數語，即牽去，以所袖銅鎚碎其腦，立斃。繼呼左丞郝禎至，又殺之。囚右丞張惠。時變起倉卒，樞密院、御史臺、留守司皆莫知所爲。尚書張九思覺其詐，大呼曰：「此賊也！」留守司達魯花赤博敦，持梃前〔二〕，擊立馬者墜地，弓弩亂發，衆奔潰。高和尚等逃去，著挺身請囚。

中丞也先帖木兒馳奏，世祖時方駐蹕察罕淖爾，聞之震怒，即日至上都。命樞密副使孛羅、司徒和禮霍孫、參政阿里等馳驛至大都，討爲亂者。庚辰，獲高和尚於高梁河。壬午，誅王著、高和尚於市，皆醢之，并殺張易。著臨刑大呼：「王著爲天下除害，今死矣，異日必有爲我書其事者！」

阿合馬死，世祖猶不知其惡，令中書省毋問其妻、子。及詢孛羅，始盡得其罪狀，大怒曰：「王著殺之，誠是。」命發墓剖棺，戮尸於通玄門外，縱犬啗其肉。子姪皆伏誅，没入家屬財産。其妾名引住者，籍其藏，得二熟人皮於櫃中，兩耳俱存。一閹監掌其扃鐍，訊之，云：「詛咒時置神座於上，應驗甚速。」又有絹二幅，畫甲騎數重，圍一幄殿，兵皆張弦挺刃內向。畫者爲陳甲。又有曹震圭，嘗算阿合馬所生年月。王臺判，妄引圖讖。皆言涉不軌，事聞，勑剥四人皮以徇。

盧懋，字世榮，以字行，大名人。阿合馬專政，世榮以賄進爲江西榷茶運使，後以罪免。桑哥薦世榮能救鈔法、增課額，世祖召見，奏對稱旨。至元二十一年十一月辛丑，召中書省臣與世榮議所當行，右丞相和禮霍孫、右丞麥朮丁，參政張雄飛、温迪罕皆罷，起安童爲右丞相，以世榮爲右丞。時左丞史樞，參政不魯迷失海牙、撒的迷失，參議拜降，皆世榮所薦也。

世榮既擢用，即日至中書理鈔法，遍行中外，官吏奉法不虔者加以罪。翌日，同右丞相安童奏：「竊見老幼疾病之民，衣食不給，行乞於市，宜官給衣糧，委各路正官提舉其事。」又奏懷孟竹園、江湖魚課及襄淮屯田事。越三日，安童奏：「世榮所陳數事，乞詔示天下。」帝曰：「除給丐者衣食外，並依所陳。」既而奏：「鹽每引十五兩，國家未嘗多取，欲便民食。今權豪詭名罔利，停貨待價，至一引賣八十貫，京師一百二十貫，貧民多淡食。宜以二百萬引給商，一百萬引散諸路，立常平鹽局，或販者增價，官平其直以售，庶民用給，而國計亦裕。又京師富民釀酒價高而味薄，且課不時輸，宜一切禁之，官自酤賣。」並從之。

世榮居中書未十日，御史中丞崔彧言其不可爲相，忤旨，下彧吏按問，免官。明年正月壬午，帝御香殿，世榮奏：「臣言天下歲課鈔九十三萬二千六百錠之外，臣更經畫，不取於民，裁抑權勢所侵，可增三百萬錠。初未行下，而中外已非議，臣請與臺省官面議上前。」帝曰：「卿但言之。」世榮奏：「古有榷酤之法，今宜立四品提舉司，以領天下之課，歲可得鈔千四百四十錠。自王文統誅後，鈔法虛弊。爲今之計，莫若依漢、唐故事，括銅鑄至元錢，及製綾券，與鈔參行。」因以所織綾券上之。帝曰：「便益之事，當速行之。」

又奏：「於泉、杭二州立市舶都轉運司，造船給本，令人商販，官有其利七，商有其三。禁私泛海者，拘其先所蓄寶貨，官賣之；匿者許告，没其財半給告者。今國家雖有常平倉，實無所蓄。臣將不費一錢，但盡禁權勢所擅産鐵之所，官立鑪鼓采爲器鬻之，以所得利合常平鹽課，糴粟積於倉，待時糶之，必能均物價，而獲厚利。國家雖立平準，然無曉規運者，以致鈔法虛弊，諸物踴貴。宜令各路立平準周急庫，輕其月息，以貸貧民，如此則貸者衆，而本且不失。又，隨朝官吏增俸，州郡未及，可於各都立市易司，領諸牙儈計物貨，四十分取一，以十爲率，四給牙儈，六爲官吏俸。國家以兵得天下，不藉糧餽，惟資羊、馬，宜於上都、隆興等路，以官錢買幣帛易羊、馬於北方，選蒙古人牧之，收其皮毛、筋角、酥酪等物，十分爲率，官取其八，二與牧者。馬以備軍興，羊以充賜予。」帝曰：「汝先言數事皆善，宜速行。此事亦善，祖宗時亦欲行之而不果，朕當思之。」世榮因奏曰：「臣之行事，多爲人所怨，後必有譖臣者，臣實懼焉，請先言之。」帝曰：「汝言皆是，惟欲人無言，安有是理！疾足之犬，狐不愛焉，主人豈不愛之？朕自愛汝，彼姦僞者則不愛汝耳。汝之職分既定，其毋以一二人從行。」遂諭丞相安童增其導從，以爲護衛。

又十餘日，中書省請罷行御史臺，其所隸按察司隸内臺，又請隨行省所在立行樞密院。明日，奏升六部爲二品。又奏令按察司總各路錢穀，擇幹濟者用之，其刑名事上御史臺，錢穀由部申省。帝曰：「汝與老臣共議，然後行之可也。」

二月辛酉，御史臺奏：「中書省請罷行臺，改按察爲提刑轉運司，俾兼錢穀。臣等竊惟：初置行臺時，朝廷老臣集議以爲有益，今無所損，不可輒罷。且按察司兼轉運，則糾彈之職廢。請右丞相復與朝廷老臣集議。」詔如所請。御史臺又奏：「前奉旨，令臣等議罷行臺及兼轉運事。世榮言按察司所任，皆長才舉職之人，可兼錢穀，而廷臣皆以爲不可。彼所取之人，臣不敢言，惟言行臺不可罷者，衆議皆然。」帝曰：「世榮以爲何如？」奏曰：「欲罷之。」帝曰：「其依世榮言。」

中書省奏立規措所，秩五品，所司官吏以善賈者爲之。帝曰：「此何職？」世榮對曰：「規畫錢穀者。」帝從之。又奏：「凡能規畫錢穀者，向日在阿合馬之門，今籍録以爲汙濫。臣欲擇其通才可用者，然懼有言臣用罪人。」帝曰：「何必言此？可用者用之。」遂以前河間轉運使張弘綱、撒都丁、不魯合散、孫桓，並爲河間、山東等路都轉運鹽使，餘擢用者甚衆。

世榮既以利自任，懼怒之者衆，乃以九事説帝詔天下：其一，免民間包銀三年；其二，官吏俸免民間帶納；其三，免大都地税；其四，江淮民失業貧困、鬻妻子以自給者，所在官爲收贖，使爲良民；其五，逃移復業者，免其差税；其六，鄉民造醋者，免收課；其七，江南田主收佃客租課，減免一分；其八，添支内外官吏俸五分；其九，定百官考課升擢之法。大抵欲釋憾要譽而已。

既而又奏：「立真定、濟南、江淮等處宣慰司，兼都轉運使，以治課程，仍禁諸司不得追攝管課官吏，及遣人輒至辦課處沮擾，按察司不得檢察文卷。」又奏：「大都酒課，日用米千石。以天下之衆比京師，當居三分之二，酒課亦當日用米二千石。今各路但總計日用米三百六十石而已，其姦欺盜隱如此，安可不禁？臣等已責各官增舊課二十倍，後有不如數者，重其罪。」帝悉從之。三月，世榮奏以宣德、王好禮並爲浙西道宣慰使。帝曰：「宣德，人多言其惡。」世榮奏：「彼入狀中書，能歲辦鈔七十五萬錠，是以令往。」四月，世榮又奏曰：「臣伏蒙聖眷，事皆委臣。臣愚以爲今日之事，如數萬頃田，昔無田之者，草生其間，臣今創田之，已耕者有焉，未耕者有焉，或纔播種，或既生苗，然不令人守之，爲物蹂踐，則可惜也。方今丞相安童，督臣所行，是守田者也。然不假之以力，則田者亦徒勞耳。守田者假之力矣，而天不雨，亦不能生稼穡。所謂天雨者，陛下與臣添力是也，惟陛下憐臣。」帝曰：「朕知之矣。」令奏行事之目，皆從之。

世榮居中書纔數月，恃委任之專，肆無忌憚，視丞相猶虛位。左司郎中周戭與世榮不合，坐以廢格詔旨，奏杖一百，復斬之，百官凛凛。監察御史陳天祥獨上章，劾其「苛刻誅求，爲國斂怨，將見民間凋耗，天下空虛。考其所行與所言者，已不相副。始言能令鈔法如舊，今弊愈甚；始言能令百物自賤，今百物愈貴；始言課程增至二百萬錠，不取於民，今迫脅諸路，勒令如數虛認而已；始言令民快樂，今所爲無非擾民之事。若不早更張，待其自敗，正猶蠹雖除而木已病矣。」帝時在上都，御史大夫玉昔帖木兒以狀聞，帝大悟，即日遣唆都等還大都，命安童集諸司官吏，同世榮聽天祥彈文，仍令世榮、天祥赴上都。

壬戌，御史中丞阿拉帖木兒、郭佑，侍御史白秃剌帖木兒，參政撒的迷失等，以世榮所伏罪狀奏曰：「不白丞相安童，支鈔二十萬錠；擅升六部爲二品；效李璮令急遞鋪用紅青白三色囊轉行文字；不與樞密院議，調三行省萬二千人置濟州，委漕運使陳柔爲萬户管領。以沙全代萬户寧玉戍浙西吴江；用阿合馬黨潘傑、馮珪爲杭、鄂二行省參政，宣德爲杭州宣慰，餘分布中外者衆；以鈔虛，閉回易庫，民間昏鈔不可行；罷白酵課；立野麪、木植、磁器、桑棗、煤炭、匹段、青果、油坊諸牙行；調出縣官鈔八十六萬餘錠。」丞相安童言：「世榮昔奏：『能不取於民，歲辦鈔三百萬錠，令鈔復貴，諸物悉賤，民得休息，數月即有成效。』今已四閲月，所行不符所言，錢穀出者多於所入，引用憸人，紊亂選法。」阿拉帖木兒、天祥等質世榮於帝前，世榮悉款伏。遣忽都答兒傳旨中書省：「丞相安童與諸老臣議，世榮所行，當罷者罷之，更者更之，所用人實無罪者，朕自裁處。」下世榮於獄。十一月乙未，帝問忽剌出曰：「汝於盧世榮有何言？」對曰：「近漢人新居中書者，言：『世榮款伏，獄已竟矣，猶日豢之，徒費廩食。』」詔誅世榮，刲其肉以食禽、獺。

桑哥，畏兀兒人，膽巴國師弟子也。能通諸國語，嘗爲西番譯史。性狡黠，好言財利事。至元中，擢爲總制院使。中書省嘗令李留判市油，桑哥請以官鐵往市，司徒和禮霍孫謂：「非汝所宜爲。」桑哥不服，至相毆，且曰：「與其使它人侵盜，曷若與公家營利乎？」乃以油萬斤與之。桑哥後以所營息錢進，和禮霍孫曰：「我初計不及此。」一日，桑哥在帝前論和雇和買事，因語及之，帝大悦，始有大任之意。嘗令桑哥具省臣姓名以進，省中建置及人才進退，桑哥咸得與聞。時桑哥與江南釋教總統楊璉真伽相表裏，請發宋諸陵，桑哥矯詔可其奏。

二十四年閏二月，復置尚書省，遂以桑哥與帖木兒爲平章政事。詔天下，改行中書省爲行尚書省，六部爲尚書六部。三月，更定鈔法，頒行至元寶鈔於天下，中統鈔通行如故。桑哥嘗奉命檢覆中書省事，凡校出虧欠鈔四千七百七十錠、昏鈔一千三百四十五錠，平章麥朮丁即自伏，參政楊居寬謂實掌銓選，錢穀非所專任。桑哥令左右擊其面，因問曰：「既典銓事，果無黜陟失當者乎？」尋亦引服。帝令丞相安童與桑哥共訊，且諭：「毋令麥朮丁等後得以脅問誣伏爲辭，此輩固狡獪人也。」

數日，桑哥又奏：「鞫中書參政郭佑，多所逋負，尸位不言。臣謂：『中書之務，隳惰如此，汝力不能及，何不告之蒙古大臣？』故毆辱之，今已款服。」帝益怒，命窮詰之，佑與居寬皆坐棄市。刑部尚書不忽木爭之，不得。臺吏王良弼與江寧縣尹吴德議尚書省政事，又言：「尚書鉤校中書，不遺餘力，他日我曹得發尚書姦利，其誅籍無難。」桑哥聞之，曰：「若輩誹謗政事，不誅無以懲後。」遂並捕殺之。又有斡羅思者，以忤桑哥，被讒籍其家，惟金、玉帶各一，黄金五十兩，皆上所賜，乃以公用孽畜加之罪。帝曰：「此口腹之事也。」釋不問。

桑哥嘗奏以沙不丁遥授江淮行省左丞，烏馬兒爲參政，領泉府、市舶事，發鈔千錠給行泉府司，歲輸珍異物爲息。又以拜降爲福建行省平章，既得旨，乃言於帝曰：「臣前言，凡任省臣與行省官，並與丞相安童議。今奏用沙不丁、烏馬兒等，適丞相還大都，未與議，臣恐有以前奏爲言者。」帝曰：「安童不在，朕若主也。朕已允行，何言之有！」

時江南行臺與行省並無文移，事無巨細，必咨内臺呈省聞奏。桑哥以其往復稽留誤事，宜如内臺例，分呈行省。又言：「按察司文案，宜從各路民官檢覆，遞相糾舉。自太祖時有旨，凡臨官事者互相覺察，此故事也。」從之。

十月乙酉，詔問翰林諸臣：「以丞相領尚書省，漢、唐有此制否？」咸對曰：「有之。」翊日，左丞葉李以翰林諸臣言：「桑哥秉政久，宜進位丞相，以協人望。」帝大悦，遂以爲尚書右丞相，兼總制院使司事，進階金紫光禄大夫。於是桑哥奏以平章帖木兒代其位，右丞阿爾渾撒里遷平章政事，葉李遷右丞，參政馬紹遷左丞。

十一月，桑哥言：「臣前以諸道宣慰司及路府州縣官吏，稽緩誤事，奉旨遣人笞責之。今真定宣慰使速哥、南京宣慰使答失蠻，皆勳舊之子，宜取聖裁。」勑罷其任。明年正月，以甘肅行尚書省參政鐵木哥不任事，奏乞牙帶代之。未幾，又以江西行尚書省平章政事呼忽都鐵木兒不職，奏罷之。兵部尚書忽都答兒不勤於政，桑哥毆罷之而後奏，帝曰：「若輩不罷，汝事何由得行？」

自立尚書省，倉庫諸司，無不鉤考。先摘委六部官，復以爲不專，乃置徵理司，以治財穀之當追者。時桑哥以理算爲事，毫分縷析，入倉庫者，無不破産。及當更代，人皆棄家避之。十月，桑哥奏：「湖廣行省錢穀，已責平章要束木。外省欺盜必多，乞以參政忻都、户部尚書王巨濟等十二人，理算江西、福建、四川、甘肅、安西五省，每省各二人，特給印章與之。省部官既去，事不可廢，擬選人爲代，聽食原俸。理算之間，宜給兵以衛之。」帝皆從之。

是時天下騷然，江淮尤甚，諛佞之徒諷大興民史吉等爲桑哥立石頌德，帝聞之曰：「民欲立則立之，仍以告桑哥，使其喜也。」於是翰林官製文，題曰《王公輔政之碑》。時桑哥婦弟八吉爲燕南道宣慰使，聞其事，亦諷屬縣爲己立石頌德，使儒學教授張延撰文。延正色卻之，即日謝病歸，士論稱之。桑哥又以總制院所統西番諸宣慰司，軍民財穀，事體甚重，宜有以崇異之，奏改爲宣政院，秩從一品，用三臺印。帝問所用何人，對曰：「臣與脱因。」於是命桑哥以開府儀同三司、尚書右丞相，兼宣政使，領功德使司事，脱因同爲使。帝嘗召桑哥，謂曰：「朕以葉李言，更至元鈔，所用者法，所貴者信，汝無以楮視之，其本不可失，汝宜識之。」

二十六年，桑哥請鉤考甘肅行尚書省及益都、淄、萊淘金總管府，僉省趙仁榮、總管明里等，皆以罪罷。帝幸上都，桑哥言：「去歲陛下幸上都，臣日視内帑諸庫，今歲欲乘小輿以行，人必竊議。」帝曰：「聽人議之，汝乘之可也。」桑哥又奏：「近委省臣檢責左右司文簿，凡經監察御史稽照者，遺逸尚多。自今當令監察御史即省部稽照，書姓名於卷末，苟有遺逸，易於歸罪。仍命侍御史檢視之，失則連坐。」帝從之，乃笞監察御史四人。是後，監察御史赴省部，掾令史與之抗禮，但遣小吏持文簿置案而去，監察御史遍閱之，而臺綱廢矣。

桑哥又言：「國家經費既廣，歲入恒不償所出，往歲計之，不足者餘百萬錠。自尚書省鉤考天下財穀，賴陛下福，以所徵補之，未嘗斂及百姓。臣恐自今難用此法矣。何則？倉庫可徵者少，而盜者亦鮮，臣憂之。臣愚以爲鹽課每引今直中統鈔三十貫，宜增爲一錠；茶每引今直五貫，宜增爲十貫；酒醋稅課，江南宜增額十萬錠，内地五萬錠。協濟户十八萬，自入籍至今十三年，止輸半賦，聞其力已完，增爲全賦。如此，則國用可支，臣等免於罪矣。」帝曰：「如所議行之。」

桑哥既專政，凡銓調内外官，皆由於己，而宣勅尚由中書。桑哥以爲言，帝乃命宣勅並付尚書省。由是以刑賞爲市，奸諛之徒奔走其門。入貴價以買所欲，當刑者脱，求官者得，綱紀大壞，人心駭愕。

二十八年春，帝畋於柳林，利用監徹里、浙西按察使千盧等劾奏桑哥專權黷貨。時不忽木出使，帝遣人趣召之至，覲於行殿。帝以問，不忽木對曰：「桑哥壅蔽聰明，紊亂政事，有言者即誣以他罪而殺之。今百姓失業，盜賊蠭起，召亂在旦夕，非亟誅之，恐爲陛下憂。」留守賀伯顔亦爲帝陳其姦惡，久之言者益衆，帝始決意誅之。

三月，帝諭大夫月兒魯曰：「屢聞桑哥沮抑臺綱，杜言者之口；又嘗捶撻御史，其所罪者何事，當與辨之。」桑哥等持御史李渠等已刷文卷至，令侍御史杜思敬等勘驗辯論，往復數四，桑哥等辭屈。明日，帝駐蹕土口，復召御史臺暨中書、尚書兩省官辯論。尚書省執卷奏曰：「前浙西按察使只必，因監閱燒鈔受贓至千錠，嘗檄臺徵之，三年不報。」思敬曰：「文之次第，盡在卷中，尚書省拆卷持對，其弊可見。」徹里抱卷至前奏曰：「用朱印以封紙縫者，防欺弊也。若輩爲宰相，乃拆卷破印與人辨，是教吏爲姦。」帝是之。責御史臺曰：「桑哥爲惡，始終四年，其姦贓暴著非一，汝臺臣，安得不知？」中丞趙國輔對曰：「知之。」帝曰：「知而不劾，何罪？」思敬等對曰：「奪官、追俸，惟上所裁。」數日不決。大夫月兒魯奏：「臺臣久任者當斥罷，新者存之。」乃下桑哥於獄，仆其《輔政碑》。七月，伏誅。

監察御史言：「沙不丁、納速剌丁滅里、烏馬兒、王巨濟、楊璉真伽、沙的、教化的，皆桑哥黨，今或繫獄，或釋之，臣所未諭。」帝曰：「納速剌丁滅里在獄，沙不丁朕姑釋之耳。」

明年二月，玉昔帖木兒等言：「納速剌丁滅里、忻都、王巨濟黨比桑哥，恣爲不法，楮幣、銓選、鹽課、酒税，無不更張變亂之。銜命江南理算者，皆嚴急輸期，民至嫁妻賣女，禍及親鄰。維揚、錢塘受害最慘，無故而殞其生者五百餘人。其始士民猶疑事出朝廷，近者徹里按問，悉皆首實請死。乃知天子仁愛元元，而使之至此者，實桑哥及其凶黨之爲也，莫不願食其肉。臣等議，此三人者既伏其辜，宜令省臺從公論罪，以謝天下。」三人遂棄市。貸楊璉真伽死，其妻與沙不丁、烏馬兒之妻，並没入官，送詣京師。烏馬兒尋亦論死，唯沙不丁獲免。

平章政事要束木者，桑哥之妻黨，鉤考荆湖錢穀，省臣擬授湖廣平章政事。帝曰：「要束木，小人，事朕方五年，授一理算官，足矣。」覽中書所奏，令人恥之。」及至湖廣，即籍阿里海涯家貲以獻。正月朔，百官會，行省朝服以俟，要束木召至其家受賀畢，方詣省望闕賀如常儀。又陰召卜者，有不軌之言。中書省列其罪以聞，帝命械至湖廣行省，戮之，籍其家，得黄金四千兩。

史臣曰：司馬遷以利爲害之源，然懋遷有無，肇於有虞，管仲、范蠡用貨殖伯齊、越二國，無他，利天下則爲利，反是則爲害也。世祖才阿合馬，擢爲宰相。阿合馬死，盧世榮繼之。世榮死，桑哥繼之。三凶媲并，病國厲民，廁酷吏以重位，陷正人以刑網，視漢、唐聚斂之臣，其毒尤甚焉。嗚乎！蒙古有中原五六十年，政無紀綱，遺黎殆盡。世祖踐阼，思大有爲於天下，黔首喁喁，正延頸歸命之時，乃用貪狠匹夫，鑽膏剔髓，以剿民命，迨窮姦稔惡，始嬰顯戮，而蒼生之禍已烈矣。司馬遷之言，豈不信歟！

【校勘記】

〔一〕「綱」，原作「罔」，據《元史》卷二〇五列傳第九十二《姦臣傳》改。

〔二〕「梃」，原作「挺」，據《元史》卷二〇五列傳第九十二《姦臣傳》改。

新元史卷之二百二十四　列傳第一百二十一

鐵木迭兒　鐵失　伯顔　哈麻雪雪

鐵木迭兒，蒙古人。曾祖唆海，贈太尉，謚武烈。祖不憐吉歹，憲宗時爲大將，七年伐宋，自鄧州略地至江漢，贈太尉，謚忠武。不憐吉歹二子：忽魯不花，中統初爲中書左丞相，兼中書省都斷事官，贈太師，謚忠獻；木兒火赤，贈太師，謚忠貞。三世並追封歸德王。

鐵木迭兒，木兒火赤之子也。大德間，爲同知宣徽院事，兼通政院使。武宗即位，遷宣徽使，有寵於皇太后。至大元年，出爲江西行省平章政事，拜雲南行省左丞相，以擅赴闕爲尚書省所劾，詔詰問，尋以皇太后旨貸之。

武宗崩，仁宗在東宫，誅丞相脱虎脱等，用完澤及李孟爲中書平章政事，更張庶務。而皇太后已有旨，召鐵木迭兒爲中書右丞相，帝不得已，相之。及幸上都，命鐵木迭兒留守大都。完澤等奏：「故事，丞相留京師者，出入得張蓋。今右丞相鐵木迭兒，請得張蓋如故事。」許之。

皇慶元年三月，鐵木迭兒奏：「臣誤蒙聖恩，擢任中書，年衰且病，雖未能深達政體，事有創行，敢不自勉！繼今朝夕視事，左右司六部官有不盡心者，當論決；再不悛者，黜勿叙；其有託故僥倖他職者，亦不叙。」帝韙其言。二年，以病罷。延祐改元，丞相合散奏：「臣非世勳之胄，不可居右相。」舉鐵木迭兒自代。帝令白皇太后，授以中書省印，拜開府儀同三司、監修國史、録軍國重事。居數月，復拜中書右丞相，合散爲左丞相。鐵木迭兒奏請：「內侍毋隔越妄奏。中書政務，諸司毋輒干預。富民往諸番商販，率獲厚利，商者益衆，中國物輕，番貨反重。請以江浙右丞曹立領其事，發舟十綱，給牒以往，歸則征稅如制，私往者没其貨。又以經用不給，請預買山東、河間運使來歲鹽引及各冶鐵貨，以足今歲之用。并覈江南田，令田主自實頃畝狀入官，諸王、駙馬、學校、寺觀亦如之。仍禁私匿民田，貴戚勢家毋得沮撓。」仁宗皆從之。尋遣使者分行各省，括田增稅，苛急煩擾，江西蔡五九作亂，始罷其事。

二年七月，詔諭中外，命右丞相鐵木迭兒總宣政院事。十月，進太師。十一月，大宗正府奏：「累朝舊制，凡議重刑，必決於蒙古大臣。今宜聽於太師右丞相。」從之。

鐵木迭兒既再爲首相，怙勢貪虐。平章政事蕭拜住稍牽制之，而楊朵兒只自侍御使拜中丞，慨然以糾正其罪爲己任。上都富人張弼殺人繫獄，鐵木迭兒使家奴脅留守賀伯顔出之，伯顔不從。朵兒只廉得鐵木迭兒所受張弼賂，有顯徵，乃與拜住及伯顔奏之：「內外監察御史凡四十餘人，共劾鐵木迭兒桀黠姦貪，陰賊險狠，蒙上罔下，蠹政害民，布置爪牙，威讋朝野，凡可以誣陷善人、要功利己者，靡所不至。取晉王田千餘畝，興教寺後壖園地三千畝，衛兵牧地二千餘畝。竊食郊廟供祀馬。受諸王哈剌班第使人鈔十四萬貫，寶珠、玉帶、氍毹、幣帛又計鈔十餘萬貫。受杭州永興寺僧章自福賂金一百五十兩。取殺人囚張弼鈔五萬貫。既已位極人臣，又領宣政院事。諸子無功於國，盡居貴顯。縱家奴凌虐官府，爲害百端。以致陰陽不和，山移地震，災異數見，百姓流亡，己乃恬然略無省悔。私家之富，在阿合馬、桑哥之上。四海疾怨，咸願車裂斬首，以快其心，如蒙早加顯戮，庶使後之爲臣者知所警戒。」奏既上，仁宗震怒，詔逮問。鐵木迭兒匿皇太后近侍家，有司不敢捕。仁宗不樂者數月，又恐出皇太后意，不忍重咈之，乃罷其相位，餘悉不問。鐵木迭兒家居未逾年，又起爲太子太保，中外聞之驚駭。御史中丞趙世延率諸御史論其不法數十事，內外御史論其不可輔道東宮者又四十餘人。然以皇太后故，終不能治其罪。

七年正月，仁宗崩。越四日，鐵木迭兒以皇太后旨，復拜右丞相。又逾月，鐵木迭兒宣皇太后旨，召蕭拜住與楊朵兒只至徽政院，與徽政院使失列門等雜問之，責以前違皇太后旨，令伏罪。即入奏，執二人棄市。是日，白晝晦冥，都人恟懼。三月，英宗即位，中書省啟：「祖宗以來，皇帝登極，中書率百官稱賀，班首惟上所命。」英宗曰：「其以鐵木迭兒爲之。」是月，加鐵木迭兒開府儀同三司、上柱國、太師，詔中外毋沮議鐵木迭兒。五月，英宗在上都，鐵木迭兒嫉留守賀伯顔不附己，誣其以便服迎詔爲不敬，下五府雜治，竟殺之。都民爲之流涕。

趙世延時爲四川行省平章政事，鐵木迭兒啟英宗，遣使逮捕之。世延未至，鐵木迭兒使諷世延，啗以美官，令告引同時異己者，世延不肯從。至是，坐以違詔不敬，令法司窮治，請寘極刑。英宗曰：「彼罪在赦前，宜釋免。」鐵木迭兒對曰：「昔世延與省臺諸人謀害老臣，請究其姓名。」英宗曰：「事皆在赦前矣，又焉用問？」數日，復奏世延當處死罪，又不允。

久之，帝覺其所譖毁者，皆先朝舊人，滋不悦。乃任拜住爲左丞相，委以腹心。鐵木迭兒漸見疎外，因稱疾不出。至治二年，拜住奉命至范陽立《安童碑》，鐵木迭兒將涖省事，入朝，至宫門，帝遣内侍賜之酒曰：「卿年老，宜自愛，待新年入朝未晚。」遂怏怏而返。是年八月卒，命給鈔市葬地。

十二月，其子宣政院使八里吉思坐受劉夔冒獻田畝，伏誅，仍籍其家。三年五月，監察御史蓋繼元、宋翼言：「鐵木迭兒姦險貪汙，請毁所立碑。」從之。仍追奪官爵及封爵制書。六月，毁鐵木迭兒祖父碑，追收元降敕書，告諭中外。七月，籍鐵木迭兒家貲。

泰定帝即位，御史言：「鐵木迭兒專政，誣殺楊朵兒只等，罷免王毅、高昉、張志弼，請加昭雪。」詔存者召還録用，死者贈官有差。監察御史脱脱、趙成慶復言：「鐵木迭兒在先朝，包藏禍心，離間親藩，誅戮大臣，使先帝孤立，卒罹大禍。其子鎖南〔一〕，親與逆謀，久逭天憲，乞正其罪，以快元元之心。」詔誅之。監察御史許有壬又言：「鐵木迭兒死有餘辜，請剖棺戮尸，以謝天下。」帝不允。三年，禮部員外郎元永貞言：「鐵失弑逆，皆由鐵木迭兒始禍。宜明正其罪，宣付史館，以爲人臣之戒。」從之。

鐵木迭兒五子：班丹，知樞密院事，坐贓杖免；鎖南，治書侍御史，坐逆黨誅；八里吉思，坐劉夔事誅；鎖住，將作院使，明宗赦流於南荒。天曆二年，丞相燕帖木兒言：「鎖住有勞於國，請召還。」從之。至順元年，鎖住與弟觀音奴、姊壻太醫使野里牙怨望，祭北斗咀咒，事覺，俱坐誅。

鐵失，鐵木迭兒義子也。其妹爲英宗第二皇后。初以翰林學士承旨、宣徽院使爲太醫院使。未逾月，特命領中都威衛指揮使。至治元年，賜珍珠燕服。三月，特授光禄大夫、御史大夫，仍金虎符、忠翊侍衛親軍都指揮使，依前太醫院使。帝嘗御盝頂殿，謂鐵失曰：「宣徽雖隸太皇太后，朕視之與諸司同。凡簿書，宜悉令御史檢覈。」既而又命領左右阿速衛。冬十月，帝親祀太廟，以中書左丞相拜住爲亞獻官，鐵失爲終獻官。

明年冬十月，江南行臺御史大夫脱脱以疾上請，未得旨輒去，鐵失劾之，杖六十七，謫雲南。治書侍御史鎖南，鐵木迭兒之子也，改翰林侍講學士，鐵失奏復其職，帝不允。十二月，以鐵失兼領廣惠司事。英宗嘗謂臺臣曰：「朕深居九重，臣下姦貪，民生疾苦，豈能周知？故用卿等爲耳目。曩者鐵木迭兒貪蠹無厭，汝等拱默不言。其人雖死，宜籍其家，以懲後也。」

又明年三月，申命鐵失振舉臺綱，詔諭中外。既而御史臺請開言路，帝曰：「言路何嘗不開，但卿等選人未當爾！監察御史嘗舉八里吉思可大受，未幾以貪墨敗；若此者，言路選人當乎？否乎？」時鐵木迭兒既死，罪惡日彰，帝委任拜住爲右丞相，以進賢退不肖爲急務，鐵失不自安，遂潛蓄異圖。

秋八月癸亥，帝自上都還，駐驆南坡。是夕，鐵失與知樞密院事也先帖木兒、大司農失秃兒、前中書平章政事赤斤帖木兒、前雲南行省平章政事完澤、前治書侍御史鎖南、鐵失之弟宣徽使鎖南、典瑞院使脱火赤、樞密院副使阿散、僉書樞密院事章台、衛士秃滿，及諸王按梯不花、孛羅、月魯帖木兒、曲律不花、兀魯思不花等，以鐵失所領阿速衛兵爲外應，殺右丞相拜住。鐵失直犯禁幄，弑英宗於卧内，使赤斤帖木兒、帖木兒不花馳赴大都，召集百官，收其符印。時樞密院掾史王貞言於副使完顔迺丹曰：「大行晏駕，丞相、中書、樞密無至者，赤斤帖木兒累朝退黜之人，帖木兒不花亦爲散官，誰使之來？兵權所在，豈可以印授之！」迺丹歎息曰：「此御史大夫鐵失所爲也。」貞徧告樞府大臣，請急執赤斤帖木兒等，與中書省同訊之，聞者皆不敢發。

九月，泰定帝即位，鐵失及其黨始伏誅。監察御史許有壬上言：「鐵失身領臺端，妹爲君配，先帝待之情逾骨肉，縱不思報效，忍爲寇仇？自古宮闈之變，未有若是之慘者。宜戮其全家，瀦其居室。鐵失之妹，係是禍根，勿令汙染宮闈，即時逐出，從朝廷議擬區處。」奏上，事寢不報。

史臣曰：南坡之禍，鐵木迭兒爲之也。英宗知鐵木迭兒之姦，而寘其義子於左右，其反噬宜矣。自古母后淫恣，昵於權臣，未有不釀弑君之禍者。魏馮太后、元興聖太后是已。仁宗考終，幸不爲魏之獻文。然鐵木迭兒之逆黨卒弑英宗。嗚呼，何其酷也！

伯顔，蔑兒吉氏。年十五，奉成宗命，侍武宗於潛邸。大德三年，從武宗北征海都。五年，從拒海都於迭怯里古之地，又戰於哈剌答之地，皆有功。十一年，武宗入繼大統，伯顔扈從至上都，賜號拔都兒。帝即位，授吏部尚書，改尚服院使，又拜御史中丞。至大二年，拜尚書平章政事，賜交龍虎符，領右衛阿速親軍都指揮使司達魯花赤。三年，加特進。延祐三年，改周王常侍。四年，拜江南行臺御史中丞。五年，遷御史大夫。六年，拜江浙行省平章政事。七年，又拜陝西行臺御史大夫。至治二年，復遷南臺。泰定二年，遷江西行省平章政事。三年，改河南行省。

致和元年，泰定帝崩。八月，燕鐵木兒起兵於大都，遣明里董阿至江陵，迎文宗，道過河南，密告伯顔。伯顔歎曰：「此吾君之子，吾夙荷武宗厚恩，曷敢觀望？」即集省官明告以故。於是會計乘輿供御及賞犒之用，靡不備至。即遣蒙哥不花馳告文宗，又使羅里報燕鐵木兒曰：「公爲其内，河南事我當自效。」伯顔别募兵五千人，迎車駕於江陵，自勒所部兵以俟。參知政事脱别台曰：「今蒙古兵與宿衛之士，皆在上都，而令探馬赤軍守諸隘，吾恐此事不易成也。」伯顔不聽。是夜，脱别台欲殺伯顔，伯顔覺，拔劍殺之，奪其軍，收馬一千二百匹。文宗拜伯顔河南行省左丞相。車駕至，伯顔擐甲胄，與百官導入，即俯伏稱萬歲勸進。帝脱御鎧、寶刀及海青白鶻、文豹以賜之。明日，扈駕北行。

九月，文宗即位，加銀青光禄大夫，仍領宿衛。尋加太尉，賜黄金二百五十兩、白金一千兩，楮幣二十五萬緡，進開府儀同三司、録軍國重事、御史大夫、中政院使。天曆二年，拜太保，加儲慶使，賜虎符，特授忠翊侍衛親軍都指揮使。

明宗即位，文宗爲皇太子，拜太子詹事。八月，拜中書左丞相。

明宗崩，文宗嗣立，加儲政院使。至順元年，拜知樞密院事。帝以伯顔功大，尚世祖女孫卜顔的斤公主，又賜黄金雙龍符，文曰：「廣忠宣義正節振武佐運功臣。」又命宴飲視宗王禮。二年八月，進封浚儀王，加侍正府侍正，又加昭功宣毅萬户、忠翊侍衛都指揮使。三年，拜太傅，加徽政院使。

八月，文宗崩。伯顔與燕鐵木兒，奉皇太后之命，立寧宗。十一月，寧宗又崩。

四年六月，惠宗即位，拜中書右丞相。元統二年，進太師、奎章閣大學士。十二月，進封秦王。至元元年六月，燕帖木兒子唐其勢忿伯顔位己上，與其弟塔海謀殺伯顔，爲伯顔所殺，遂執皇后，廢之。七月，鴆弑皇后於開平民舍。帝爲詔諭天下，賜伯顔答剌罕之號，太皇太后賜第時雍坊。三年，奏殺張、王、劉、李、趙五姓漢人，帝不從。四年，奏請解政務，三宫交勉慰留。詔立伯顔生祠於涿州。五年，詔爲大丞相，加號元德上輔，賜七寶龍虎金符。

伯顏自殺唐其勢之後，專權自恣，漸有姦謀，密與太皇太后議，廢帝立燕帖古思，帝知之。初，伯顏養兄子脱脱爲子，宿衛内廷，伺帝起居。脱脱見伯顏凶暴日甚，私憂之，乘間自陳忘家徇國之意，帝猶不之信。遣阿魯、世傑班，日以忠義之言與之往復，知脱脱意無他，帝始與脱脱密謀討之。是年，車駕至自上都，伯顏搆殺郯王徹徹篤，奏賜死，帝未允，輒傳旨行刑，又殺其近屬百餘人。復奏貶宣讓王帖木兒不花、威順王寬徹不花，帝益忿。

六年二月，伯顏自率衛兵，請帝畋獵。脱脱告帝託疾不往。伯顏挾太子燕帖古思出次柳林。脱脱與世傑班等合謀，白於帝，請罷其政事。戊戌，脱脱悉收門鑰，領衛兵，阿魯、世傑班侍帝側。是夜，帝御文德殿，遣太子怯薛丹月可察兒率三十騎抵太子營，與太子入城。夜半，命只兒瓦台奉詔往柳林，出伯顏爲河南行省左丞相。詔曰：「朕踐位以來，命伯顏爲太師、秦王、中書大丞相。而伯顏不能安分，專權自恣，欺朕年幼，輕視太皇太后及朕弟燕帖古思，變亂祖宗成憲，賊害天下，加以極刑，允合輿論。朕念先朝之故，尚存憫恤。今出爲河南行省左丞相，所有元領諸衛親軍并怯薛丹人等，詔到時，即許散還。」

明日，伯顏遣人來城下問故。脱脱倨城門上宣言：「有旨：黜丞相一人，諸從官無罪，可各還本衛。」伯顏奏乞陛辭，不許，遂行。過真定，父老奉觴酒以進，伯顏曰：「爾曹見子殺父事耶？」父老曰：「不曾見子殺父，惟見臣弑君耳。」伯顏俛首有慚色。三月辛未，詔徙南恩州陽春縣安置，至龍興路駉舍，飲藥死。

哈麻，字士廉，康里人。母爲寧宗乳母。哈麻與其弟雪雪，早備宿衛，惠宗深寵之。哈麻有口辯，尤爲帝所親幸，累遷殿中侍御史。雪雪官集賢學士。帝與哈麻以雙陸爲戲，一日，哈麻服新衣侍側，帝方啜茶，即噀茶於其衣上。哈麻曰：「天子固當如是耶？」帝一笑而已。

哈麻聲勢日盛，自藩王戚里，皆賂遺之。尋以罪貶南安，復召爲禮部尚書，俄遷同知樞密院事。初，脱脱爲丞相，弟也先帖木兒爲御史大夫，哈麻日趨其門。會脱脱罷相，而别怯兒不花爲丞相，與脱脱有舊怨，欲中傷之，哈麻每於帝前力加營護。

未幾，别怯兒不花罷，太平爲左丞相，韓嘉納爲御史大夫，謀黜哈麻，諷監察御史斡勒海壽劾其受宣讓王等駝馬諸物，又設帳房於御幄後，無君臣之分，恃提調寧徽寺，出入脱忽思皇后宫闈，犯分之罪尤大。脱忽思皇后，帝之庶母也。海壽，字允常，澠池人，拜監察御史，慨然曰：「張綱埋輪，先問豺狼之當道者，知所重也。臺諫許風聞言事，况目擊乎？」

遂疏哈麻罪，對仗彈之。哈麻知其事，先於帝前辯析，謂皆爲太平、韓嘉納所摭拾。及奏入，帝大怒，斥弗納。明日章再上，帝不得已，僅奪哈麻、雪雪官，謫居草地，而斡勒海壽出爲陝西廉訪副使，太平罷爲翰林學士承旨，韓嘉納罷爲宣政使，尋出爲江浙行省平章政事。頃之，脱忽思皇后泣訴於帝，謂御史所劾哈麻事爲侵己，帝益怒，乃詔奪海壽官，禁錮終身。」已而脱脱復爲丞相，也先帖木兒復爲御史大夫，謫太平居陝西，加韓嘉納以贓罪，杖流尼嚕罕以死。

召哈麻爲中書添設右丞。明年正月，除右丞。時脱脱方信任汝中柏，由郎中爲中書參議，自平章政事以下，見其議事，皆讓之。獨哈麻與之争辯，中柏因譖哈麻於脱脱。八月，罷哈麻爲宣政院使，位居第三。哈麻由是深銜脱脱。初，哈麻嘗進西天僧運氣術媚帝，帝習之，號「演揲兒法」。「演揲兒」，譯言「大喜樂」也。哈麻之妹婿集賢學士禿魯帖木兒，有寵於帝，與老的沙等十人俱號倚納。禿魯帖木兒性姦狡，帝尤愛之，薦西番僧伽憐真於帝。僧善「秘密法」，謂帝曰：「陛下雖尊居萬乘，富有四海，不過保有見世而已。人生幾何？當受此秘密大喜樂禪定。」其法亦名「雙修法」。曰「演揲兒」，曰「秘密」，皆房中術也。帝日從事其法，廣選采女爲十六天魔舞，甚至男女裸居，醜聲流播，雖市井之人亦惡聞之。皇太子年日長，尤深疾禿魯帖木兒等所爲，欲去之未能也。

十四年秋，脱脱出師討高郵，哈麻乘間復入中書爲平章政事。汝中柏累言哈麻必爲後患，宜黜之，也先帖木兒不從。哈麻恐終不自保，訴於皇后奇氏曰：「皇太子既立，而册寶及郊廟之禮不行者，脱脱兄弟之意，留以待中宫生子也。」皇后頗信之。會也先帖木兒移疾家居，監察御史袁賽因不花等即承望哈麻風指，劾也先帖木兒罪惡，章三上，帝始允之。詔收御史臺印，令也先帖木兒出都門待罪，以知樞密院事汪家奴爲御史大夫。尋詔數脱脱老師費財之罪，即軍中奪其兵柄，安置淮安。即以雪雪知樞密院事，代領其軍。

至正十五年四月，雪雪由知樞密院事拜御史大夫。五月，哈麻遂拜中書左丞相，國家大柄，盡歸其兄弟二人。是年十二月，哈麻矯詔鴆殺脱脱於阿輕乞之地。

十六年，哈麻兄弟密謀奉皇太子踐位，廢帝爲太上皇。私語其父秃魯曰：「我兄弟位居宰輔，宜自惜聲名。今秃魯帖木兒專媚上以淫褻，爲天下士大夫譏笑，我將除之。且上久不親機務，四方盜日起。皇太子年長，聰明過人，不若立以爲帝，而奉上爲太上皇。」其妹素詭譎，聞之，歸告其夫。秃魯帖木兒恐皇太子爲帝，則己必誅死，即奏其事於帝，然不敢斥言淫褻事，第曰：「哈麻謂陛下年老。」帝大驚曰：「朕頭未白，齒未落，遽謂我老耶？」遂與秃魯帖木兒謀去哈麻、雪雪。計已定，秃魯帖木兒走匿尼庵中。明日，遣使諭哈麻、雪雪毋入朝。御史大夫搠思監因劾奏哈麻兄弟罪惡，帝曰：「彼兄弟雖有罪，然侍朕日久，且與朕弟同乳，可姑緩其罰，令出征自效。」已而中書右丞相定住、平章政事桑哥失里，復執奏不已，乃詔哈麻於惠州安置，雪雪於肇州安置。比行，俱杖死。

【校勘記】

〔一〕「鎖南」，原作「瑣南」，據本書卷一〇三《刑法志下》及下文改。《元史》卷二九本紀第二十九《泰定帝一》、卷一七五列傳第六十二《張珪傳》亦作「鎖南」。

新元史卷之二百二十五　列傳第一百二十二

韓林兒　張士誠

韓林兒，永年人。其先本欒城人，世以白蓮社燒香惑衆。父山童，嘗爲童子師，人稱爲「韓學究」。至正初，山童倡言天下將大亂，彌勒佛出世，愚民私相附從。潁州人劉福通與其黨杜遵道、羅文素、盛文郁、王顯忠、韓咬住等，謂山童爲宋徽宗八世孫，當爲中國主。時河決而南，丞相脱脱從賈魯議挽之北流，興大役。福通乃預埋一石人，鐫其背曰：「休道石人一隻眼，此物一出天下反。」開河者掘得之，轉相告語，人心益摇。

至正十一年，福通等殺黑牛白馬，誓衆謀作亂。事覺，縣吏捕之急，山童就獲伏誅。其妻楊氏攜林兒遁至武安，福通遂部署其衆以反。杜遵道者，本書生也，嘗上書請開武舉，以收智通之士，丞相馬札兒台覽而奇之，補爲掾史，遵道不就。至是，爲福通謀主。

五月，福通襲據朱皐，分兵陷羅山、真陽、確山，掠舞陽、葉縣。其衆裹紅巾於首，故號紅軍，又號香軍。樞密同知赫廝虎赤，率阿速兵六千，並諸路漢軍討之，不能克。

時歲大祲，蕭縣人李二家儲芝麻一倉，發以賑饑，人呼爲「芝麻李」，與鄰人趙君用謀入福通黨。君用曰：「城南彭二郎有膽勇，當先致之。」君用至其家，彭方礪斧，問之，曰：「將刈薪易粟，療饑耳。」君用曰：「汝健兒，何患不飽？從我謀，富貴可圖也。」彭喻其意，曰：「中有芝麻李乎？」曰：「有。」於是與其黨八人同盟爲亂，襲徐州，陷之。募兵至數萬人，攻陷宿、虹、豐、沛等州縣，以應福通。

九月，福通擊敗官軍，殺萬户朵兒、千户高安童。進攻汝寧府，陷之，知府完哲等赴水死。又攻陷光、息二州。及官軍戰於亳州，殺指揮禿魯，所過焚城邑，殺長吏，衆至十餘萬。十二月，布王三起兵陷鄧州、南陽，以應福通，號北鎖紅軍。

十二年，朝廷遣逯魯曾募兩淮鹽丁五千人，以攻徐州。又遣知樞密院事月闊察兒將兵會之。二月，與赫斯虎赤等進討。赫斯虎赤見紅軍陣大，揚鞭麾其衆曰：「阿卜。」「阿卜」者，華言「走」也。於是所部皆潰，賊勢益熾。朝廷又遣平章鞏卜班，將侍衛漢軍及蒙古軍數萬討之。鞏卜班亦日夜縱酒，不以兵事爲意，爲福通所襲，大敗。軍中失大將所在，數日，閱死者屍，始知鞏卜班已死。官軍引卻三百餘里，屯項城。

是月，定遠郭子興等起兵破濠州，以應福通。御史大夫也先帖木兒與衛王寬徹哥，將精兵三十萬討福通，攻上蔡，拔之，擒韓咬住。諸王神保復取虹、睢陽兩縣，福通懼，嚴兵拒守。

五月，也先帖木兒屯沙河，數旬不敢進。軍中夜驚，也先帖木兒先遁，左右控其馬留之，也先帖木兒引佩刀斫之曰：「我非性命耶？」遂逸去。諸軍皆潰散，軍資山積，悉爲福通所有。也先帖木兒收散卒抵汴，汴守將謂之曰：「汝爲大將，見敵奔潰，吾將劾汝，此城不能入也。」乃屯於朱仙鎮。頃之，朝廷以平章蠻子代將，召也先帖木兒還，弗罪也。衛王寬徹哥軍於亳州，亦以酣醉爲紅軍所虜。

八月，丞相脱脱自請將諸軍攻徐州，入其外城。賊以鐵翎箭射中脱脱馬首，脱脱不爲動，麾軍力戰。城破，芝麻李死，趙君用、彭二郎遁入濠州，與郭子興、孫德崖等拒守。

十月，平章教化、元帥董博霄攻安豐，敗賊衆於合肥。太尉阿吉剌、左丞太不花攻汝寧，福通退保亳州。

是歲，沈邱探馬赤察罕帖木兒起兵，攻羅山，克之。

十三年，知樞密院事老張攻克南陽、唐州。六月，諸王八秃與福通戰於亳州，敗歿。福通復陷安豐。十四年，福通又陷潁州。是月，朝廷置毛胡盧義兵萬户府於南陽、鄧州，以禦賊。十月，平章答失八都魯及太不花會兵攻安豐，不克。

十五年二月，福通等自碭山夾河迎林兒至，僭號稱皇帝，又號爲小明王，都亳州，國號宋，以林兒自謂趙氏裔也。建元龍鳳。尊山童爲太上皇，母楊氏爲皇太后。撤鹿邑縣太清宫材，以造宫室。以杜遵道，盛文郁爲丞相，福通、羅文素爲平章，劉六爲知樞密院事。劉六者，福通弟也。遵道粗有文武，既爲丞相，林兒每事咨之，頗專恣自用，福通使勇士撾殺之，自爲丞相，林兒不能問。

七月，答失八都魯與福通戰於長葛，失利。答失八都魯退駐中牟，又爲福通所襲，獲其輜重。劉哈剌不花伏兵要之，奪所獲而歸。八月，苗軍元帥吴天保死，其部衆據滎陽以叛，降於福通。冬，福通以三十萬衆直擣中牟，察罕帖木兒大敗之。事具《察罕帖木兒傳》。

十六年三月，明太祖取集慶路，林兒授爲江南行省平章。九月，賊將李武、崔德等陷潼關及陝、虢二州，豫王阿忒納失里敗之。察罕帖木兒轉戰而北，取虎牢戍之，賊不敢過，乃焚掠河北諸州。察罕帖木兒又敗之，餘衆栅河中洲，悉爲察罕帖木兒所殲。十二月，答失八都魯次高柴店，福通屢戰皆敗，官軍遂進圍亳州。福通出精騎五百，夜襲官軍，答失八都魯設備甚嚴，賊奔潰。答失八都魯遂克亳州，擒僞丞相王顯忠、羅文素及僞元帥張敏等，福通挾林兒走安豐。

十七年，李武、崔德據殽函以窺關陝，察罕帖木兒引兵赴之。李武等乃渡河，陷平陸，掠安邑。察罕帖木兒率鐵騎追之，賊回扼下陽津，爲察罕帖木兒所逼，溺死無算。是時，察罕帖木兒駐陝西，河南北則答失八都魯、太不花、阿魯三人，共爲犄角，以禦福通。太不花軍於嵩、汝間，賊望風敗走。太不花按兵不進，賊勢復熾。

三月，福通將毛貴陷膠州，又陷萊州。四月，遂陷般陽、益都及濱、莒二州。六月，福通知官軍在河南，河北空虛，乃分兵三道：關先生、破頭潘、沙劉二、馮長舅、王士誠出晉冀，白不信、大刀敖、李喜喜趨關陝，毛貴略山東。福通自以重兵徇潁、許諸州。關先生者，名鐸，崇仁人，以策干福通，福通用爲軍鋒。七月，義兵萬户田豐叛降毛貴，攻陷濟寧，萬户孟本周敗之，復其城。盛文郁陷歸德，知府林茂、萬户時公權皆迎降，文郁遂陷曹州。九月，陷大名及衛輝路。未幾，太不花復取大名。是月，關先生陷澤州、陵州，又陷潞州。察罕帖木兒敗之。十月，白不信陷商州，直趨長安，分兵掠同、華諸州，亦爲察罕帖木兒所敗，前後死者數萬人。白不信等以餘兵入南山，察罕帖木兒使李思齊守鳳翔以備之。十二月，趙君用稱永義王，彭二郎之子早住稱魯淮王，同據淮安。

十八年正月，田豐陷東平路。二月，毛貴陷濟南，田豐復攻濟寧，陷之，遂據東昌。是時，白不信等復自興元陷秦隴，李喜喜陷鞏昌。白不信進圍鳳翔，察罕帖木兒來援，城兵亦開門接戰，大敗之，白不信遁。獨李喜喜據鞏昌不下，李思齊合兵圍之，喜喜突圍出，與白不信皆入蜀，號爲青軍，後降於明玉珍。

毛貴既據濟南，立賓興院，選用山東舊吏，以姬宗周等分守各路。又於萊州立三百六十屯田，造大車百輛以運糧。公私田賦，十取其二，民頗歸之。是月，貴陷清州。三月，貴由河間取直沽，陷薊州、漷州，至棗林。京師震恐，帝議北巡以避之，又有勸帝遷都陝西者，丞相太平以爲不可，徵兵入援。知樞密院事劉哈喇不花大敗貴於柳林，貴退走濟南。

關先生等既入晉、冀，察罕帖木兒遣裨將關保追之。關先生趨潞州，太原大震。已而關保敗賊於黎城，關先生由吾兒峪遁去，遂入壺關，分兵爲二：一出沁州，一出絳州。察罕帖木兒使虎林赤助關保禦賊。

五月，福通陷汴梁，築宫於舊皇城之内，迎林兒居之。以福通爲太保，毛貴、田豐爲丞相，王士誠、楊誠、陳猱頭、續繼祖爲平章，劉珪爲知院，又進關先生、破頭潘等官爵。

是月，關先生攻連州，虎林赤、關保敗之。七月，關先生陷上黨，虎林赤、關保夜以死士劫其營，又敗之。

八月，義興萬户王信以滕州降於毛貴，於是全齊之地盡陷。

九月，馮長舅等據松子嶺及杏城東山，虎林赤、關保破走之。關先生轉掠保定而西，陷大同路。十二月，進陷上都，焚宫闕。留七月，北攻遼陽，陷之。太平策賊據遼陽必不能久，乃用其子也先忽都爲詹事，總大兵復遼陽，冀以爲功，既而闍先生、破頭潘無退志，也先忽都畏之，逗遛不前，師遂潰。

四月，趙君用與毛貴同在濟南，置酒伏壯士殺貴。君用走益都，續繼祖自遼陽入益都，執君用，殺之。

五月，察罕帖木兒大舉攻汴梁。自李喜喜、白不信等入蜀，闍先生、破頭潘入遼東，福通獨抗官軍，勢日弱。六月，察罕以大軍次虎牢，先遣游騎東略歸、亳、陳、蔡，戰船浮於河，水陸並進，首奪汴之外城。察罕帖木兒自將鐵騎屯杏花營，諸將環城而壘，福通嬰城固守。察罕帖木兒先遣苗軍過城下，賊傾城追之，遇伏，敗還。又令老弱立栅於外城，以爲餌，賊出争之，老弱棄栅走，賊逐於城西，察罕帖木兒縱鐵騎蹂之，悉爲所俘，福通乃不敢復出。八月，察罕帖木兒克汴梁，福通挾林兒出東門遁去，復入安豐。

十九年，田豐陷保定路，朝廷遣使諭之，爲所殺。豐又陷孟州、趙州。

是年，闍先生、沙劉二等爲高麗人所襲殺，惟破頭潘率輕騎萬餘，從間道奔宣德，降於孛羅帖木兒。先是，闍先生等由遼陽入高麗，高麗王奔耽羅，其臣納女請降，將校以下皆配以女子。闍先生等狎之，不以爲意。高麗人悉縶其馬林中，一夕傳王命，惟高麗語者不殺，餘悉坑之，賊黨獲免者十無一二焉。

二十年，明太祖議迎韓林兒至金陵，不果。時田豐號花馬王，王士誠號掃地王，共據山東，朝廷命察罕帖木兒討之。五月，李武、崔德降於李思齊。八月，察罕帖木兒造浮橋於鹽河以濟師，田豐降。察罕帖木兒取東平，以豐爲前鋒，陳猱頭戰敗，走益都。是月，林兒封明太祖爲吴國公。

二十一年，察罕帖木兒進圍益都。初，田豐之降也，遣使告察罕帖木兒曰：「總兵未必信我，我不敢上謁，俟我平沿海諸州，然後來見耳。」豐定登、萊、沂、密諸州，方至，察罕帖木兒厚接之，後竟爲豐所刺殺。未幾，擴廓帖木兒克益都，豐、士誠、猱頭皆伏誅。事具《察罕帖木兒傳》。

二十二年，張士誠遣其將吕珍攻安豐，林兒與福通乘風雨潰圍而出。明太祖自將救之，大敗珍兵，遷林兒於滁州之宗陽宫，柵而守之，日給廪餼數斗。二十三年，林兒册明太祖爲吴王。二十五年，吴左丞廖永忠及朱鎮撫具舟楫迎林兒及福通，歸金陵，次瓜步，永忠沈之於水，以覆舟聞。林兒僭號十三年而亡。

張士誠，泰州白駒場人。以行稱，曰張九四。少有膂力，厚重寡言。與弟士義、士德、士信，並駕鹽綱船，業私販。

至正七年，集慶花山賊作亂，官軍不能制，募鹽徒捕滅之。御史宋文瓚上言：「江陰、通、泰，爲江海門户，鎮江、真州次之。花山盜起，官軍斂手。宜亟選智勇，以防後亂，不然東南財賦之地，恐非國家所有。」不報。

泰州人王克柔，家富，喜游俠犯法，高郵知州李齊收之，其黨李華甫、麫張四謀劫克柔，齊乃移置克柔於揚州獄，招華甫爲泰州判，張四爲千户，於是亂民益無所憚。

泰州富人多侮士誠，或負其鹽直，弓兵邱義尤窘辱之。士誠怒，與諸弟及壯士李伯昇等十八人殺義，縱火焚富人室，因與華甫謀起事。尋殺華甫，驅鹽徒爲兵，旗幟皆赤。至丁溪，土豪劉子仁拒之。士義中流矢死，子仁亦敗潰，遁入海。士誠兵勢始振，衆至萬餘人。

十三年，士誠攻泰州，李齊招諭之。士誠請降，且乞自效。行省參知政事趙璉命士誠治划船，趨淮泗。士誠疑懼不發，夜縱火登城，執璉，擁至舟中，殺之，遂陷興化，立柵於德盛湖。時左丞偰哲篤鎮高郵，士誠率衆數千譟而入，哲篤等皆遁去，士誠遂據高郵。朝廷復赦其罪，使至，不得入而還，紿言士誠已降，但求名爵。行省遣照磨盛昭以萬户告身授士誠，士誠閉置舟中，昭謂左右曰：「此吾死所也。」官軍逼高郵，士誠使昭出戰，不從，士誠磔之。士誠誑言：「李知府來，乃降。」行省强齊往，至則下諸獄，齊不屈，士誠亦磔之。樞密院都事石普詣行省，陳破敵之策，且曰：「高郵負重湖地，沮洳不可用騎，願得步兵三萬取之。」行省與兵一萬，夜銜枚趨寶應，賊驚潰，連拔十餘寨。將至高郵，分兵三隊，普自將攻北門，士誠援軍望之不敢進。蒙古兵千餘騎突至，争先入，遇賊而逃。普兵遂爲所乘，墮水中，普力戰而殁。是年，朝廷仍遣平章咬住、廉訪使王也先帖木兒撫諭高郵。

十四年，行省以士誠始終旅拒，始議攻討。士誠遂自稱誠王，國號大周，建元天祐，改《授時曆》爲《明時》。六月，士誠攻揚州，行省丞相達識帖木兒敗績，士誠陷天長諸縣。右丞阿魯恢以苗軍來援，士誠還高郵。九月，丞相脱脱總大軍南征，衆號百萬，旌旗亘千里，大敗士誠於高郵城下。又用董摶霄計，分兵破天長、六合，未幾，拔高郵外城。士誠大懼，自分亡在旦夕。會朝廷罷脱脱兵權，諸軍盡散，士誠勢復振。

時江陰賊江宗三、朱英自相吞噬，宗三降，行省遣元帥孫觀討英，英求援於士誠，以妻、子爲質。士誠初疑，未許。英盛言江東富庶，以歆動之。乃遣士德率高郵之衆，擊横栅，渡福山港。

十五年正月，攻常熟，陷之。達識帖木兒使參政脱因禦士德，爲亂兵所殺。平江路總管貢師泰城守，士德衆裁三四千人，直抵齊、婁二門，緣城而上，遂陷其城，據之。師泰縋城遁。崑山、嘉定、崇明、吴江相繼降。時吴中錢穀、甲仗山積，皆爲所有。毁承天寺，碎佛像，以爲宫，號萬歲閣，射三矢於梁上。易平江路爲隆平郡，立省院百司，凡甲第盡爲其將士所奪。

三月，士誠自高郵至，服御皆擬乘輿。開弘文館，設學士員。郡稱太守，州稱通守，同知稱府丞，知事稱從事，縣仍曰尹。以術士李行素爲丞相，士德爲平章，蔣輝爲右丞，徐義、徐志堅典親軍，李伯昇總軍事，王敬夫、蔡彦文、葉德新爲參軍，三人尤貴幸用事。

常州黄氏爲士誠内應，不戰而下，改爲毘陵郡。分兵陷湖州，改爲吴郡。王與敬亦以松江降之，改爲隆平郡，以鍛工周仁爲隆平太守。仁習吏事，姿性深刻，士誠深倚之。又以潘元明爲左丞，守吴興；史文炳爲同知樞密，守松江。置鎮海萬户府於太倉。

士誠頗好士，郭良弼、董綬等皆爲之用。濱州楊乘以行省郎中免官，寓松江，良弼等言於士誠，招之，乘曰：「汝等既失其身，又欲涴我耶！」遂自殺，孫撝與士誠將張茂先謀反正，事泄，皆見殺。

七月，士德與王與敬攻杭州，陷之，左丞答納失里戰死，達識帖木兒走蕭山。士德恣意搜括，杭人苦之。萬户普賢奴與苗軍元帥楊完者來攻，杭人應之，皆挺身巷戰，士德衆大潰，十喪七八。收殘兵掠海鹽，又爲乍浦鍾民所敗，乃引還。

八月，史文炳攻嘉興，苗軍大敗之，文炳僅以身免。士德以苗軍獷悍，乃募驍騎千餘擊之，斬馘無算，完者憚之。

是歲，明太祖取集慶路，又取鎮江，與湖、常接壤，始開兵釁。

十六年，明太祖使徐達攻常州，士德來援，達設伏邀之，獲士德。士誠請歲輸糧二十萬石、金五百兩、銀三百斤以犒軍，且歸楊憲，以求士德。太祖數其開釁召兵之罪，索糧五十萬石。士誠不與，密使呂珍入常州，以助守禦。三月，外圍益急，珍拔城中之衆宵遁，達遂入常州。

士德潛爲書告士誠，使歸命朝廷以求助，士誠然之。初，中丞蠻子海牙以采石之敗，爲士誠所獲。至是，士誠使與周仁持書，降於達識帖木兒。楊完者請受其降，達識帖木兒謂士誠反覆難信，完者固勸之，乃遣參議周伯琦受其降。士誠始要王爵，又請爲三公，達識帖木兒皆不許。完者又以爲言，達識帖木兒乃以便宜拜士誠太尉，士信樞密同知，然士誠自擅土地如故。

十七年，士誠舟師出海上，將襲鎮江，敗於鮎魚口。自是，數與徐達、耿炳文交兵。士誠獲廖永安，請以易士德，明太祖不許，其後士德不食而死。

十八年八月，朝廷使尚書伯顏帖木兒以龍衣、御酒賜士誠，且徵漕。士誠與方國珍互相猜忌，莫肯先發。伯顏帖木兒往來開諭，士誠乃運十萬石糧於京師，歲以爲常。

二十年，士誠與明太祖兵戰於太湖，敗績，又遣李伯昇攻長興，不克。初，行省左丞汪同自集慶至平江，見士誠反覆狙詐，潛與淮安守將史椿通於察罕帖木兒，以圖士誠。會察罕帖木兒被刺，復乞師於集慶，請爲内應。事覺，士誠殺之。

二十三年二月，士誠遣吕珍攻韓林兒於安豐，明太祖自將救之，珍大敗而還。士誠忌楊完者，達識帖木兒亦惡之，佯使士誠出攻建德，完者營於杭州城外，不爲備，猝攻之，完者與其弟伯歆皆自殺。事具《楊完者傳》。士誠遂據杭州。朝廷拜士信爲江浙行省平章政事。自是，方面大權盡歸於張氏矣。

九月，士誠自稱吴王，使達識帖木兒請命朝廷，不許。户部侍郎博羅帖木兒來徵糧，士誠不應。參軍俞思齊諫曰：「昔爲賊，不貢獻於朝廷猶可；今爲人臣而不貢獻，可乎？」士誠大怒，思齊乃謝病歸。右丞答蘭帖木兒、郎中真保諂事士誠，數媒孽達識帖木兒之短。至是，使士信面數之，勒令以老病自免，士信自爲丞相。御史大夫普化帖木兒及達識帖木兒皆自殺。

二十四年，士誠使李伯昇攻建德，又使謝再興圍新城。明太祖將李文忠敗之。文忠進圍杭州，不克。二十五年，明太祖略定兩淮，命徐達、常遇春督諸軍二十萬伐士誠，數其八罪，敗士誠兵於湖州瀆口，士信奔還。達進至三里橋，士誠遣黄寳當南路，陶子實當中路，張天騏當北路，唐傑爲後援，皆爲達、遇春所敗，擒黃寶，天騏、子實遁去。士誠遣李伯昇入湖州，與天騏等固守，又遣朱暹等與其五太子率兵六萬援之，築五栅於舊館。達、遇春營於姑嫂橋，以絶舊館之援。士誠甥潘元紹屯於舊館東，達襲敗之，元紹遁。士誠親率兵來援，與達戰於皂林，又大敗。十月，李文忠取餘杭，遂圍杭州。五太子及朱暹等，以舊館六萬之衆降於徐達。五太子，士誠養子也，本姓梁，短小精悍，能平地躍起丈餘，又能泅水。暹亦善戰。至是皆降，士誠爲之奪氣。已而李伯昇、張天騏以湖州降於徐達，潘原明以杭州降於李文忠。達等乃進圍平江。時嘉興宋興、紹興李思忠，皆降於達。士誠外援盡絶，惟無錫莫天祐使其將入城，與士誠相聞。

二十六年，明太祖以書諭士誠，不答。士誠突圍決戰，復敗，人馬溺死沙盆潭甚衆。其勇勝軍號「十條龍」者，皆被銀鎧、錦衣出入陣中，人莫能測，至是皆溺死。士誠馬踣，墮水幾死，左右輿入城中。

李伯昇遣客説士誠曰：「公始以十八人入高郵，元兵百萬圍之，如虎墮阱中，死在旦夕。元兵無故自退，公遂乘勝東據三吴，闢地千里，擁兵千餘萬。誠於此時不忘高郵之危，苦心勞慮，練兵選將，收當時之豪傑，豈特保三吴之地？天下可圖也。」士誠曰：「君往時不言，今復何及？」客曰：「吾當時雖欲進言，無路自效。何則？公之子弟、親戚布列中外，歌兒舞女日夕酣飲，公又深居於内，敗一軍不問，失一城不知，故淪胥至今日耳。」士誠曰：「吾甚恨之，亦無及矣。今爲之奈何？」客曰：「吾有一策，恐公不從。」士誠曰：「不過死耳。」客曰：「徒死無益也。公不見陳友諒乎？戰於姑孰，又戰於鄱陽，友諒舉火欲燔敵艦，天乃反風燒之。何者？天命所在，人力無如之何。今外圍益急，竊恐勢急變生，禍從中起，雖欲死而不可得。公如順天之命，遣一介之使，歸命金陵，不失爲萬户侯，則所全多矣。」士誠良久曰：「君休矣！吾將思之。」竟不聽。

八月，城破，徐義、潘元紹皆降，外兵蟻坿登城。士誠使其將劉毅，收餘兵三萬餘人，戰於萬壽寺，復敗。士誠從數騎倉皇歸府。初，士誠見兵敗，謂其妻劉氏曰：「我敗且死矣，若曹奈何？」劉曰：「君勿憂，妾必不負君。」乃積薪齊雲樓下。至是，驅羣妾登樓，使養子辰保縱火焚之，自經死。士誠獨坐一室，達遣李伯昇諭意，士誠閉户自經。伯昇決户入，抱解之，未絶，復蘇。達又令潘元紹反覆諭之，士誠瞑目不語。昇至舟中，不食，及至龍江，卧不肯起。乃舁至中書省，李善長問之，不答。已而士誠卒自經死，年四十七。

二子皆幼，其妻以白金遺乳母負之而逃，不知所終。

莫天佑，素勇悍，號「莫老虎」。徐達屢遣使諭降，俱爲所殺。及士誠就擒，州人張翼説之降，械送金陵，磔於市。

新元史卷之二百二十六　列傳第一百二十三

徐壽輝　陳友諒理　明玉珍昇

徐壽輝，一名貞一，蘄州羅田人。以販繒爲業，往來蘄、黄間。初，袁州有妖僧彭瑩玉，用泉水治病，多愈，遠近神之。至正十年，其徒周子旺以妖術惑衆，從之者五十餘人，僭稱國王，官軍獲而殺之。瑩玉遁去，匿淮西民家，日夜密搆異圖。壽輝浴於池，瑩玉之徒見其有赤光，異之。十一年八月，乃擁壽輝爲主，聚衆剽掠。九月，陷蘄水縣，蘄州總管李孝先敗死。進陷黄州，壽輝僭稱皇帝，號天完國，都蘄州，改元治平。以麻城人鄒普勝爲太師。其衆以紅巾裹首，與汝、潁妖賊同。

十二年，竹山孟海馬起兵，陷襄陽、荆門以應壽輝，號南鎖紅巾。襄陽路總管柴蘭及縣尹孛朮遠俱敗死。壽輝將丁普郎等連陷漢陽、興國。曾法興等陷安陸，執知府醜驢，不屈，法興義而釋之。醜驢與其妻侯氏俱自經死。湖廣行省平章星吉，聞老將鄭萬户知兵，令募兵爲守禦計。壽輝遣其衆千餘人至武昌降，星吉知其詐，使鄭萬户伏兵邀之，獲六百人，械以俟命。會朝廷徵星吉爲司農，以和尚代之，納賊賄，釋其縛，反下鄭萬户於獄。壽輝使趙普勝襲武昌，六百人爲内應，城遂陷。沿江郡縣皆望風奔潰。

二月，趙普勝乘武昌之捷，舳艫相銜，順流攻江西，江州總管李黼與主簿也孫帖木兒拒戰，大敗之。普勝又以舟師攻城，亦爲黼所敗。普勝攻益急，城陷，黼死之，普勝遂陷南康。是月，孟海馬陷歸、峽、房諸州。壽輝別將陷岳州，徇忠、萬、夔諸州，皆下之。又有周伯顔者，起兵陷道州，以應壽輝。

時湖南之地多爲壽輝所有，乃分道入江西，姦民乘勢應之。不旬日，衆輒數萬，率以天完將爲名。行省右丞太不花兵至應山，廣水鎮巡檢王珪參其軍事，三上書於太不花毋玩寇，太不花怒，使珪爲前鋒。珪連敗壽輝兵，以無後援，衆潰。珪率麾下數百人奔孝感，縣人劉禹、吴思明方舉義兵，聞珪至，從之，敗壽輝將王思明於蓮花寨。思明悉衆圍之，逾月，珪與禹等皆戰没。

是月，壽輝將歐普祥入萍鄉，遂陷袁州。分宜人彭繼凱與安福人袁明東擊走普祥，復袁州。已而繼凱爲知府寶童所嫉，使客刺殺之，袁州復爲普祥所據。彭瑩玉陷瑞州，陳普文陷吉安。閏三月，泰和州達魯花赤達里麻失理復吉安。達里麻失理所部號黄衫軍，壽輝兵畏之。未幾，項普略陷饒州、信州，遊騎至婺源，江浙震恐。朝廷以亦憐真爲江西行省右丞，將兵擊之。湖廣行省參政鐵傑以兵復岳州。四川行省平章咬住克忠、萬、夔、雲陽諸州。

是月，壽輝兵攻南昌，靖安達魯花赤湖海大敗之。賊再至，湖海與勇士黄雲等且戰且守。連兵八月，皆戰死。壽輝兵圍撫州，州人木古丙、趙均保等倡義助官軍防守，賊不能克，遂引去。時江西諸路皆陷，獨撫州堅守不下。是月，咬住克歸州，進攻峽州，斬壽輝將李太素。壽輝别將陷池州，圍安慶，勢張甚。平章卜顏帖木兒等敗之於丁家洲，遂復池州。復敗賊於白湄，斬其大將周驢。

十三年五月，咬住復中興。建昌人戴良起兵，復建昌。咬住進克襄陽，殺賊將王權。六月，行省左丞火你赤復瑞州，執彭瑩玉，斬而臠之。瑩玉攻城略地，所至無噍類，至是就戮，天下快之。

七月，項普勝陷婺源州、徽州，自昱嶺關入浙西，遂陷杭州。八月，咬住與壽輝將俞君正戰於樓臺，失利，咬住奔松滋，俞君正復陷中興，爲荆門僧李皆等所襲敗，咬住還屯石馬。是時項普勝分兵據宜興、歷陽、丹陽、句容，前鋒至鍾山，平章慶童以兵來援，始敗退。先是，承平日久，壽輝兵四出，州縣皆望風降附。已而民習見，不以爲意，於是智勇之士多思自奮，爲朝廷討賊。壽輝所得州縣旋復失之，賊勢遂不振。是年，元帥董摶霄復杭州，受代去，壽輝兵復入昱嶺關，陷於潛。行省檄搏霄禦之，事具《搏霄傳》。

九月，官軍大集於中興，以攻壽輝。初，壽輝樹栅於黄州之闌溪口，積金帛其中，最號險固。至是，亦爲官軍所克。十月，廣西元帥甄崇福復道州，周伯顔伏誅。十一月，卜顔帖木兒與中丞蠻子海牙等，率兵二十萬，分道攻蘄水縣。壽輝出戰，大敗，遁入黄梅山。官軍入城，擒其僞將相以下四百餘人，遂盡復武昌諸路及均房等州。朝廷以賊已潰敗，檄諸將班師。

十四年，壽輝收合餘衆，饑民多附之，勢復振。

十五年，壽輝將倪文俊敗威順王寬徹不花，縱横湖、湘間，官軍屢爲所挫。五月，文俊陷中興。自兵興以後，湖南北州縣相繼陷，獨茶陵州堅守數年。至是，亦爲文俊所陷。七月，文俊陷武昌、漢陽。

十六年正月，文俊乃建都於漢陽，迎壽輝徙都之。壽輝性寬縱，權在羣下。及鄒普勝死，以文俊爲丞相，大權悉出其手，壽輝無如之何。是年，文俊連陷常德、澧州、衡州，又分兵陷岳州。

十七年，壽輝將明玉珍陷重慶，壽輝以玉珍爲隴西右丞。文俊怙侈自專，謀殺壽輝不果，奔黄州。壽輝僞元帥陳友諒襲殺之，并其衆，自稱平章。文俊生時，其母夢白虎入其室；將死，其母復夢白虎斃。文俊驍勇善戰，官軍畏之，呼爲「倪蠻子」。

十八年，陳友諒陷安慶，龍興、信州諸路盡爲所有，壽輝欲徙都安慶，友諒不奉命。

十九年十二月，壽輝引兵至江州，友諒佯出迎壽輝，既入，門閉，悉殺其從者。自是權歸友諒，壽輝僅有空名而已。

二十年五月，友諒挾壽輝攻太平，舟至采石磯，使人詣壽輝白事，以鐵撾自後擊之，碎其首而死。

陳友諒，沔陽黄蓬人。其先平吉州謝氏，爲黄蓬陳氏贅婿，遂冒姓陳。父普才，以漁爲業，生五子，友諒其次子也。讀書粗通大義，嘗爲州吏，鬱鬱不樂。季父普文，從倪文俊作亂，友諒亦往從之。文俊用爲簿書掾，尋爲元帥，將兵。至正十六年，友諒襲殺文俊，自稱平章，壽輝因而命之。文俊黨在歸州者，保山栅自守，友諒使其弟友能及部將歐普祥等招之，久始降。

是時，余闕守安慶，壽輝兵至輒敗，賊憚其威名。十七年，友諒合趙普勝、祝宗等攻之，友諒自上游引兵直擣小孤山，守將胡伯啟力戰四晝夜，奪還安慶，友諒遂逼城下。闕血戰當之。十八年，友諒與普勝等合圍，百道並進，城遂陷，闔赴水死。

友諒乘勝薄龍興，左丞火你赤望其軍，駭曰：「賊與往時異，是惡可當？」乃棄城走。友諒自駐龍興，規取江西，遣其將王奉國陷臨江及瑞州，熊天瑞陷吉安，又分兵攻撫州，圍三月，城始陷。友諒聞州人吳彤守城，多智略，令軍中有生致彤者，賞百金。及得彤，友諒釋而用之。八月，陷建昌。九月，遣其將辛文才陷贛州，又徇南安，下之。

是年，友諒之兵入福建者，其將爲康泰等；陷汀州入廣東者，其將爲熊天瑞，陷南雄州、韶州。十九年，王奉國陷信州。

是時，明祖已稱吳國公，與友諒地接壤。明祖在池州，趙普勝引兵爭之，敗走。未幾，復敗吳兵於沙子港。明祖遣俞廷玉以水陸兵攻之，至樅陽。普勝潛橫鐵絙於水中，舟至，柁挂絙不行，普勝蹙之，一軍盡没。普勝勇決善戰，號「雙刀趙」，名聞敵國，友諒忌之。至是，友諒將弑壽輝，懼普勝不從，乃以會師爲名，自江州猝至。普勝迎於雁汊，甫登舟，友諒殺普勝，并其軍。未幾，挾壽輝東下，攻太平，引巨舟薄城外，士卒緣柁尾登城，遂克之。弑壽輝於采石。乃以采石五通廟爲行殿，僭號皇帝，國稱大漢，建元大義，以鄒普勝爲太師，張必先爲丞相。其黨班沙岸稱賀，值大風雨，不能成禮。

友諒恃其兵强，欲東取集慶。吳人恐其與士誠連兵，乃用劉基策，使裨將康茂才僞降。友諒令速來，閽者齎書以往。茂才與友諒有舊，其閽者則嘗事友諒者也。友諒大喜，引舟師東下，至江東橋，連呼「老康」，無應者，始知見紿。即與其弟號五王者趨龍灣，遣萬人立栅岸上，勢鋭甚。明祖伏兵於石灰山，突起，四面蹙之。友諒兵敗，走下岸，登舟。潮退，舟膠於河，溺死者又無算。其將張志雄、梁鉉、喻國興、劉世衍等皆降，友諒遁去。

張志雄者，趙普勝部將也。怨友諒殺普勝，無鬭志。及降，言於明祖曰：「今降卒皆安慶之兵。友諒敗走，安慶空虚，可取也。」明祖從之，使徐達、馮勝、張德勝等追友諒至慈湖，又敗之。友諒收兵再戰，張德勝敗死，友諒乃還。徐達等遂克太平。方友諒東下，吴人亟使衢州胡大海擣信州，以牽制之。大海克信州。十一月，友諒浮梁守將于光、鄱陽守將徐椿，以饒州降於吴。

二十年六月，友諒將李明道、王漢寶攻信州，胡大海敗之，禽漢寶。明祖釋之，問友諒事，漢寶盡以虚實告之。八月，明祖以王漢寶爲鄉導，率舟師遡流而上，以報龍江之役。攻安慶不克，劉基曰：「此不足取也，宜徑襲江州。」明祖至湖口，距江州五里，友諒不虞兵至，大驚，挈妻孥走武昌。明太祖遂入江州，友諒將傅友德、丁普郎皆以所部降。南康、龍興、袁州皆送款於吴。

二十一年，友諒改元大定。是時，江西諸路惟熊天瑞據贛州，爲友諒固守。羣盗附友諒者，樹白幟，號爲白軍；降於吴者，則易紅幟，號爲紅軍。日夜相攻，死亡無算。

二十二年四月，友諒復以舟師攻龍興，號高稍子戰船，甲士六十萬，載其妻孥、百官，傾國而出。攻圍八十五日，不克。明祖率舟師二十萬以援龍興，友諒聞之，解圍東出鄱陽湖。

六月戊子，大戰於康郎山。兩軍鼓譟，囂聲動天地，燃巨礮如震雷。至晡，友諒擲火燒明祖船，忽反風，自焚，十里之内，湖水盡赤。友諒叔父陳普略等皆死，吴將張志雄、丁普郎亦戰歿。己丑，徐達焚友諒平章蔣必勝船，死者千五百人。是日，戰數合，互有勝負。翌日，明祖見友諒兵强，有懼色，問劉基曰：「我氣色何如？」基以必勝對。辛卯，日光慘澹，兩軍咸震恐，戰不力。友諒弟友仁、友貴皆死，其驍將張定邊敢深入，中流矢敗退。自是，相持六晝夜。

劉基勸明祖移軍湖口，期以金木相犯日決勝。吴人乃移舟入港。至夕，舟置一燈，首尾相銜。比曉，兵盡渡，泊於左蠡，列栅南北江岸，置火筏於中流，水陸戒嚴。友諒亦移軍楮溪，綴敵兵，使不得去。未幾，友諒引兵次鞋山，吴兵亦次於湖口，相距十有五日。

八月壬戌，友諒自乘樓船，率其軍下趨九江，常遇春以火筏禦之。順流而下，至禁江口[一]，礮擊明祖船，明祖適在他船[二]，獲免。友諒兵謂已死，驩呼萬歲。明人遣使詐爲諸將約降，友諒親出引見使者，爲流矢所中，貫睛及顱而死。兵大潰，退至江口。癸亥，明祖乘勢蹙之，擒其太子善兒及平章張榮等，降士卒五萬人。友諒僭位四年，死，年四十八。

其太尉張定邊等，乘夜以小舟載友諒屍，及其少子理，走武昌。九月，理僭稱皇帝，改元德壽。明太祖征之，立柵逼其城，又聯船爲水柵，以絶出入之路。二十三年，理計窮，悉衆出戰。其將陳僉同，驍捷，善用槊，直犯中軍，吴將郭英刺殺之，定邊等不敢復出。其丞相張必先以湖南兵赴援，戰於城下，兵敗被執，城中之援始絶。明祖使降將羅復仁入城諭理降，理乃率其大將張定邊等出降。明祖封理爲順德侯，普才爲承恩侯，友諒兄友寧歸仁伯，友直懷仁伯。追封友仁爲康山王，立廟祀之。張定邊、張必先等尋皆誅死。普才徙滁州，理徙高麗，皆不知所終。

明玉珍，隨州沔陽人，農家子也。身長八尺，目重瞳子，性明決，爲鄉人所推服。十一年，潁州盜起，遠近響應。玉珍聚衆於青山，築柵自守。徐壽輝據蘄州，遣使招之。玉珍自度不能敵壽輝，遂以衆降，壽輝授爲元帥，益其兵，使屯沔陽。

十二年，與哈林禿戰，爲流矢所中，眇其右目，人呼爲「明眼子」。時沔陽連年饑饉。十五年春，玉珍以斗船五十艘，率所部糴糧於夔州。明年，辰州人楊漢率精兵五千人，降於重慶帥完者都。

十七年，完者都襲殺漢，其衆東走夔州，遂歸於玉珍，且言重慶無重兵，守將哈林禿、完者都二人不協，兵至，可一鼓而下。玉珍疑而未行，其部將戴壽進曰：「分兵輸糧於沔，以麾下率楊漢餘衆襲重慶，濟則大事可成，不濟則掠其資財而歸，上策也。」玉珍從之。時重慶承平日久，見賊至，遠近震駭。完者都遁，獲哈林禿。城中父老以香花迎玉珍入城，玉珍禁侵掠，居民安堵如故，降附日衆。

十八年二月，完者都自辰州會平章囊革歹、參政趙資，以兵次嘉定之大佛崖，規復重慶。玉珍遣明二攻之，潛師登烏牛山，陷嘉定。惟大佛崖官軍相持半載，玉珍自率兵攻之，遣明二倍道襲成都府，遂略定兩川郡縣。

玉珍之出兵也，舟行過瀘州，其部將劉澤民言於玉珍曰：「前進士劉禎，有策略，嘗官大名經歷，青巾賊李喜喜入蜀，禎避亂於此。公盍往見之？」玉珍曰：「爾與偕來。」澤民曰：「是不可屈，宜親往。」玉珍乃入山中訪之，語未畢，玉珍喜不自勝曰：「吾得一孔明矣！」拜爲參謀。

二十年，陳友諒弑壽輝自立，玉珍議討之，閉夔關不與友諒通。二十一年，劉禎勸玉珍自立，玉珍不許。戴壽、張文炳復勸之，玉珍咨於部衆，同心推戴。二十二年三月戊辰，遂僭稱皇帝，都重慶，號大夏國，建元大統。立妻彭氏爲皇后，子昇爲太子。仿周制，設六官，以戴壽爲冢宰，明二復姓萬，賜名勝，爲司馬，張文炳爲司空，向大亨、莫仁壽爲司寇，鄒興爲司徒，劉禎爲宗伯。又以牟圖南爲丞相，史天章爲翰林學士。改知府曰刺史，知州曰太守。廢釋老，止奉彌勒佛教。定賦税，十取其一，免力役之征。

二十三年，命萬勝、鄒興、芝麻李分道攻雲南。勝兵不滿萬人，鋒鋭甚，遂入中慶。已而饋運不繼，士卒剽掠爲糧，滇民叛之。梁王乞師於大理，累戰皆捷。勝度衆寡不敵，乃全師而返。

二十三年，萬勝攻興元不克，遣鄒勝攻巴州，陷之。石柱安撫司馬克用叛，降於玉珍，乃改設永寧宣慰司，及邑海溪洞軍民府。又立平茶永化軍民府。獨播州楊元晶堅守拒之，玉珍以重兵臨其境，元晶始降。

二十四年，更六卿爲中書省、樞密院，以戴壽、萬勝爲左、右丞相，向大亨、張文炳知樞密院。鄒興守成都，吴友仁守保寧，莫仁壽守夔州，俱爲平章。竇英守播州，爲參政。時明祖已滅陳友諒，遣使通好，玉珍使其參政江儼報聘。明祖聞雲南之師敗還，復以書貽之。

二十五年夏，玉珍死，年三十六。玉珍躬履節儉，好賢禮士，蜀人稱之。然無遠略，僅能自守而已。子昇嗣。

昇僭立甫十歲，其母彭氏垂簾聽政，改元開熙。萬勝與張文炳有隙，勝密使人殺文炳。玉珍養子明昭等，矯彭氏命，召勝入，縊殺之。勝，黄陂人，有智勇，玉珍妻以弟婦，稱爲「明二」。開國之功，勝居七八。彭氏以劉禎爲丞相。

二十六年，吴友仁移檄遠近，言萬勝無辜受戮，諸將寒心，友仁不得已而叛明氏，遂據保寧，附於陝西李思齊。昇遣兵攻之，皆敗還。

二十七年，戴壽攻保寧，友仁登城，語壽曰：「使參政文彦彬來，吾即降。」及彦彬入城，友仁密與約曰：「明昭等不誅，丞相必不免，奈何舍此不圖，而加兵於我？我明氏舊臣，寧有他耶？」彦彬出告壽，壽然之。時昭等皆從壽討友仁，壽乃召諸將會議，執昭等殺之，友仁即詣軍門持壽而泣，偕壽至重慶謝罪。昇慰諭之，復其位。明祖賜以璽書，又遣楊璟往諭之，使奉土地入朝，昇不從。二十八年，友仁攻興元，明人乃決意用兵。是秋，昇丞相劉禎死。二十九年，明人假道伐雲南，昇不許，乃遣湯和、廖永忠等伐之，又使傅友德由階、文逼成都。

三十年，湯和等入峽，莫友仁以鐵鎖横截瞿塘口，戴壽、向大亨鑿兩崖爲飛橋，又置大木水中，戰艦將至，順流以大木衝之，和等不能克。友德入綿州，壽、大亨悉衆來援戰於漢州，敗走。永忠亦敗鄒興於峽口，興戰殁，遂入夔州。進次銅鑼峽，昇面縛銜璧，率其羣臣出降。友德進攻成都，壽等聞昇降，亦出降。分兵克保寧，執吴友仁，送金陵殺之。壽、大亨至夔州，亦被誅。

昇僭立六年，父子據蜀十一年而亡。明封昇爲歸義侯，召彭氏入宫。後遷昇於高麗，不知所終。

【校勘記】

〔一〕「禁江口」，邵遠平《元史類編》及張廷玉、萬斯同《明史》等多處均作「涇江口」。

〔二〕「他船」，原作「地船」，據文意改。《明史》卷一二八列傳第十六《劉基傳》作「别舸」。

新元史卷之二百二十七　列傳第一百二十四

方國珍　何真邵宗愚〔一〕　李質　陳均義陳舜隆　陳良玉　歐普祥鄧克明　熊天瑞　王宣信

方國珍，黃巖洋山澳人，後避明太祖字，改名谷珍。初，與兄國馨、國璋，弟國瑛，皆以販鹽海上爲業。國珍與州人蔡亂頭以争鹽販相仇，州不與直。已而蔡聚衆海上剽掠漕運，再殺使者，勢張甚，行省懸格捕之。國珍欲捕蔡以應賞格，蔡懼，自歸於官。總管焦鼎納蔡賂，薄其罪。國珍恚曰：「蔡能爲盜，我顧不能耶？」適以逋租，遣巡檢往捕之，國珍方食，左執食案，右持梃〔二〕，格殺巡檢，遂與其兄弟亡入海，刦糧艘，梗運道。時至正八年十一月也。

行省參政朶兒只班討之，追至福州。國珍焚舟將遁，官軍自相驚潰，朶兒只班爲國珍所執，使請於朝，授國珍海運千户，不受。

十年十一月，率水賊千艘，泊松門港，索糧。十二月，攻温州及沿海諸縣，行省左丞孛羅帖木兒擊之。

十一年六月，官軍至大閭洋，國珍縱火焚之，官軍大敗，赴水死者過半。孛羅帖木兒及郝萬户皆被執，二人乃爲飾詞，以國珍求招安上聞。郝故出奇皇后位下，請託得行，遂議立巡防千户所，設長貳等官，授其兄弟及黨與數十人。復遣大司農達識帖木兒至黄巖招降，國珍兄弟皆登岸羅拜，退舍民居。紹興總管泰不華欲遣壯士襲殺之，達識帖木兒曰：「我受命招降，公欲擅命耶？」事乃止。

明年，貶泰不華爲台州路達魯花赤。時官軍方討徐州，募舟師防江，國珍疑懼，復入海。泰不華遣方大用往諭國珍留之，遣其黨陳仲達來議降。泰不華具舟，建受降旂，至澄江，與國珍遇於黄林港，呼仲達申前議。仲達目動氣索，泰不華知有變，手斬之，即前攻國珍船。賊黨麕集，擁泰不華入其船，泰不華瞋目叱之，爲國珍所殺。六月，國珍據定光觀，悉燬黄巖官居民舍。八月，進攻台州，以舟師誘總管趙琬至黄巖，舍於白龍澳，琬不食而死。

十三年，遣行省左丞帖里帖木兒、南臺侍御史左答納失里招諭之。二人奏國珍已降，遂降金符，授其兄弟、黨與官有差，伐石立宣德碑，國珍仍不受命。時州人潘有光挺身説國珍降，國珍使盜要於路，殺之，遂據台、温、慶元三路。行省無可如何，奏以國珍爲海道萬户。

明年，又遷爲都鎮撫，兼行樞密院判官。自後，汝、潁兵起，海内大亂，累遷國珍浙江省參知政事，詔使討張士誠。士誠遣其將史文炳、呂珍，率兵七萬禦國珍。文炳與珍陳於崑山，仍以步騎夾岸爲陣，士誠命游兵往來，旌旗數十里不絶。國珍曰：「瀕海之地，非通衢可比，士誠參用步騎，兵雖盛，不足畏也。」國珍舟師僅五萬，自率壯士數百趨奣子橋。文炳使十將軍搏戰，矢石如雨。國珍戒其衆持葦席塗泥，冒矢石而入。士誠兵以火箭攢射之，國珍燎及鬚髮，横刀大呼，殺兩將軍及十餘人，士誠兵大潰。國珍與將士追擊，轃其中堅，步騎訖不得成列，文炳、珍皆棄馬而遁。明日又戰，七戰七捷，直至平江城下。士誠遣使納款，請奉元正朔，國珍乃還。累擢至太尉、行省左丞。

初，國珍作亂，朝廷出空名宣勑數十道，募人擊賊。海瀕壯士多應募立功，所司邀重賄，不輒與，有一家死數人，卒不得官者。國珍再受招諭，遽至大官。由是民慕爲賊，從國珍者益衆。國家既失江淮，藉國珍舟師以通海運，重以官爵羈縻之，國珍愈横。

十八年，明人取婺州，遣主簿蔡元剛招國珍，國珍欲藉爲聲援，以觀事變。十九年二月，遣其郎中張仁本奉書獻黄金五十斤、白銀百斤、文綺百匹。明祖復遣鎮撫曾養浩報之，國珍請獻温、台、慶元三路，且以次子關爲質。明祖曰：「古者慮人不從則爲質，今既誠心歸順，何以質子爲？」厚賜關而遣之，拜國珍福建行省平章政事。

是年，朝廷亦授國珍行省平章政事，已又改爲淮南行省左丞。是時國珍歲治海運，舟漕張士誠粟十餘萬石至京師，於是封國珍爲衢國公，官爲江浙行省左丞相，分省慶元。

明祖累以書諭之，國珍陽爲恐怖謝罪，以金寶飾鞍馬獻，明祖卻之。已而苗帥蔣英殺胡大海，持其首奔於國珍，國珍不受。國璋爲蔣英所殺，明祖遣使弔祭。及胡深克瑞安，進兵温州，國珍懼，請歲輸白銀三萬犒軍，俟杭州下，即納土。明祖詔深班師。國珍數通使於擴廓帖木兒及陳友定，圖爲犄角。明人知其事，移書數其十二罪，復責軍糧二十萬石。國珍日夜運珍寶，治舟楫，爲航海計。

迨明人取平江，朱亮祖攻台州，進克温州，湯和以大軍直抵慶元，國珍走入海。追敗之盤嶼，國珍始遣子關乞降。明祖賜書，許宥其罪，國珍乃謁和於軍門。和送國珍等至建康入朝，明祖誚讓之，國珍頓首謝罪，且曰：「臣聞天下無道，乘桴浮於海；天下有道，束帶立於朝。」明祖笑而宥之，授廣西行省左丞，食禄，不之官。

數歲卒。疾革，遣内史問所欲，國珍以子孫愚魯，願賜保全爲對。明祖憫之，爲文賜祭葬，官其子禮衛指揮僉事，關衛千户所鎮撫。關弟行，明敏善詩，宋濂嘗稱之。

先是，有周必達者，隱天台山。國珍造其居問之，必達曰：「當今四方大亂，君能舉義除盜，名正言順，富貴可致，餘非我所知。」國珍不聽。及屢敗，始悔曰：「不意黄毛野人，能料事如此！」由是國珍頗敬禮文士，薩都剌等皆入其幕府。

何真，字邦佐，東莞員岡人。少孤，事母以孝聞。爲人美鬚髯，音若洪鐘。嘗有相者謂曰：「君材兼文武，霸王器也。惜生南方，微帶火色，位不過封侯耳。」至正初，官河源務副使、淡水鹽場管句。會增城盜朱光卿起，湖廣蠻蔣丙又攻破連、桂二州，真乃棄官歸。

至正十二年，王成、陳仲玉作亂於東莞，真請于行省，舉義兵討之，自擒仲玉以歸。成築寨自守，真使弟迪及驍將黄從簡、高彬圍之，募能生縛成者，賞鈔十千。既而成奴縛以獻，真釋之，引成坐，謂曰：「何養虎自貽患？」成掩面愧謝曰：「始以爲犬，孰知其爲虎耶？」奴請賞，真如數與之，而使人具湯鑊，駕轉輪車，置奴其上，督奴妻烹之，數人鳴鉦以號於衆，一號則衆應之，曰：「四境之上，有以奴縛主求榮利者，視此奴也。」由是衆心畏服。行省上其功於朝，未報。

居一年，惠州人黄仲剛與叛將黄常據惠州，民怨其虐，迎真守惠州。真乃逐常，殺仲剛，遂有循、惠二州之地。興寧人謝以文倔强不服，真又擊滅之。朝廷授真惠州路同知，尋進廣東都元帥、宣慰使。

至正二十一年，邵宗愚入廣州，戕殺官吏，真帥師來援，遂入廣州，秋毫無犯，州人大悦。擢廣東行省參知政事。真乃遣何迪擊香山、增城諸盜，皆平之，未幾，江西、福建合爲一省，改授江西福建行省左丞，仍治廣州。

二十四年，宗愚復挾廉訪使廣寧圍廣州，真拒守數月，城中糧盡，民煮蕉頭、蔴根以食，終無叛志。二十五年二月，真將張鎮撫以兵入援，敗宗愚於城北。宗愚再戰，會真次子富入援，又敗之。宗愚憤甚，仍堅壁不退，恃其衆，日夜攻。七月，誘真將博羅、馬丑寒叛真，率兵攻惠州，且絶廣州糧道。真聞之，使廉訪副使黑的兒守城，自將兵夜從間道出，救惠州。宗愚知真去，攻陷廣州。真至惠州，圍解，執博羅、馬丑寒，戮之，復攻諸壘之與宗愚合者。靖康李維東，諸文，七小轡寨張伯寧，翁源大小張諸賊帥，或走或降，惠州境内悉平。

二十七年四月，真率兵復攻廣州，宗愚不能抗，棄城走，廣寧死於亂兵。真遂再入廣州。朝廷進真行省右丞。始，真與宗愚相軋，各倚行省以爲重。二人皆再入廣州，然州人莫不苦宗愚之暴而樂屬真。

及明祖定天下，遣湯和、廖永忠次於閩，先檄真使降。會永忠航海趨廣東，而裨將陸仲亨亦自大庾嶺入。真使都事劉克佐、檢校梁浚初，詣永忠軍，上其印綬，永忠再以檄諭之，真遂迎降。明封爲東莞伯，卒。

與真同據廣東者，有邵宗愚、李質。

邵宗愚，南海三山人。至元二十一年，廣東都元帥世傑班謀殺廉訪使百家奴，事覺，僉事八撒剌不花執而戮之。八撒剌不花亦專恣自用，詔除八撒剌不花江南行臺侍御史，而以完者篤代之。八撒剌不花怒，殺完者篤等數人，擁兵自衛，廣州内外凶懼不安。於是宗愚起三山，羅實善起龍潭，秦德用起清遠，王可成起增城，皆據地自稱元帥。而香山人李祖二，亦聚衆攻掠縣城。宣差朵羅歹不能禦，縣人鄭榮叟徙縣治於古羅寨，實善數以兵攻之。廣東大亂。

二十二年冬十月，江西平章朵列不花移檄討八撒剌不花，宗愚聲言承檄討賊，進攻廣州，元帥何深力戰死之，城遂陷，殺八撒剌不花。詔除宗愚江西福建行省參知政事。及何真入廣州，宗愚復争之，再取廣州，殺掠尤甚。既而復不能守，奔還三山。

二十七年，江西右丞鐵里迷失按廣州，宗愚遣人迎之，且指真爲僭據，誘之攻真。鐵里迷失遂入三山，竟爲宗愚所殺。四月，明兵臨廣東，宗愚遣其將羅元祥詣廖永忠軍約降，以覘之，實無降意。永忠語之曰：「欲降則降，毋以虚言相款。」宗愚終遷延不至。永忠夜攻破其寨，擒之，與其徒皆斬於廣州市。

宗愚據三山，貪殘嗜殺，鄰境咸被其毒。再入廣州，廣州民尤恨之。及面縛入城，争唾其面。然真與宗愚俱受命於朝廷，真迎降而宗愚死，議者亦有取焉。

李質，字文彬，德慶人。通經史，有器局，浮沈府掾中。至元中，廣東大亂，質亦聚衆保鄉里，據有肇慶、封川、新會等州縣之地。一時三山、龍潭諸賊，莫能與争。朝廷嘉之，授廣東樞密同僉。何真恐質圖之，遣其幕士孫賁説與連和。質每以安民爲念，雅好儒學，衣冠之士多往從之。如江西伯顔子中、茶陵劉善、建安張智等，皆見賓禮。後亦降於明，仕至江浙行省參政，卒。

時樂昌有小張元帥者，出没鄰境。廖永忠兵至虎頭門，張亦迎降。

陳均義，桂陽臨武人。沈毅有勇略，家豐於資。至正初，洞寇出没，均義召募士兵千餘，從參知政事哈剌帖木兒等收捕之。

十二年，紅巾賊廖景知等攻陷臨武，均義將所募兵及陳舜隆等二千餘人，破走景知。

賊將唐雲龍復以藍山僞帥陳淵等來寇，城再陷，均義在家聞變，復率兵擒殺雲龍，淵等遁去。

十七年，淵及艾舜等再至，衆萬餘，屯於界上，均義出戰，陣斬舜及僞鎮撫梁國安等二十餘人，淵敗死。湖廣行省以均義領義兵萬户，判臨武縣事。復以所部合彬州義兵，攻復宜章，走僞元帥歐陽平泰。遷永州路同知總管府事。廣東廉訪使八撒剌不花檄均義攻勦韶、廉諸寇，以功遷授武略將軍、同知南雄路事。是時，潭州諸路相繼陷没，朝廷從行省議，開設屯田水軍元帥府，以均義領水軍萬户，從右丞榮禄攻克長衡等路，進江西等處征行副元帥。勦僞帥黄景中等，克之，又以本官兼湖南宣慰使副都元帥。均義攻破永興僞太平賊巢，因諭下彬、桂、韶、連未附諸郡，朝廷即以均義領之。

二十七年，授湖南宣慰使、都元帥，總領湖南兵事。均義以萬户屢立戰功，嶺南北方千里皆聽節制。陳友諒僭據荆楚，均義控制要隘，友諒不能下。明興，湖南諸路以次平定，均義率所部歸附。未幾，卒。明祖以前功録其部將陳以宣等，賜官有差。

同均義俱起者有陳舜隆，以功授桂陽路同知，後從元帥李伯顔攻下韶、連等路，斬獲賊首李三良等，累進征行副都元帥，年五十卒。族子陳良玉，少從舜隆斬獲有功，授英德路同知，又兼常寧州判官，累官元帥、都鎮撫。

均義等始與楊璟部將力戰十餘年，天下盡平，然後自歸，明人雖授官羈縻之，頗以爲憾焉。

歐普祥，黄州黄岡人。至正十一年，從徐壽輝以燒香起兵，爲元帥，人稱爲「歐道人」。引兵掠江西諸郡，攻陷袁州。既而分宜人彭繼凱與元帥别速堅起義兵復袁州，普祥怒，復往攻之，不克，乃陷分宜、新喻等縣。

十三年二月，復攻袁州，元帥别速堅與萬户竇同等堅守。十二月，城陷，普祥遂據之。分兵攻陷安福、上高等縣，屢敗元兵。壽輝累加普祥左丞、大司徒、袁國公。

普祥性殘暴，所過焚掠無遺。陳友諒弑壽輝，徵兵於普祥，普祥不聽。明兵取江西，普祥令其子廣迎降。明太祖厚賜之，命率所部守袁州。未幾卒。

時賊將降明者，又有鄧克明、熊天瑞。

鄧克明，新淦人。自少無賴，恣横鄉里。紅巾賊陷臨江，克明與弟志明亦聚衆而起，陷樂安、崇仁等縣，自稱元帥。後降於陳友諒，遂陷建昌。道順昌、光澤，以攻建寧，不克，還據撫州。明兵逼撫州，克明出降。明將鄧愈遣志明還新淦，收其部曲。志明據麻嶺、沙阬、牛陂爲寨，明兵攻破之，與克明並誅死。

熊天瑞，荆州人。初以樂工從徐壽輝起兵，後攻陷臨江、吉安，又攻陷贛州，據之。造戰艦，欲引兵東下，署其幟曰「無敵」，自稱金紫光禄大夫、司徒、平章軍國重事，兼侍衛親軍都指揮使。陳友諒攻江西，檄天瑞以兵來援，天瑞坐觀勝負，不應命。友諒敗死，乃佯遣其子元震赴援。已而與龍泉彭師中相攻。又欲規取廣東，乃攻陷韶州，命其黨袁仁仲守之，自率舟師數萬攻廣州。時何真據廣州，以兵逆於胥江，天瑞大破之，意廣東可不戰而下。忽天晝晦，大雨，雷震其檣，舟師不能進。天瑞懼，仰天祝曰：「若廣東非吾所當有，則天爲明霽，當即日還師。」祝畢，天果霽。

既歸贛州，望氣者言將有外兵至，可厭之，天瑞不之信。是年，攻陷湖南桂陽諸山寨。明兵克臨江，天瑞遣元震築壘太壺湖頭，爲守禦計。九月，明兵圍贛州，浚長濠困之。元震竊出覘兵勢，明將常遇春亦從數騎出，卒與相遇。元震不知其爲遇春也，過之。及遇春還，元震始覺，奮鐵撾來追。遇春遣裨將揮雙刀以拒之，元震且鬬且却，遇春曰：「壯男子也！」舍之。圍五月，城中食盡，天瑞率元震肉袒詣軍門降。後叛歸於張士誠。士誠敗，天瑞伏誅。

元震，天瑞養子，本姓田氏。遇春薦其才勇，入明爲指揮。

王宣，揚州興化人。初爲司農掾。會黃河决，行省募淮揚才能之士，使召集民夫疏濬之。宣挺身自薦，授淮南淮北都元帥府都事，齎楮幣至揚州市竹篾，募丁夫。數月間，得丁夫三萬餘，就令宣統之。數月，河工竣。時徐州芝麻李據州城，命宣爲招討使，率丁夫從知樞密院也速復徐州。尋擢淮南淮北義兵都元帥，守馬陵。調滕州鎮禦，且耕且戰，以給軍食。移鎮山東益都。田豐寇益都，宣子信從察罕援之，還鎮沂州，授宣父子俱爲平章。

二十九年，明太祖遣徐達等伐中原，達以書諭宣父子，宣遂納款。明授宣江淮行省平章政事。宣外請降，陰持兩端，令信密往莒、密等州募兵，又遣其員外郎王仲剛、信妻父老馮等來犒明兵，達受而遣之。仲剛等還，宣以兵劫使者徐唐臣，欲殺之。唐臣脱走，達聞之，即日率師抵沂州。宣自度不能支，乃開門出降。達令宣爲書，遣鎮撫孫惟德招降信。

信殺之，與其兄仁奔山西。達以宣反覆，并怒信殺惟德，遂執宣，杖而戮之，並殺王仲剛等。

【校勘記】

〔一〕「邵宗愚」，原作「邵宗愈」，據正文改。本書卷二六《惠宗本紀四》、《元史》卷四六本紀第四十六《順帝九》及《明史》卷一二九、一三〇列傳第十七、十八均作「邵宗愚」。

〔二〕「梃」，原作「挺」，據文意改。

新元史卷之二百二十八　列傳第一百二十五

帖木兒

帖木兒，巴魯剌思氏。五世祖哈剌察兒，爲太祖八十五功臣之一，封千户。父杜爾凱，與察合台汗宰相杜蘭斯窩基士阿奈部喀斯庚汗友善，封以基杜戍、納克寒克二城。元統元年，帖木兒生於基杜戍，姿貌雄偉，喀斯庚汗妻以孫女窩爾戞公主。

至正十五年，喀斯庚汗與不賽音全爾德部搆釁，兵敗，喀斯庚汗及杜爾凱俱見殺，部衆離叛。帖木兒佐喀斯庚汗之孫不賽音，圖恢復。會察合台後王德克爾克齊穆爾汗率師來援，部内始定。帖木兒謁德克爾克齊穆爾於境上，以忠義自奮，德克爾克齊穆爾大悦，擢爲萬户。師還，留其子義利阿斯赫戞守撒馬爾罕城，填撫杜蘭斯窩基士阿奈之地，以帖木兒爲大將輔之。未幾，義利阿斯赫戞之子義律亞斯與帖木兒不協，其所部皆烏斯卑克人，又與帖木兒争權。帖木兒謀殺義律亞斯父子，事洩，攜窩爾戞挺身出走，欲奔貨勒自彌。失道，陷沙漠中，爲土爾基人所獲，縶其夫婦於牛欄，地穢汙，又有毒蟲齧人。居兩月，伺守者懈，與窩爾戞遁去。

招集舊部，屯於勃加拉之地。復潛入撒馬爾罕，匿於姊家。爲偵者所覺，乘夜去，渡阿模達律阿河，部衆至千餘，遂據阿富汗境坎達哈爾之地。旁掠賽斯達因部，戰不利，傷足。後拓地北至巴達克傷，聲威始震。以所部二千人敗烏斯卑克兵二萬。未幾，義律亞斯復率三萬人來伐，戰於君都斯坦，帖木兒大敗之。義律亞斯又得父凶問，引兵去，杜蘭斯窩基士阿奈之地遂爲帖木兒所有，建都於撒馬爾罕。

帖木兒自以非成吉思汗之後，不敢遽稱汗，乃大會諸將及部内長老阿薩蘭教士，立察合台後喀普爾西阿特爲汗。既而義律亞斯復至，帖木兒使不賽因將左翼西渡爾達利亞河要擊之，自將右翼爲後援。不賽因陷敵中，帖木兒拔出之，始轉敗爲勝。不賽因以帖木兒舍己而立喀普爾西阿特，意不能平，乃起兵攻帖木兒，戰於巴達克傷。不賽因大敗，復自歸於帖木兒。帖木兒欲宥之，衆議不可，不賽因登高塔自投於地而死。

帖木兒遂廢喀普爾西阿特汗，自立於巴里黑，時年三十六歲。帖木兒假護持阿薩蘭教以馭衆，對教士則稱蘇爾灘。逾二年，出兵攻貨勒自彌，圍其烏爾鞬赤都城。其酋耶斯布知不敵，與帖木兒議和，以女妻其長子辛翰塞爾特。帖木兒恐耶斯布反覆，乘間襲陷烏爾鞬赤，以耶斯布之女歸，爲其子行婚禮。既而辛翰塞爾特死，和好中絶，帖木兒再陷烏爾鞬赤，盡取貨勒自彌之地。貨勒自彌，欽察金斡耳朵汗之屬國也。拔都建金斡耳朵，其後人稱金斡耳朵汗云。

帖木兒既克貨勒自彌，乃決計攻波斯。初，旭烈兀建國於波斯，爲阿爾瑪里亞，其後分爲二國：一曰伊兒汗，一曰莫薩法利汗。帖木兒先攻伊兒汗，降其屬國與聖的闌，渡阿拉克塞斯河，高加索之全部望風納款。又略取西爾番及機闌烏奄等地，逼阿爾瑪里亞宣誓臣服，進克西里亞斯城，有席捲波斯南境之勢。聞金斡耳朵汗德克達密杜司乘虚襲貨勒自彌，始旋師。

先是，德克達密杜司以帖木兒之助爲欽察總汗，白斡耳朵汗烏魯斯忌而逐之。白斡耳朵者，拔都兄鄂爾達之後也。德克達密杜司乞援於帖木兒，出兵屢爲烏魯斯所敗。烏魯斯卒，子德克達喀耶立。未幾，又卒，其弟齊爾瑪利克代之。帖木兒助德克達密杜司與齊爾瑪利克戰於喀拉達爾之地，大敗齊爾瑪利克，禽而斬之。德克達密杜司遂併白斡耳朵汗之地，又大敗斡羅斯，焚其莫斯科都城，意寖驕。至是分兩道進兵：一循西爾達利亞河上流，一出烏斯德烏爾土之野，直抵貨勒自彌，及帖木兒馳歸撒馬爾罕，德克達密杜司始懼，倉皇遁走。時帖木兒得國二十年，明太祖洪武二十一年矣。

帖木兒以德克爾克齊穆爾之子奎塞兒汗與德克達密杜司爲聲援，分兵五路攻之，敗奎塞兒汗於達俊奎之地。帖木兒休兵於耶爾士烏斡城，使其子竄馬兒略地至喀赤喀爾。是時西伯里亞諸部已大定，帖木兒會諸將於克律台，大舉伐金斡耳朵汗。軍行至達朱蘭，帖木兒有疾，留不進。逾年春，經基爾基斯大漠，抵薩瑪拉之北境，與德克達密杜司戰於昆德烏爾札河。敵兵五十萬，帖木兒所部兵三十萬，力戰三日，德克達密杜司敗走，追奔四百餘里，橫尸蔽野。帖木兒入其夏宮，飲酒高會，慰勞士卒，由竄德拉兒歸撒馬爾罕。自是帖木兒之威名震於遠近焉。

又二年，帖木兒再伐波斯，統兵三十萬。先抵波斯北境，攻拔阿穆爾寨，以其地險要，傷士卒多，屠之。南略琉璃斯坦、哈喀丹、普爾知德、帖義斯布兒等部，與莫薩法利汗戞曼斯爾戰於巴齊拉之郊。戞曼斯爾自將突騎陷陣，帖木兒麾下皆望風辟易。其孫戞爾克憤怒，收集散卒，直前搏之。戞爾克手劍先登，斬戞曼斯爾於陣前，其軍崩潰。帖木兒遂滅莫薩法利，亞塞爾、巴義香諸城皆降。進拔克爾齊斯坦，圍巴克達城，其酋不戰而降。巴克達爲天方教祖國，至是三爲蒙古人所躪。伊兒汗聞帖木兒兵至，乘駿馬奔於爾比拉之地，其妻、子皆爲帖木兒所獲。

帖木兒已滅波斯二汗國，乘勝北攻，略地至旻奎兒湖，宴將士於軍中。偵卒報德克達密杜司奄至，諸將皆挺刃請行。帖木兒徐曰：「吾將使野獸自投陷阱也。」坐飲如故。俟敵近，乃麾兵出。德克達密杜司大敗，奔於西伯利亞。

帖木兒長驅高加索之北境，畧地至莫斯科，立烏魯斯之子姤戞爾爲汗，統治東西欽察之地。帖木兒自平波斯至此，凡用兵五年。

初，明太祖定中原，屢遣使招諭西域諸國，然未有至者。獨帖木兒遣回回人滿剌哈非思等來朝，貢馬十五、駝五。自是歲貢馬、駝，欲覘中國虚實，非誠心款附也。洪武二十七年，貢馬二匹，上表曰：

恭惟大明大皇帝，受天明命，統一四海，仁德洪布，恩養庶類。萬國欣仰，咸知上天欲平治天下，特命皇帝出膺運數，爲億兆之主，光明廣大，昭若天鏡，無有遠邇，咸照臨之。臣帖木兒，僻在萬里之外，恭聞至德寛大，超越萬古。自古所無之福，皇帝皆有之；所未服之國，皇帝皆服之；遠方絶域昏昧之地，皆清明之。老者無不安樂，少者無不長遂，善者無不蒙福，惡者無不知懼。今又特蒙施恩遠國，凡商賈之來中國，使觀覽都邑城池，富貴雄壯，如出昏暗之中，忽睹天日，何幸如之！又承敕書恩撫勞問，使站驛相通，道路無壅，遠國之人，咸得其濟。欽仰聖心，如照世之杯，使臣心豁然光明。臣國中部落，聞兹德音，歡舞感戴。臣無以報恩，惟仰天頌祝，福壽如天地，永永無極。

明太祖得表，悦其甘言。明年，使給事中傅安等齎書、幣報之。安等至撒馬爾罕，帖木兒留不遣，歲貢亦絶。是時，帖木兒國勢强盛，受羣臣尊號曰成吉思可汗，以蒙古太祖自比，欲先平印度、土爾基，再用兵於中國。

又二年，乃自將大軍攻印度，號稱八十萬。徑薩密涅，進拔土基耶漢涅馬城，與諸將會議攻鐵利城。鐵利城者，印度杜兒拉克王斯爾坦馬穆士之都城也。有一將進言曰：「我軍渡印度河之後，俘其教徒及猶太人已逾十萬，如事有緩急，必爲我之大患。」帖木兒然之，殺降衆而後進兵。斯爾坦馬穆士率步騎五萬，陣於鐵利城外，列象隊於前，以皮甲衣之，塗象牙以毒藥，背負長刀，又置小櫓於象背上，以護戰士。凡火攻之物，石腦、油火、樹脂及火箭、藥彈皆備焉。其勇將曰戞克曼斯，躍馬入帖木兒軍中，爲帖木兒之子窩馬兒所殺。帖木兒麾兵擊其象隊，斫象鼻斷之，衆象狂奔，敵陣亂，斯爾坦馬穆士棄衆奔還。翼日，開城門而遁，城民出降。帖木兒縱兵大掠，廛市一空。鐵利城富庶甲印度，奇珍瓌寶，公私充牣，悉爲帖木兒所有。進至喜拉馬亞山之南，聞撒馬爾罕盜起，乃班師。帖木兒入印度，兵無留行，然所克諸城，兵退後仍爲斯爾坦馬穆士拒守，不能有其地云。

是時，撒馬爾罕亂民揭竿者爲阿塞爾、哈義香諸部，帖木兒自往討平之，遂渡阿拉古塞斯河，攻土爾基屬城。阿爾瑪尼亞及朱爾查天方教禁酒，帖木兒自稱往討飲酒之國民，凡不從教者皆殺之。

是時，土爾基王曰巴耶知德，自稱東羅馬皇帝，戰屢勝，四鄰畏服。埃及，土爾其之與國也。初，帖木兒遣使通好於埃及，其王普耶爾基殺之，乃興師問罪，略取埃及屬地士利阿諸部，進克齊克利斯河畔之模斯爾城。巴耶知德聞之，屯兵於阿列波耶帖薩及齊阿爾別機二地以備之。帖木兒自率大軍，壁於耶爾塞爾模，自此地攻小亞細亞。先拔奎瑪兒克，進抵塞巴德城。帖木兒以山林深阻，非用兵之地，又聞土爾其兵聚於土喀德城，扼西機爾依爾瑪克河以自固，乃改道至奎薩里河，留輜重爲後路之根本，且絕敵軍與阿爾薩都城來往之路。帖木兒進圍安喀拉城，聞巴耶知德來援，退軍待之。黎明，帖木兒陣於晏格拉之野，分軍爲左右兩翼，陣前列象三十有二，又在中軍後排騎兵四十隊，爲游擊之師。巴耶知德亦分兵禦之。既戰，帖木兒先以右翼攻土爾其之左翼，敗之。其左翼爲塞爾維人，驍勇敢戰，既敗，全軍奪氣。又以左翼攻其右翼，右翼將卑律士拉被創死，所部潰走。帖木兒麾諸將追之，塞而維人敗而復振，屢卻帖木兒追兵，然爲潰卒所躪，不能獨立。巴耶知德見兵敗，戰益力。至夜半，欲突圍走，馬蹶，爲帖木兒部將瑪穆士所禽。帖木兒遣其孫卑爾摩哈馬德，追擊巴耶知德之太子索律曼，入其阿爾薩都城，索律曼敗走，俘其後宮嬪妾及府藏之貨幣。

是時，小亞細亞全部瓦解，獨斯密爾奈城猶堅守不下。帖木兒攻圍十餘日，始克之。送巴耶知德於撒馬爾罕，中道卒。帖木兒旋師，埃及已納款，獻駿馬及麒麟以贖罪。西域諸國或遣使，或入朝於撒馬爾罕，道路絡驛不絕。撒馬爾罕宮室壯麗冠西域，遠近皆仿效之。

未幾，帖木兒遂大舉伐明。募精兵二十萬，以糧運不給，載穀數百車，軍行至沃野，即播種之，充異日之軍食。又驅牝駱駝數千頭，如餉乏，則餐其乳以濟饑。中途遇大雪，士馬僵斃。帖木兒亦患瘧疾，至窩德拉爾城而卒，年七十二。時永樂三年也。遺命以其孫卑爾摩哈馬德爲嗣。

帖木兒善撫士卒，得人死力。喜怒不形於色，謀定後戰，所向有功。善屬文，兵事之暇，序其制勝之方畧，著爲成書。然性嗜殺戮，與成吉思汗相似。又篤信宗教。定新律，分國民爲十二級，第一級以摩罕默特之裔當之，宗室及將相大臣不與焉。成吉思汗所創之法制，至是破壞殆盡。

初，帖木兒幼時，適於野，見小蟲緣草而上，屢墮不已，卒至莖端，歎曰：「人之臨事，當如是矣！」故累遭困辱，折而不撓，卒建不世之功焉。

帖木兒娶喀斯庚汗女孫，部人稱爲駙馬。或曰：察合台後王納女迪勒沙的阿加公主於帖木兒以請和，部人榮之，稱駙馬云。

史臣曰：蒙古三大汗國，帖木兒併其二。克印度，敗土爾基。卑辭厚幣以誑中國，始則詗伺，終乃大舉。儻不死，明人其旰食乎？《明史·西域傳》略見帖木兒本末，然挂漏已甚，故論次其事，著於篇。

新元史卷之二百二十九　列傳第一百二十六

循吏

古者治民之吏，事權一而責任專。縣之事專於令，郡之事專於守，故無所牽制，而吏得展其才。至元之官制則不然，縣有尹、有令，府、州有知府、知州，路有總管，而皆設達魯花赤以監之。凡爲達魯花赤者，非蒙古則色目人，皆懵於中國之治術者也。夫既以達魯花赤監吏矣，則吏之權已奪於達魯花赤，使其賢，猶將與吏争是非可否，而牽制其所爲，而況懵於治術者乎？雖潔己愛民者亦時有之，然其姦貪狂法、虐殺無辜，史固不絶於書也。此元之吏治所以日窳，而盜賊所以不息歟？吾徵之刻石，凡《去思》、《遺愛》之碑，頌達魯花赤、總管以下之德政，存而未佚者尚得五六百事，大抵皆空言無實，習爲諛美。嗚乎！是亦吏治之窳之一端矣。今爲《循史傳》，采其卓有治行者著於篇，庶幾信以傳信云爾。

劉義　謝天吉　趙振玉　黄順翁倉振　曾冲子　張耕　葛榮齊克中　趙志　閻從　王琚仁　杜處愿

劉濟　周惠　李英　許維楨　王德亮　田滋　王安貞　邢裕秉仁　徐泰亨陳春　耶律伯堅陳楚仙　劉輝　柯謙九思　王肖翁　盧克治　趙良輔陳炎酉　于弘毅　孫天正　燕立帖木兒　諳都剌　楊景行　干文傳　林興祖　觀音奴　周自强　白景亮　夏日孜　聶以道　盧琦王大中　野仙不華　鄒伯顔　劉秉直　許義夫　郭思恭　合剌不花　羅文焕　李惟閏　葉森　孔濤　林泉生　繆思恭

劉義，遼州人。父恩，爲金晉陽公郭文振裨將，累遷同知元帥府事。金亡，率所部來降，胡士虎那顔、楊惟中交薦之，拜遼州軍民長官，佩銀符，以老致仕。義襲遼州軍民長官，遷同知絳州事。再遷孟州知州，加武略將軍，吏民畏愛，治績爲一路之最。至元九年，移知臨州，孟州人詣闕上書，乞義再任孟州。十五年，卒於孟州。義每到官，其目有四：一勸農，二興學，三勵風俗，四不貸枉法吏。前後涖四州，未嘗有敗事云。

謝天吉，字鍾祥，臨晉人。累官昭勇大將軍、鎮邊元帥、行河中府事，賜金符。金亡，流民多逃難於河南，知天吉以公事至，流民相謂曰：「吾謝帥素有仁名，舍此曷歸？」於是來附者數千人。時行省徵發無度，天吉計民力必不能供，自出家貲助之。復又徵黄金百餘笏，天吉自度無所出，迺假自投於河。家屬迎喪至，觀者無不泣下。徵金事遂寢。後又徵役，民相謂曰：「若謝帥在，事必不至此。」左右或謂之曰：「謝帥實在，嚮之死僞也。」衆皆驚喜，同往謁天吉，求復領府事。天吉起，事果寢。其爲人所敬信如此。卒，年五十九。

趙振玉，大寧龍山人。以幹局受知於史天倪，選署龍安府庫使。改承安令，遷軍中都提控。武仙反狀已露，振玉請先圖之。天倪曰：「彼鼠子，何能爲？」後天倪爲武仙所襲殺，振玉及其兄真定府判官真玉，脱身走滿城。史天澤復真定，命振玉招降臨城、杏樹等砦，下邢、趙二州，州民保聚者，悉使還故居。授慶源軍節度使，兼趙州觀察使。慶源户不滿百，振玉爲招集流亡，勸耕稼，通貨易。羣盜時出剽掠，輒爲振玉所搜捕。尋改河北西道按察使，兼帥府參謀。俄復還慶源軍，有白晝殺人於市者，振玉案其罪，敕怨家婦手刃之，闔邑稱快。時治郡以振玉稱首云。

黄順翁，字濟川，江西建昌人。少勤學，卓犖有才氣。大兵至建昌，制置使黄萬石，順翁族人也，將迎降，置酒謂順翁曰：「明日則子女、玉帛皆他人所有，君可任意攫之。」順翁辭不肯取。後郡守請爲盱江書院山長，順翁取朱子《小學》以教授學者。授建昌路儒學教授，旋擢武岡路新寧縣尹。民失業久，順翁招撫流亡，教以種植畜養之法，户口日增，新寧人即順翁種竹之處立生祠，湖南廉訪副使余恁題曰「種竹堂」，以文記之。湖廣盜起，右丞劉國傑率兵討之，順翁儒服上謁，叩頭曰：「請以理諭之，不從，然後用兵。」國傑從之。順翁輿轎，從一老兵，遇峒民各予《孝經》一卷，爲講説大義，羣盜皆感泣，頓首謝罪，即日詣軍門降。國傑大説，遂班師。後峒民家爲木主，書「生父黄公」以祀之。累遷龍興路税務提領、撫州路金谿縣丞。皇慶元年，調江州路德化縣尹。皆有惠政。延祐元年，乞病歸，未幾卒。

同時，倉振，爲新州知州。時猺賊蠭起，振深入賊窟，諭以禍福，羣猺翕然從命。暇日詣學宫與諸生講説經義，又於驛路夾植松、榕，以便行者，人歌曰：「高松茂榕，一道清風。」

曾冲子，字聖和，撫州金谿人。父鈺，宋諫議大夫。兄淵子，參知政事。冲子以父任爲瀏陽縣主簿、江東西宣撫使，趙葵辟佐吉州節制司，改知仁和縣，累遷知南安軍。宋亡，棄官歸。至元二十四年，以行臺薦，除僉福建提刑按察司事。閩地險遠，吏骫法，盜賊屢起。冲子行部所至，先牓諭吏民以感切之，吏悚息，或自免去。鄉民嘯聚山澤，欲出不敢者，得牓皆麕至，羅拜請罪。侍御史吴曼慶聞其事，大悦，非冲子分部亦檄使按行。有囚殺人當死，行省私出其罪，使冲子涖刑，冲子曰：「如律，冲子往涖，否則不敢。」未幾，以病致仕。大德九年卒，年七十八。初，冲子至仁和，有劫盜，官論十九人死，冲子閲其狀曰：「非盜也。」將理出之。都城盜發，官吏皆當坐，幸藉手以免，語共侵冲子。冲子恚曰：「吾官不足惜，如十九命何？」力辯之。已而果獲真盜，贓具在，衆始愧服焉。

張耕，佚其籍貫。中統初，爲邢州安撫使。兵後，户不滿數百。有兩達爾罕，言於世祖，請選良吏撫治之。世祖從其言，承制以耕爲安撫使，劉肅爲副使，邢州大治，流民復業。又興鐵冶、行鈔幣，公私兩濟。裕宗在東宫，嘗曰：「安得治民如張耕者乎？」後卒於官。

葛榮，淇縣人。父旺，大兵南下，旺自奮，説郡守率郡人出迎，鄉里得全。元帥必拉罕置縣蘇門，署旺爲令。榮授衛、輝二州提領譏察使，改蘇門主簿。蘇門改輝州，復提領譏察使，擢輝州判官，蘇門復縣，仍主簿兼尉。中統初，調衛州軍民彈壓官，兼録事。三年，復輝州州判。時河北饑，部使頒區田法，郡邑不能行，檄榮察覆。榮躬率野人，相地授方略，熟，得百倍。土之墝埆者，教以糞薙。鄰境法焉。課最，遷蘭台縣令，擢磁州判官。轉平陸縣令，兼諸軍奥魯，以計擒大盜黨吾。擢僉嶺南廣西道提刑按察司事，墨吏聞風遁去。卒於官，年五十五。

同時，齊克中、趙志、閻從、王琚仁，均爲河南北循吏。

齊克中，至元初爲扶溝縣主簿，有能名。擢延津縣尹，歲大祲，民流亡載道，克中撫卹招徠，咸得其所。及受代去，數歲再過，延津民感泣送迎之。

趙志，長葛尹。爲政寬和，民戴之。歲比不登，志教民爲水田，旱則決溹水灌之，悉爲沃壤，民獲其利焉。

閻從，新安縣尉。有販麥商爲賊所殺，莫知主名。從集吏民至屍傍跽聽，忽一人屏樹立，命卒引詰之，果服。嘗於道中遇數人，僕從若貴游者，從曰：「此巨盜也。」訊之，果得其實。鄰境號爲神明。

王琚仁，涉縣尹。縣城爲山水所圮，民不寧居，琚仁築堤禦之，患乃止。及去，民爲刻石。

杜處愿，字榮季，霸州信安人。父瑛，見《逸民傳》。以薦爲按察司書吏，除濟南經歷。歲終上計京師，建言：「會計有名無實，徒耗輿馬物力之用。」政府韙其言，罷之。遷睢州判官。是年，睢水溢，幾入城，官僚暴露城上。吏白：「城已圮，請具舟檝以逃。」處愿叱之曰：「吾有官守，逃將安之？」水竟退，時論壯之。改大名路經歷。官糴米二萬石給民食，處愿以出納之。時吏易爲姦，不如徑以錢下於民，上其議於行省，從之。歲十月，宗室例以駝馬下諸路，分廐飼之，吏率建廐，費多，賦之貧民。至是，處愿均其賦於豪右，民大悦。未幾，除東昌路推官。卒，年六十八。

劉濟，字巨川，真定行唐人。父信，宋義兵都統，戰殁。濟，中統初，以薦擢中書左曹掾，遷磨勘官。真定民郭文運告白、蕭二人殺其父，歲久不決，命濟往讞之，不終日而虚實辨，真定人稱爲神明。至元七年，授太原總管府判官。會大水，川澤泛溢，濟相度形勢，鑿渠以洩水勢，自是無漂没之患。九年，擢獻州知州。下車，罪囚纍纍，濟裁判五日，獄訟一空。遷僉燕南河北道提刑按察司事。十六年，卒。子珪，大名路總管，亦有能名。

周惠，字德甫，晉州隰縣人。憲宗二年，朝廷經略江淮，擢惠江淮都轉運使，置轉運司於胙州。四年，惠入覲，圖利病上之。詔以彰德、衛輝、大名民户各五千，實胙州，復其賦，改胙州爲淇州。惠治官廨、倉庫及境内之廛市、阡陌，皆井井有法。民貧無食者，令習陶甓之業，躬爲規勸，無倦色。西山鐵官甃竈久廢，惠出貲修復之。由是商賈四集。後卒於官。子鍇，淮東高郵路總管。

李英，字彦臣，滑州白馬人。叔父宥，以宣武將軍知滑州。宥卒，英襲職。歲饑，民多逋賦，英率其父老見世祖於邢州曰：「兵興，又值饑荒，民逃亡盡，敢昧死請蠲其逋賦。」世祖動色，從之。中統元年，蝗食桑，蠶賦病民，英建言：「俟秋熟，並徵蠶賦，如逋負，當以身任。」民德之，至秋，悉如約以償。州隷大名路，相距二百餘里，英以轉輸勞費，請儲於本州，候指撥，朝廷如所請，著爲令。兵興，甲仗資粮率從豪民稱貸，子母旬月相倍。英入覲，訴其病民，陳詞感切，執政韙之，由是官償其本，不收倍息。至元二年，改順德路判官，兼清豐、南宫兩縣尹。又改武略將軍、知裕州，换房州，所至有聲。卒，年六十九。

許維楨，字周卿，遂州人。至元十五年，爲淮安總管府判官。屬縣鹽城及丁溪場，有二虎爲害，維楨禱於神祠，一虎去，一虎死祠前。境内旱蝗，維楨禱而雨，蝗亦息。是年冬，無雪，父老言於維楨曰：「冬無雪，民多疾，奈何？」維楨曰：「吾當爲爾禱。」已而雪深三尺。朝廷聞其事，未及擢用而卒，年四十四。

王德亮，字仲明，范陽人。由中書省令史，再遷爲中書掾。御史臺舉廉能，擢北京宣慰司都事。乃顏叛，宣慰使亦而撒合知德亮才，城守之事，一以委之。論功，進一階，執政格其事不下，德亮無愠色。未幾，選授江西行省左右司員外郎，旋改遼陽行省，累轉常德路總管府判官、大都税課同提舉。期年，課羡四千餘錠。擢奉訓大夫、遼陽行省左右司郎中。秩滿，遷萬億寶源庫提舉，出爲宜興州知州。歲大饑，德亮募官、私粟得一萬六千餘石振之，民無餓莩者。以勞致疾卒，年六十一。德亮起家掾史，然恒勵其子宏以學問，曰：「吏不可爲也。不從吾訓者，非王氏子孫。」其愛尚儒學如此。

田滋，字榮甫，汴梁開封人。至元二年，由汴梁路總管府知事入爲御史臺掾。十二年，拜監察御史。十三年，宋平，滋建言：「江南新附，民情未安，加以官吏侵漁，宜立行御史臺以鎮之。」詔從其言。超拜行御史臺侍御史。歷兩淮鹽運使、河南路總管。大德二年，遷浙西廉訪使。有縣尹張彧者，被誣以贓，獄成，滋審之，但泣而不語，滋以爲疑。明日齋沐，詣城隍禱曰：「張彧坐事有冤，伏願神相滋，明其誣。」守廟道士進曰：「曩有王成等五人，同持誓狀焚禱，火未盡而去。燼中得其遺藁，今藏於壁間，豈其人耶？」視之，果然。明日，詣憲司詰成等，不服，因出火中誓狀示之，皆驚愕伏辜。彧得釋。十年，改濟南路總管，尋拜陝西行省參知政事。時陝西不雨三年，滋禱於西嶽，到官，果大雨。滋開倉以麥五千餘石給民之無種者，俾來歲收麥償官，民大悅。未幾卒。贈通奉大夫、河南行省參知政事，追封開封郡公。

王安貞，字吉鄉，安陽人。由宣使掾，累擢永嘉縣尹。永嘉地濱海，鹽豪通外夷販鹽，官不能禁，坐是去職者相望。安貞嚴條禁，察尤者寘之法，姦僞屏息。或誣張明一爲盜，逮三十餘人，察其冤，釋之。同官争之，安貞曰：「理冤，令職也。失出，令自坐。」未幾，得真盜。其人繪安貞像祀之。入爲工部主事。宣徽院都事掌御膳，恃不考計，並緣爲姦蠹。安貞毫髮不貸，衆憚之。奏稽察北邊部落。安貞以老疾，請出，知崑山州。時覈田，行省官暴急，抑民虚承，安貞慨然曰：「民困極矣，吾豈愛一身，而置民死地耶？」上不便數十事，識者韙之。州治更徙，廟學未作，安貞倡衆作新學，以舊學爲玉峰書院。未幾卒，年六十二。

邢裕，字德卿，彰德安陽人。由録事遷潞州判官，再遷陽翟縣尹。縣民王氏有婢，竊簪珥以逃，盜不可得，詿誤相連。裕密詢其素所往來者，或曰：「王氏姪誘婢，度不可俱行，因殺之，而取其財。」後卒獲其姪，一訊而服。遷藁城縣尹。會無極縣兵隊長匿戍卒鈔二萬五千緡，紿言中夜被盜，告於官，三年不能獲，捕盜官多受譴。府以白樞密院，咸曰：「是能決陽翟疑獄者。」檄裕讞之。入其室，左右視驗，實無盜迹。呼其妻、子別訊之，所對異辭。乃直入其室，發牀下，鈔具在，即日獄具。至元二十九年，卒於官，年六十七。子秉仁。

秉仁，字仁父。辟署河南廉訪司掾史，累遷平江路推官，未上，改濟南、萊蕪等處鐵冶等提舉。復遷江西行中書省左右司都事。歲饑，請出廩米五十萬石賑貸貧民，衆難之，秉仁曰：「異日科擅發罪，秉仁願獨坐。」於是全活以數萬計。擢撫州路總管。撫州，户部賦木棉織布，民病非所産，秉仁改令輸直，公私稱便。調廣平路總管。教士以雅樂祀先師孔子，立鄉校七百餘，課樹桑以億萬計。民有婦妬妾，姙，嫁之，夫死，族人欲占其家貲，訟久不決。秉仁斷歸妾子，一郡稱快。盜僞以小鈔貫文作大鈔，事發，詿誤七十餘人，秉仁止坐爲首者，餘皆輕減。以禮部尚書致仕。泰定二年卒，年七十六。秉仁勵志讀書，老而益篤，工書，古隸尤長。子溫，字孟直，河間路都轉運使。

徐泰亨，字和甫，其先衢州龍游人，後徙餘杭。泰亨性警敏，用舉者試平江州掾。歲滿，署歸安縣典史。白雲宗沈明仁，冒名爵，官吏畏之。沈有怨家二人，其鄰女爲何人所殺，沈使以他辭引二人，傅致其罪。泰亨欲直其冤，吏白：「此沈公意，孰敢不從？」泰亨語之曰：「吾能死，不敢以濫殺媚人。」卒出之。明仁弟子私民婦，爲其夫所毆。適有盜殺人，僧爲飛書，誣其夫及平日怨家七人，官爲捕治之，獄卒凌虐，皆誣服。泰亨命去其械扭，始垂泣自言，縣令以有左驗難之。泰亨親至其地。悉得七人以己物實贓狀，取其家藏布數匹，析縷以比，無不合者，釜竈及他物又合。僧乃伏罪。已而獲真盜於武康，人皆歎服。擢平陽州提控案牘，以憂去官。服除，授海道都漕運萬户府提控案牘。時新法經理田賦，泰亨論田不實、役不均之弊，上之，執政大喜，使乘傳白於行省。泰亨佐常州經理，又佐池州，所行一如其言，他州皆取法焉。未幾，以九品官仍爲本府提控案牘，兼照磨承發架閣。泰亨考漕法利弊。下至占候探測，著《海運紀原》七卷。又條漕運之弊，當更易者十事，行省採用其七。久之，遷建安路總管府知事，擢池州路青陽縣尹。有司歲徵荒田租，爲田一千四百頃，人苦之。泰亨募民墾闢，因地勢以爲蓄泄，田熟租完，民無擾。累歲饑，有告發廪粟者，吏準强盜律，泰亨曰：「以救民而抵重禁，當用法外意可也。」笞而遣之。後謝病歸。大德二年，卒，年六十五。

同時，陳春，嘉興路推官，有能名。民販私鹽，事覺，牽連者衆，獄久不決。春往治之。

釋應坐者數百人，合境稱爲神明。時久旱，至是大雨，鄉人稱爲「陳公雨」。

耶律伯堅，字壽之，桓州人。用薦舉，入官爲工部主事。至元九年，轉保定路清苑縣尹。初，安肅州苦徐水之害，訴於大司農司，欲奪水故道，導水使東。東則清苑境也，地勢不利，水必反故道，伯堅陳其形勢，要大司農司官及郡守行視可否，事遂得已。縣西有塘水，溉民田甚廣，勢家據爲磑，民以失利來訴。伯堅命毁磑，決其水而注之田，以溉田餘月，得堰水置磑。仍以其事聞於省部，著爲定制。縣居南北之衝，歲爲親王大官治廬帳於縣西，限以十月成，至明年，復撤而新之，吏藉以侵漁，其費不貲。伯堅命築公館以代帳，其弊遂絶。凡郡府賦役，於縣有重於他縣者，輒曰：「寧得罪於上，不可得罪於下。」必詣府力争之。在清苑四年，民戴之如父母。擢恩州同知，卒。

同時，陳楚仙，鄒平尹。役均而事集，去任，父老請留之，詔允其請，升秩以旌其賢。

劉輝，字文大，本太原人。曾祖宏，爲金山西四路都萬户，太宗時徙河東十大家於汴，遂占籍開封。輝少爲廣西廉訪司令史。會中使至宣詔，百官跪拜，聽讀畢，復出帝師令，使跪拜如前儀。輝不可，中使怒，徑去，人皆悚懼。已而聞中使至湖南北，皆如輝言。廉訪使舉酒釂輝曰：「微文大，幾辱我！」累遷紹興路同知餘姚州事，輝務以德教化民，不施鞭朴而民自畏服。他縣獄有疑，即移輝讞之，一訊必得情實。禮部侍郎泰不華守杭州，首正經界。輝曰：「寬容慎密，民必輸情而盡實；嚴急苛暴，人將畏罪而生姦。」泰不華大喜曰：「得之矣！」遂以經界事委之。輝旦夕句稽，鬚髮盡白，越二年而後畢。爲田五十五萬三千七百畝，爲印契以給田主，曰烏由，凡四十六萬三千有奇，畫之曰《流水册》，次之曰《魚鱗圖》，類之曰《兜率簿》，第其高下以爲差徭，曰《鼠尾簿》。詭名自陳而得實者六千七百餘畝，站户既遺而得者萬一千二百餘畝，因而息訟者七十餘家。廉訪使用其法，頒於屬郡，於是浙東人皆感頌輝之德政。初，輝承泰不華命，植柏樹於廳事前，以榮悴卜事之成否，後人遂名其廳事曰「瑞柏堂」云。久之，選授松江府上海縣尹。上海民多豪强，輕於犯法。輝出藍田吕氏鄉約，朔望率父老子弟會坐學宫講之，升降揖拜，彬彬有禮，民翕然化之。丁母憂。踰年，除奉訓大夫、户部主事。不赴。終喪，改知紹興路餘姚州事。輝入境，老幼扶攜迎謁者相屬於道。未幾卒，年六十一。

柯謙，字自牧，台州臨海人。父采，宋國學進士。謙幼精敏，讀書過目成誦。至元中，行省辟昌國州文學掾，不就。元貞初，以翰林國史院檢閲官，預修《世祖實録》。書上，應得奬擢，以母老辭，轉江浙儒學副提舉。時江南多事，儒籍亦不復更繇，謙援詔旨，白於行省免之。秩滿，以便於養母，改温台檢校所大使。至大元年，擢紹興諸暨州判官。謙初至，誡屬吏毋濫刑，吏白無其事。謙即詣獄驗狀，多所平反，吏愧服請罪。延祐初，遷饒州路餘干州判官。處州學田爲僧所占，歷數官不敢問，謙奪而復之，遠近稱快。江浙饑，謙奉檄賑台州，勸富人出穀以濟官賑之不足。傍郡流民至，咸謂非謙分地，不宜賑，謙不從，全活無算。臨海人相誡，不踐謙之先壟，以報其德。延祐六年卒，年六十九。子九思，最知名。

九思，字敬仲。以蔭補華亭尉，不就。文宗知之於潛邸，及即位，擢典瑞院都事。帝置奎章閣，特授奎章閣學士參書，階文林郎，遷鑒書博士。賜牙章，得通籍禁署。以謙善教子，錫碑名訓忠，敕虞集爲文旌之，寵顧日隆。九思乘間請曰：「臣以文藝遭逢聖明，孤危見忌，乞補外以自效。」帝曰：「朕在，汝復何憂？」未幾，御史希宰相意，劾九思，遂罷歸，寓平江以卒。九思善寫竹石，始得筆法於文同，自謂寫幹用篆法，枝用草書法，葉用八分法。又善鑒識鼎彝古器。有《任齋詩》四卷。

王肖翁，字傅明，婺州金華人。宋左丞相淮之元孫。初辟衢、婺二州儒學録。大德中，擢婺州儒學正。秩滿，當得州教授。故事，教授必年五十以上者。時蜀郡虞集亦以儒學正在選中，與肖翁年皆不及格，有司持之。廷臣言：「虞集，宋丞相允文孫；肖翁，宋丞相淮孫。皆前代名家，且文學出衆，宜不拘常格。」於是集得京畿教授，肖翁得静江州教授。俄以病棄官歸。延祐末，復起爲南康教授。至治初，辟江西行省令史。贛人因覈田虚增糧額，激而致變。事平，肖翁謂民亂雖弭，而糧之虚額在所必除。行省韙其言，從之。積年勞，除海道都漕運萬户府知事。後至元二年，轉嘉興府録事。歲饑，免荒租數萬石，民德之。以松江府判官致仕。卒，年六十五。

盧克治，字仲敬，本滑州胙城人，後徙開州。克治由淮東元帥府令史，累擢江西行省左右司都事，以材敏見知於參知政事徐琰，調江浙行省左右司都事。時琰已遷浙東海右道肅政廉訪使，亟奏薦克治署臺職，未報，擢兩浙都轉鹽副使。先是，兩浙鹽賦，歲有減耗，克治規措有法，自常算外，得羨鹽八萬九百引，以最聞。

除知平江常熟州。下車，牒訴坌集，克治談笑之頃，剖决如流，胥吏莫不畏服。歲饑，募民浚水道之湮廢者，爲水門，以時其蓄洩，凡役工一百一十四萬，食米三萬四千四百石，鹽一萬九千斤，民霑其利，無莩者。未幾，遷江浙等處財賦都總管。常熟人相率爲生祠祀之。後除知建康溧水州，以亞中大夫知漢陽府致仕。至治三年，卒，年七十四。克治兄克柔，官至中書參知政事，追封范陽郡公，謚文昭。子恂，晉寧路潞州知州。

趙良輔，字良卿，安陽人。弱冠游京師，以薦授四川屯田令，未幾，棄官歸。御史大夫相威行臺揚州，選爲掾，除淮東道按察司經歷，改鎮江金壇縣尹。寒食日，放獄囚歸拜掃，約三日返，無一人逸者。告饑於郡，遇大風，舟幾覆，良輔曰：「吾爲民死，不恤也。」風俄止，運米三千石以歸。朝廷以良輔治縣五事布告天下，擢平江路推官。時朱清、張瑄勢震中外，其徒周千户主殺沈昌妻奴三人，官莫能究。良輔捕之，寘於法。擢新喻知州。民有犯惡逆者，州僚懼罪匿之。良輔行部，聞之曰：「吾不發其事，不稱職，罪輕；蔽元惡，罪重。」亟執歸，杖殺之。有母訴其子，良輔命杖之，立母於庭，戒伍百喻其母曰：「今杖汝子，必死，死則汝何歸？盍訴官？」或矜焉。」母果流涕懇請，良輔呼子語曰：「吾欲死爾。哀爾母，故貸爾。」母子感謝如初。累遷醴陵知州、建昌路同知。請老，加中順大夫、同知潭州路總管府事。延祐中卒，年七十二。

同時，陳炎酉，至元中爲南康路總管，修白鹿書院。歲荒賑饑，給牛具子種，招集流亡四萬餘户，有麥秀兩岐之瑞，民立生祠祀之。

于弘毅，爲海鹽州知州。颶風，海水暴溢，弘毅朝服拜禱，欲自沈於水，竟反風，一州獲免。

孫天正，字夢符，其先益都壽光人，後徙高唐州。父居仁，起家新昌丞，以治盜知名，官中奉大夫、河東山西道宣慰使。始，居仁兩夢神人授白麻曰：「宣付孫天正。」已而生子，因以「天正」名之。幼嗜學，宿衛仁宗潛邸。大德十一年，立東宮僚屬，擢從仕郎、文庫副使。選補太史掾、監修國史掾，除中書省管句承發架閣庫。服除，知沂州。天正始至，以三皇廟湫隘，令改作，吏民難之，已而規置有法，不三月而成。捐俸倡率，以賑歲饑。立法均役，以革吏弊。臨沂民妻徐氏夫喪，自經以殉，有司四年不聞，天正白於省，旌其閭。嶧州豪曹誼奪民田，凡三移，不爲直，郡以屬天正，天正立決之。既去，民刻石頌之。改遼東左右司員外郎，臺除僉山北遼東道肅政廉訪司事。廣寧劉大使誣丞殺人，天正辨釋之。俄拜監察御史，擢江北淮東道肅政廉訪副使。至順四年，卒，年五十。元統元年，贈中大夫、僉太常禮儀院事、輕車都尉，追封樂安郡侯，謚惠肅。

燕立帖木兒，畏兀人。至治三年，由平涼府判官轉西鄉縣尹。其民不知種木棉之利，燕立帖木兒至興元，求種給社户，教以種植之法，民得其利。暇日巡視郊野，以縣北之田苦水潦，乃借富室錢，開渠築堤，泄水於河，其田遂收倍息。驛馬困民尤甚，販馬者乘民之急，價至千五百貫，民以債壓不復蘇。燕立帖木兒知其弊，令户納中統鈔八貫，官拘之買馬，周歲所納額，計馬十一匹，錢爲貫七千四百三十，民便之。又以倉卒有事科徵，民不能堪，創立官店於城南門外，四鄉各立一店，歲入鈔爲貫二千有奇，以紓民力。又創碾磨，二歲課得米或麥五十餘斛，代民應官用，民始有更生之慶，爲立遺愛碑以頌之。未幾，卒於官。

諳都剌，字瑞芝，凱烈氏。祖阿思蘭，嘗從大將阿朮伐宋，仕至冀寧路達魯花赤，子孫因以蘭爲氏。父忻都，福建行省右丞。諳都剌通經史，兼習諸國語。成宗時，爲翰林院札爾里赤，職書制誥。會有旨，命書藩王添力聖旨，諳都剌曰：「此旨非惟有虧國體，行且爲民殃矣。」帝聞之，謂近臣曰：「小吏如此，真難得也。」事乃止。尋授應奉翰林文字，凡蒙古傳記多所校正。升待制。時方選守令，除遼州達魯花赤。以政聞，賜上尊、名幣，加集賢直學士。至順元年，選襄陽路達魯花赤。山西大饑，河南行省恐流民入境爲變，檄守武關。諳都剌驗爲良民，輒聽其度，關吏曰：「得無違上命乎？」諳都剌曰：「吾防姦耳，非仇良民，可不開其生路耶？」既又煮粥以食之，所活數萬人。城臨漢水，歲有水患，爲築堤城外，民賴之。元統二年，除益都路總管。俗悍黠，諳都剌務以平易治之。有賊白晝劫人，久不能捕，諳都剌生擒之。其黨賂宣慰使羅鍋，誣以枉勘，縱之。已而賊劫河間，復被獲，諳都剌之誣始白。命再任一考。至正六年，卒，年七十。子燮徹堅，同知新喻州事，以孝稱。

楊景行，字賢可，吉安太和人。登延祐二年進士第，授贛州路會昌州判官。會昌民素不知井飲，汲於河，故多疾癘；不知陶瓦，以茅覆屋，故多火災。景行教民穿井以飲，陶瓦以代茅茨，民大悦。豪民十人，號「十虎」，武斷害民，悉捕寘之法。乃創學舍，禮師儒，勸民斥腴田以膳士，絃誦之聲日盛。調永新州判官。奉部府命，覈民田租，除刬宿弊，姦欺不容，細民賴焉。改江西行省照磨，轉撫州路宜黄縣尹，理白冤獄之不決者數十事。升撫州路總管府推官。金溪縣民陶甲，凶險，屢誣陷其縣長吏罷去之，由是官吏畏其人，不敢詰，陶遂横於一郡。景行至，以法痛繩之，徙五百里外。金溪豪僧雲住，發人冢墓取財物，事覺，官吏受賄，緩其獄。景行急按之，僧以賄動之，不聽，乃賂當道者，以危語撼之，不顧，卒治之如法。由是豪猾屏迹，良民獲安。轉湖州路歸安縣尹，奉行省命，理荒田租，民無欺弊。景行所歷州縣，皆有惠政，民立石頌之。以翰林待制、朝列大夫致仕，年七十四卒。

干文傳，字受道，平江吴縣人。祖宗顯，宋承信郎。父雷龍，鄉貢進士。宗顯以武弁入官，教其子以文易武，故雷龍兩舉進士。宋亡，不及仕。及生子，乃以「文傳」名之。文傳登延祐二年進士，授同知昌國州事。累遷長洲、烏程兩縣尹，并婺源知州，又知吴江州。長於治劇，所至俱有善政。長洲爲文傳鄉邑，文傳徙榻公署，無事未嘗輒出，親舊莫敢通私謁。會創行助役法，凡民田百畝，令以三畝入官，爲受役者之助。文傳既專任縣事，而行省又以無錫州及華亭、上海兩縣之事委之。文傳諭豪家大姓，以腴田來歸，中人之家自是不病於役。其在烏程，有富民張申妻王氏無子，張納一妾於外，生子，未晬，王誘妾以兒來，尋逐妾，殺兒焚之。文傳發其事，王厚賄妾父，買鄰兒爲〔一〕妾所生，謂兒實不死。文傳令妾抱兒乳之，兒啼不就乳。妾之父母吐實，乃呼鄰婦至，兒見之，躍入其懷，乳之即飲，王氏遂伏辜。丹徒縣民有二弟共殺其姊者，獄久不決。浙西廉訪司使文傳鞫之，既得其情，其母乞貸二子命，爲終養計。文傳謂二人所承有輕重，以首從論，則爲首者當死，部議從之。婺源俗，男女婚聘後，富則渝約，有育其女至老死不嫁者；親喪，貧則不舉，或停柩累數世。文傳下車，即召其耆老，以禮訓告之，閲三月婚、喪俱畢。宋儒朱熹上世居婺源，故業爲豪民所占，子孫訴之有司，莫能直。文傳諭其民以理，不煩窮治，而悉歸之。復即其故宅建祠，俾朱氏世守焉。有富民江丙游京師，娶娼女張爲婦，江客死，張走數千里返其柩以葬。前妻之子困苦之，既而殺之，瘞其屍，賄官司不問。文傳發其事，論如法。文傳治行爲諸州縣最。至正三年，召修《宋史》。書成，擢集賢待制，以嘉議大夫、禮部尚書致仕。卒，年七十八。

林興祖，字宗起，福州羅源人。至治二年，登進士第，授承事郎、同知黄巖州事。三遷知鉛山州。鉛山素多造僞鈔者，豪民吴友文爲之魁。友文姦黠悍鷙，因僞造致富，乃分遣惡少四五十人，爲吏於有司，伺有欲告之者，輒先事戕之，前後殺人甚衆。奪人妻女十一人爲妾，民罹其害，銜冤不敢訴者十餘年。興祖至官，曰：「此害不除，何以牧民？」即張牓禁造僞鈔，且立賞募民首告。俄有告者至，佯以不實斥去。又有告獲僞造二人並贓者，乃鞫之，款伏。友文自至官，爲之營救，興祖命併執之。須臾，來訴友文者百餘人，擇其重罪一二事鞫之，獄立具，逮捕其黨二百餘人，悉寘之法，民翕然頌之。江浙行省丞相别兒怯不花薦諸朝，擢南陽知府，改建德路同知，俱未赴任。至正八年，特旨遷爲道州路總管。

行至城外，賊已迫其後，相去僅二十里。時湖南副使哈剌帖木兒屯兵城外，聞賊至，以乏軍需，欲退兵。興祖聞，即夜詣説留之。哈剌帖木兒曰：「得鈔五千錠，桐盾五百，乃可破賊。」興祖許之。明日，甫入城視事，即以恩信勸諭鹽商，貸鈔五千錠，且取郡樓舊桐板爲盾，日中皆備。哈剌帖木兒大喜，遂留爲禦賊計。賊聞新總管一日具五百盾，以爲大軍且至，中夕遁去。永明縣洞猺屢竊發，爲民害，興祖以手榜諭之，皆曰：「林總管廉而愛民，不可犯也。」三年不入境。春旱，蟲食苗麥，興祖爲文禱之，大雨三日，蟲死而麥稔。憲司考課，以道州爲最。年老致仕，終於家。

觀音奴，字志能，唐兀氏，居新州。泰定四年進士。由户部主事，再轉知歸德府。廉明剛斷，發擿如神。民有銜冤不直者，皆千里奔走來訴，立爲剖決。富商任甲抵睢陽，驢斃，令郗乙剖之。任以怒毆郗，經宿而死。郗有妻王氏、妾孫氏，孫訴於官。官納任賄，謂郗非傷死，反抵孫罪，置之獄。王來訴冤，觀音奴立破械出孫於獄，呼府胥語之曰：「吾以郗事禱諸城隍神，令神顯於吾。」有睢陽小吏，亦預郗事，畏觀音奴嚴明，且懼神顯其事，乃以任所賂鈔自首曰：「郗實傷死，任賂上下匿其實，吾亦得賂，敢以首。」乃罪任而釋孫。寧陵豪民楊甲，夙覯王乙田三頃，未付值。王以饑攜其妻就食淮南，得疾死，其妻還，則田爲楊據矣。訴之官，楊行賄，僞作文憑曰：「王在時已售我。」觀音奴令王妻與楊同就崔府君神祠質之。楊先期以羊酒浼巫禱於神，及王妻詣祠質之，無顯應。觀音奴疑之，召巫詰問，巫吐實。觀音奴因訊得其情，坐楊罪。亳州有蝗食民禾，觀音奴以事至亳，民以蝗訴，立取蝗食之，仰祝於天，是歲蝗不爲災。後升都水監官。卒。

周自强，字剛善，臨江新喻人。以文法推擇爲吏。泰定間，廣西洞猺反，自强往見猺酋，説以禍福，猺酋立爲罷兵，貢方物，納款請命。事聞，超授廣西兩江道宣慰司都事。轉饒州路經歷，遷婺州路義烏縣尹。性度寬厚，不爲刻深。民有以争訟訴於庭者，一見即能知其曲直，然不遽加刑責，必取經典中語反覆開譬之，令其誦讀講解。若能悔悟首實，則原其罪；若怙惡不悛，然後繩之以法，不少貸。民畏且愛，獄訟頓息。田税籍多失實，以故差徭不平，自强履畝覈之，民不能欺，文簿井井有攷，於是賦役均平，貧富樂業。由是政治大行，部使者數以廉能譽於朝，選授撫州路金溪縣尹，階奉議大夫。以亞中大夫、江州路總管致仕，卒。

白景亮，字明甫，南陽人。明法律，善書算。由征東行省譯史，超遷南恩知州，升沔陽府尹，奏最於朝，特授衢州路總管。先是，爲郡者於民間徭役，不盡校田畝以爲則，吏得高下其手，富民有餘力，而貧弱者多至破產。景亮深知其弊，乃始覈驗田畝以均之，役之輕重，一視田之多寡，由是民不勞而事易集，他郡邑皆取以爲法。郡學諸生無廩餼，祭服樂器不備，景亮皆增之，士風大振，搢紳稱頌焉。景亮性廉介勤苦，自奉甚薄，妻尤儉約，惟以脫粟對飯而已。部使者上其事，特詔褒美，賜以宮錦，改授台州路總管。卒於官。

夏日孜，字仲善，吉水人，天曆元年進士，授建昌州判官。有劇寇就捕，越獄亡去。日孜使人蹤跡，盡獲而殺之，盜以屏息。州有三坡界南昌、新建，可溉田數千頃，廢且久。日孜相度形勢，浚而障之，民獲其利。改授興國路録事，再調會稽縣尹。吏循故事，越境出迎，日孜撝遣之，令非召不得見，自是一縣肅然。會稽鹽課侵於私鬻，日孜每鄉置局，命里長董之，民給一券，畫爲十二月，每月令民賫券買鹽，以私識驗之，私鬻遂絶。山陰富民嘗以私怨殺人，沈屍於海，又仇異母弟，誣其僞造楮幣。推官貢師泰委日孜治其獄，日孜收捕，窮治之，論如法，遠近歎服。歲大比，行省檄日孜與師泰同考試，所得皆知名士。以母疾去官，未幾卒。

聶以道，吉水人。伯父淳，有學行，與劉辰翁齊名。以道明習法律。延祐初，辟廣西帥府掾。會猺蠻反，以道單騎入賊巢，諭使降，由是知名。累遷道州路江華縣尹，鄰縣猺賊相戒，毋入江華境。以道奪豪民占水利，溉良田數萬頃。廢黄泥渡，别通水道，使民運鹽米，水潦至，不爲病。民立碑頌之。天曆二年，中書省奏，江華縣尹聶以道授武昌推官。文宗驚問：「聶以道，廉吏，今纔爲推官耶？」初，文宗南遷，聞其名，召見賜宴加勞，故稔知以道治狀。參政阿榮素不喜以道，謬對：「武昌訟獄繁，非以道不能治。以道又貧，非田禄無以爲養。」文宗遲回久之，卒從其請。是年冬，河南水災，命以道馳驛賑之。旋擢朝列大夫、海北海南道肅政廉訪司經歷。廉訪使議改平湖書院爲老子廟，以道力争不可。又議：「職官有罪，不當没其命婦爲人妻孥，以勵守節者。」事聞，著爲令，遷中順大夫、廣東道宣慰副使、僉都元帥府事。卒，年六十一。

盧琦，字希韓，泉州惠安人。至正二年進士，授台州録事，遷永春縣尹。減口鹽一百餘引，民德之。鄰縣盜發，琦與義士吕用賓等大募民兵擊之，屢戰屢克，威惠行於境外。後琦巡縣境，盜遥見，迎拜曰：「此永春大夫也。」琦立馬諭以禍福，皆投刀槊請降。十六年，改調寧德尹，遷鹽司提舉。以近臣薦，除平陽州知州，命下而卒。琦工詩文，著有《圭峰集》七卷。

時江州總管王大中，歲饑貸富民粟以賑貧民，免富民之傜役，民德之，其名譽與琦相埒。

野仙不華，字彦楨，順德内邱人。性剛峭。丞相哈喇哈孫引見，成宗器之，俾事皇太子，以母老辭歸，勅江浙行省丞相帖古迭兒贍養之。帖古迭兒卒，野仙不華護喪還，丞相别不花義之，屬左丞張士瞻爲娶鄧氏女。補中書怯里馬赤，秩滿，授瓊山縣尹。文宗潛邸饘廩衣藥，皆躬自檢料。文宗每顧左右曰：「野仙不華，昔蒙先皇寵遇，今復効忠於我。苟得纂大統，當以金蒙之。」五年，遷將樂尹，有惠政，民肖像祠之。文宗即位，入覲，帝賜所啜黑湯，以奏對忤旨，竟不遷。帝崩，召除湖廣行省員外郎，旋改華亭尹。民有以僞鈔償物價告者，曰：「彼偶誤耳。」付諸火，易真鈔予之，民感頌，取韡懸東門，以存遺愛。縣當要衝，歲課鈔十餘萬。剔蠹剗弊，税吏莫敢欺。擢郴州路判官。行省檄總湖南一路軍餉，先期而集。猺蠻作亂，官兵進討不克，野仙不華單騎入諭福禍，猺悉歸農。移袁州路判官，致仕歸，卒。

鄒伯顔，字從吉，高唐人。爲建寧崇安縣尹。崇安區別其田，名之曰都者五十，五十都之田上送官者，爲糧六千石。其大家以五十餘家，而兼五千石，細民以四百餘家，而合一千石。大家之田連跨數都，而細民之糧或僅升合。有司常以四百之細民，配五十大家之役，故貧者受役旬日，而家已破。伯顔取其糧籍計之，有糧一石者，受一石之役，有糧升斗者，受升斗之役。田多者受數都之役，田少者稱其所出，而無倖免，貧民始得以休息。崇安賦役之均，遂爲四方最。邑有宋趙抃所鑿渠，溉民田數千畝，歲久渠湮。伯顔濬之，繞楓樹陂，累石以爲堰，悉復抃遺跡，民賴其利。安慶路嘗得造僞鈔者，遣卒械至崇安，求其黨而執之。囚與卒通謀，誣良民。伯顔捕訊得其狀，即執而歸諸安慶，自是僞造之連逮無濫及崇安者。調漳州路判官，卒。

劉秉直，字清臣，大都武清人。至正八年，爲衛輝路總管，平傜役，興教化。賊劫汲縣民張聚鈔一千二百錠而殺之，賊不獲。秉直禱城隍祠，使人伺於死所，忽有村民阿蓮者，戰怖仆地，具言賊之姓名及所在，遂得賊於汴，正其罪。秋七月，蝗生，民患之，秉直禱八蜡祠，蟲皆自死。歲大饑，人相食，死者過半，秉直出俸米，倡富民分粟，餒者食之，病者與藥，死者與棺以葬。天不雨，秉直詣太行山之蒼峪神祠，具詞祈祝，有青蛇蜿蜒而出，觀者異之。及還，行數里，雷雨大至。秩滿，以親老去官，卒於家。

許義夫，碭山人。爲夏邑縣尹，每親詣鄉社教民稼穡。見民勤謹者，出己俸賞之，怠惰者罰之。三年之間，境内豐足。後爲封丘縣尹。值至正四年大饑，盜賊羣起，抄掠州縣。義夫聞賊近境，乃單馬出郊十里外迎之，見賊數百人。義夫力言：「封丘縣小，民貧，已驚惶逃竄，幸無入吾境。」言辭愿款，賊遂去，民免於難。

郭思恭，字子敬，彰德安陽人。肄業國子學。故事，陪堂生輸錢，乃得食。祭酒耶律有尚憫思恭貧，免其輸，補伴讀。授汝寧州教授，遷光山縣主簿，有惠政，光山縣尹馬祖節亟稱之。累轉猗氏縣，有争田久不決者，思恭至即決之。召爲國子助教，遷博士。拜監察御史，出僉燕南、河南兩道廉訪司事。轉淮西道，謝病歸，中途召爲集賢直學士，兼國子祭酒，至任甫三月，又謝病歸。至正五年，卒，年七十二。

合剌不花，傑烈宜氏，台州路達魯花赤。與許謙友善，其爲學，以誠意不欺爲主。至正四年，遷徽州路達魯花赤。合剌不花廉平自持，專務以德化民。徽州六縣輸永豐倉粟，官吏攫攘，病民最甚。合剌不花親臨監視，通其利害緩急，舊弊盡除。嘗曰：「法所以防姦，事苟辦集，不用法可也。」官事畢，則攜一羊皮，坐於山顛水涘，歌詠終日。有訟者，就決於途，或自慙誣罔而退。考績爲天下第一，賜衣錦一襲，且布告諸路，使知所勸。後去官，卒於家。

羅文煥，字顯卿，鉅野人。以薦除膠州判官。行用庫吏，應者必破産，文煥擇精識楮幣者十餘家，以次應役，民便之。有盜金珠者，已誣服，讞而疑之。俄得真盜，盡釋誣者。代去，民立《去思碑》。後爲吴橋尹。御河歲決，文煥築隄百餘里，水患遂絶，民爲立生祠。改武岡路推官，不赴。晚號獨愼主人。後至元五年，卒。

李惟閏，安陽人。官中書右司掾。有饋兄肉，而兄以他疾死，娣婿利其貲，誣肉中有毒。獄上，惟閏疑其冤，覆訊得實，釋之。其人繪象事之。累遷陝西行臺御史。華州獄囚誣承强盜，惟閏平反其獄。西岳道士陷民作驅奴，惟閏出爲良民。時論稱之。遷福州路總管，卒。

葉森，江陰人。鹽官州判官。大饑，斗粟十千，森具粟平糶，全活甚衆。調新喻判官。時蒙山銀場，以官估抑民市木炭，森白行省蠲之。擢上高尹，有大猾武斷一鄉，爲民害，森搒諸市，仍疏其惡於城門，猾斂迹不敢逞。後卒於官。

孔濤，字世平，孔子五十二世孫。宋紹興初，自曲阜徙衢州。父純，西安縣儒學教諭。濤幼慧，五歲知讀書。及冠，吴興趙孟頫、巴西鄧文原皆器之。泰定元年進士，授平江路崑山州判官。丁内憂。服除，改吴江州判官。行省檄點浙東倉庫，餘姚倉不宿糧，官吏皆惶懼，濤知而不發，使補之糧，既充，而官吏亦得自道，衆皆感服。有張甲，以擅殺盜，逮下獄。濤謂所殺非平民，卒貸其死。歲饑，民多剽掠，濤獲數十人，皆杖而遣之，不坐以强盜律。御史蓋苗率同院舉濤治績爲諸州最，未報，調桂陽州判官。歲旱，濤按獄，出無罪者三人，天乃雨。知州方思廣貪虐，獠殺人不問，反入告者罪。濤争之，不能得，即日解印綬去。廉訪使韓德新知其事，劾罷思廣，留濤。直入獠穴，諭以禍福，皆讋服。卒得殺人者，論如律。秩滿，遷潮州路總管府知事。至正三年，卒，年五十七。著有《闕里譜系》一卷。子思構。初，濤兄洙，宋衍聖公。至元十九年，詔赴闕廷，議使洙襲封。洙固辭，乃授國子祭酒，提舉浙東學校。洙扁其室曰「存齋」。濤惜洙替其封爵，因自號「存存齋」。

林泉生，字清源，興化莆田人。父士霆，興化録事判官。泉生幼精敏嗜學。天曆二年進士，授同知福清州事。有盜號浄海王，横行海上十八年，長吏不敢詰，泉生以計禽之。盜曰：「我始爲盜時，夢至陰府，有神官治我，貌正類林公，誠當死，無恨。」凡誅三百餘人，境内始安。遷泉州經歷，擢温州永嘉尹。監郡者占無名田，在永嘉境中，泉生奪以與民。調漳州推官。汀州盜起，泉生主官軍餽運，賊欲邀於半途，泉生使役夫輕齎夜行。遲明，賊追之不及。升奉順大夫、福清州知州。俗每殺孤幼，誣人取財。泉生立連逮法，罪及親鄰，由是民不敢犯。有媪訴其子僧爲人所斃，泉生拒不受。媪訴行省，趣符下，又不受。或問之，泉生曰：「以吾觀其情，必自匿之，欲誣仇家，俟受牒，即殺之。是我殺一人，又殺一家也。」數日，僧果自出。改翰林待制，出爲福建理問官。廉訪使郭興祖妒其能，以飛語誣之，泉生乃自免歸。尋擢郎中，使招撫亂黨，遷漳州路總管，復召爲翰林直學士、知制誥、同修國史。至正二十一年，卒，年六十三。賜謚文恪。著有《春秋論斷》及詩文集。

繆思恭，字德謙，吴縣人。至正間，爲嘉興府同知。張士誠遣其弟士德、士信攻嘉興，楊完者使思恭於杉青閘西岸積葦以待。敵船蔽江而下，思恭燔葦火延敵船，盡焚之，師大捷。

未幾，士誠降，大城杭州，思恭率工徒赴役。士信欲衆辱之，一日，巡工至思恭所轄地，時日已暮，工未竣，士信曰：「出作入息，汝何獨勞民如此？」思恭曰：「平章禮絶百僚，猶敬共皇命，百姓敢偷餘晷！」士信曰：「此人利口，何怪杉青閘畔烈火逼人。」思恭曰：「今幸太尉反正，若念杉青之役，猶恨不力，縱平章遁去。」士信曰：「別駕好將息，言及杉青，猶使人肉顫。」思恭治郡三年，有惠政，去之日，民追送數十里。尋擢淮安路總管，卒。

【校勘記】

〔一〕「爲」，疑當作「謂」。《元史》卷一八五列傳第七十二《干文傳傳》亦作「爲」。曾廉《元書》卷九〇、陳芳生《疑獄箋》卷一、胡文炳《折獄龜鑑補》卷一均改作「謂」。

新元史卷之二百三十　列傳第一百二十七

忠義一

昔宋亡，其降將入朝，世祖召問曰：「汝等何降之易？」對曰：「賈似道輕侮臣等，故皆無鬭志。」帝曰：「此似道一人之罪，汝主何負焉？」符寶郎董文忠從旁責之曰：「宋主貴汝、富汝，未嘗薄汝也。今坐視社稷之亡，可乎？」。諸降將皆慚謝而退。大矣哉！世祖之教忠也！吾觀元之亡也，民叛於下，而士死其官，捐軀脰，糜妻子，以赴國家之難者，史不絕書，蓋過於遼、金之季遠甚。嗚乎！王者一言之予奪，而人心習尚爲之轉移，豈不誠然哉！作《忠義傳》。

攸哈剌拔都　任志存　劉天孚　闞文興　張桓　蕭景茂　侯彥直　布景龍　毛鐸祝興可　樊復　張懷德　刁代　李純　董文彥　韓心淵周宏　李齊　周喜同　塔不台　韓因　卞琛小十　李仲亨　喬彝張岩起　王佐〔一〕　吳德新　顏瑜　王士元　楊樸　孫撝　石普　盛昭　楊乘　納速剌丁寶童　海魯丁　西

攸哈剌拔都，渤海人，初名興哥。善騎射。金末，避地大寧。大兵至，保高州富庶寨，射獵以食，屢奪蒙古孳畜，又射死其追者。國王木華黎率兵攻之，奔高州。大兵傅城下，令曰：「能斬攸興哥首以降，則城中居民皆宥之。」守者召謂曰：「汝奇男子，吾寧忍斷汝首以獻！汝其往降，不然吾一城無噍類矣。」興哥乃折矢出降。諸將欲殺之，木華黎曰：「壯士也，留之吾用。」從木華黎攻通州，有功，太祖賜名哈剌拔都。從木華黎略地至大名，金將登城督戰，哈剌拔都射之，中左目，其部衆開門潰走，追殺殆盡。論功，賜金符，充隨營監戰。太祖十三年，授金虎府、龍虎衛上將軍、河東北路兵馬都元帥，鎮太原。哈剌拔都招降屬邑，市不改肆，遠近聞之，皆相率來歸。嘗微服夜出，聞兵間語曰：「吾屬父母子女相失，死者不復生，生者不能贖，奈何？」明日下令軍中：「凡俘獲有親者，聽贖；無貲，官爲贖之。」民得完聚者衆。木華黎由葭州渡河西行，哈剌拔都迎之，破隰州及懸窯、地洞諸寨。十六年三月，金兵攻壽陽縣王胡莊，垂陷。時左右裨將各分兵守險，城中見卒不滿百人，哈剌拔都夜半引甲騎十餘人救之，金兵乘虛搗太原，獲哈剌拔都家屬。哈剌拔都聞之，徑趨西門，復奪其家屬還。五月，金趙權府率兵三萬圍太原，哈剌拔都將騎三十出西門，令騎曳柴揚塵，聲言大兵至，金人潰走。太原諸縣皆平，惟石家昂及盂州陵井寨、忻州清泉寨堅守未下。十九年十月，將兵至陵井。遣卒叩寨門，詐曰納糧芻，守者啟門，哈剌拔都徑入，遂平陵井寨。二十年二月，清泉寨、石家昂俱降。二十二年五月，武仙引兵襲陷太原，哈剌拔都猶力戰。仙兵大至，諸將自城外呼曰：「攸哈剌拔都，汝當出。」哈剌拔都曰：「真定史天倪、平陽李守忠、隰州田雄皆失守，我又棄太原，何面目見主上及國王乎！我誓與城同存亡。」遂歿於陣。太祖以其子幼，命其表弟王七十守太原。七十從攻鳳翔府，中礮死，哈剌拔都長子忙兀台嗣。

任志，潞州人。太祖十三年，木華黎略地至潞州，志迎降，木華黎授以虎符，充元帥，收輯山寨之衆。數與金兵戰，比有功。金人擒其長子如山以招之，曰：「降則爾子得生，不降則死。」志曰：「我爲大朝之帥，豈愛一子？」親射其子，殪之。木華黎召志議軍事，道過武安，其縣已反爲金，志死之。

木華黎令其子存襲，太宗二年，武仙攻潞州，存戰死。三年正月，詔潞州元帥任存妻孥，令有司廩給，仍賜第居之。十一月，以存父子死事，子立尚幼，先官其姪成爲潞州長官。成卒，授立潞州長官，佩金符。後歷澤州尹，遷陳州，卒。

劉天孚，字裕民，大名人。由中書譯史爲東平總管府判官，改都漕運司判官，知冠州，再知許州，所至有治績。時檢核屯田，臨潁鄧艾口民稻田三百頃，怨家誣爲右屯，中書下天孚按實，天孚辨其誣，章數上，乃止。襄城與葉縣接壤，襄城民食滄鹽，葉縣民食解鹽，刻石湛河南岸爲界。葉縣令徙石於北二里，誣其民食私鹽，繫治百餘家。兩縣訟辯，葉縣倚漕司勢淩襄城。中書遣吏察其實，天孚考元界，移石故處，葉縣令以罪去。歲旱蝗，天孚令民捕之，俄羣烏來啄蝗爲盡。明年麥熟時，有青蟲如蠶食麥，忽生大花蟲噉之。許人立碑頌焉。轉萬億寶源庫同提舉，遷江西行省左右司郎中，以母老不赴。俄丁母憂。服除，起知河中府，視事始兩月，陝西行省丞相阿思罕舉兵至河中，時事起不虞，達魯花赤朵兒只趨晉寧告亂。阿思罕軍列栅河西岸，來索舟，天孚度不能拒，凡八遣人至晉寧乞援兵，不報。居七日，阿思罕縛桄河上，欲縱火屠城。同知府事鐵哥與河東廉訪副使明安答兒見事急，乃詣阿思罕軍。阿思罕囚之，而斂船濟兵。既入城，阿思罕坐府治，號令諸軍。天孚佩刀直前，衆遏之，不得進，退謂幕僚王從善等曰：「吾家本微賤，荷朝命至此，今不幸遭大變，吾何忍從之而負上恩？且與其辱於阿思罕之手，吾寧蹈河以死！」遂拂衣出。時天寒，河冰堅厚，天孚拔所佩刀斫冰，北望再拜，自投水中。阿思罕大怒，籍其家。郡人咸哀痛之。事平，詔給驛歸其柩。贈推誠秉節功臣、中奉大夫、河東山西道宣慰使、護軍、彭城郡侯，謚忠毅。

闞文興，漳州萬户府知事。至元十三年，從賈萬户戍漳州。十七年八月，陳弔眼聚衆爲亂，殺招討使傅全，文興力戰死。其妻王氏，建康人，爲賊所執，逼污之，紿曰：「吾不幸至此，豈敢愛吾身？願葬吾夫，然後從命。」賊義而許之。王氏得其夫尸，焚之，遂自躍火中，并焚死。至順三年，贈文興英毅侯，王氏貞烈夫人，有司立廟祀之，號「雙節廟」。

張桓，字彦威，真定藁城人。父木，知汝寧府，因家焉。桓以國子生釋褐，授白馬丞，入補中書掾，擢國子典簿。拜陝西行臺監察御史，以言事不合去。未幾，汝寧盜起，桓避之確山，賊久知桓名，襲獲之，羅拜，請爲帥，弗聽。因六日，擁至渠魁前。桓直趨據榻坐，與之抗論逆順。其徒捽桓起跪，桓仰天大呼，詈叱彌厲，且屢唾賊面。賊猶不忍殺，謂桓曰：「汝但一揖，亦恕汝死。」桓瞋目曰：「吾恨不能手斬逆首，肯聽汝誘脅而折腰哉！」賊知終不可屈，遂刺之，年四十八。賊後語人曰：「張御史真鐵漢，害之可惜！」事聞，贈禮部尚書，謚忠潔。

蕭景茂，漳州龍溪人。性剛直，家貧力農。至元四年，南勝縣民李智甫作亂，掠龍溪。景茂與兄佑集鄉丁拒之，衆敗，景茂被執。賊脅使降，景茂罵曰：「狗盜，我生爲大元民，死作隔洲鬼，豈從汝爲逆！」隔洲，其所居里也。賊怒，縛景茂於樹，臠其肉，使自啖，景茂益憤罵，賊遂以刀抉其口至耳傍，景茂罵不絶聲而死。有司上其事，朝廷下詔旌褒，仍給錢以葬。

侯彦直，雅州人。以驍勇仕爲忠翊校尉、副千户。至元間，王虎寇雅州。州人議分兵一路出城外，爲犄角勢。彦直乃將兵數百人前進，遇賊於名山縣，力戰二日，斬殺過當。寇盡鋭來攻，彦直力疲援絶，爲賊所擒。欲降之，彦直自刎死。

布景龍，新都人。篤學有大志。舉進士，授芒部路益涼州同知。賊李顛驢來寇，城中軍力單弱，景龍招募壯勇爲義兵拒之。救援外絶，射矢且盡，知城不能守，乃北向再拜曰：「臣力竭矣！」冒刃衝敵死。

毛鐸，南昌人，署富州學正。時土賊季明道據州治，欲脅爲從事，鐸叱曰：「幸托孔聖之門，敢偷生從逆！」遂延頸受戮。

同郡祝興可，世業儒，與寇吴娘子戰，敗被執，罵不輟口而死。

樊復，亦儒士，寇攻北山，與弟文仲、姪用行率義兵拒之，俱不勝死。

張懷德，貴州知州。成宗大德五年，遣右丞劉深將兵，由順元征八百媳婦，供億繁重，人心惶惑。土官宋隆濟激爲變，懷德募民壯，合官兵千餘，與隆濟死戰，不敵，被執。蠻素服其名，欲降之，慷慨不屈死。

刁代，元江路安撫使，有威望，勇膽過人。大德五年，從征八百媳婦有功，擢總管。時洞蛟爲患，蠻民苦之，代挾利劍入洞。頃之，水赤，代與蛟並死。居民始得耕播，歲祀之。

李純，天曆初爲洛陽縣令。陝西兵東犯，府官命其屬曰：「誰能諭西人，俾臣服者？」衆皆股慄，純獨毅然曰：「臣死，忠義也。食焉而避難，可乎？」即單騎捧詔西行，與賊會新安，賊帥揮戈而前，命其徒斬之，遂遇害。

董文彦，臨安通海人，官威楚路知事。天曆間，中慶路鎮將叛，引兵攻威楚。官吏皆亡匿，文彦獨死守。城陷，賊欲降之，叱曰：「汝逆天殄民，恨不殺汝，乃從汝邪。」賊怒，截其耳，使啗之。文彦嚼肉，血噴賊面，遂被害。

韓心淵，武安人。以文學徵入國子監，任衡水縣尹。以德化民，蝗不入境。後調真定縣尹。會掃地王作亂，心淵與子拒守數月，繕樓櫓，修器械，晝夜不解甲，防禦甚備，居民賴之。未幾，賊益衆，城陷，父子俱巷戰死。

又有昌黎縣尹周宏者，當土寇程思忠之亂，宏率其民赴永平拒守。城陷，被執，七日不食死。

李齊，字公平，祁州人。元統元年進士第一，歷僉河南淮西廉訪司事，移知高郵府，有政聲。至正十一年，州人秦觀保造兵仗，將圖劫掠，獲而誅之。十三年，泰州白駒場亭民張士誠爲亂，破泰州，淮南行省遣齊往招降，被拘久之，始縱齊歸。泰州平，賊徒尚盫聚，士誠復鼓變，殺參知政事趙璉，走入得勝湖，俄陷興化縣。行省以左丞偰哲篤偕宗王鎮高郵，使齊守甓社湖。夏五月乙未，賊入城，省、臺官皆遁，齊還救，賊已閉門拒戰。已而有詔，凡叛逆者赦之。詔至高郵，不得入。賊紿曰：「請李知府來，乃受命。」行省强齊往，至則下齊獄中。齊益辯說。士誠本無降意，特遷延爲城守計。官軍諜知之，乃進攻城。士誠呼齊使跪，齊叱曰：「吾膝如鐵，肯爲賊屈耶！」士誠怒，磔齊。

周喜同，河西人。初爲衛士，選充承徽寺經歷，再調南陽縣達魯花赤。居二歲，妖賊起，陷鄧州，人情洶洶。俄而賊游騎抵南陽，喜同以計獲數賊，詰之，云賊將大至，悉斬之以安衆心，晝夜督丁壯巡邏守備。時大司農鐵木爾以兵駐諸葛菴，爲賊所襲敗，賊遂乘鋭攻南陽。喜同守西門，望見賊勢盛，即以死自許，與家人訣曰：「吾與汝等不能相顧矣，吾分死此以報國也！」已而城中皆哭。喜同策厲義兵，力與賊搏。賊退，明日復至，城遂陷。喜同突圍將自拔，賊横刺其馬，馬蹶，喜同鞭馬躍而起，手斬刺馬者。已而身被數創，不能鬭，遂見執，爲所殺。妻邢氏聞喜同戰死，率家僮數人出走，遇賊，奪賊刀斫之，亦見殺。一家死者二十餘人。贈南陽路判官。

塔不台，字彦暉。元統元年進士，襄陽録事司達魯花赤。魏王孛羅帖木兒討賊，屯於汝寧。塔不台來供軍餉，王嗜酒不爲備。一夕，賊劫王，爲所執。塔不台馳騎奪王，亦被獲。比明，見賊酋，王拜而乞活，塔不台以足蹴王曰：「猶欲生乎？」賊復屈其拜，塔不台詬之，且與縛者角，賊支解之。

韓因，字可宗，汴梁人。盜據汝寧，官軍討之，久不下。會朝廷詔赦叛逆，募能持詔諭賊者，即借以官。因應命，乃借因以唐州判使焉。賊導因止于外，納詔不讀，詰問再三，因答以恩宥寬大，禍福所係甚切，不聽，乃縱因歸報。因出乘馬，周歷賊屯，大言曰：「汝輩好百姓，何不出降歸田里，而甘從逆賊驅使耶？」衆愕然相顧。或以告賊帥，追因還，責其所言。因極口肆罵，賊怒，寸磔因。

卞琛，大名人。游學京師，補國子生。至正十二年，鄰州盜起，來剽掠。琛與從子小十、府史李仲亨等協謀，率丁壯數百人拒之。丁壯皆民兵，無弓矢，以鉤鋤、白梃當賊。賊矢雨集，琛衆潰散，被擒。仲亨、小十皆死。賊素知琛，諭之曰：「汝從我，解汝縛；不從，殺汝。」琛唾罵曰：「我國子生，視汝逆賊，真狗彘也。吾寧義死，不從賊生。」罵不止。賊屢脅不聽，殺之。

喬彝，字仲常，晉寧人。性高介有守。至正十八年，賊由絳州垣曲縣襲晉寧，城陷，城中死者十二三。彝整衣冠，聚妻、子。家有大井，彝坐井上，令妻、子循次投井中，而己隨赴之。賊首王士誠使人邀致彝至，則彝已死矣。賊平，朝廷贈彝臨汾縣尹，賜謚純潔。

同時，張岩起，字傅霖，汾州人。累舉不中，用薦者徵爲國子助教，居一歲，免歸，盜既去晉寧，復陷汾州，岩起與妻赴井死。

王佐，字元輔，晉寧人。從父居上都，教授里巷，賊至，倉卒不能避，爲所獲。欲降之，佐詬詈不輟，因見害。

又有吴德新者，字止善，建昌人。工醫，留京師久之。嘗往寧夏，會盜至，德新見執，脅使降，德新厲聲曰：「我生爲皇元人，死作皇元鬼，誓不從爾賊！」賊乃縛其兩手，加白刃頸上，德新罵不已。曳之井邊，陽欲擠之。德新偶得寬，即自投井中，仰罵賊。賊下射，矢貫其項，罵益力。賊怒，以長鎗刺之，然壯其志，曰：「此真丈夫也！」以土埋井而去。

顔瑜，字德潤，兖州曲阜人，兖國復聖公五十七代孫。以行誼，用舉者爲鄒、陽曲兩縣教諭。至正十八年，田豐起山東，瑜攜家走鄆城，道遇賊，以刃脅瑜曰：「爾何人？」瑜曰：「我東魯書生也。」賊執瑜曰：「爾書生，吾不爾殺，可從我見主帥。」瑜罵曰：「爾賊，何主帥邪？」賊怒，欲殺瑜，瑜無懼色。復使之寫旗，瑜大詬曰：「爾大元百姓，天下亂，募爾爲兵，而反爲叛逆。我腕可斷，豈能爲爾寫旗！」賊以槍刺之，至死罵不絕口。其妻、子皆爲所害。

王士元，字堯佐，恩州人。泰定四年進士，由棣州判官累遷知磁州。值軍興，餽餉需索日繁，民不堪命。士元力爲區畫，至見陵辱訶責，不避也。改知濬州。州濱黄河，嘗經盜賊，城堞不完。至正十七年，賊復大至，州兵悉潰散。士元坐堂上，顧其子致徵，使避賊，曰「吾守臣，居此，職也。若可速逃！」子侍立，不忍去。賊前問曰：「爾爲誰？」士元叱曰：「我王知州也，强賊識我否？」賊欲縛士元，士元奮拳毆賊。賊怒，并其子殺之。

楊樸，字文素，河南人。滁州全椒縣尹。滁界廬江，廬江陷於寇，滁人震動。行省參政也先總兵於滁，不理軍事，惟縱飲。至暮，城門不鑰，寇入縱火，也先踰城走。樸度必死，乃盡殺其妻女，朝服坐堂上。盜欲降之，樸指妻、女示曰：「我已戕家屬，政欲死官守耳，尚何云云？」乃連唾之。賊縶樸倒懸樹上，而割其肉至盡，猶大罵弗絶。

孫撝，字自謙，曹州人。至正二年進士，授濟寧路録事。張士誠據高郵叛，或謂其有降意，朝廷遣烏馬兒招諭士誠，而用撝爲副，撝家居，不知也。中書借撝集賢待制，給驛，就其家起之。撝强行，抵高郵，士誠不迓詔使。撝等既入城，反覆開諭，士誠等皆竦然以聽。已而拘之他室，或日一饋食，或間日一饋食，欲以降撝，又令其黨肆加陵辱，撝不卹也。及士誠徙平江，撝與士誠部將張茂先謀，將撝所授站馬劄子，遣壯士浦四、許誠赴鎮南王府，約日進兵，復高郵。謀泄，執撝訊問，撝罵聲不絶，竟爲所害。後賊中見失節者，輒曰：「此豈孫待制耶！」事聞，贈翰林侍讀學士、中奉大夫、護軍，追封曹南郡公，謚忠烈。賜田三頃，恤其家。

石普，字元周，徐州人。至正五年進士，授國史院編修官，改經正監經歷。淮東、西盜起，朝廷方用兵，普以將略稱，同僉樞密院事董鑰嘗薦其材。會丞相脱脱討徐州，以普從行，録功，遷兵部主事，尋陞樞密院都事，從樞密院官守淮安。時張士誠據高郵，普詣丞相面陳破賊之策，且曰：「高郵負重湖之險，地皆沮洳，騎兵卒莫能前。與普步兵三萬，保取之。高郵既平，則濠、泗易破。普請先驅爲天下忠義倡。」丞相壯之，命權山東義兵萬户府事，招萬人以行。汝中柏方用事，陰沮之，減其軍之半。初，令普便宜行事，及行，又使聽淮南行省節制。普行次范水砦，日未夕，令軍中具食。夜漏三下，銜枚趨寶應，其營中更鼓如平時。抵縣，即登城，樹幟城上，賊大驚潰，因撫安其民。由是諸將疾普功。普水陸進兵，乘勝拔十餘砦，斬賊數百。將抵高郵城，分兵三隊，一趨城東備水戰，一爲奇兵備後路，一普自將之攻北門。遇賊與戰，賊不能支，遁入城。普先士卒躡之，縱火燒其城門。賊懼，謀棄城走。而援軍遷延不進，且忌普，遣蒙古軍千騎突出普軍前，欲收先入之功。蒙古軍恇怯，見賊即奔還，普止之，不可，遂爲賊所蹂踐，相率墜水中。普軍亂，賊乘之，普勒餘兵血戰良久，仗劍大呼曰：「大丈夫當爲國死，退者斬。」奮擊直入賊陣，從者僅三十人。被創墮馬，復步戰數合，賊益至。賊指普曰：「此必頭目，不可使逸，須生致之。」普叱曰：「死賊奴，我即石都事，何云頭目！」左脅爲賊鎗所中，猶手握其鎗斫賊死，賊攢鎗刺普，殺之。

盛昭，字克明，歸德人。由儒學官累遷淮南行省照磨。會詔使往高郵，不得達而還，謬稱賊已迎拜，但乞名爵耳。行省不虞其欺，乃遣昭入高郵，授以萬户告身。士誠拒不聽，拘諸舟中。昭語從吏曰：「吾之至此，有死而已。」既而官軍逼高郵，士誠授昭以兵，使出拒官軍。昭叱曰：「吾奉命招諭汝，汝拘留詔使，罪不容斬，又欲吾從汝爲賊耶！」大罵不絶口，賊怒，先剜其臂肉，而後磔之。

楊乘，字文載，濱州渤海人。至正初，爲介休縣尹。民饑，散爲盜，乘立法招之，使自新，皆棄兵頓首，願爲良民。其後累官江浙行省左右司員外郎。坐海寇掠漕糧舟，免官，寓居松江。張士誠入平江，其徒郭良弼、董綬言乘于士誠，遣張經招乘。乘曰：「良弼、綬皆名士，今已失節，顧欲引我以濟其惡邪？」且讓經：「平日讀書云何？」經俛首不能對。乘日與客痛飲，竟日不言。客問：「盍行乎？」乘曰：「乘以一小吏，致身顯官，有死而已，何行之有！」乃整衣冠，自經死，年六十有四。

納速剌丁，字士瞻。其父馬合木，從征襄陽，以勞擢濬州達魯花赤，因家大名。納速剌丁由鄉貢進士補淮東廉訪司書吏。丁母憂，服闋，補兩浙鹽運司掾，復辟掾淮東宣慰司。至正十年，賊發真州，納速剌丁以民兵往襲之，獲賊四十二人。已而泰州賊大起，鎮南王府宣慰司請參議軍事，納速剌丁建議築四城，立外寨，建堤穿河，募兵與賊抗。行省命率戰艦六十、海舟十四，上下巡捕，以防江面，且護蒙古軍五百往江寧，道遇賊，斬馘二百餘級，生獲十八人，遂抵龍潭而還。未幾，出巡江上，賊突至，納速剌丁手射死三十賊，奪其放火小船二百，賊遁走。俄復據龍潭口，擊走之，追斬三百餘級。其子寶童擒首賊陳亞虎等，及其號旗。捷聞，賞賚甚渥，且召納速剌丁還真州。已而賊犯蕪湖，行臺檄使來援，遂三分戰艦縱擊之，賊奔潰，俘斬無算。賊不得渡江者，皆納速剌丁之功也。因留守蕪湖江口。泰州李二起，行省移納速剌丁捍高郵得勝湖。賊船七十餘艘奄至，納速剌丁禦之，焚其二十餘船，李二失援，遂降。其黨張士誠殺李二，復爲亂，入據興化，分兵襲高郵。納速剌丁以舟師會諸軍討之，屯三垛鎮，賊衆猝至，阿速衛軍及真滁萬户府等官皆遁走。納速剌丁知必死，謂其三子寶童、海魯丁、西山驢曰：「汝輩可脱走。」寶童等不肯去，遂皆死之。事聞，贈淮西元帥府經歷。

胡善，字師善，紹興諸暨人。泰定間進士，以薦授松江儒學教授。至正十五年，苗兵至，欲燬孔子廟，善坐明倫堂詈之，爲所殺，廟得不燬。先是，善題詩壁上曰：「領檄來司鐸，將危要致身。」後果不負其言。

【校勘記】

〔一〕「王佐」，原倒在「吴德新」下，據正文乙正。

新元史卷之二百三十一　列傳第一百二十八

忠義二

鄭玉　全普庵撒里哈海赤　王榮忠　周鏜謝一魯　聶炳明安達爾　劉畊孫燾孫　碩　輿孫　俞述祖　桂完澤金德　丑閭馮三　孛羅帖木兒馬哈失力　彭庭堅　王伯顔相　楨　陳陽盈　劉濬健　朶里不花達蘭不花　哈乞等　陳君用　卜理牙敦上都　潮海民安圖　黄紹　胡斗元〔一〕黄雲　魏中立于大本　章善

鄭玉，字子美，徽州歙縣人。祖安。至元中，官兵討歙賊李世達，欲屠城。安至軍門，與主將言之，一城獲免。授歙縣尹，卒，民立祠祀之。父千齡，休寧縣尹。母洪氏，少寡，以節行稱。

玉生，光照一室，鄰里異之。及長，覃思《六經》，尤邃《春秋》之學。文章嚴而有法，虞集、揭奚斯皆推重焉。再應進士，舉不第，即絶意仕進。築室歙縣師山開門講授，弟子日衆，所居至不能容。

至正十三年，江浙行省平章三旦八知其名，欲薦之，玉以病辭。十四年，以丞相定住薦，遣使者謝嘉卿齎上尊、禮幣〔一一〕，召爲翰林待制，階奉議大夫。徽州達魯花赤按敦海牙偕使者至山中，玉固辭宣命，請以布衣入覲。行至海上，疾作，草謝表，授使者而返。因上書於定住曰：

昔周公之爲輔相，一沐三握其髮，一飯三吐其哺，急於得賢，以共天位，故能致成周之治，爲三代之隆。然求賢之道，在於公天下之選，不可徇耳目聞見之偏，而蹊朋黨之弊也。伏維閣下以宰相之重，朝夕求賢，惟恐不及，其視周公，誠不多讓。然天子之職在擇相，相之職在擇百官。主上擇於衆，而相閣下，可謂得人矣。閣下之所以擇百官者，則未聞其人也。邇者，朝廷以玉隱居不仕，上尊出自光禄，束帛賁於邱園，拔之深山窮谷之中，置之玉堂金馬之上，豈所謂公天下之選哉？蓋玉自幼知無用世之才，故躬耕隴畝，自食其力，暇則誦詩讀書，以著述爲業。非敢不仕無義，廢人之大倫也。好事相傳，目爲隱逸，流布京師，至徹閣下之聽。閣下又不察之，而以上聞。玉聞命以來，揣分量才，逃避無所，仰愧俯怍，寢食不安。竊維方今戰士暴露，而賞賜不加；賢人在野，而弓旌不舉。乃使玉謬膺恩寵，傳笑四方，爲閣下累，誠非所望於閣下者也。欲乞朝廷繳還翰林之命，俾玉以布衣躬詣閣下，吐其狂愚，少抒報效。移其恩數，以之賞戰士，則盡其力，以之招賢，則得其用。削平盜賊，坐致太平，實天下之望，抑亦玉之願也。以此不敢祗受，而使者敦迫，必欲令玉面自辭繳。玉憂患餘生，昏耄成疾，行至海上，復感風痹〔三〕，不能前進。用是略布私衷，伏望鈞慈特爲陳奏，遂其初心，實切幸甚。

又與三執政書曰：

竊維士君子之於世，固在乎人相知之深，尤在乎己自信之篤。夫以夫子之睿聖，察弟子之學行，而許漆雕開以仕，其知之不爲不深矣。及至開以「吾斯未之能信」告，則夫子爲之喜説。豈夫子之知不如開哉？顧有人己之殊，而開之不自欺爲可貴也。玉，江東之鄙人也。投棄山林，甘與樵牧爲伍。重以鄉郡累經寇盜，室廬焚燬，妻子離散，憂患驚心，遂成疾疢。景迫桑榆，昏耄日甚。近者，朝廷急於得人，不核其實，遂以隱逸見舉，即所居拜翰林待制。玉自愧非才，乞讓名爵，求以布衣應召，而使者堅拒不允，令自入都辭繳恩命，逼迫登程，舊患增劇。伏維三先生以中州文獻之宗，任廊廟柱石之重，愛人以德，不尚虛文。敢乞經邦論道之餘，達衰朽顛連之狀，使玉得老於山林，優游斯世。上不妨朝廷進賢之路，下不屈匹夫自信之心。雖不能有補聖明之治，尚可以少息奔競之風。豈惟玉之私幸，亦世道之幸也。

十七年，明兵破徽州，主將必欲致玉。玉曰：「吾知死期矣。二雉飛入吾室，是其兆也。」吏卒逼玉見之，玉不爲禮。主將曰：「爾何爲不至？」玉曰：「吾豈事二姓者耶！」抗辭不屈。主將命囚之，玉七日不食，猶作詩文，從容如平日。爲書諭門人曰：「人言食人之食，則死其事。不食其食，奚死？然揆之吾心，未獲所安。士臨事，惡可不盡其本心哉！」玉妻程氏使人謂之曰：「君死，吾相從地下。」玉曰：「吾無遺憾矣。」明日，具衣冠，北面再拜，自縊死。

著有《周易大傳附注》、《程朱易契》、《春秋經傳闕疑》、《餘力藁》，行於世。

全普庵撒里，字子仁，高昌人。初爲中書省檢校。時太師汪家奴擅權用事，臺諫無敢言者，普庵撒里獨於衆中歷數其過，諤諤無懼色。拜監察御史，即首劾汪家奴十罪。出爲廣東廉訪使，尋除兵部尚書，未幾，授贛州路達魯花赤。至郡，發摘姦惡，一郡肅然。至正十一年，潁州盜起，即修築城壘。旬月之間，守禦之具畢備，募勇士得兵三千人，日練習之。屬邑有爲賊所陷者，遣兵復之，境内悉安。十六年，以功拜江西行省參政，分省贛州。十八年，江西下游諸郡皆爲陳友諒所據，乃與總管哈海赤戮力同守。友諒遣其將幸文才率兵圍贛，使人脅之降，普庵撒里斬其使，擐甲登城拒之。力戰凡四月，兵少食盡，義兵萬户馬合某沙欲舉城降賊，普庵撒里不從，遂自剄。事聞，朝廷贈謚傚哀。

哈海赤，守贛尤有功。城陷之日，賊將脅之使降，哈海赤謂之曰：「與汝戰者，我也。爾賊毋殺贛民，當速殺我耳。」遂見殺。

王榮忠，岳州人。全普庵撒里出爲贛州路達魯花赤，薦榮忠爲總管府判官。至正十二年，賊由撫州趨贛州，陷寧都，據之。全普庵撒里遣榮忠禦賊於小莊，連戰皆捷。進屯女冠山，三路並進，遂復寧都，未幾，賊再至，榮忠又敗之，州境以安。全普庵撒里復檄榮忠分防興國，敗賊於方石，斬獲三百餘人。賊退，建尊經閣以教士，曰：「學不可廢也。」明年，會昌陷，遣榮忠分治雩都以援之。二月，復會昌。三月，招降石城賊十五砦。賊自循梅來攻雩都，編竹箕，負以攻城，矢石不能入，榮忠治銅汁以灌之，賊始敗退。十八年，陳友諒攻陷贛州，全普庵撒里死之。榮忠率所部入援，亦戰死。

周鏜，字以聲，瀏陽州人。篤學，通《春秋》。登泰定四年進士第，授衡陽縣丞，再調大冶縣尹。有豪民持官府短長，號爲難治，鏜狀若尫懦，而毅然有威不可犯。抑豪强，惠窮民，治行爲諸縣最。累遷國子助教。會修功臣列傳，擢翰林國史編修官。出爲四川行省儒學提舉，便道還家，無何盜起，湖南北郡縣皆陷。瀏陽無城守，盜至，民皆驚竄。鎧告其兄弟，使遠引，自謂：「我受國恩，脱不幸，必死，毋相累也。」賊至，得鎧，欲推以爲主。鎧瞠目厲聲大駡，賊知其不可屈，乃殺之。

同時有謝一魯，字至道，亦瀏陽人。鄉貢進士，嘗爲石林書院山長。賊陷潭州，縛一魯。一魯駡賊甚厲，舉家咸遇害。

聶炳，字韞夫，江夏人。元統元年進士，授承事郎、同知平昌州事。炳早孤，其母改適，自平昌還，始知之，即迎其母以歸。久之，轉寶慶路推官。會峒猺寇邊，湖廣行省右丞禿赤統兵討之，屯於武岡，以炳攝分省理問官。悍卒所至掠民爲俘，炳言于禿赤，釋其無驗者數千人。至正十二年，遷知荆門州。賊陷荆門，炳出募士兵，得衆七萬，復之。又與四川行省平章政事咬住復江陵，其功居多。既而賊將俞君正合兵來攻荆門，炳率孤軍晝夜血戰。援絶，城陷，爲賊所執，極口駡不絶。賊以刀抉其齒盡，乃斷左臂而支解之。

未幾，賊陷潛江縣，達魯花赤明安達爾，率士兵禦之，擒其僞將劉萬户，進營蘆洑。賊衆奄至，戰死，其家殲焉。一子桂山海牙，懷印綬去，得免。明安達爾，唐兀氏，字士元。炳同年進士，由宿州判官再轉爲潛江達魯花赤。

劉畊孫，字存吾，茶陵州人。至順元年進士，授承事郎、桂陽路臨武縣尹。臨武近蠻獠，畊孫至，召父老告之曰：「吾儒士也，今爲汝邑尹，爾父老當體吾，教訓其子弟孝弟力田，暇則事詩書，毋自棄以干吾政。」乃爲建學校，設俎豆，三年，文化大興。邑有茶課，歲不過五錠，後增至五十錠。畊孫言於朝，除其額。歷建德、徽州、瑞州三路推官，所至詳讞疑獄，政績卓然。至正十二年春，蘄、黄賊攻陷湖南，畊孫傾家貲，募義兵以援茶陵，賊至，輒却，故茶陵久不失守。十五年，轉寧國路推官。歲饑，勸富民發粟賑之，活者萬計。會長鎗瑣南班、程述、謝璽等攻寧國。畊孫日署府事，夜率兵乘城固守。江浙行省遣參知政事吉尼哥兒來援。城恃有援，不爲備。瑣南班知之，夜四鼓引衆緣堞而上，城遂陷。畊孫力戰遇害。

弟燾孫，以國學生下第，授常寧州儒學正。湖南陷，常寧長吏棄城走，民奉印請燾孫爲城守，城賴以完。後外援俱絶，死之。長子碩，爲武昌江夏縣魯湖大使。起義兵援茶陵，亦死之。弟興孫，官豐州同知，與寇戰，仗節死於台城。

俞述祖，字紹芳，慶元象山人。由翰林書寫，考滿，調廣東元帥府都事。入爲國史院編修官，已而出爲沔陽府推官。至正十二年，蘄、黄賊至，述祖率民兵守緑水洪，并力捍禦之。兵力不支，城陷，述祖爲賊所執。械至其僞主徐壽輝所，誘之使降。述祖罵不輟，壽輝怒，支解之。有子方五歲，亦死。事聞，贈奉訓大夫、禮部郎中。

桂完澤，永嘉人。嘗從江西左丞李朶兒至京師，授平江路管軍鎮撫。爲仇家所訴，免官。會賊攻昱嶺關，行省遂假前官，令從征。完澤勇於討賊，凡再戰關下，皆勝。尋又與賊鬭，爲所執，其妻弟金德亦被擒，皆反縛於樹，臨以白刃降之。金德意未決，完澤呼曰：「金舅，男子即死，不可聽賊！」德曰：「此言最是。」因大罵。賊怒，剖二人之腹而死。

丑閭，字時中，蒙古氏。元統元年進士，累官京畿漕運副使，出知安陸府。至正十二年，蘄賊魯法興犯安陸，時丑閭募兵得數百人，帥以拒賊，敗賊前隊，乘勝追之。而賊自他門入，亟還兵，則城中火起，軍民潰亂。乃歸服朝服，出坐公堂。賊脅以白刃，丑閭猶喻以逆順。一賊排丑閭下，使拜，不屈，且怒罵。賊酋不忍害，拘之。明日，又逼其從亂，丑閭疾叱曰：「吾守土臣，寧從汝賊乎！」賊怒，以刀斫丑閭左脇斷而死。賊憤其不降，復以布囊囊其屍，舁置其家。丑閭妻侯氏出大哭，因置酒肉款賊，紿賊使不防己，至夜，自經死。

事聞，贈丑閭河南行省參知政事，侯氏寧夏郡夫人，表其門曰「雙節」。

有馮三者，湖廣省公使也。素不知書。湖廣賊起，誘三從，三辭曰：「賊名惡，我等豈可爲！」衆初强之，終不從，乃縛三於十字木，舁之以行，而剮其肉。三益罵不止，抵江上，斷其喉委去。其妻隨三號泣，俯拾剮肉，納布裙中。伺賊遠，收三血骸，脱衣裹之，大哭，投江而死。

孛羅帖木兒，字國賓，高昌人。由宿衛累遷江東廉訪副使，以選爲襄陽路達魯花赤。至正十一年，盜起汝、潁，均州鄖縣人田端子等亦聚衆殺官吏，孛羅帖木兒捕斬之。未幾，行省、廉訪司同檄孛羅帖木兒，以所部兵會諸軍於均、房，討賊，賊始退。而穀城、光化以急告，即帥兵趨穀城，分遣樊城主簿脱因等趨光化。且遣使求糧於襄陽。不應，遣同知也先不花促之，又不應。軍乏食，不能行，乃駐於柴店，復遣從子馬哈失力往告急。廉訪分司王僉事、本路總管柴順禮怒其責望，械之。適紐真來獻光化所獲首級，且言孛羅帖木兒在穀城，與賊相持，未知存歿，宜濟其糧，少緩，恐弗及。於是脱二人械，遣還，命也先不花與萬户也先帖木兒率數千人，會孛羅帖木兒以討賊。明年正月，襄陽失守，也先不花等聞之奔潰。孛羅帖木兒率義兵二百人，且戰且退，至監利縣，遇沔陽府達魯花赤咬住、同知三山、安陸府同知燕只不花、荆襄提舉相哥失力之師。時濱江有船千餘，乃糾合諸義兵丁壯、水工五千餘人，水陸繼進。至石首縣，聞中興路亦陷，議趨岳州，就元帥帖桀，而道阻不得前，仍趨襄陽。賊方駐楊湖港，乘其不虞擊之，獲船二十七艘，生擒賊黨劉咬兒。進次潛江縣，又斬賊數百級，獲三十餘船，梟賊將劉萬户、許堂主等。是日，兵未食，而賊大至。與戰，抵暮，咬住等軍各當一面不能救。孛羅帖木兒被重創。麾馬哈失力使去，曰：「吾以死報國，汝無留此。」馬哈失力泣曰：「死生從叔父。」既而孛羅帖木兒被執，賊請同爲逆，孛羅帖木兒怒罵之，遂遇害。馬哈失力帥家奴求其尸，復與賊戰，俱殁。舉家死者凡二十六人。

彭庭堅，字允誠，温州瑞安人。至正四年進士，授承事郎、同知沂州事。毁牛皇神祠，驅鄰縣上馬賊，免横急徵斂，民甚便之。俄以平反獄囚，忤上官意，遂棄去。十年，詔選守令，起爲建寧路崇安縣尹。十一年，擢同知建寧路總管府事。江西寇熾，庭堅率民兵克復建陽，又進兵克浦城。十二年，攝僉都元帥府事，與邵武路總管吴按攤不花夾攻邵武。庭堅設雲梯、火礮，晝夜攻城，寇遁，追斬賊將董元帥等，邵武平。遷同知福建道宣慰司副都元帥，鎮邵武。冬，寇陷建寧縣。十三年，庭堅統建陽、崇安、浦城三縣民兵，次泰寧，賊懼請降，復建寧縣，還師邵武。江浙行省檄庭堅節制建寧、邵武二郡諸軍。十四年，賊入政和、松溪，江南行臺中丞吴鐸督軍建寧。庭堅部將鎮撫萬户岳焕素悍，縱卒爲暴，庭堅繩以法。焕懼，乘其不備，詐爲賊，突攻之。衆潰，庭堅獨留不去，遂遇害，死年四十三。故吏張椿等奉柩還崇安，民哀泣如喪父母，立祠歲時祭禱，數有靈應，旁邑立祠亦如之。贈中奉大夫、福建道宣慰使、都元帥，謚忠愍。

王伯顏，一名簡，字伯敬，濱州霑化人。由湖廣省宣使，歷永州祁陽、湖州烏程縣尹，信州推官。至正九年，遷知福寧州。居三歲，擢福建鹽運副使，將行，憲府留伯顏，仍領州事。未幾，賊自邵武間道偪福寧，乃與監州阿撒都剌募土兵五萬，分扼險阻。賊至楊梅嶺立栅，伯顏與子相馳破之。賊帥王善擁衆直壓州西門，胥隸皆奔散。伯顏麾下惟土兵數百人，賊以長槍舂伯顏馬，馬仆，遂見執。善説伯顏曰："聞公有惠政，此州那可無尹？公爲我尹可乎？"伯顏訶善曰："我天子命官，不幸失守，義當死，肯從汝反乎！"善怒，叱左右搤之跪，弗屈，遂毆之。伯顏嚼舌出血，噀善面，駡曰："反賊，殺即殺，何以毆爲？吾民，天民也，汝不可害。大丞相親討叛逆，百萬之師雷擊電掃，汝輩小醜將無遺種，顧敢爾邪！"賊亦執阿撒都剌至，善厲聲責其拒鬭，噤不能對。伯顏復唾善曰："我殺賊，何言拒邪？我死，當爲神以殺汝！」言訖，挺頸受刃，頸斷，湧白液如乳。暴屍數日，色不變。州人哭聲連巷。

賊既殺阿撒都刺，欲釋相官之，相罵曰：「吾與汝不共戴天，恨不寸斬汝。我受汝官邪？」賊殺之。相妻潘氏，挈二女，爲賊所獲，亦罵賊，母子同死。

伯顏既死，賊時覘其引兵出入。明年，州有僧林德誠者，起兵討賊，乃望空噱曰：「王州尹，宜率陰兵助我斬賊！」時賊正祠神，覩紅衣軍來，以爲僞帥康將軍，亟往迎之，無有也。官軍四集，賊大敗，斬其酋江二蠻，福寧遂平。事聞，贈嘉議大夫、濟南路總管、上輕車都尉，追封太原郡侯。

長子楨，往收得父母屍，藁葬烏程。朝命以襲父爵，除紹興路總管。張士誠陷紹興，楨不屈死。

又有陳陽盈，字子謙，佚其籍。官泉州稅課使，從伯顏率民兵拒賊，被執，亦不屈死。

劉濬，字濟川，其先興州人。曾祖海金，進士第一人，仕至河南府尹，死於國難，子孫遂家河南。濬由廉訪司書吏，調連江縣寧善鄉巡檢。至正十三年，江西賊帥王善寇閩，官軍守羅源縣拒之。羅源與連江接壤。濬妻真定史氏，故相家女也，有才識，謂濬曰：「事急矣，可聚兵以捍一方。」於是盡出奩中物，募壯士百餘，命仲子健將之，浹旬間衆至數萬。賊尋破羅源，分兩道攻福州。濬拒之辰山，三戰三捷。俄聞福州陷，衆多潰去。濬帥兵遇賊於中麻，突其陣，斬前鋒五人。賊兵大至，鏖戰三時頃，濬中箭墮馬，健下馬掖之，俱被獲。濬忿，戟手大罵。賊縛濬階下，先斫手一指，罵彌厲，再斫一指，亦如之。指且盡，斫兩腕，次及兩足，濬色不少變，罵聲猶不絶，遂割其喉舌而死。

健亦以死拒賊。善舍健，使斂濬屍瘞之。健歸，請兵於帥府以復父讎，弗聽。盡散家貲，結死士百人，詐爲工、商、流丐，入賊中。夜半，發火大譟，賊驚擾，自相屠戮。健手斬殺其父者張破四，并擒善及賊首陳伯祥來獻，磔之。事聞，贈濬福建行省檢校官，授健古田縣尹。官爲濬立祠福州北門外，有司歲時致祭。

朶里不花，字端甫，蒙古人。始爲宿衛官，累擢遼陽行省右丞、平章政事。陳友諒陷江西，詔拜江西行省平章政事，與平章政事阿兒渾沙等分道進討。遂由海道趨廣東，駐揭陽，降土寇金元祐，招復循、梅、惠三州，承制官其酋長，俾治賦以給兵食。又募粟四千石，輸送京師。自是英、肇、欽、連諸郡皆附，且治兵，由梅嶺以圖江西。而元祐有異志，託以鎮服鄉土，遮道固留。先是，制書命劉巨海僉廣東元帥府事，未發，元祐竊取，易其名，私畀猺賊劉文遠，誘與偕亂。事覺，文遠伏誅，而元祐及其弟元泰子榮竄匿不獲。俄榮率外賊突入，奪符信，殺官吏。變起倉卒，衆莫能支，朵里不花與參政楊泰元等勒兵拒戰。賊益衆，朵里不花爲槍所中，創甚。其子達蘭不花率麾下力與抗，死之。朵里不花遂被執，擁至太平橋，罵不絶口，遂爲賊殺。

其妻卜顔氏、妾高麗氏，在側不去，皆大罵曰：「我平章遇爾父子厚矣，爾父子何暴逆至此？」亦皆遇害。其部將哈乞、吴普顔、阿剌不花、歹不花等，俱戰死。

陳君用，字子材，延平人。少負氣，勇猛過人。紅巾入閩，閩帥授君用南平縣尹，給錢五萬緡，俾募千兵。君用散家財繼之，導官軍復建陽、浦城等縣，以功授同知建寧路事。亡何，賊圍福州，君用率兵往援，大敗賊衆。廉訪僉事郭興祖使權同知副都元帥，遂引兵逾北嶺，至連江，阻水而陣。君用曰：「今日不盡殺賊，吾不復生還矣！」乃率壯士六十人徒涉，賊稍潰。既而復合，君用大呼轉戰，中槍死。事聞，贈懷遠大將軍、浙東道宣慰司同知副元帥、輕車都尉、潁州郡侯，謚忠毅。

卜理牙敦，北庭人。累官至山南廉訪使，治中興。至正十二年，寇犯中興，卜理牙敦以兵與抗，射賊多死，賊稍退。明日，復擁衆來襲東門，卜里牙敦兵潰被執，不屈而死。又明日，賊復來攻，前中興判官上都，統兵出擊之。既而東門失守，上都倉黄反鬭，力屈，賊執之，使降。上都大駡，賊怒，刳其腹而死。

潮海，札剌台氏。由國子生入官爲靖安縣達魯花赤。至正十二年，蘄、黄賊起，潮海與縣尹黄紹，同集義兵，爲禦賊計。未幾，賊數萬，由武寧來寇，紹赴行省求援。潮海獨率衆與戰於象湖，大破之。乃起進士胡斗元、塗淵、舒慶遠、甘棠等共城守，而以勇士黄雲爲前鋒。自二月至於八月，戰屢捷，擒賊將洪元帥。賊黨益盛，雲戰死，潮海遂被圍，尋爲賊所執，殺於富州。

子民安圖，襲父職爲本縣達魯花赤。十三年，帥衆敗賊，復縣治。十四年，賊復至，民安圖戰敗，賊執而剮之。

紹，字仲先，臨川人。至正八年進士，以求援出靖安，遇官軍，護紹得入龍興。而龍興亦被圍。其後圍解，紹乃與民安圖招諭叛黨。過建昌之高坪，遇賊，紹正衣冠，怒駡，爲賊所害。

斗元，字元浩，靖安人。至正十年，領江西鄉薦第一，下第，署鰲溪書院山長。賊至靖安，掠斗元鄉里，斗元以鄉兵擊敗之。與潮海共圖戰守，及被執，賊脅之使降，斗元罵不屈。乃以土埋其腰，不死。又縛置暗室，斗元仆牆以出，遁入深山，忿恚而卒。

黄雲，撫州人，寓靖安。以勇捷稱，每接戰，獨以身當敵。嘗爲數十人所圍，即奮身躍出。至是，身中數十槍，噴血罵賊死。

魏中立，字伯時，濟南人。由國子伴讀，歷官至陝西行臺御史中丞，遷守饒州。賊既陷湖廣，分攻州郡，官軍多疲懦不能拒。所在無賴子，多乘間竊發，不旬日，衆輒數萬，皆短衣草屨，齒木爲杷，削竹爲槍，截緋帛爲巾襦，彌野皆赤。中立率壯丁分塞險要，戒守備。俄而賊至，達魯花赤馬來出戰，不能發一矢。中立以義兵擊卻之。已而賊復合，遂爲所執，以紅衣被其身。中立叱之，鬚髯盡張。賊執歸蘄水，欲屈其從己。中立大罵不已，遂被害。

未幾，賊又犯信州，信州總管于大本，以土兵備禦。賊入，執大本至蘄水。徐壽輝釋其縛，畀僞印一紐，且命以官。大本投印於地，痛詈之，遇害。大本字德中，密州人，由儒學教諭入官。

章善，字立賢，吉安龍泉人。性耿介，尚氣節。攝龍泉令完者帖木兒嘗授學於善。至正十二年，盜賊蠭起，善説完者帖木兒籍民兵，修城，爲固守計。明年，賊攻圍日蹙，城中糧盡，至取草根木皮食之，猶堅守不下。一日，山水暴至，完者帖木兒挈妻子乘小舸夜遁。比旦，城陷。善父士璧年八十餘，自投北江。其妻李氏與子婦相挽赴井死，善亦投江而死。

【校勘記】

〔一〕「胡斗元」，原倒在「黃雲」下，據正文乙正。

〔二〕「幣」，原作「弊」，據文意改。《唐氏三先生集》卷四《筠軒詩藁》云「前元至正十四年間庚申，帝遣使謝嘉卿航海齎名幣法酒」。

〔三〕「復」，原作「夏」，據鄭玉《師山集》卷一《上鼎珠丞相書》改。

新元史卷之二百三十二　列傳第一百二十九

忠義三

王翕，宣城管軍百户也。至正中，長鎗軍瑣南班叛，攻郡城將陷，翕呼弟曰：「我世受國恩，遇難當死。顧老母在，汝等宜出避。」語訖，即殺妻、子，焚其居自刎。

時中興元帥朵兒直班，亦死之。

高文鼎，吉水人。爲廣東元帥。至正中，三山寇攻廣州，文鼎以義激將士，力拒幾一年。援兵不至，城陷，自刎，舉家無一存者。

同邑進士解子元，起兵保鄉里，與義士羅啟南、姜天祐皆戰死。

又錢鶴皋，上海人。至正中，盜發松江，鶴皋揭竿起義兵以復本郡，不克而死。

梁曾甫，南海泮浦人。至正間，授番禺沙灣巡檢。及盜起，曾甫據形勢立壘砦，流逋四歸，盡散家財以餉士，不足則質其田繼之，鄉人賴以守堵。賊遣使説之降，曾甫斬以狥衆。賊怒，悉鋭來攻，曾甫遂遇害。

有烏石砦巡檢孔昞者，宣聖五十六代孫也。同起兵拒賊，亦被殺。

鄧可賢，乳源人。慷慨好學。郴寇攻乳源，可賢率民立砦自保，以忠孝大義相勉，且曰：「砦不能守，當急趨韶州，韶吾父母邦也。」乃遣子一源，間道上方略於同知買住，率兵破賊。由是賊深恨之，復合兵攻砦。守兩月，糧盡，可賢子弟七人皆被殺。及砦破，守民四百人無一降者，郡人建祠祀之。

張恒，雷白人。官雷州千户。高涼猺賊寇雷州，勢猖獗，諸將皆恇怯。恒曰：「恒實專戍衛，敢偷生誤國乎！」遂披甲躍馬，出與賊戰，奮臂殺數十人，竟以無援死。

張友明，吴川人。至正九年，海寇犯合浦，攻珠崖。宣慰使檄化州通判游弘道進兵會勦，弘道知友明爲義士，命率師追賊於澄邁之石礶港。時賊糧盡，死戰。友明爲先鋒，戰方酣。俄而海南番兵先遁，寇乘勝四合，友明與弘道力戰，殁於陣。

有瓊山縣巡檢周仁者，亦戰殁。

陳元善，龍溪人。世以儒名家。海壖逃兵作亂，賊帥以元善素行孚鄉里，欲先脅之爲民望。元善曰：「吾所畏者義，不畏者死。汝賊豈能久生耶！」與其妻郭氏及三子皆遇害。

又雷燦，進賢鄉貢士，閩中亂，燦起兵討賊，亦死之。

葉景仁，字天德，松溪人。至正十三年，爲浦城縣尹。閩中盜起，奉檄討政和西里寨，克之。遂深入，以援不繼，爲賊執，斷其右膊死。

子雋，聞父死，傾家貲募壯士，從間道入賊境，殺賊帥，載父屍而還。事聞，授以官，不就。

同時有李鉉，字伯鼎，衛縣人。官郢、復二州副萬户，分兵守延平。與寇戰於政和泗州橋，弗克，死之。

又馬哈麻，回鶻人。爲政和尉，亦率鄉兵拒戰，被執，瞋目罵賊。賊怒，剖其腹，腸出，委地而死。

羅良，長汀人。散資募兵，捕殺漳州山寇，解福州圍，功爲閩將第一。又數從海道漕粟京師，賜爵晉國公。時陳有定主閩事，良貽之書曰：「足下向爲參政，國之大臣，克復汀州，固其本職。燕只平章，僚長也，足下迫之；郡邑之長，朝命也，足下竄之；百司，朝廷之役也，足下臣妾之。足下所收復郡邑，得其倉庫，入爲家資，口言爲國，心實爲身耳！跬步之間，真僞甚明。不審足下將爲郭子儀，抑爲曹孟德耶？」有定大怒，發兵攻漳州，良迎戰馬岐山，敗績。進圍之，良堅守旬月，城陷，死之。

又陳端孫，字伯都，福清人。武舉第一。時陳有定勒兵侵州境，率衆拒之，中流矢墜馬。有定脅之使從，端孫曰：「我家三世事元，今從汝反邪？」有定怒，殺之。其妻孫氏，抱幼女投井死。

張進九，青田人。世業農，敦樸有至行。至正十五年，八都賊起，進九被縛，使前誘衆降。進九怒呼曰：「諸君速來殺此賊！」賊加刀於頸，令如己言，卒不改，竟被殺。

趙觀光，鄞人。以文學得推擇爲吏，署奉化州判官，尋遷昌國州。方國珍作亂，昌國孤懸海中，勢甚危。守將問計，對曰：「州兵寡弱，且不諳水戰。惟蘭、秀二山居民悍勇善鬥，素習海事，若募以厚貲，示以重賞，用之擒賊無難也。」守將然其言，即以事委之。引兵出海，俄而賊船猝至，衆皆畏縮莫敢前，獨觀光部兵與之戰。至晚，短兵相接，矢石交下，官軍與賊不可辨，遂死之。

潘伯修，字省中，黄巖人。嘗三舉於鄉，至春官輒不第，遂隱居教授，以著書自娱。爲詩文皆寓微意，曰：「文章不關世教，雖工無益也。」方國珍寇海上，江浙參政朵兒只班總兵至，將盡屠邊海之民。伯修挺身率父老詣軍前，力争曰：「倡亂者，國珍爾。吾民無罪也。」乃得免。國珍聞之怒，遣人沉之於海。

周誠德，温州平陽人。父應熣，以浙東帥府同知致仕。至正十四年，盜起，蔓延温州境。浙東元帥檄誠德爲平陽州同知，遂募義勇勦捕賊黨李師、吴第五等，境内以安。第功遷樞密判官。時方國珍從子明善據温州，屢侵平陽，誠德率兵敗之於香山，又敗之於徐洋，累官浙東道副都元帥。明善深畏之，乃賂遺麾下，使狙伺於内，以計誘執之。誠德大罵，不屈，明善叱左右剞其皮。誠德曰：「雖齏粉猶勝從爾活，况剞皮乎！」既死，猶屹立不仆。

有義士劉公寬，團結鄉兵，代誠德復讐，明善從間道脱走。

王銓，字伯衡，安仁人。登進士，歷温州守。及州陷，銓公服坐堂上。寇至，問：「何爲不去？」銓曰：「方州大臣與城存亡，去將何適！吾負國托付，死有餘辜。但不可延累吾民。吾當爲厲鬼以報汝！」寇欲降之，乃以言激賊怒，引頸受刃死。其女聞之，亦抱子赴水以殉。

劉良，常州萬户府知事也。張士誠圍常州，援兵不至，遣其子毅齎蠟書，間道抵江浙求救。未及還，而城陷，良不屈，闔門赴水死者十餘人。

時武進縣尹劉溶，率民兵戰於葛橋南，亦陣歿。

楊椿，字子壽，平江人。素有學行。張士誠攻平江，有司籍民守陴，署椿李司馬賓客，佐其軍。時所募皆少年良家子，椿入募之明日，寇兵即附城，椿戎衣率所部晝夜獨守一隅。既而守臣遁去，寇奪門入，椿猶持弓矢督戰，遂死城下。妻王氏，披髮徒跣，求於亂屍中，不得見。循河而哭，忽其尸浮於水上，因載以歸，撫柩大慟三日而氣絶。

李棠卿，樂平人。爲無錫州倉使。時張士誠寇無錫，棠卿抱印避草澤間。士誠以倉印故，購之急，棠卿度不能脱，遣人懷印間道納之行省。尋被執，誘以仕，不降。囚繫數日，死獄中。

鄒世聞，字聞達，登州黃縣人。世襲管軍百户，戍海寧，地瀕海，竈民多鬻私鹽，而禁甚重，有犯者，例與管民官共讞。管民官欲按法科竈民罪，世聞曰：「民貧故耳。」卒不問。民皆稱爲「鄒父」。會張士誠陷浙西，見有從逆者，世聞每爲切齒。後屏居峽石，不食死。

同時，劉受二，彭澤人。以貢授池州府推官。張士誠倡亂，受二領兵戰於城西渡口，敗績。嬰城固守，城陷，不屈死之。

陳謙，字子平，平江人。潛心皇極之學，尤精於《易》。嘗一應鄉貢，既入院門，卒有解士人衣，索挾書者，歎曰：「是豈致身之道耶！」遂趨出，不就試。兄訓，爲江浙行省照磨，謁告還吴。適苗寇薄城急，俄聞城陷，訓即與謙訣曰：「吾雖位卑，嘗爲王臣，義不可辱。弟處士耳，宜走避。」語訖，即拔刀自刺，家人抱止之。亂兵入脅使拜，不屈，遂刃其胸，謙翼蔽之，乞以身代。衆掖之門外，復求入見，其兄已殪，伏尸號慟，併見殺。悉投於河，門弟子得其屍橋下，兄弟猶相倚立水中，若抱持然。求其所著書，皆散失，獨得《周易解詁》二卷，古體詩二十四篇。

李清七，蘄水人。與弟清八，俱英邁剛果，謹守禮義。徐壽輝據蘄水爲都，鄉人有材識者，皆妄授官爵。清七兄弟以爲恥。壽輝及門辟之，匿不出。及索致之，兄弟歷陳大義，辭色俱厲，並見殺。至今耆老指其地曰：「此李清七兄弟死所也。」

林夢正，字古泉，台州太平人。以遺逸舉爲溧陽儒學教授。蘄、黄賊寇溧陽，獲其魁張姓者，乃世職千户也。夢正叱之曰：「爾父祖世受國恩，而爾忍爲逆邪？」既而寇勢轉盛，竟奪張去，令曰：「有生得林教授者，受上賞。」夢正匿他處，搜得之，張曰：「前日罵我者，非子邪？」曰：「然。」張曰：「降則俾爾爲元帥。」夢正曰：「爾僞也，我何爲降！」强之再三，終不可。縛於樹，不解衣冠殺之。

夏璿，字希政，湘陰人。博學篤行，以氣節自負。領鄉薦，歷湖廣行省都事，布衣茹素以爲常。至正十二年，蘄、黄兵變，屢爲亂黨所脅，憤懣自經。遺書勉妻子以忠節，語不及私。

普元理，其先高昌人，後徙公安。至正壬辰進士，歷僉江南湖北廉訪司事。時所治郡邑皆陷，遂詣長沙，假分司印，徵兵屬郡。未幾，授行省參政，兵潰，一門盡節死。

湯自愿，字伯恭，餘干人。徐壽輝遣將項普略陷饒州，所至殺掠，自愿起兵禦之。未幾，州陷，自愿走港西，結連臨川諸義士爲保障。其子弟皆有膂力，每戰必克，聲大振，時號「湯軍」。集兵復州治，三日，戰敗，自愿遭擒，送饒州。普略欲其降，不屈死。

汪伯正，字以德，樂平人。少通《春秋》大義，尚名節，授婺源州判官。僞將項普略陷饒、信，伯正引兵自五嶺，與平章三旦八兵合勦之。兵敗，三旦八僅以身免。賊乘勝長驅入州，伯正力戰死。

初，鄱陽胡振祖，獨樹義旗，糾鄉民自保江口，三旦八授爲浮梁州同知。率兵轉戰，遇歙寇汪童，衆數萬。乃營大游山拒之，累戰不利，馬蹶，被擒死。

江日新，歙州人。蘄、黄賊陷郡，日新與其弟倡義舉兵，選武勇者將之。相持旬日，寇益衆。兄弟迭出戰，力竭，皆死。

同郡程擇，時爲武昌路學正。蘄、黄寇至，以府檄起義兵，固守。城陷，死之。

許晉，字德紹，江陰州大姓也。有武略，仲子如璋，亦英勇。蘄賊陷江陰，晉與如璋謀潛募鄉人，資以飲食，俾護里閈。賊四出抄掠，則誘使深入，殪而埋之。尋聞官軍駐近郊，陰遣人約爲内應。會浙東宣慰元帥以兵至，晉率所募應之，與賊戰城北。賊忿，兵犄其後，如璋與家僮往救，手刃數人，陷陣入，偕父戰死。鄉人得其屍斂葬之，表所居曰「忠孝里」。

劉元謨，佚其籍貫，弋陽知州。蘄寇至，力拒之，凡十九日。衆皆欲降，元謨大言曰：「吾雖死，當殺此賊！」城陷，駡賊而死。

同時，玉山監縣壽安、貴溪尉張良材，亦死於難。

又楊居仁，開化縣尹。饒兵陷縣治，謂其下曰：「我守土臣，城亡與亡，義不可去。若輩宜自爲計。」衆皆散，居仁獨衣冠坐堂上。賊至執之，大駡被殺。

又脱脱，同知萍鄉州事。蘄、黄寇起。脱脱以勢必蔓延，糾集義兵勤加訓練，爲守禦之計。及賊壓境，悉力拒戰。賊環攻益急，城陷，死之。

張昇，建陽人。少穎悟，年十二，除正字，積官江西儒學提舉。陳友諒據江西，追取諸司印，昇獨不從，投其印於井，不食死。

有鄧椿者，吉水人，臨江府吏也。城陷，亦投江死。

舒泰，奉新人。至元初進士，任分宜縣丞。辨宽獄，却虎患，異政纍纍可紀。寇起，渠帥知其爲民望，欲要致之，不得。後舉義兵破賊，爲鄰境劇寇所乘，泰被執，瞋目怒駡，遂遇害。

又張遠，永豐人。世以貲自雄。盜起沔陽，所過剽掠。遠保護鄉里，以大義激厲郡人，合兵禦寇。謀泄，盜襲殺之。

時清江劉天祐，亦起義兵謀討賊，及被賊執，駡賊而死。

又陳無吝，亦永豐人。素有文名，叛將慕其才，强之從己，使參軍事。無吝不肯，固請之，乃曰：「相從可，乞與我紙筆。」乃大書一詩與寇，極詆之。寇怒，拔其舌，刳其腹，含糊駡不絶口而死。

黄復圭，字均端，安仁人。少博學，以詩鳴於時。後陷於賊，爲詩寫志。賊怒，將刃其腹。圭曰：「腹可剖，赤心不可剖。」賊引錐欲刺其心，圭曰：「心可滅，吾心之正氣不可滅也。」賊寸磔之。

黄翊，字孟翔，新建人。辟掾廬陵郡。安城土豪横殺人，有司莫敢逮，翊請行。豪樹栅自固，翊命拔去。惡少年數十輩譁而出，翊叱曰：「汝主自殺人，何與爾事？顧甘同滅族耶！」挺身呼而入，豪知勢蹙，出求解，且誘以重賂。翊諾之，與俱來，寘諸法。僞漢陷江西，將及郡，知府以下皆散走，翊獨止孔子廟堂。盜獲之，知爲府掾，强之，使奉行文書，翊曰：「我即死，其能官於賊耶！」盜怒，反接於樹，歷一日，意必自悔，抽刀礪其頸。翊大罵，甚於初，賊乃殺之。

楊本巖，廬陵人。有文武材。初爲白鹿書院山長，遷廬陵主簿。往捕東固盜，所向披靡。本巖欲窮其巢穴，乘勢深入，死之。子節，聞父陷，奮勇突前，賊圍之數重，不得脱，亦死。

彭繼凱，分宜人。歐普祥陷袁州，繼凱募義旅迎戰，大敗之。適安福義士袁明東引兵來會，并力克復袁城。乃下令禁殺掠，修城池，繕甲兵，弔死恤孤，民賴稍安。遣人詣贛迎舊守寶童歸，寶童嫉其功，令刺客殺之。城中驚擾，義士潰散。

蕭同善，萬安人。以安慶路經歷攝縣事，龍泉彭時中寇縣治，同善集義士守禦，城賴以存。後復來攻，同善督衆力戰，被執。賊脅其跪，同善曰：「我，命官也，何爲跪！」賊裂其喉而死。

有彭敬叔，初爲河北僉事，致仕歸道，遇亂兵執之，使拜，亦不屈死。

又陳新，泰和人。初任新淦州判官。既歸省，監州達正道聞其賢，使分守州之東境。時援少，食盡，堅守不去。未幾，被執，解佩刀自刎。

時新淦守孔會心，亦赴水死。

馮文舉，成都什邡人。初舉鄉試，授漢川州學正。會達魯花赤誰寮佐，以一手稱觴，文舉恥之，謝病去。次年成進士，授雲南儒學正提舉。明玉珍攻雲南，文舉謂妻馬氏曰：「我，元進士，蒙恩厚，今天運至此，有死無二。汝，光州馬中丞孫女也，其從之乎？」馬氏曰：「夫既義亡，妾生何益！」乃焚香北叩，相對縊於學宮。

時副提舉燮理翰，聞之，憮然曰：「吾其可獨生乎？」亦整衣冠自經。

同時，新都人郭景杞，進士，官益源州同知。賊至，力戰而死。

尚景仁，施州人。父紹榮，召集鄉民守禦本州，大將劉應寶奏署元帥府事。明玉珍據重慶，屢遣人招紹榮，許以官爵，不應。及遣將來攻城，紹榮敗之。時副元帥覃川隆密受僞命，以城降，紹榮遁入蠻中。景仁與弟庭芳收餘衆，從大兵征討有功。庭芳授夔州路總管，從攻新建，戰死。景仁并領其衆，守鐵案城，僞丞相戴壽來攻，城陷，不屈死。

東良曾，佚其籍貫。官鞏昌路總管，駐商州。聞李喜喜入蜀，慨然曰：「吾職守在此，豈可臨難苟免？」遂率所部拒之，先登，陷陣而歿。

及寇焚遼陽懿州，總管呂震亦死之〔三〕。

劉以忠，字恕夫，湯陰人。劉福通侵河北，以忠避地林縣鹿嶺山。羣盜襲得之，欲推爲主，擁坐盤石上，衆卒羅拜於前。以忠曰：「我書生也，不能爲國討賊，反附之乎！」遂以頭觸石，血流滿面。賊度其志終不改，刺殺之。

有扶溝進士潘炎者，賊素重其名，將辟爲學士。炎叱曰：「我豈從賊者！」當賊觸柱而死。

神保，北庭人。爲林州達魯花赤。劉福通兵陷林州，神保與民避守蟻尖寨。事急，懷其所授白麻投崖死。

時林州團練萬户高傅，磁州人也，赴調至中途，遇盜，亦戰死。

邢飛翰，霍州人。性剛介，以薦爲内臺御史。伯顔專政，飛翰面斥其非。參議佛家驢姦邪，復廷劾之。以不容於宰相，出爲兩淮鹽運同知，致仕。至正末，兵亂被執，不屈而死。

張仲仁，濠州人。讀書尚氣節。流寓泗州，以賈魯召，使諭安豐，死之。子順禮，繼往諭安豐，亦死焉。世稱父子完節。

同時，姜碩，欒安人，官禮部員外郎。奉詔招安陳友諒，不從，碩大駡，遇害。

張名德，淄川人。爲般陽路總管。時州縣喪亂過半，名德日訓練其下，無少怠。嘗曰：「此地稍安，以河爲之障，賊兵卒不能來。今朝廷奏兵事者，多留中不省。萬一賊衆北渡，防禦稍疎，吾輩死無地矣。爾等歲縻廩粟，當各存忠義，要使頭頸吃一刀以報國。」未幾，劉福通果遣將毛貴引兵攻山東，連破膠萊、益都，名德力戰死。

時膠萊守臣釋家訥、僉書樞密院脱歡，陵川縣尹張輔、臺掾張祖信，皆死於毛貴之亂。

齊郁，博興人。官山東僉事，分守益都。明兵至，諸路望風迎附，郁與宣慰副使于德文、總管胡濬、知行樞密院張俊，協力防守。食盡，衆潰，並相約具公服自縊。俊妻子亦自投井中。

鄧祖勝，佚其籍貫。以右丞守永州。明兵圍其城，屢戰屢屈。城中食盡，或勸暫投他郡以圖後效，祖勝慨然曰：「吾受封疆之寄，才力譾薄，不能禦難以至此，有何面目復視息人間？分當效死報國，諸君可速爲計。」遂抽刀自殺。

都事趙元隆者，興安奇士也。素尚氣節。嘗讀書至「士爲知己者死」，拊几歎曰：「烈士當如此矣！」聞永州破，祖勝自殺，乃私語同官曰：「昔與鄧侯同事，良荷知遇，所以不即死者，期効尺寸以報。今鄧侯死矣，尚可獨生乎？」即引劍自決。

張士謙，樂安人。由南臺御史出知婺源州事。明兵至，拒守五十餘日，城陷，被執。先戮其妻，仍加刃於頸，脅之。士謙曰：「吾爲國忠臣，豈愛身邪！」至死罵詈不絶。

時婺州守臣僧住、廉訪使楊惠、宣城百户張文貴，亦皆自殺。

吴訥，字克敏，休寧人。少學兵法，習騎射。盜起徽州，待制鄭玉薦其才，授建德路判官。明兵至，隨元帥阿魯輝退屯浙西，札溪源。巡邏至界首白際嶺，戰敗，引刀自刎，年僅二十七。有《吴萬户詩集》五卷。

同時，銅陵人陶起祖，官同知，爲賊所執，仗義而死。

驢兒達德，蒙古人。爲雲南行省右丞。鎮帥達里麻兵敗，梁王聞之，即同其母嘉僖可敦忽的斤等百餘人，乘舟趨昆明池，謂驢兒達德曰：「我，宗室子，無降理。」命取藥仰之死，妻、子皆從之。驢兒達德既進毒於王，號慟自殺。一時從死者幾二百人。

柏帖木兒，字君壽，蒙古人。居官所至，以廉能著。至正中，累遷爲福建行省左右司郎中，行省治福州。二十七年，明以騎兵出杉關，取邵武，以舟師由海道赴閩，奄至城下。柏帖木兒知城不可守，引妻妾坐樓上，慷慨謂曰：「丈夫死國，婦人死夫，義也。今城且陷，吾必死於是。若等能吾從乎？」皆泣曰：「有死而已，無他志也。」縊而死者六人。有十歲女，度其不能自死，則紿之曰：「汝稽顙拜佛，庶保我無恙也。」甫拜，即挈米囊壓之死。乳媪抱其幼子旁立以泣，柏帖木兒熟視之，歎曰：「父死國，母死夫，妾與女從父者也，皆當死。汝三歲兒，於義何所從乎？爲宗祀計可也。」乃命媪抱匿旁近民舍，而斂金珠畀之曰：「即有緩急，可以此贖兒命。」有頃，兵入城，即自焚死。

迭里彌實，字子初，回回人。性剛介，事母至孝。年四十猶不仕，或問之，曰：「吾不忍舍吾母以去也。」以宿衛年勞，授行宣政院崇教，三遷爲漳州路達魯花赤。居三年，民甚安之。時陳有定據全閩，八郡之政，皆用其私人以總制之，朝廷命官不得有所與。明兵既取福州，興化、泉州皆納款，或以告迭里彌實，仰天歎曰：「吾不材，位三品，國恩厚矣。其何以報乎？報國恩者，有死而已。」亡何，吏走白招諭使者至，請出城迓之。迭里彌實從容語之曰：「爾第往，吾行出矣。」乃詣聽事，具公服，北面再拜畢，引斧斫其印文，又大書手版曰：「大元臣子。」即入位端坐，拔所佩刀，割喉中以死。既死，猶手執刀按膝坐，儼然如生時。郡民相聚哭庭中，斂其屍葬東門外。

時又有獲獨步丁者，回回人。進士，累官僉廣東廉訪司事。有吕復者，爲江西行省左右司都事。皆閑居，寓福州。復以行省命，攝長樂縣尹。福州既下，獲獨步丁曰：「吾兄弟三人，皆忝進士，受國恩。今四十年，雖無官守，然大節所在，其可辱乎！」以石自繫其腰，投井死。復亦曰：「吾世食君禄，今雖攝官，若不以死報國，則無以見先人於地下。」引繩自經死。獲獨步丁兄曰穆魯丁者，官建康；曰海魯丁者，官信州。亦皆死國難。

【校勘記】

〔一〕「胡振祖」，原脱，據正文補。

〔二〕「趙元隆」，原脱，據正文補。

〔三〕「總管」，原作「總營」，據本書卷二六《惠宗本紀四》、《元史》卷四五本紀第四十五《順宗八》及《明史》卷一二二列傳第十《韓林兒傳》改。

新元史卷之二百三十三　列傳第一百三十

忠義四

伯顔　朱春谷廷珪　買住張鳳儀　鳳儀子萬里　熊義山羅邦佐　曹彦可陳道夫　梅實　呂復　堵簡　囊果歹完者都　趙資　周冕劉公福　羅輝　王成　游弘道木薛飛　羅武德　王英　普顔不花申榮　閔本　拜住　趙弘毅恭　張正蒙　徐猱頭　黄㫚鄧烈　朴賽因不花張庸　段楨　郭庸　丁好禮　朱公選　孫德謙　葉蘭　張昶　伯顔子中　王翰　蔡子英　狄琮　夏侯尚元

伯顔，一名師聖，字宗道，哈剌魯氏。世居開州濮陽縣。伯顔生三歲，常以指畫地，或三或六，若爲卦者。六歲，授《孝經》、《論語》，即成誦。稍長，受業宋進士建安黄坦。坦曰：「此子穎悟過人，非諸生可比。」因命以顔爲氏，且名而字之。久之，坦辭曰：「余不能爲爾師。羣經有朱子説具在，歸而求之可也。」至正四年，以隱士徵至京師，授翰林待制，預修《金史》。既畢，辭歸。已而復起爲江西廉訪僉事。數月，以病免。及還，四方來學者至千餘人。十八年，河南賊蔓延河北，伯顏言於省臣，將結鄉民爲什伍以自保。俄賊兵大至，伯顏乃渡漳水北行，鄉人從之者數十萬。至磁州，與賊遇，賊知伯顏名士，生劫之，以見賊將，誘以富貴。伯顏罵不屈，引領受刃，與妻、子俱死之，年六十四。人或破其腹，見其心數孔，曰：「古稱聖人心有七竅，此非賢士乎？」乃覆牆而揜之。有司上其事，贈奉議大夫、僉太常禮儀院事，謚文節。太常謚議曰：「以城守論之，伯顏無城守之責而死，可與江州守李黼一律；以風紀論之，伯顏無在官之責而死，可與西臺御史張桓並駕。以平生有用之學，成臨義不奪之節，乃古之所謂君子人者。」時以爲確論。

朱春，佚其籍貫。三原尹。明兵克奉元，春謂其妻曰：「吾當以死報國。」妻曰：「君盡忠，吾豈不能盡節？」俱投厓死。

同時，谷廷珪，襄陽尹。鐵木哥兵入境，官吏皆遁，廷珪與主簿張德獨不走，被執不降，死之。

買住，韶州路同知，以廉介聞。至正間，郴賊陷樂昌，買住率義兵敗賊，復樂昌、乳源諸縣。寢疾，歿於軍中，郡人義而祀之。

經歷張鳳儀，率義兵追賊，兵潰，被執，不屈死。子萬里，獲賊酋，劈其肝食之。尋補父官，及贛賊圍城，出戰，被數創，罵賊而死。

熊義山，安鄉人。累官至萬户。倪文俊兵至，執縣尹張繼和，義山保黄山砦，一縣歸之。又二年，文俊襲陷之，逼使降，義山罵不絕口，文俊剖其腹殺之。

又，羅邦佐，石城人。平海寇，授廉州總管。子震，敦化州總管；次子奇，曹州路同知；子奇子元，廉州路同知。一門父子兄弟皆死節。

曹彦可，亳州人。妖賊起，羣至彦可門，逼之寫旂。彦可罵曰：「我儒者，知有君父，寧死耳，肯從汝輩耶？」遇害，賜謚節愍。

同時，陳道夫，懷寧人。余闕辟爲懷寧尹。屢抗賊，城陷，死之。

梅實，宣城人。集慶路總管府照磨。至正中，明兵圍城，乃會友人李端曰：「事急矣，當以死殉國。」城陷，合門遇害。

又，吕復，福清人。攝長樂縣尹。明兵入福州，復曰：「學古，世食君禄，不以死報國，無以見先人於地下。」自縊死。

又，堵簡，字無傲，金壇人。善詩歌。元末爲江浙行省檢校官，平章慶童辟爲參議。兵敗，爲賊所執，不屈死。

囊果歹，四川行省平章政事。明玉珍據重慶，囊果歹與右丞完者都、參知政事趙資，各以兵次嘉定之大佛寺，規復重慶。玉珍使其弟明二攻之，相持半年。玉珍遣明二倍道趨成都，陷之，獲囊果歹、趙資妻子，送於玉珍。囊果歹之妻謂舟人曰：「吾家三世受羊皮宣命，吾爲平章夫人，今遭辱如此，何面目見祖宗於地下？」遂自沉於江。趙資妻至，玉珍待以禮。資方守凌雲山，因諷妻招資降。將戰，玉珍驅資妻陣前，攜子呼資曰：「妾與鎖兒受擒，明元帥待妾母子以禮，君宜早歸，以全妾母子之命。」子亦呼父救，號泣，兩軍莫不墮淚。資控馬彎弓，厲聲曰：「癡婦！汝不死何待？汝不見平章夫人耶？」一矢殪之。復欲射其子，兵擁去獲免。玉珍揮兵進戰，官軍大敗，完者都、囊果歹、趙資皆被執。玉珍勸之降，囊果歹曰：「我，元之懿親，固無降理。一死之外，尚何言也！」資曰：「吾爲參政，不能平賊，罪不容於死，敢助賊乎？惟速死爲幸！」完者都惟俯首長吁而已。後皆爲玉珍所殺，蜀人謂之「三忠」。

周冕，字時中，廬陵龍湖人。少讀書，自負奇偉。由文學起家，至連山縣尹，以廉介稱。賀州峒賊周滿反，官兵討之不克，曰：「周縣尹來，即降。」冕往，賊羅拜迎降。歷官亞中大夫、廣東宣慰使。至正中，監郡納速兒丁起冕及前松江府同知劉公福，領兵至龍湖。賊大至，陽使人納款，冕開懷受之，遂遇害，公福亦死之。納速兒丁立祠祀之。

又廬陵人羅輝，字明遠，以字行。性倜儻好義。聞紅巾賊至，即散家財，招死士，爲戰守計。賊攻吉安，明遠率敢死士三百餘人，與賊戰於城東。賊敗走，郡城立復。明遠陣歿。

王成，雷州人。素驍勇，號「帽兒王」。猺賊時或侵境，成常戴一皮帽，先登陷陣，猺賊輒奔潰。他人或戴其帽臨陣，賊亦駴走。猺賊侵雷州，元帥張不兒罕孛温率所部禦之。賊間道徑至城下，官軍還救，成先驅，連斬數賊，大破之。恃勝，不設備，餘賊發毒矢，中成而卒。軍民附祀成於黑神祠。

游弘道，江西人。通判化州，爲政廉而不苛。九年，海賊犯合浦，弘道出貲購賞，率義兵吴川張友明等七百餘人，會諸郡兵，禦賊於澄邁之石礶港。友明等戰甚力，俄而猺兵皃水走，賊乘勝圍之。弘道與主簿木薛飛、同知羅武德及張友明，俱戰死。

王英，字邦傑，益都人。性剛果，有大節。膂力絶人，善騎射。襲父職爲莒州翼千户。父子皆用雙刀，人號曰「刀王」。至元二十九年，江西行樞密院檄討南雄賊丘太老。賊突至，英力戰，大破之。斬其渠帥劉把東。元貞元年，從左丞董士選討大山賊劉貴，擒之。延祐二年，寧郡賊起，行省檄英率各萬户軍討之。英屢戰皆勝，斬獲甚多。行省平章李世安遣英迓江浙平章張閭於境上。至木麻坑，擒賊蔡五九。又追賊至上虎嶂，遇賊三千餘人，盡殲之。至治元年，以大臣薦，授忠武校尉、益都淄萊萬户府副萬户。天曆元年，授宣武將軍。至順二年，行省檄英招捕桂陽州賊張思進等二千餘人。英布以威信，皆相率請降。元統元年，授懷遠大將軍、同知海北海南道宣慰使司事。至元三年，萬安軍賊吴汝期等作亂，英至，賊皆就擒。未幾，李志甫起漳州，劉虎仔起潮州，詔江西行省右丞燕帖木兒討之。時英已致仕，平章政事伯撒里謂僚佐曰：「非刀王行，不能平此賊。其人雖老，可以義激。」乃使迎致之。及賊平，英功居多。至正中，毛貴陷益都，英年九十有六，乃謂其子弘曰：「吾老，不能報天子，忍食異姓之粟以求生乎？」水漿不入口者數日，遂卒。毛貴聞之，使具棺衾以葬。將斂，舉其尸不動。焚香祝曰：「公子弘請公歸葬先塋。」祝畢，尸遂起，觀者莫不驚異。山東宣慰使及憲司請恤典於朝，有曰：「不食寇粟，餓死芹泉，有夷、齊之風。」芹泉谷，英所居也。

普顏不花，字希古，蒙古氏。倜儻有大志。至正五年，由國子生登右榜進士第一人，授翰林修撰，調河南行省員外郎。十一年，遷江西行省左右司郎中。蘄、黄賊徐壽輝來寇，普顏不花戰守之功爲多。十六年，除江西廉訪副使。頃之，召還，授益都路達魯花赤。遷山東廉訪使，再轉爲中書參知政事。十八年，詔與治書侍御史李國鳳同經略江南，至建寧。江西陳友諒遣鄧克明來寇，平章政事阿魯温沙等皆夜遁。國鳳時分鎮延平，城陷，遁去。普顏不花曰：「我承制來此，去將何之？誓與此城同存亡耳！」命築各門甕城，前後拒戰六十四日，城卒完。明年，召還，授山東宣慰使，再轉知樞密院事、行省平章，守益都。明兵壓境，普顏不花力戰，城陷，平章保保出降。普顏不花還告其母曰：「兒忠孝不能兩全矣！有二弟養母。」拜母，趨官舍，坐堂上。主將素聞其賢，召之再三，不往。既而縛之，普顏不花曰：「我，元朝進士，官至極品，臣各爲其主。」不屈死之。

先是，其妻阿魯真，歷呼家人告之曰：「我夫受國恩，我亦封齊國夫人，今事至此，唯有死耳。」家人莫不歎息泣下。已而普顏不花二弟之妻各抱幼子，及婢妾投井死。比阿魯真欲下井，已不能容，遂抱子投舍北井，其女及妾女、孫女皆從死。

時有申榮者，山東行省平章守東昌，榮見列郡皆降，告其父曰：「人生世間，不能全忠孝者，兒也。」父曰：「何爲？」榮曰：「城中兵少不敵，戰則萬人之命由兒而殞，但有一死報國耳。」遂自經。

閔本，字宗先，河内人。性剛正。早歲得推擇爲禮部令史，御史大夫不花奇本之才，辟爲掾。平反冤獄有聲，擢御史臺照磨。累遷樞密院都事，拜監察御史，五轉爲吏部尚書，移刑、户二部。本素貧，且有目疾，嘗上章乞謝事，不允，詔授集賢侍講學士。明兵薄京師，本謂其妻程氏曰：「國事至此，吾知之久矣。愧不能立功補報，敢愛六尺軀苟活哉？」程氏曰：「君能死忠，我尚有愛於君乎？」本乃朝服，與程氏北向再拜，大書於屋壁曰：「元中奉大夫、集賢侍講學士閔本死。」遂各縊。二女：長真真，次女女。見本死，亦皆自縊。

拜住，康里人，字聞善。累官至翰林國史院都事、太子司經。兵至，拜住謂家人曰：「吾始祖海藍伯封河東公者，與太祖同事王可汗。太祖取王可汗，收諸部落，吾祖引數十騎馳西北而去。太祖使人追問之，曰：『昔者，與皇帝同事王可汗。王可汗今已滅，欲爲之報仇，則帝乃天命；欲改事帝，則吾心有所不忍。故避之於遠地，以没餘生耳。』此吾祖之言也。且吾祖生朔漠，其言尚如此，今吾生長中原，讀書國學，可不知大義乎？况吾上世受國厚恩，至吾又食禄。與其苟生，不如死！」遂赴井死。其家人瘞之舍東，焚其書以爲殉。

趙弘毅，字仁卿，真定晉州人。少好學，家貧無書，傭於巨室，晝則服役，夜則借書讀之。後受經於臨川吴澄。始辟翰林書寫，再轉爲國史院編修官，調大樂署令。明兵入京城，弘毅歎息曰：「『忠臣不二君，烈女不二夫』，古語也。我今力不能救社稷，但有一死報國耳！」乃與妻解氏皆自縊。

其子恭，中書管勾，與妻、子訣曰：「今乘輿北奔，我父子食禄，不能効尺寸力。今父母已死，吾敢惜死乎！」或止之曰：「我曹官卑，何自苦如此？」恭叱曰：「爾非我徒也！」遂公服，北向再拜，亦縊死。

恭女官奴，年十七。見恭死，方泣，適隣嫗來，相率出避，曰：「我未適人，避將何之？」不聽。嫗欲力挽之，女曰：「人生在世，便百歲亦須一死。」乃潛入中堂，解衣帶自經。

同時，張正蒙，山陰人。官税務提領。明兵入，正蒙謂妻韓氏曰：「吾爲元臣，義當死。」韓氏曰：「君死忠，吾死節可也。」乃相對縊死。

其女池奴，投厓死。次女越奴，日夜守父母尸側，竟餓死。

徐猱頭，大興人。兵至，妻岳氏曰：「寇來，恐被污，奈何？」猱頭曰：「惟有死耳。」夫婦俱自焚。其母王氏及二子、一女，亦同死。

黄哻，字殷士，撫州金谿人。博學明經，善屬文，尤長於詩。至正十七年，用左丞相太平奏，授淮南行省照磨，未行，除國子助教。遷太常博士，轉國子博士，陞監丞，擢翰林待制，兼國史院編修官。二十八年，京城既破，哻歎曰：「我以儒致身，累蒙國恩，爲胄子師，代言禁林。今縱無我戮，何面目見天下士乎？」遂赴井而死，年六十一。有詩文傳於世。

同縣鄧烈，字季謨。至正間寇犯金谿，率族子石，力戰死。

同時，餘干李弁、臨州劉德餘，並以起義兵戰死。

朴賽因不花，字德中，肅良合台氏。有膂力，善騎射。由速古兒赤授利器庫提點，再轉爲資正院判官。累遷同知樞密院事，遷翰林學士，尋擢承旨，賜虎符，兼巡軍合浦全羅等處軍民萬户都元帥。除大司農，出爲嶺北行省右丞，擢平章政事。至正二十四年，甘肅行省以孛羅帖木兒弑皇后、皇孫，遣人白平章政事也速答兒，即欲署榜諭衆。朴賽因不花持不可，曰：「此大事，何得輕信？況非符驗公文。」卒不署。既而果妄傳。會皇太子撫軍冀寧，承制拜朴賽因不花翰林學士承旨，遷集賢大學士。又爲宣政院使，遂拜中書平章政事。明兵逼京師，詔朴賽因不花以元官守順承門，其所領兵僅數百羸卒而已。乃歎息謂左右曰：「國事至此，吾但知與此門同存亡也。」城陷，被執，見主將，唯請速死，不少屈。主將命留營中，終不屈，乃殺之。

是時有張庸者，字存中，温州人。精太乙數。會世亂，以策干經略使李國鳳，承制授庸福建行省員外郎，治兵杉關。頃之，計事赴京師，因進《大乙數圖》。帝善之，擢秘書少監。皇太子立大撫軍院，命庸團結房山，遷同僉將作院事，又除刑部尚書。諸寨既降，庸守駱駝谷，遣從事段禎請援於擴廓帖木兒，不報。庸獨拒戰累日，已而寨民李世傑執庸出降，以見主將。庸不屈，與禎同被殺。

郭庸，字允中，蒙古人。由國學生歷西臺監察御史，劾丞相脱脱弟也先帖木兒，左遷興中府添設判官。脱脱敗，召還，累擢中書參知政事。明兵入京師，舁至齊化門，叱之拜，庸曰：「臣各爲其主，何拜之有？」不屈死。

丁好禮，字敬可，蠡州人。精律算，辟中書省掾，授户部主事。擢江南行臺監察御史，入爲户部員外郎。拜監察御史，又遷部郎中，升侍郎。除京畿漕運使，建議置司於通州，講求漕運利弊，著爲成書。除户部尚書，拜參議中書省事。遷治書侍御史，出爲遼陽行省左丞，未行，留爲樞密副使。至正二十年，拜中書參知政事。京師大饑，值元壽節，朝廷仍依故事大讌。好禮言：「民有父子相食者，當修省以弭天災，不宜讌會。」不聽，乞謝事，以集賢大學士致仕，給全俸。擴廓帖木兒饋麥百石，不受。二十七年，復起爲添設平章。尋以議論不合，謝政去。特封趙國公。明兵陷京師，或勸好禮往謁主將，好禮叱曰：「我小吏致位極品，今老矣，所欠惟一死耳。」後數日，主將召之，不肯行。舁至齊化門，抗辭不屈，遇害，年七十五。

朱公選，字克用，樂平人。累官監察御史。明兵逼京師，惠宗集三宮，議避兵北行。宦者趙伯顏不花慟哭，諫曰：「天下者，世祖之天下。陛下當以死守，奈何棄之？」不聽，夜半開門北遁。公選以疏留弗獲，乃匍匐送帝出國門，歸而自裁。

孫德謙，睢州人。官大同行省平章政事。大都既陷，惠宗北奔，明兵圍大同。謙嬰城固守，自知力不支，乃手書自決，作詩數章，詞義激烈，飲藥自殺。

葉蘭，字楚庭，鄱陽人。官太常禮儀院奉禮。明初，周伯琦應召入金陵，蘭以詩諷之。後伯琦以其名薦，蘭曰：「吾世爲元臣，義不可仕。」赴石橋水死。

張昶，宛平人。累官户部尚書。奉使招諭明祖，爲明祖所留，愛其才敏，授參知政事，昶外示款誠。與楊憲、胡惟庸皆友善。自以元之舊臣，心常怏怏。嘗語所親曰：「吾仍思歸故土也。」朝廷謂昶已死，贈官謚，録用其子。會李文忠下杭州，擒元平章丑的、長壽等至，明祖釋之，遣歸京師。昶陰託二人，奏密疏於惠宗，且寄書其子存仁。會昶疾，憲候之於昶卧内，得疏稿，遂奏之。明祖令都督府按問。昶書八字曰：「身在江南，心思塞北。」乃殺昶。

伯顔子中，其先西域人，後徙江西。少好學，有司薦，不第。行省辟授東湖書院山長，遷建寧路教授。會江西盜起，行省拜子中都事，使守贛州。子中從諸生趣贛，贛已破，子中倉卒募吏民，與賊戰於城下。兵敗，子中由間道走福建。汀州帥陳有定固熟子中名，授行省員外郎。子中出奇計，以有定兵復建昌，因浮海抵大都獻捷。遷行省郎中，再進吏部侍郎。持節發廣西何真兵，使救閩。至則何真已降明，子中墮馬，折一足，不死。至軍中，主將義而釋之。子中遂變姓名，冠黃冠，游行江湖間。明祖數訪求子中，不得，録其妻、子，没掖庭。子中竟自匿不顧，曰：「吾元臣，死元固吾分，何妻、子言哉！」出購鴆自隨，曰：「此以志也。」未幾，子中遁還江西，布政使沈元密言之明祖，遣使者賫璽書以幣聘子中。使者至，子中大哭曰：「死晚矣，乃以詔汚我！」祭祖父、師友畢，仰藥死。

王翰，字用文，又名那木罕，本河西人。先世以千户鎮廬州〔一〕，遂爲廬州人。翰襲世職爲千户，有能名。臺省薦之，改除廬州路治中，又改福州路。適三魁盜起，翰造其壘，諭降之。遷同知，又遷理問。綜理永福、羅源二縣。泉州土官柳莽跋扈，連結旁郡，翰至，悉解散之。擢行省郎中、潮州路總管。元亡，屏居永福山中，黃冠野服，號友石山人。有上書薦之者，聞命下，歎曰：「女豈可更適人哉！」即病，不服藥，有司迫就道，引刃自絶。遺詩與友人吴海曰：「昔在潮陽我欲死，宗嗣如絲我無子。彼時我死作忠臣，覆宗絶嗣良可恥。今年辟書親到門，丁男屋下三人存。寸刃在手顧不惜，一死了卻君親恩。」翰性强介精敏，持身刻苦，歷官二十餘年，家無餘積。行政以愛人爲主，平居喜讀書爲詩。有《友石稿》行世。子倆，有才名。

蔡子英，永寧人。至正中，舉進士。時擴廓帖木兒略定河南，開府，辟子英參軍事。累遷行省參政，猶不離丞相幕。擴廓帖木兒兵敗，子英單騎入關中，遁於南山。明有司捕得之，傳詣京師。渡江，一夕脱走。變姓名爲人賃舂，久之，復見捕，械送湯和。子英長揖不拜，和怒，抑使膝坐，不肯，火燎其鬚且盡，嫚罵自如。子英有妻流落河南，至是欲見子英，子英謬曰：「吾故鰥耳。」卒不見其妻。至京師，明祖令置外舍，欲官之。子英上書曰：

皇帝恢廓宏度，曲宥亡國之臣，不自死，虀負皇帝。往者軍敗，漏命刃下，荆棘之息，延及七載，重勞吏卒搜捕，自外大化，復忤貴臣，萬分不足以辱膏斧。皇帝不即下司敗，使得以衣冠待罪外舍，感上恩德，死且不朽。臣有痼疾，迷於心志，藥石匪解。竊惟少本書生，奮志行伍，過辱北帥知薦，仕底七命，躍馬食肉，十有五年。進不能効尺寸，陪國家之論；退不能畢命枹鼓，以愧封圉之臣。一遘板蕩，靦顔失節。皇帝既丕昭武功，踐華苞宇，窮髮臣嚮堅甲利兵，宿積陳廩，猶以爲歉於志。下有司飭學校褒予死節，風示後世，豈肯令亡命俘虜，玷維新之化哉？皇帝幸哀憐臣，毋血稾街，而以投瘴海，禦魑魅無人之境，臣若茹薺。

書上，明祖益異之，陰戒守者：「謹事子英，旦夕問起居，毋令天下謂我有殺義士名。」一夜，子英大哭不止，人問之，曰：「吾自念故主耳。」乃具狀聞，明祖歎曰：「吾何苦一蔡子英，令彼喋喋泉下訾我哉？」送之出塞。

狄琮，字子玉，保德州人。軀幹魁梧，尚氣節，讀書能知大義。裕宗在東宮，召爲晉王宿衛。王開藩雲南，擢奉議大夫、王府司馬府中事咸咨之。王鎮西邊，轉朝列大夫、內史府司馬。未幾，進大中大夫。琮因事納規，知無不言。王薨，琮慟哭，嘔血而卒。臨卒，召子東山，戒之曰：「爲人臣子，惟忠與孝爾。其勿違！」

東山，剛正有父風。授中書舍人，進監察御史，出爲同知大都路都總管。以材選授禮部郎中，進大中大夫、同僉宣徽院事，卒。

夏侯尚元，字文卿，松江華亭人。年十六，夢神人有所授，由是爲文詞下筆立就。後遊京師，翰林學士承旨趙孟頫薦之，入見仁宗。英宗爲皇太子，召爲說書。即位，授侍儀司典簿。英宗遇弑，尚元棄官歸。及明宗南還，尚元謁於和林。明宗暴崩，尚元爲武平王鐵忽思不花所留。王卒，其兄嘉王晃火帖木兒又留之。郯王徹徹秃聞其名，召見，厚禮之。徹徹禿嚴重，寡言笑，與尚元語則劇談終日不倦。王嘗謂左右：「吾得斯人，如執法御史。吾有過，彼且直言，况汝輩乎？」由是左右嫉之，尚元乃謝病歸。至元四年，徹徹禿入朝，丞相伯顔爲子請婚，徹徹禿不從。伯顔怒，與知樞密院事者延不花，謀構禍於徹徹禿。明年，使人説昌王實藍朵兒只，告郯王謀反。時徹徹禿在和林，徵下樞密院獄，鞫其家奴，無證驗。十二月，伯顔矯詔殺徹徹禿於光熙門外。明年二月，伯顔以罪免。尚元至京師上書曰：「郯王守國北門，十有九年，忠孝之心，神明所鑒。而乃誅戮其身，放逐其子孫，銜冤抱屈，上無由知。今知樞密院事脱脱大義滅親，殫心國事，乞遣脱脱爲郯王立廟致祭。」又上書言：「郯王統大軍十八萬，其將帥皆素所信任者，設有他志，當與之謀。豈有走千里之外，與異姓王圖之？雖兒童亦知其不然。况昌王素與郯王有隙，其言豈可聽乎？」俱不報。尚元復上書，號哭闕下。執政皆歎曰：「古之義士也！」爲言於上。七月，詔天下雪郯王之冤，遣使致奠，還其貲産於子孫。尚元慨然曰：「吾報主事畢，可行矣。」遂歸卒於家。

【校勘記】

〔一〕「廬州」，原作「盧州」，據文意改。下「廬州路治中」同。下「廬州人」不誤。王圻《續文獻通考》卷六五云：「王翰，字用文，廬州人。」

新元史卷之二百三十四　列傳第一百三十一

儒林一

自趙復至中原，北方學者始讀朱子之書。許衡、蕭𣂏講學，爲大師，皆誦法朱子者也。金履祥私淑於朱子之門人，許謙又受業於履祥，朱子之學得履祥與謙而益尊。迨南北混一，衡爲國子祭酒，謙雖屢聘不起，爲朝廷所禮敬。承學之士，聞而興起，《四書章句集註》及《近思録》、《小學》通行於海内矣。延祐開科，遂以朱子之書爲取士之規程，終元之世，莫之改易焉。是故元之儒者，服膺朱子之學，篤信謹守，言行相顧，無後世高談性命、陽儒陰釋之習，嗚乎！是亦足以通《六經》之大義，傳孔、孟之心法矣。作《儒林傳》。

趙復硯彌堅　金履祥衛益富　張𩓐　胡炳文程直方　敬瑛潘迪　許謙張樞　薛玄　馬道貫　吕洙〔一〕　吕溥

陳庚潘迪　牟應龍　熊朋來　車若綰　徐之綱　胡一桂　戴良齊　熊禾　馬端臨胡三省　俞琰李簡

劉德淵　薛元宰沂　何中　董朴　榮肇　蕭𣂏韓擇　侯均

趙復，字仁甫，德安人。太宗七年，皇子闊出伐宋，克德安，以其民嘗拒命，俘戮無遺。時楊惟中行中書省於軍前，姚樞奉詔即軍中求儒、道、釋、醫、卜士，凡儒生掛俘籍者，輒脱之歸。復在其中，樞與之言，奇之。復以九族俱没，不欲生，因與樞訣。樞恐其自裁，留帳中共宿，既覺，失復所在，遽馳馬追之。行及水際，見復被髮徒跣，仰天而號，欲投水。樞曉以「布衣未仕，徒死無益。不如隨吾而北，可以傳聖教」。復强從之。先是，南北道絶，載籍不通。復至燕，以所記程、朱諸經傳註，盡録付樞，學徒從遊者常百餘人。

世祖在潛邸，召見，問曰：「我欲取宋，卿可導之乎？」對曰：「宋，父母國也。未有引他人以伐父母者。」世祖悦，因不强之仕。

惟中聞復論議，始嗜學，乃與樞謀建書院，祀周子，以二程、張、楊、游朱六子配食，取遺書八千餘卷，請復講授其中。復作《傳道圖》，而以書目條列於後。别著《伊洛發揮》，標其宗旨。又取伊尹、顔淵言行，作《希賢録》，示學者求端用力之方。

樞既退隱蘇門，乃即復傳其學。由是許衡、郝經、劉因皆得其書而尊信之。北方知有程、朱之學，自復始。

復爲人樂易而耿介，與人交尤篤分誼。元好問文名擅一時，其南歸，復贈之言，以「博溺心，末喪本」爲戒，以「讀《易》，求文王、孔子用心」爲勉。

復家江漢之間，學者稱之曰江漢先生。

與復同時至北方者，有應城硯彌堅，字伯固。亦名儒，後居真定，劉因從之受業。以大臣薦，授真定路教授。至元十四年，超七階，拜國子司業，賜五品服。後謝病歸，卒於家。年七十八，有《鄖城集》十卷。

金履祥，字吉父，婺州蘭谿人。其先本劉氏，後避吴越錢武肅王嫌名，更爲金氏。履祥事同郡王柏，從登何基之門。基學於黄榦，得朱子之傳。時宋事已不可爲，履祥遂絶意進取。會襄樊之師日急，宋人坐視不救。履祥因進牽制擣虚之策，請以重兵由海道直趨燕薊，則襄樊之師不攻自解，且備叙海舶所經，凡州縣及海中島嶼，難易遠近，歷歷可據以行。宋廷臣不能用。伯顔師入臨安，得其書及圖，乃命以宋庫藏及圖籍儀器由海道運燕京。其後朱清、張瑄獻海漕之策，所由海道視履祥圖書咫尺無異，然後人服其精識。

德祐初，以迪功郎、史館編校起之，辭弗就。宋亡，所在盜起，履祥屏居金華山中，視世故泊如也。尤篤於分義。有故人子坐事，母子分配爲隸，不相聞者十年，履祥傾貲營購，卒贖完之。後其子貴，履祥終不自言，相見勞問而已。何基、王柏之喪，履祥率其同門之士以義制服，觀者始知師弟之禮。

履祥以司馬光作《資治通鑑》，託始戰國，而周以前，則秘書丞劉恕爲外紀，不本於經，而信百家之説，是非頗謬於聖人，不足以傳信。乃用邵氏《皇極經世曆》、胡氏《皇王大紀》之例，損益折衷，一以《尚書》爲主，下及《詩》、《禮》、《春秋》，旁采舊史、諸子，表年繫事，斷自唐堯以下，接於《通鑑》之前，勒爲二十卷，名曰《通鑑前編》。它所著書，曰《大學章句疏義》二卷，《論語孟子集註考證》十七卷，《尚書表註》二卷。天曆初，廉訪使鄭允中上其書於朝。

履祥居仁山之下，學者因稱爲仁山先生。大德中，卒。至正中，賜謚文安。

門人衛富益，崇德人。宋亡，富益日夜悲泣，設壇爲文祭故相文天祥、陸秀夫、張世傑，聞者悲之。後隱居湖州金蓋山，年九十六卒，門人私謚爲正節先生。

張𧪚，字達善，其先導江人，僑寓江左。金華王柏傳朱子之學，𧪚從而受業焉。自六經、《語》、《孟》、傳註，以及周、程、張、邵之微言，朱子所嘗論定者，靡不潛心玩索，久而不懈，所學益宏密。

世祖至元中，行臺中丞吴曼慶聞其名，延至江寧學宫，中州士大夫皆遣子弟從游，或闢私塾迎之。在真州，來學者益衆。遠近尊之，稱曰導江先生。

以大臣薦，命爲孔、顔、孟三氏教授。著《釋奠儀注》。其及門知名者，夾谷之奇、楊剛中爲尤顯。卒，無子。有經説及文集行世。吴澄序其書，以爲「議論正，援據博，貫穿縱横，儼然新安朱氏之尸祝也」。至正中，真州守臣以須立及郝經、吴澄皆常留儀真，作三賢祠祀焉。

胡炳文，字仲虎，徽州婺源人。篤志朱子之學，爲信州書院山長，再調蘭溪州學正，不赴，卒。學者稱雲峰先生。著《周易本義通釋》。

同縣程直方，通諸經，著書甚富，與炳文俱爲東南大儒。

敬瑛，字文書，霸州人。隱河南緱氏山。世祖徵爲大名、彰德、懷孟等路提舉，不就。著有《春秋地理原委》十卷，《語孟旁通》八卷，《皇極引用》八卷，《皇極疑事》四卷，《極演》十卷，《律吕禮樂雜説》三十卷。以孫秉彝，贈官翰林學士、魏國公，謚文獻。

又，元城人潘迪，字牖民。博學能文，歷官國子司業。著《易春秋庸學述解》、《六經發明》及《石鼓文音訓攷》，北方學者奉爲師表。

許謙，字益之，婺州金華人。父觥，宋淳祐七年進士。謙生數歲而孤，世母陶氏日授

《孝經》、《論語》。稍長，肆力於學。年三十，始受業於金履祥之門。履祥語之曰：「吾儒之學，理一而分殊，理不患其不一，所難者分殊耳。聖人之道，中而已，學當致其辨於分之殊，而要其歸於理之一。每事每物，求夫中者而用之，道不外是矣。」又曰：「士之爲學，若五味之在和。醯醬既加，則酸鹹頓異。子來見我，已三日，而猶夫人也。豈吾之學無以感發子耶？」謙聞之惕然，居數年，盡得其傳。

讀《四書》、《尚書》，各有《叢説》若干卷。讀《詩集傳》，有《名物鈔》。讀《春秋》、《三禮》，有《温故管窺》。其觀史有《治忽機微》，倣史家年經國緯之法，起太皞氏，迄宋元祐元年秋九月尚書左僕射司馬光卒，備其世數，總其年歲，原其興亡，著其善惡，蓋以爲光卒則中國之治不可復興，以附於左氏續經之義。又有《自省編》，晝之所爲，夜必書之，其不可書者則不爲也。

延祐初，謙居東陽，入華山講學，隨其材質，咸有成就。獨不以科舉之文授人，曰：「此義利所由分也。」大德中，熒惑入南斗，已而句行。謙以災應在吴越，深憂之。是歲大祲，謙貌加瘠，或問曰：「豈食不足邪？」謙曰：「今公私匱竭，道殣相望，吾何能獨飽？」廉訪使劉庭直、副使趙宏偉皆論薦於朝，郡復以遺逸應。詔鄉闈大比，請爲考試官。皆莫能致。至元三年卒，年六十有八。嘗以「白雲山人」自號，世稱爲白雲先生。朝廷賜謚文懿。

謙與何基、王柏及金履祥稱「金華四先生」。江浙行中書省爲請於朝，建四賢書院以奉祠事。而列於學官。其弟子著名者有張樞、薛玄、吕洙、吕溥、馬道貫。

張樞，字子長，金華人。幼居外家潘氏，盡讀其藏書數萬卷。尤長於史學，嘗爲《春秋三傳歸一義》三十卷，《刊定三國志》六十五卷，《林下竊議》一卷，《張曲江年譜》一卷，《宋季逸事》若干卷，詩文曰《敝帚編》。至正八年卒。謙之殁，命其子師事樞。至正十一年〔二〕，朝廷纂修宋、遼、金三史，丞相脱脱奏擢遺逸之士四人，以兩院次對之職使參筆削，仍辟樞爲本府長史，樞力辭。後五年，命史臣纂修本朝后妃、功臣傳，樞以翰林修撰、同知制誥召，復不就。

薛玄，字子晦，東陽人。隱居不仕。著《中庸質疑》。

馬道貫，字德珍，金華人。謙没，制服盡禮如親喪，學者稱之。著《尚書疏義》六卷。自號一得叟。性恬退，非公事不入城市。

吕洙，金華人。與弟溥俱從謙學。溥著《大學疑問》。

陳庾，字子京，平陽人。金末，四方兵起，隱盧氏山中，旋署郡教授。日與弟子講習問辨，學者日衆。會中書令耶律鑄奏置經籍所於平陽，命庾領校讎事。世祖徵至六盤山，與語，大悦。中統初，以宣慰張德輝薦，授平陽路提舉學校官。其學沈潛貫穿，先行後言。其事親，旦暮必盛服，與兄弟婦姒序拜堂下，問起居，受訓敕，然後退。與元好問、李獻卿、李微、楊奐、麻革、杜仁傑、商挺諸人友善。太原李汾者，負才使氣，與庾會相國寺，語侵庾。庾正色責之，汾沮而退，坐客大服。一日，語兄賡曰：「吾聞財多害身。今喪亂若此，而吾廩有餘粟，藏有餘布，與其爲他人守，孰若分諸鄰里鄉黨乎？」兄大喜，立散之。所著書有《經史要論》三十卷，《三代治本》五卷，《唐編年》二十卷，《澹軒文》三十卷。

牟應龍，字伯成，本蜀人，後徙居湖州。祖子才，仕宋，贈光禄大夫，謚清忠。父巘，爲大理少卿。應龍當以廕補京官，盡讓諸從弟，而擢咸淳進士。時賈似道當國，屬馬廷鸞致意應龍來謁，當處以高第，應龍拒之。及對策，具言國勢危急，考官不敢寘上列。調光州定城尉。沿海制置司辟爲掾，以疾辭。宋亡，留夢炎事世祖爲吏部尚書，以書招之，許以館職，應龍不受。起家教授溧陽州，晚以上元縣主簿致仕。諸經皆有成説，惟《五經音攷》盛行於世。時人稱曰隆山先生。

熊朋來，字與可，南昌人。宋咸淳中進士，授寶慶府僉書判官，未及就而宋亡。隱居授徒，無志利禄。久之，從游日衆。廉希憲之子惇爲江西參知政事，以師禮終身稱門人。劉宣爲按察使，尤加禮敬。會朝廷遣治書侍御史王構銓外選於江西，於是參政徐琰、李世安列薦朋來爲閩海提舉儒學官。而朝廷以東南儒學之士，惟福建、江西最盛，特起朋來爲教授。所至考古篆籀文字，調律吕，協詩歌，以興雅樂，制器定辭，必則古昔，學者化焉。既滿考，以常格調建安縣主簿，改福清州判官，皆不就。自號彭蠡釣叟，又號天慵子。嘗歎《詩》樂無傳，仿朱子所得趙彦肅家《十二詩譜》，增二十四詩，協以律吕，俾皆可歌。每燕居，鼓瑟而歌《考槃》、《蒹葭》、《衡門白駒》諸詩以自樂。嘗著《瑟賦》二篇，學者傳誦之。延祐初，詔以進士科取士，時科舉久廢，有司以不稱明詔爲懼。行省官咨於朋來，手條程式，四方遵用之。及請爲考試官，則曰：「應試者十八九及吾門，不可。」其後江浙、湖廣皆請爲考官，朋來屢往應之，及廷對，其所選士居天下三之一焉。初，朋來以《周禮》首薦鄉郡，而定制《周官》不與設科，治《戴記》者又尟，朋來屢以爲言，當世言禮樂者咸宗之。至治中，英宗始采用古禮，親御衮冕祠太廟，鋭意制作。翰林學士元明善以朋來薦，未及召而卒，年七十八。所著有《瑟譜》六卷，文集三十卷。

車若綰，字給臣，後更名拯，台州黄巖人。少警敏，與從兄若水同學。久之，覺胸中浩浩，發而爲言，宏放無涯涘。於是車氏之學爲一郡所崇尚。宋咸淳末，用特恩授建寧浦城縣尉。宋亡，隱於馬家山，卒，年五十五。若綰精於禮學，謂喪服之親疏隆殺，深衣之續袵鈎邊，雖家禮之證定，註疏之援引，亦庸有所未盡。用廣頭在下之説，以改正深衣，辨内外正降之義，以圖列服制，皆能發先儒所未及云。

徐之綱，字漢臣，濟州人。少爲詞賦有名，久而曰：「是果爲學邪？」益研究義理，以二程、朱子爲根抵，治《易》、《春秋》二經。以明經選益都教授，佐省事。李璮有異志，陰練士卒，習勞苦。綱曰：「『使民以時』，相公不知邪？」璮默然。又曰：「周衰，戰國之士知有諸侯，而不尊周。唐河北將士，知有藩鎮，而不尊唐。」璮惡其言直，黜爲滕縣尉。中統四年，卒。後璮果以反誅。有《默志》三卷，《麟台雜著》七卷。

胡一桂，字庭芳，徽州婺源人。父方平。一桂生而穎悟，好讀書，尤精於《易》。初，饒州德興沈貴珤受《易》於董夢程，夢程受朱子之《易》於黄榦，而一桂之父方平及從貴珤、夢程學，嘗著《易學啓蒙通釋》。一桂之學出於方平，得朱子源委之正。宋景定中，一桂年十八，領鄉薦，試禮部不第，退而講學，遠近師之，號雙湖先生。所著書有《周易本義附録纂疏本義啟蒙翼傳》、《朱子詩傳附録纂疏》、《十七史纂》，並行於世。

戴良齊，字彦肅，台州人。精通《六經》奥義，謂經書雖皆完具，而《禮經》獨爲殘闕，加以漢儒諸説抵牾者多，著《禮辨》一書，特出己見，攷證獨爲明確。吴澂常師之，以衍其説。

熊禾，字去非，福建建陽人。有志濂洛之學，受業於朱子之門人輔廣。宋咸淳間進士，寧武州司户參軍。宋亡，隱居不仕，築雲谷書院以教生徒。郡有考亭書院，大德十一年有司更新之，辟禾分教大小學於中，學者稱勿軒先生。皇慶元年，卒。

馬端臨，字貴與，江西樂平人。父廷鸞，宋右丞相。時休寧曹涇深於朱子之學，端臨從之游。以廕補承事郎。宋亡，隱居不仕。著《文獻通考》，以補杜佑《通典》之闕，二十餘年而後成書。延祐四年，遣真人王壽衍訪求有道之士，至饒州路，録其書上進。詔官爲鏤板，以廣其傳，仍令端臨親齎稿本赴本路校勘。初，留夢炎與廷鸞同相，及夢炎降，召致端臨，欲用之，以親老辭。後爲慈湖、柯山二書院山長，台州教授三月，謝病歸，卒於家。

同時，天台胡三省，字身之。篤於史學。宋寶祐四年進士，以賈似道辟，從軍蕪湖，言輒不用。及敗，隱居不仕。著《資治通鑑音註及釋文辯誤》百餘卷。

俞琰，字玉吾叟〔三〕，平江人。宋亡，隱居著書，自號林屋山人。精於《易》。著《經傳考證》、《讀易須知》、《六十四卦圖》、《古占法》、《卦爻象占分類》、《易圖合璧連珠》等書，皆佚。惟《周易集説》附以《易圖》、《易外傳》，行於世。

時信都人李簡，亦通《易》學。官泰安州通判，著《學易記》九卷。

劉德淵，字道濟，内邱人。性癖直，有操守。好學，能自刻厲。及遊滹南王若虚門，聞思索、辨惑等説，遂饜飫史學，爲專門之業。非義理不妄言動，一介不取於人。中統初，用中書薦，授翰林待制，以不合於時，告歸。立言傳後，著書數萬言。又通古文奇字，士多傳習之。太保劉秉忠以鄉曲義，來周恤，卻之。許衡每過邢州，必式閭致敬而去。至元二十三年，卒，年七十九。

薛元，字微之。本華州下邽人，後徙於洛陽。元少好學，負書入華山，晝夜誦之。束枯葵，學書於石上，石爲之泐。耶律楚材聞其名，辟爲應州教授，使子弟從元受學。沙門萬松問：「孔子之教，何者爲先？」元答曰：「君君臣臣，父父子子。」松愧服。時用兵襄、鄧，楚材薦授檢察，使督河南饋餉，未幾，改軍儲轉運使。明年召還，賜銀幣、貂裘。楊奂爲河南廉訪使，辟置幕府。歲餘，元謂同僚曰：「進不能行其道，栖栖於此，無謂也。」即自免去。元素與王文統有舊，文統聚歷代奇謀詭計爲一書，元見而責之曰：「士君子自有聖賢格言，此何爲者？」遂絶，弗與通。中統初，召爲平陽、太原宣撫使，又除提舉河南學校，俱不就。至元八年，卒。著有《道德經解》、《陰符經論説》、《適意集》、《易解》、《中庸注》、《聖賢心學編》、《皇極經世圖説》。友直〔四〕，龍陽州判官；友諒，翰林直學士。

與元友善者，有洛陽宰沂。王文統當國，薦沂爲真定勸農使，不得已而受命，陽爲不事事者，至亡其告身及金符於酒家，因自劾去官。文統敗，沂竟獲免。

何中，字太虛，撫州樂安人。父天聲，宋咸淳進士，官主管刑部架閣文字。與兄時齊名。文天祥建都督府，兄弟皆爲幕僚。中，少穎拔，以古學自任，程鉅夫、元明善皆器遇之。與門人講《易》、《書》、《春秋》之學。吴澄與中爲中表兄弟，恒推讓之，不敢置弟子列。著《易象類》二卷，《書傳補遺》十卷，《通鑑綱目測海》二卷，《通書問》一卷，《叶補疑》一卷，

《六書綱領》一卷，《補校六書故》三十二卷，《知非堂集》十卷，《支頤集》二卷，《薊邱述遊録》一卷。卒，年六十八。

董朴，字大初，順德人。自幼强記，比冠，幡然有求道之志。至元十六年，用薦起家爲陝西知法官。未幾，以親老歸養。尋召爲太史院主事，復辭不赴。皇慶初年，已踰八十，詔以翰林修撰致仕。延祐三年，無疾而終。朴所爲學，自《六經》及孔、孟微言，與凡先儒所以開端闡幽者，莫不研其旨而會通之。其事親孝，與人交，無智愚貴賤，一待以誠，或有犯之者，夷然不與校。中山王結曰：「朴之學，造詣既深，充養交至，其爲人清而通，和而介，君子人也。」所居近龍岡，學者稱龍岡先生云。

滎肇，字子與，鹽官州人。幼端謹，不苟言笑。既長，博通經史。服膺朱子之學，以誠意正心爲學之根本。宋季，賈似道當國，應試者例自署非假道學。肇太息曰：「君子患不力學，苟抱道自處，雖窮困，不榮於附時相以獲功名乎！」遂拂衣而出。宋亡，隱居不仕。成宗即位，有薦於朝者，詔有司徵之。召見，奏對稱旨，帝曰：「汝宜爲國子師，以表率天下。」乃補國子助教，累擢祭酒，以年老乞致仕。卒於家，年八十一。

蕭𣂏，字惟斗，其先北海人，後徙奉元。𣂏性至孝，少爲府史，與上官語不合，即日謝去。隱終南山下，鑿土室，讀書其中三十年。一言一動，必則古人。博極羣書，自《三禮》、六書、九數以及諸史，靡不研究，及門受業者甚衆。鄉人有騎馬自城中暮歸者，遇盜逐之，詭言：「我蕭惟斗也。」盜驚愕，釋去。世祖分藩在秦，辟𣂏與楊恭懿、韓擇侍秦邸，𣂏以疾辭。授陝西儒學提舉，不赴。憲司即其家具宴爲賀，使一從史先詣𣂏舍。𣂏方汲水灌園，從史至，不知其爲𣂏也，命飲其馬，即應之不拒。及冠帶迎賓，從史見𣂏，有懼色，𣂏殊不爲意。後累授集賢直學士、國子司業，改集賢侍讀學士，皆不赴。成宗大德九年夏，詔曰：「蕭維斗山中讀書，不求名利。皇祖及朕屢召不至，豈將命者非其人而不來乎？今特命使者前往，行省給安車一乘，楮幣百匹，挈家偕來。倘堅不欲仕，可進嘉言一二，朕當遣人送還。」於是行省、臺所在，敦遣力疾北行。會帝不豫，命宰臣以治道爲問。武宗至大元年，仁宗爲太子博選名儒輔導，以右諭德召至京師。入覲東宮，書《酒誥》爲獻。尋以病，力請去職。人問其故，則曰：「在禮，東宮東面，師傅西面。此禮今可行乎？」俄除集賢學士、國子祭酒，依前右諭德，復以辭卑居尊爲嫌，固辭而歸。卒，年七十有八。賜謚貞敏。

𣂏制行甚高，難進易退，論者謂元初逸民，惟𣂏與劉因二人。其示學者入門，必自小學始，關輔之士翕然興起。所著有《三禮説》、《小學標題駮論》、《九州志》及《勤齋文集》，行於世。

𣂏鄉人韓擇，字從善，尤邃《三禮》學。有質問者，口講指畫，無弗貫穿。士大夫游宦過秦中，必往見擇。世祖嘗召赴京，以疾辭。其卒也，門人爲服緦麻者百餘人。

又，侯均，字伯仁，亦奉元人。父母早亡，獨與繼母居，賣菜奉養。積學四十年，羣經、百氏，無不淹貫。每讀書，必熟誦乃已。嘗言：「書不千徧讀，終於己無益。」貌嚴氣剛，而應接和易。用薦起爲太常博士。後以上書忤時相意，不待報即歸關中。

自宋初張載、吕大臨以禮爲教，至蕭𣂏、韓擇、侯均、同恕，而關學復興。其教大旨宗程、朱，而專精《三禮》，則出其鄉先正之傳云。

【校勘記】

〔一〕「吕洙」，原倒在「張樞」下，據正文乙正。

〔二〕「至正十一年」，當作「至正二年」。黄溍《金華黄先生文集》卷三〇《張子長墓表》「上即位之十一年，分命儒臣纂修遼、金、宋三史」同誤。按陶宗儀《南村輟耕録》卷三云「至正二年壬午春三月十有四日，上御咸寧殿，中書右丞相脱脱等奏，命史臣纂修宋、遼、金三史，制曰可」，蓋「二」訛作「一一」，又寫作「十一」矣。又下文「後五年，命史臣纂修本朝后妃、功臣傳」，《元史》卷一九九列傳第八十六《隱逸傳·張樞》作「至正三年，明儒臣纂修遼、金、宋三史」，「七年，申命史臣纂修本朝后妃、功臣傳」，可證本傳當作「至正二年」。

〔三〕按「叟」字疑不當有。「玉吾叟」爲俞琰自稱及尊稱，如所著《黄帝陰符經注》署名「林屋山人俞琰玉吾叟解」。

〔四〕「有直」上當補「子」字。又按程鉅夫《雪樓集》卷九《薛庸齋先生墓碑》「配徐氏，追封河南郡夫人，生友諒；及玉、郝、楊三婦；次王氏，生友直；次任氏」，則二子長幼次序似當作友諒、友直。

新元史卷之二百三十五　列傳第一百三十二

儒林二

黄超然陳應潤　王埜翁謝仲直　錢義方　丁易東陶元幹　王申子　任士林趙采　徐之祥　魏新之　吴霞舉　丘富國　鄭儀孫　董真卿張理　程龍程焕　吴迂　雷光霆陳深　吴䣕　劉整陳宏　史蒙卿　周鼎　楊璲夏泰亨　劉瑾　王天與王充耘　黄景昌　俞皋魯震　熊復毛應龍　烏冲　黄澤　安熙焦悦　同恕第五居仁　敖繼公邱葵　孟文龍　秦玉　吴師道王餘慶　陳普　韓性　熊良輔　陳櫟　保八　曹元博吴儀　武恪

黄超然，字立道，天台人。幼有高志，嘗游王柏門下，得聞性理之旨。尤深於《易》，以朱子《本義》欲再修而未及，乃參訂互考，采之先儒，以盡其變；本之經義，以斂其歸，作《周易通義》二十卷。又以「讀《易》之法，當先推卦義，以求六爻之情；情有難通，則參以象；象有難通，則參以位；位有難通，則參以三百八十四爻之例」，别爲《發例》三卷，《或問》、《釋蒙》各五卷。宋亡不仕，築西清道院居之，卒。世祖嘉其節，賜謚康敏。

同縣陳應潤，字澤雲。父邦彦。家傳《易》學，應潤作《周易爻變義藴》四卷，謂：「假老子之學者，創無極、太極之論；變爐火之術者，撰先天、後天之圖。强指陰陽老少爲四象，而四象之説不明；妄引《復》《姤》逆順爲八卦，而八卦之位不定。」乃示人爻變之法，削去其圖，辨正其説，自謂積三十年勤苦而成。黄溍序而行之。

王埜翁，字太古，婺源州人。辟鎮江路學正，棄官歸。著《見易篇》，極卦畫之所以然，而皆本河圖、洛書自然之法象。既即圖書詳論畫卦作範之故，且援《列禦寇》、《子華子》、《乾鑿度》與《黄庭經》之辭，以證劉長民九爲河圖之説，復辨孔安國、劉向父子、班固、僞關氏《易》相承之誤。又有《周易分注》，主於明象以考變。時尚程、朱《易》説，皆駭所聞見。吴澂方爲國子司業，見而説之，所注《易纂言》多采其説。

又，上饒謝仲直，著《易三圖》十卷。以先天八卦圜圖爲河圖九數而九位，方圖爲洛書十數而五位，作《五位相得之圖》。虞集見而善之。

吴興進士錢義方，作《周易圖説》。謂河圖本伏羲所取，至洛書之出，在千有餘年後，聖人並陳之，不過以龍龜負文而出河、洛者，其事同。聖人則之，而即理推數，二者固可相通，因並舉之以見義，非謂作《易》兼取洛書也。故其説悉本河圖，而不及洛書云。

丁易東，字石潭，龍陽人。宋進士，官編修。入元，累徵不起。著《周易傳疏》十卷。《易》上下經，古既爲二卷，通孔子所傳十篇，爲十二卷。至費直，分《彖》《象》二傳附於經後，以便學者，今乾卦是也。後人又附爻象傳文於當爻之下，今坤卦以下是也。呂微仲嘗正之爲十二篇，晁以道又正之爲八篇，皆以經、《彖傳》、《文言》、《繫辭》、《説卦》、《序卦》、《雜卦》爲次。呂伯恭又定爲經二卷、傳十卷，合王肅本，朱子《本義》用之。吴斗南又謂《説卦》三篇，漢初出於河内女子，今止存其一。又有《繫辭》上下二篇，即所謂《説卦》上中篇，而今所傳《説卦》，特下篇也。乃合《彖》、《大象》各爲一卷，而以《小象》分上下。《繫辭傳》以今《繫辭》合《説卦》，爲《説卦》三篇，然《彖》《象》依本義分爲二，故上下二經外，十翼之序，《彖上》一，《彖下》二，《象上》三，《象下》四，《文言》五，《説卦上》六，《説卦中》七，《説卦下》八，《序卦》九，《雜卦》十。其説固似有理，但改《繫辭》爲《説卦》，尚有可疑。而寘《文言》於《繫辭》前，則不可易。易東從其序，而《繫辭傳》之名則仍依《本義》，考訂尤確。嘗建石潭精舍，教生徒。事聞，賜額沅陽書院，授山長。

時襄陽陶元幹，亦嘗著《易》，世稱陶《易》。

王申子，字巽卿，邛州人，寓居慈利天門山。著《大易緝説》十卷。嘗見魏了翁答蔣得之書，及史學齋《臨汝講義》，皆祖張觀《物語》，以「九其圖者，見後天八卦之象；十其書者，具《洪範》五行之數」，謂晦庵不及見是書，故謂十圖而九書，此讀《易》者一大疑事。申子力探其原而正之。取十其圖者分緯之，以畫先天；九其書者錯綜之，以位後天。不假穿鑿，可以祛疑辨惑。皇慶二年，徵爲南陽書院山長，卒。

任士林，字叔實，綿竹人。嘗作《中易》，分爲上下篇。三陳其卦，所以極河洛之數，成大衍之用，體天地之撰。盛德大業，顯仁藏用，一本《坎》《離》《頤》《大、小過》之妙，《既、未濟》《隨》《蠱》之機，《井》《噬嗑》《賁》《困》之感，《屯》《鼎》《革》《蒙》之應，推聖人通變立言之旨，最爲明確。又《松鄉文集》十卷。以薦授安定書院山長。

同時有潼川趙采，字德亮。著《周易折衷》卅三卷，以程、朱《傳》《義》爲主，附以己説，間采先儒象數變互，以相發明。

饒州徐之祥，字方塘。有《讀易蠡測》，其言象數，取皇極於康節，取太極於濂溪，而諸卦之中，多詳其變。又名《玩易詳説》。

桐廬魏新之，著《學易蠡測》。因先儒列卦爲方圓圖，乃以己意成三隅圖，自成一家之言。

休寧吴霞舉，字默室。著《周易管見》六十卷，《筮易》七卷，《太玄潛虚圖》十卷，雖互有異同，皆盛行於世。

又，建安邱富國，字行可。受業朱子之門，宋亡不仕。著《周易輯解》十卷，《學易説約》五篇，《經世遺書》三卷。

其徒鄭儀孫，作《易圖説解》、《大學中庸章句》。

董真卿，字季真，江西鄱陽人。父鼎，字季亨，私淑朱子門人黄幹，著《尚書輯録纂註》，又疏《孝經》大義，悉遵朱子《刊誤》，定爲經一章，傳十四章。真卿早承家學，復受業於胡一桂、熊禾。著《周易會通》十四卷。

時江西清江人張理，官福建儒學提舉，著《易象圖説》三卷，《大易象數鈎深圖》一卷，亦有時名。

程龍，字舜俞，婺源人。宋永嘉縣尹，入元不仕。著《尚書毛詩二傳釋疑》、《禮記春秋辨證》及《弄環餘説》、《補程子三説》、《易圖》，並刊行當世。

同時，豐城人程焕，字時可，學者稱巏山先生。著《易傳宗》、《書傳通》、《詩傳微》各數十卷。

浮梁人吴迂，字仲迂，少從饒雙峰學，人稱可堂先生。汪克寬，其門人也。著《易學啟蒙》、《書編大旨》、《左傳義例》、《詩傳衆説》等書。

雷光霆，字友光，江西寧州人。家居教授。學士程鉅夫、詹天遊，皆其徒也。著《九經集義》五十卷，《史辨》三十卷，《詩義指南》十七卷。至元間，遣使徵之，未至而卒。學者稱龍光先生。

同時，平江人陳深，字子微。沈潛問學，著《讀易編》、《讀詩編》及《讀春秋》十二卷。與人高譚遺經，亹亹不倦，爲一時耆宿。天曆間，奎章閣臣以能書薦，匿不出。所著詩文，名《寧極齋稿》。

吴鄹，永新人。宋末避讐徙山西，變姓名張應珍。注《周易》，宗程、朱，而不爲苟同。如參天兩地而倚數，鄹謂：「《本義》：天圜地方，圜者一而圍三，三各一奇；方者二而圍四，四合二偶。似費擬議。蓋五生數中，天數一三五凡參，地數二四凡兩，故聖人參兩之以倚數。八卦之象，《乾》《坤》，天地，以太虚言也；《震》《巽》，天地之長男女，爲雷、風，有氣無形；《坎》《離》，天地之中男女，爲水、火，有形無質；《艮》《兑》，天地之少男女，爲山、澤，有質確定矣。」駙馬闊里吉思嘗從之質疑，刻其書於平陽路。大德八年，官秘書少監，始更今名。

劉整，字宋舉，古田人。自稱蒙谷遺老。教生徒百餘人。少從合沙鄭少褋學《易傳六十四卦圖説》及《春秋元經》，著《易纂圖》一卷，甫就而卒。同邑有陳宏者，元初徙華亭，官同知吴江州事。著《易童子問》、《易象發揮》各一卷。

史蒙卿，明州人。宋咸淳進士，志行高卓。時四明之學，悉祖陸氏而宗楊、袁，及沈焕、舒璘繼起，復主其説。能表章朱子之學者，自蒙卿始。初，教授江陰，著《小學紺珠》，以淑後進。其文曰《静清集》。

周鼎，字仲恒，廬陵人。早從湜溪郭正表游，《六經》有所疑滯，縱横叩擊，多超特之見。謂：「詩分正變，固肇於漢儒，然正中有變，變中有正，其體製音節，夐然不侔。策書紊亂，瞭然可見，必各從其類，然後可辨世道升降之由。其詩雖非盛時之作，其人既賢，其詞猶爲近古，必附小、大雅之正者，勸懲之義庶幾有托。」鼎於《六經》皆有論著，獨《詩經辨正》爲完書。

楊璲，字元度，餘姚州人。服膺朱子之學，著《詩傳名物類考》，御史姚黻上於朝。歷寧海、縉雲學正，卒。

同郡夏泰亨，字叔通。九歲能文。官翰林編修。著《詩經音考》、《矩軒集》。

又，安城人劉瑾，字公瑾。博通經史。著《詩傳通釋》二十卷，采録各經傳及諸儒所發要義，最爲詳博，其書盛行於世。

王天與，字立大，江西吉安人。研精覃思，著《尚書纂傳》四十六卷，十五年而後成書，雖心薄蔡沈，然亦間擇其説。

後，江西人王充耘，元統中進士。著《讀書管見》二卷，考訂蔡傳，尤爲精核焉。

黄景昌，字明遠，浦江人。通《尚書》、《春秋》之旨，嘗言：「自公、穀口説相傳，至漢然後著之竹帛，故經有脱編，有錯簡。學者上畏聖經，下避賢傳，譌舛誣漏，莫之敢較。」其《春秋公穀舉傳》，論及三代用正、日夜食之辨，凜凜不可屈。後得巴州陽恪《春秋考正》一卷，言三代悉用夏時，不改月。景昌明其不然，作《周正如傳考》三卷，謂周改月並改時，《左傳》去夫子時近，當如《傳》所云也。

俞臯，字心遠，新安人，幼師宋進士趙良鈞，得《春秋》大旨。自晉杜氏注《左傳》，始有「凡例」之説，取經之事同、辭同者，計其數，凡若干，而不考其義。唐陸氏學於啖、趙，作《纂例》一書，雖分晰詳備，亦未嘗以義言之。逮程子爲傳，始分別義例。臯一遵程説，以義同、事同、辭同者，定爲例十六條。其有義不同而辭同，事同而辭不同者，則分見各事之下，名《春秋斷義》。

又，魯震，字樵南，廬陵人。時設科以《春秋》胡傳與三傳並用，學者困於繙閲，未有能合爲一書者。震次第集之，始左氏，次公，次穀，次胡氏，而取止齋陳氏説附於後。凡胡氏有所引用，皆分注其下，別爲類編，以附於卷後。名《春秋五傳》，與臯書俱有便於學者。

熊復，字庶可，南昌人。以《五經》教授鄉里，學者稱西雨先生。著《春秋會傳》，吴澂見而稱之，跋其後曰：「邵子曰：『聖人之經，渾然無迹，如天道焉。故《春秋》書實事，而善惡形乎其中。』世之學者，率謂聖人有意褒貶。三傳去聖人未遠，已失經意，况後之注釋者乎？唐儒惟啖、趙二家獨究聖人之旨，宋清江劉原父其次也。熊君所輯《會傳》，合之諸家注釋，未有能精擇審取如此者。」

同縣毛應龍，字介石。大德間，爲澧州教授。著《周禮集傳》二十四卷，《周官或問》五卷。總諸儒訓釋，而斷以己意，其學亞於復云。

烏冲，大寧路川州人。祖塔塔兒台，太祖伐金，率軍民詣河北迎降，賜名侈稔虎。從太師國王南伐，累官龍虎衛上將軍、易州崇寧軍節度使、行川州元帥府事。父禔，襲父職，充北京路總管，佩虎符，累官河北河南道提刑按察使。冲明經勵行。初從容城劉因受業，冠服車騎甚都，改贄見師，三日不返。諸生皆曰：「是豈真實爲學者！」翼日，冲服儒服，執經趨席，舉動如寒士。諸生嘖嘖稱歎，因亦奇之。冲爲學清苦，晝誦夜思，至忘寢食。居喪三年，不入於內家。日落日宴不食，意泊如也。真定安熙欲從因學，不果，冲盡以所得告之，熙卒爲名儒。卒，贈秘書省秘書郎。

黄澤，字楚望，本長安人。唐末，其遠祖舒藝知資州内江縣，子孫遂爲資州人。父儀可，累舉不第，從兄驥子官九江，蜀亂不能歸，因家焉。澤生有異質，慨然以明經學道爲志。好爲苦思，屢以成疾，疾止，復思久之，如有所見，作《顔淵仰高鑽堅論》。蜀人治經，必先古注疏。澤於名物度數考覈精審，而義理一宗程、朱。作《易》、《春秋》二經解、《二禮祭祀述略》。

大德中，江西行省聞其名，授江州景星書院山長，使食其禄以施教。又改洪州東湖書院山長，受學者益衆。始，澤嘗夢見夫子，以爲適然，既而屢夢見之，最後乃夢夫子手授所校《六經》，字畫如新。由是深有感發，始悟所解經多徇舊説，爲非是。乃作《思古吟》十章，極言聖人德容之盛，上達於文王、周公。秩滿即歸，閉門授徒以養親，不復言仕。

嘗以爲去聖久遠，經籍殘闕，傳注家率多傅會，近世儒者又各以才識求之，故議論雖多，而經旨愈晦。必積誠研精，有所悟入，然後可以窺見聖人之本真。乃揭《六經》中疑義千有餘條，以示學者。既乃盡悟失傳之旨，自言每於幽閒寂寞、顛沛流離、疾病無聊之際得之。及其久也，則豁然無不貫通。自天地定位、人物未生已前，沿而下之，凡邃古之初，萬化之原，載籍所不能具者，皆昭若發蒙，如示諸掌。然後由伏羲、神農、五帝、三王以及春秋之末，皆若身在其間，而目擊其事者。於是《易》、《春秋》傳注之失，《詩》、《書》未決之疑，《周禮》非聖人書之謗，凡數十年苦思而未通者，皆渙然冰釋，各就條理。故於《易》，以明象爲先，以因孔子之言，上求文王、周公之意爲主，而其機括則盡在十翼。作《十翼舉要》、《忘象辯》、《象略》、《辯同論》。於《春秋》，以明書法爲主，其大要則在考覈三傳，以求向上之功，而脉絡盡在《左傳》，作《三傳義例考》、《筆削本旨》。又作《元年春王正月辯》、《諸侯娶女立子通義》、《魯隱公不書即位考》、《殷周諸侯禘祫考》、《周廟太廟單祭合食説》，作《丘甲辯》，以明古今禮俗不同，見虚辭説經之無益。

嘗言：「學者必悟經旨廢失之由，然後聖人之本意見。若《易象》與《春秋》書法，廢失大略相似，苟通其一，則可觸機而悟矣。」又懼學者得於創聞，不復致思，故所著多引而不發。作《易學濫觴》、《春秋指要》，示人以求端用力之方。其於禮學，則謂鄭氏深而未完，王肅明而實淺，作《禮經復古正言》。如王肅混郊丘、廢五天帝，併崑崙、神州爲一；趙伯循言王者禘其始祖之所自出，以始祖配之，而不及羣廟之主；胡宏家學不信《周禮》，以社爲祭地之類，皆引經以證其非。其辯釋諸經要旨，則有《六經補注》；詆排百家異義，則取杜牧不當言而言之義，作《翼經罪言》。近代覃思之學，推澤爲第一。

吴澄嘗觀其書，以爲平生所見明經之士，未有能及之者，謂人曰：「『能言距楊、墨者，聖人之徒也』，楚望真其人乎！」然澤雅自慎重，未嘗輕與人言。李泂使過九江，請北面稱弟子，受一經，且將經紀其家。澤謝曰：「以君之才，何經不可明？然亦不過筆授其義而已。若余，則於艱苦之餘，乃能有見。吾非邵子，不敢以二十年林下期君也。」洞歎息而去。或問澤：「自閟如此，寧無不傳之懼？」澤曰：「聖經興廢，上關天運，子以爲區區人力所致耶。」

澤家窶貧，且年老，不復能教授。歲大祲，家人采木實草根以療饑。宴然不動其意，惟以聖人之心不明，而經學失傳，若己有罪爲大戚。至正六年，卒，年八十七。

安熙，字敬仲，真定藁城人。祖滔、父松，皆有學行。熙既承家學，及聞保定劉因而向慕之。所居相距數百里，將造其門，而因已歿，乃從因門人烏冲録其遺書而還。建祠堂以奉四世，冠昏喪祭，一遵文公禮書。其教人，以敬爲本，以經術爲先。弟子去來，常至百人。出入閭巷，帶規佩矩，望而知爲安氏弟子。家居教授垂數十年，四方來者多所成就。既歿，鄉人立祠於藁城之西。其門人蘇天爵輯其遺文爲《默菴集》十卷，虞集序之曰「使熙得見劉氏，廓之以高明，厲之以奮發，則劉氏之學當益昌大於時」云。

同郡焦悦，字子和。與熙講説《六經》之旨，授真定學官，學者稱兑齋先生。

同恕，字寬甫。其先太原人，五世祖遷陝西，遂爲奉元人。祖昪、父繼先，俱有學行。廉希憲宣撫陝右，辟掌庫鑰。家世業儒，同居二百口，無間言。至元間，朝廷始分六部，選名士爲吏屬，關陝以恕貢禮曹，辭不行。仁宗踐阼，即其家拜國子司業，使三召，不起。陝西行臺侍御史趙世延，請即奉元置魯齋書院，以恕領教事。延祐六年，以左贊善召，入見東宮，賜酒慰問。繼而獻書，歷陳古誼，盡開悟涵養之道。明年春，英宗繼統，以疾歸。致和元年，拜集賢侍讀學士，以老疾辭。

恕之學長於禮。平居盛暑，未嘗不冠帶。居父喪，哀毀幾喪明，祭必如事生。扁所居曰「榘庵」。與人交，雖外無適莫，而中有繩尺。家無儋石之儲，而聚書萬卷。時蕭𣶏居南山下，亦以道高當世，入城府，必主恕家。恕自京還，家居十三年，海內並稱「蕭同」。後至順二年卒，年七十有八。贈翰林直學士，封京兆郡侯，謚文貞。其所著曰《榘庵集》二十卷。

弟子第五居仁，字士安。幼師蕭𣶏，弱冠從恕受學。博通經史。躬率子弟力農，而學徒滿門。嘗行田間，遇有竊其桑者，自引避之。鄰人借騾而死，償其直，不取，曰：「物之數也，何以償爲？」鄉里高其行誼，率多化服，稱曰靜安先生。

敖繼公，字君善，福州長樂人。後寓平江，築一小樓，坐卧其中，日從事於經史。趙孟頫，其弟子也。初爲定成尉，以父任當得京官，讓於弟。尋擢進士，對策忤時相，遂不仕。著《儀禮集説》十三卷。大德中，以高克恭荐，授信州教授，未仕而卒。

又，同安人邱葵，字吉甫。著《易解義》、《書直解》、《詩口義》、《春秋通義》、《周禮補亡》等書。泰定中，馬祖常薦之，未及用而卒。

同時，錢塘人孟文龍，字震翁，宋浙東提舉。宋亡，平章史弼等薦起之，以死辭。不出户庭者三十年。著《周易大全》二卷。

鹽城人秦玉，字德卿。通《五經》，尤邃於《詩》，門人私謚孝友先生。

吴師道，字正傳，婺州蘭溪人。弱冠，讀宋儒真德秀書，幡然有志於爲己之學。又受業於同郡許謙。登至治元年進士，授高郵縣丞。明達文法，吏不敢欺。再調寧國路録事。會歲大旱，饑民仰食於官者三十三萬人。師道勸富民捐粟三萬七千六百石，又言於部使者，請官粟四萬石、鈔三萬八千四百錠，振之，饑民賴以存活。遷池州建德縣尹。郡學有田七百畝，爲豪民所占，師道按其圖籍，悉歸於學。建德素少茶，而榷税重，言於所司，減榷額，民以不病。中書左丞吕思誠、侍御史孔思立，薦爲國子助教，尋遷博士。六館諸生，人人自以爲得師。以禮部郎中致仕，卒於家。所著有《易詩書雜説》、《春秋胡傳附辨》、《戰國策校註》、《敬鄉録》及文集二十卷。

同郡有王餘慶，字叔善，官江南行臺監察御史，亦以儒學名重當世。

陳普，字尚德，寧德人。其學以《四書》、《五經》爲本。三辟福州路教授，不起。著《四書句解鈐鍵》、《學庸指要》、《孟子纂圖》、《周易解注》、《尚書補微》，凡數百卷。尊聞紹言，屹然爲朱子嫡派。隱居石堂山，學者稱石堂先生。

韓性，字明善，紹興人。宋魏忠獻王琦八世孫也。高祖左司郎中，膺胄扈從南渡，家於越。性七歲讀書，日記萬言。九歲通《小戴禮》，作大義，文意蒼古，老生宿學皆稱異焉。及長，博綜羣籍。文辭博達儁偉，自成一家言。延祐初，以科舉取士，學者多請其程式。性告以朱子《學校貢舉私議》，俾從事根柢，以應有司之求。性出無輿馬僕御，所過負者息肩，行者避道。巷夫街叟，至於童穉厮役，咸稱之曰「韓先生」云。憲府嘗舉爲教官，不赴。暮年愈自韜晦。天曆中，趙世延以名上聞。後十年，門人李齊爲南臺監察御史，力舉其行義，而性已卒。南臺御史中丞月魯不花，嘗學於性，爲請於朝，賜謚莊節先生。其所著有

《禮記説》四卷，《詩音釋》一卷，《書辨疑》一卷，郡志、文集十二卷。

熊良輔，字任重，江西南昌人。延祐中鄉貢。早師同縣熊凱學《易》，復得進賢龔焕之《易》學。先是，朱子《本義》一遵吕祖謙所訂古文，以六十四卦彖爻之辭爲上下經，而孔子所釋《彖》、《象》、《文言》及上下《繫》、《説卦》、《序卦》、《雜卦》爲十翼。良輔著《周易本義集成》，仍舊本上下經二卷，謂之集成；十翼十卷，謂之附録。其所採摭，自唐迄元，凡八十四家。其書盛行於世。

陳櫟，字壽翁，新安人。其學以朱子爲師，自稱東阜老人。延祐中，貢於鄉，因病固辭。年八十三，卒。著《四書發明》、《書傳纂疏》、《禮記集義》等書。崇仁吴澄嘗稱櫟有功於朱子，凡來受業者，澄皆謝之，使受學於櫟焉。

保八，字公孟，蒙古人。少好學，爲黄州路總管。精《易》理，著《易源奥義》一卷，《周易原旨》六卷。仁宗在東宫，保八進箋曰：「自龍圖之畫既出，而象數之學肇開。至六十四卦以成書，爲百千萬年之明鑑。羲、文、孔子發先天之妙，京、費、王弼廣後世之傳。豈但求語下之筌蹄，又當參胸中之關鍵。凡蠡測管窺，以探精義，皆銖積月累，以用深功。苟得其真，敢私其秘？不揆淺膚之素學，冒干投進於青宮，冀虎闈齒胄之間，特加披閱；在鶴禁延儒之頃，更賜表章。」太子嘉納焉。

曹元博，以字行，上海人。著《左傳序事本末》，楊維楨序其書曰：「左丘明受經仲尼，故作《春秋傳》，爲聖經之案。後之傳《左氏》者，有鐸椒作《鈔撮》八卷，虞卿作《鈔撮》九卷，惜其文無傳。漢張蒼、賈誼，復傳《左氏》，河間王進於武帝。至成帝時，劉歆校秘書，見而存之，始立《左氏春秋》。逮晉杜預，復表章之，而傳有注釋。後世言《春秋》者，舍《左氏》無以爲統緒。故止齋陳氏謂：『著其所不書，以見經之所書者，皆左氏功。』此章指所由作也。元博既按經以證傳，復索傳以合經，爲《左氏序事本末》，可謂採蒐之精，而權衡之審矣。」其爲維楨推重如此。

同時，金谿人吴儀，字明善。其學以《六經》爲歸，晚尤專心《春秋》，謂聖人之經一，而家異傳，大道榛塞，職此之由。乃著三書：曰《裨傳》，曰《類編》，曰《五傳辨》，辭義嚴密。每撫卷嘆曰：「此書，吾積學所致，後有楊子雲，其將好之矣！」儀絶意仕進，以壽卒。

武恪，字伯威，宣德人。吴澄爲江西儒學提舉，薦入國學。明宗在潛邸，選爲説書秀才，及出鎮雲南，而恪從行。明宗至陝西，欲起兵，恪諫曰：「太子南行，於國爲君命，於家爲叔父命，何可違也？若向京師發一矢，史官必書太子反，不可悔矣！」左右惡其言直，遣之歸。隱居教授。文宗知其名，除秘書典簿。秩滿，丁憂。再除中瑞司典簿，改汾西尹，皆不就。至正間，泰不華舉爲沁水縣尹，亦不赴。近臣又薦爲授經郎，恪陽爲疾病，不與人接。或問：「先生之學，以何爲本？」恪曰：「以敬爲本。」著有《水雲集》。卒於家。

新元史卷之二百三十六　列傳第一百三十三

儒林三

劉莊孫　劉彭壽　林起宗　戚崇增　程端禮端學　倪淵　陳澔師凱　劉友益馮翼翁　彭絲　宇文公諒　史季敷趙有桂　聞人夢吉　陳剛　陳樵　牟楷　程時登程復心　史伯璿詹道傳　黃景星　曾貫　周仁榮仔肩　孟夢恂　鍾律黃清老　單庚金　俞漢　朱公遷　朱隱老劉霖　陳謨　周聞孫俞燮元〔一〕　邵光祖　趙汸　汪克寬

劉莊孫，字正仲，天台人。在大學五年，不獲釋褐，以諸生卒。喜著書。《尚書》有古文、今文，陳振孫掇拾援據，確然明白，言傳心者猶依違不敢置論。莊孫憤然曰：「吾不能接響相附和，各爲論著，不没其實。」著《書傳》上下篇，二十卷。又著《易志》十卷，《詩傳音指補》二十卷，《周官集傳》二十卷，《春秋本義》二十卷。詩文集曰《芳潤藁》，共五十卷，《和陶詩》一卷。

劉彭壽，眉州人。父淵，經術深邃，事母以孝聞。著有《讀易記》、《易學須知》、《春秋例義》、《春秋續傳記》、《左氏記事本末》等書。用薦爲永州路學正，卒。彭壽有儁才，延祐三年進士，授桂陽路平陽縣丞，轉岳州路行用庫使，擢建德路淳安縣尹。每月朔日，輒幅巾深衣，升座講書，淳安士庶聽講無惰容。卒，年六十四。彭壽教學者，必以經術爲本。爲文，先義理而後詞章。著有《四書提要》、《春秋澤存》、《春秋正經句釋》。

林起宗，字伯始，順德内邱人。初，四方傳布程、朱遺言，起宗誦之知敬。時劉因以風節、學問著名當世，起宗欲從游，而無以爲介。擔簦負笈，齋沐立於其門者三日，因嘉其志，受而教之。起宗明於講説，深思力行，極其至而後已。久之，以家貧思省其親，因授以治家之法，歸而行之，事親温清定省，皆有禮節。親喪，廬墓三年。隱居教授，率其徒立爲程限，以驗日進之功。其言曰：「學當以聖賢爲準。是非得失，了然常在目前。從事於博文約禮之誨，循序漸進，至於日至之時，有不期然而然者矣。」起宗儀容奇偉，晨起正襟危坐，雖造次必依禮法。鄉人有一不善，惟恐爲其所知，其爲人所敬畏如此。

晚號魯庵。嘗作《志學指南圖》，以爲學道之標準；《心學淵源圖》，以爲入聖之極功。及《中庸》、《大學》、《論語》、《孟子》諸圖，《考經圖解》、《小學題辭發明》、《魯庵家説》，共數十卷。至大間，王結官順德，薦於朝。蘇天爵薦知名之士十餘人，起宗與焉。後至元三年卒，年七十有六。

戚崇增，字仲咸，金華人。少好學，能爲詩、古文辭。年二十七，始盡棄其學，從同縣許謙游。著有《春秋學講》一卷，《春秋纂例原指》三卷，《四書儀對》二卷，《復古編》一卷，《昭穆圖》一卷，《歷代指掌圖》一卷。以經籍之文傳寫譌舛，乃考許慎《説文》，參以近代諸儒之所訂，用古文寫《易》、《書》、《詩》、《儀禮》、《春秋》、《孝經》、《論語》、《大學》、《中庸》、《孟子》，將獻於有司，未及上而卒。

程端禮，字敬叔，慶元鄞縣人。慶元自宋季皆尊尚陸氏之學，端禮獨從史蒙卿游，傳朱子之緒論。用舉者，授廣德建平縣、池州建德縣兩縣儒學教諭，又爲建康路江東書院山長。文宗在潛邸，遣近侍子弟來學，賜以金幣，甚加禮敬。後遷鉛山州儒學教授，秩滿，以將仕郎、台州儒學教授致仕。至正五年卒，年七十五。初，鉛山鵞湖書院旁有道觀，一日，端禮過其處，有驢跑隙地，發之，得石碣十餘，刻羣賢像，因作羣賢堂以祀之。所著有《進學規程》，國子監頒其書於郡縣，以爲學者法。

弟端學，字時叔。通《春秋》。至治元年進士，授仙居縣丞。尋改國子助教，遷國子博士，命未下而卒。端禮色莊而氣夷，善誘學者。端學剛嚴方正，人皆敬憚之。當時以比河南兩程子云。端學有《春秋本義》三十，《三傳辨疑》二十卷，《春秋或問》十卷。

倪淵，字仲深，湖州烏程人。從敖繼公受《易》及《三禮》之學。高克恭爲行省左右司郎中，深器之，謂淵曰：「君大才，不可小用也。」及遷行臺侍御史，以敖繼公、鄧文原、陳康祖、姚式與淵，並薦於朝，授杭州路儒學教授。先是，廟學釋奠多用俗樂，淵得宋太常樂工二人，使以雅樂教諸生習之。國子監聞其事，因召兩樂工爲國子樂師。太學備金石之樂，實自淵倡之。秩滿，調湖州路儒學教授，淵用胡瑗舊法，葺經義、治事兩齋，又創仁智軒，爲游息之地。其後學者爲淵立生祠，淵自往撤之。遷太平路當塗縣主簿，有能名。江東廉訪副使元永貞按部還，謂廉訪使王士熙曰：「吾分按太平、池州兩路，廉能之吏，惟一當塗主簿而已。」未幾，以年垂七十，授承務郎、杭州路富陽縣尹，致仕，卒。有《易說》二十卷，《圖說》、《序例》各一卷。

陳澔，字可大，江西都昌人。父大猷，宋開慶二年進士，官通直郎、黄州軍判官，師事雙峰饒氏，以禮名家。澔承其家學，會萃演繹，而附以己見，著《禮記集説》三十卷。隱居不仕，郡守延爲白鹿洞山長，卒。金谿危素嘗以澔《集説》與陳櫟《禮記集解》質於吴澄，澄復書曰：「二陳君可謂善讀書者，其説禮無可疵矣。」

子師凱，於易象、樂律多所撰述，能世其家學。

劉友益，字益友，永新人。少好學，貧不能購書，借人書，窮晝夜讀之。及長，貫穿《六經》，至天文、地志、律曆、象數之學，無不研究。宋亡，兄弟遇亂兵皆死，友益絶而復蘇。饑困著書，不與世接，以爲聖人之志，莫大於《春秋》；繼《春秋》之迹，莫尚於《通鑑綱目》。凡司馬氏宜書而未書者，朱子書之；宜正而未正者，朱子正之。恐朱子之意不白於天下後世，乃著《通鑑綱目書法》五十九卷，歷三十年而後成。至順三年，卒，年八十五。

同縣馮翼翁，字子羽。著《春秋集解大義》、《性理羣書》、《通鑑小録正統》、《五德類編》、《文章旨要》、《五子旨要》、《禮考正》、《古正僞》等書。

彭絲，字曾叔。著《庖易》、《春秋辨疑》、《禮記集説》四十九卷，《黄鐘律説》八篇。俱爲名儒。

宇文公諒，字子貞。其先成都人，父挺祖徙湖州。公諒弱冠有操行，嘉興富民延爲子弟師。夜將半，有叩門者，問之，乃一婦人，公諒叱去之。翼日即辭歸。至順四年，登進士第，授徽州路同知婺源州事，改同知餘姚州事。省檄察實松江海淤田，公諒以潮汐不常，後必遺患，請一概免科，省臣從之。除國子助教，調應奉翰林文字、同知制誥，兼國史院編修官。改僉嶺南廉訪司事，以疾請老。公諒平居，雖暗室必正衣冠端坐。嘗挾手記一册，晝有所爲，夜必書之，其不可書即不敢爲。門人私謚曰純節先生。

史季敷，以字行，明州人。世傳《夏小正》爲夏書，在《大戴禮》中，傳之者戴氏也。鄭康成爲之注。或曰盧辯注，謂爲鄭氏者非也。山陰傅崧卿，加以訓釋，多所補正。朱子集《儀禮》，尊信《小正》而用之，其論益定。季敷參攷同異，作《夏小正經傳考》三卷，參以傅氏本，及采《儀禮》集解，附以釋音，復取先儒解經所引《小正》語，及事相附近者，綴於傳文下，脱衍者列叙於後，尤稱詳密。

時括蒼趙有桂，字詵仲。有《夏小正集解》，蓋取諸家説而更爲之解者。

聞人夢吉，字應之，金華人。父詵，老遊王柏之門。夢吉受學家庭，父子自相師友，手抄七經傳疏，深究義理，閉户逾十年，悉通奥旨，乃開門講學。泰定間，貢授泉州教諭。平生信道既篤，涵養益純，識與不識，莫不稱爲有道君子。門人謚曰凝熙先生。

陳剛，字公潛，温州平陽人。受業胡長孺之門，晝夜研索，通《易》、《詩》、《書》三經旨要，著《五經問難》、《四書通辨》、《述歷代正閏圖》、《説渾天儀》、《説歷代官制》、《説禹貢洪範》。手抄後，兩目盲，人有求其文者，猶能口授。雅正高古，人稱潛齋先生。

陳樵，字君采，東陽人。父取青，從鄉先生石一鼇遊，與聞朱子之學。樵承家傳，繼受《易》、《詩》、《書》、《春秋》於程直方，精思四十年，怳然有得。著《易象數解新説》、《洪範傳經解》、《四書本旨》、《孝經新説》、《鹿皮子集》。樵常製鹿皮爲衣，種藥圁谷中，自稱鹿皮子，故以名其集云。

牟楷，字仲裴，黄巖人。刻志誠正之學，論文務以性命爲先，詞華爲後。有《九書辨疑》、《致中和議》、《河圖洛書説》、《春秋建正辨》、《深衣刊誤》、《定武成錯簡》、《管仲子糾辨》、《桐葉封弟辨》、《四書疑義篇》。門人名其書爲《理窟》，尊之曰静正先生。

程時登，字登庸，樂平人。時德興董銖，得朱子之學，傳其鄉里。有程正則者，私淑之。時登從之遊，深徹性命奥義。著《大學本末圖説》、《中庸中和説》，集朱子論述問答之語，審未發已發之幾，而探索性情體用之極。《太極圖》、《通書》、《西銘》，則錯綜爲之互解。又有《周易啟蒙輯録》、《律吕新書贅述》、《臣鑑圖》、《文章原委》等書。

時婺源程復心，字子見，自幼潛心理學，會輔氏、黄氏之説，折衷成章，名《四書章圖總要》，二十二卷，皇慶二年，江浙省臣上其書，優詔擢用，辭不出。

史伯璿，字文璣，平陽人。幼强記，精究《四書》，深得朱子本意。時饒氏輯講許氏《藁説》、胡氏《通旨》、陳氏《發明》，有與朱子背馳者，伯璿著《四書管窺》五卷，多所辨正。

臨川詹道傳，亦言《四書》之旨晦蝕於訓詁，幸朱傳出而大義曉然。讀者未易窺測，乃用許衡所定句讀，著《四書纂箋》二十六卷，行於世。

又餘姚黄景星，著《四書集説啟蒙》，發明朱子之學，尤多心得。

泰和曾貫，字傳道。篤志聖賢之學，倜儻有大志。至正中，爲紹興路照磨，禦龍泉賊，戰殁。著有《四書類辨》、《周易變通》、《學庸標旨》諸書。

周仁榮，字本心，台州臨海人。父敬孫，宋太學生。從金華王柏講學於上蔡書院，與同郡楊玨、陳天瑞、車若水、黄超然、朱致中、薛松年等同門。嘗著《易象占》、《尚書補遺》、《春秋類例》。仁榮承其家學，又師玨、天瑞，治《易》、《禮》、《春秋》。用薦者，署美化書院山長。地在處州萬山中，人尟知學，仁榮舉行鄉飲酒禮，士俗爲變。後辟江浙行省掾史，省臣皆呼以先生。泰定初，召拜國子博士，遷翰林修撰，卒。

弟子多知名士，以泰不華爲最著。仁榮居台州，築一室，甫落成，有友人楊公道輿疾至門，曰：「願假君新宅以死。」仁榮讓正寢居之，未幾，楊死，有遺財。楊之弟詣仁榮，求分之，仁榮不許。對衆封籍所貯物，遣人至平陽，呼其子至，悉與之。其篤於親故如此。

仁榮弟仔肩，字本道。以《春秋》登延祐五年進士第，終惠州路總管府判官，亦以文學名。

同郡孟夢恂，字長文，黄巖人。與仁榮同師楊玨、陳天瑞。以薦，署本郡學録。至正十三年，授常州路宜興縣判官，未受命而卒，賜謚曰康靖先生。所著有《性理本旨》、《四書辨疑》、《漢唐會要》、《七政疑解》，及《筆海雜録》五十卷。

鍾律，字伯紀，開封人。元末鄉貢士，不應辟召，肆力經學。元末治《春秋》者，多泥於胡傳褒貶之説，其能脱去積習，一以經文爲正者，於筆削精義，又往往失之。律采諸家精義，載各條之下，而間附己意，名《春秋案斷補遺》，蓋取程子傳爲案，而經爲斷者。一時稱爲通儒。

又，黄清老，字子肅，邵武人。累官湖廣等處儒學提舉，著《春秋經旨》、《四書一貫》，學者號爲樵水先生。

剡溪人單庚金，字君範。隱居三十年，著《春秋傳説集略》十二卷。

諸暨人俞漢，字仲雲。著《春秋傳》三十卷，辟儒學官，不就，卒。

朱公遷，字克升，饒州鄱陽人。肆力聖賢之學，以正心誠意爲入德之門。至正七年，以遺逸徵至京師，授翰林直學士，勸帝「親賢遠佞、修德恤民，庶天意可回；不然，恐憂在旦夕」。執政惡其切直，不能用，出爲處州學正。著《朱子詩傳疏義》廿卷，《四書通旨》六卷。

朱隱老，字子方，豐城人。受業於同郡桂莊、涂應、雷遠，承朱子遺緒。隱居荷山，精

《易》理，及邵子先天、横渠《正蒙》諸書。謂：「先天之學，心學也。其圖皆從中起。邵子探是圖，著《皇極經世》，性命物理之説，重明於世。」學者畏其難，棄而弗講，乃作《經世書説》。張子《正蒙》，實與《太極圖》、《通書》、《西銘》並傳，而未有爲之註者，乃作《正蒙書説》。《禮經》殘缺已久，朱子雖定爲《儀禮經傳》，而其輯録皆出門人，予奪多有未當，乃作《禮説》。《易》之論，精深廣大，非近世儒者所知，乃作《易説》。學者稱灊峰先生。

同時，劉霖，字雨蒼，安福人。博通《五經》。元季，避地泰和，學者尊師之。性耿介，不隨世俯仰。著有《太極圖解》、《易本義》、《童子説》、《四書纂釋》、《杜詩類註》諸書。

又，泰和陳謨，號心吾。其學亦爲鄉人所宗，著《書經會通》、《詩經演疏》二書，及《海桑集》。

周聞孫，字以立，吉水人。由鄉貢薦入史館，修宋、遼、金三史。同事多遼、金故臣後，不肯以正統予宋，聞孫疏争之，不報，棄職歸。著《尚書一覽》、《河圖洛書序説》、《詩學舟楫》諸書。

同時，俞元燮，字邦亮，其先自建寧徙長洲。通蔡氏《書傳》，博采羣説，著《尚書集傳》十卷。

又，邵光祖，字宏道，亦長洲人。博通好古，研精經傳，窮六書之旨。張士誠辟爲湖州學正，不赴。著《尚書集説》。俱行於世。

趙汸，字子常，休寧人。姿稟卓絶。幼讀朱子《四書》，多所疑難，乃盡取朱子書讀之。聞九江黄澤有學行，往從之游，得《六經》疑義千餘事以歸。復往，留二年，得口授六十四卦大義與《春秋》之學。又從學於臨川虞集，聞吴澄之緒論。著《春秋集傳》十五卷、《左氏補注》十卷、《春秋師説》三卷，發明師説，度越唐宋諸家。學者稱東山先生。卒，年五十一。

汪克寬，字德一，祁門人。祖華，爲饒魯門人，傳黄勉齋之學。克寬十歲，其父授以《雙峰問答》，輒有悟。後從浮梁吴仲迂受業。泰定中，應進士舉，以策對伉直見黜。乃棄科舉業，盡力於經學。著《春秋經傳附録纂疏》、《程朱傳義音考》、《詩集傳音義會通》、《禮經補逸》、《綱目凡例考異》，又《環谷集》八卷。元末爲朱子之學者，以克寬爲大師。明初，聘修《元史》，欲官之，固辭不受。卒，年六十九。

【校勘記】

〔一〕「邵光祖」，原在「俞夔元」上，據正文乙。